国家出版基金项目
NATIONAL PUBLICATION FOUNDATION

楚乐器研究

邵晓洁 著

长江出版传媒 | 湖北教育出版社

楚乐器研究

CHU YUEQI YANJIU

图书在版编目（CIP）数据

楚乐器研究 / 邵晓洁著 . -- 武汉 ： 湖北教育出版社，2022.5

ISBN 978-7-5564-4401-4

Ⅰ．①楚… Ⅱ．①邵… Ⅲ．①古乐器－研究－中国－楚国 (?－前 223)

Ⅳ．① K875.5

中国版本图书馆 CIP 数据核字 (2022) 第 082402 号

出品人	方 平	美术编辑	牛 红
责任编辑	万 婵	整体设计	左岸工作室
责任校对	王艳波	责任督印	李 枫 张遇春

出版发行 长江出版传媒 湖北教育出版社

地　　址 武汉市洪山区雄楚大街 268 号 C 座

电　　话 (027)83637493

邮政编码 430070

印　　刷 湖北新华印务有限公司

开　　本 787mm×1092mm 1/16

插　　页 4 页

印　　张 29.5

字　　数 350 千字

版　　次 2022 年 5 月第 1 版 2022 年 5 月第 1 次印刷

书　　号 ISBN 978-7-5564-4401-4

定　　价 268.00 元

序

邵晓洁的新著《楚乐器研究》，是首部着眼于两周时期楚乐器研究的重要专著，让人耳目一新。自 1978 年曾侯乙墓的发掘，特别是墓中曾侯乙编钟及其钟铭出土以来，先秦楚音乐文化的辉煌令世人震撼！其对于秦汉以来 2000 余年中华文化的影响，渐为学界关注。

历史上楚这个南蛮小国，发祥于汉水，早期的历史有些扑朔迷离。传商周之际，楚开国君主熊绎之曾祖父鬻熊已居丹阳。后周成王封熊绎为子爵，楚始建国。湖北江陵的纪南城遗址与史书所载郢都地望基本吻合，可为江陵城及前身郢都定位的历史依据。西周以后，楚国逐渐强盛。入春秋，其音乐文化随着其政治、经济及军事上与周的强势博弈，不仅统摄了整个南部中国，并反渗中原。庄王之时，跻身于春秋五霸行列。及至战国，楚国成为战国七雄之中数一数二的大国。

楚国境内发现的乐器，不仅数量多，工艺精湛，而且学术及科技含量极高。除了今湖北江陵一带的“郢都”之外，今河南境内，也大量分布春秋中晚期的楚国贵族墓群。如 1977 年文物考古队在河南省淅川县丹江口水库西岸的仓房镇下寺，发掘墓葬 25 座。其中 2 号墓出土的平底鼎有“王子午择其吉金”和“令尹子庚，殹民之所亟”铭文，专家判断墓主为楚共王和康王时期的令尹子庚之墓。墓中出土随葬品 6098 件，包括国家一级珍贵文物王孙诰编钟，此套编钟共 26 件，最大钟通高 120.4 厘米，是目前春秋时期数量较多、规模最大、音域最广、保存情况及音色较好的一套青铜打击乐器。淅川下寺 1 号墓出土的“敬事天王”钟，10 号墓出土的黝钟、黝镈和编磬，均是楚乐器中的佼佼者。同位于淅川仓房镇和尚岭 2 号墓出土的倗子受编钮钟，为一套组合完整、工艺精致的有铭青铜编钟。徐家岭 3 号墓、10 号墓也各出土编镈一套。① 淅川楚墓群的出土乐器对研究楚都丹阳、楚国历史文化的发展、楚国与周边诸侯国的关系、当时的礼乐制度等方面，都有着重要的学术价值。

1956 年发掘的信阳长台关 1 号墓，也出土了重要的楚乐器，同出锦瑟、大鼓、小鼓、编钟等。② 其中的编钟，保存良好，因首钟有铭文“隹型篙屈栾晋人，救戎于楚境”而称“型篙编钟”。③ 编钟发音准确，音质优良，其音列已构成完整的七声音阶。用其演奏的乐曲《东方红》，随同中国第一颗人造卫星登上太空。1958 年发掘的信阳长台关 2 号墓，也出土了大批乐器。④ 近年，信阳文物部门又发掘了长台关 9 号墓，出土编钟一套，其音质极佳，音律准确，堪为楚钟之精品。

繁花似锦的荆楚乐苑崭露出的最绚丽的奇葩，当数举世无双的曾侯乙墓乐器，这是中国乃至世界音乐考古史上最重大的发现！墓中出土的 65 件套编钟，其规模之大、数量之多、音乐性能之优良，所体现的艺术、文化和科技水平之高，均达到了前所未有的程度，堪为人类青铜时代的伟大作品！其编钟乐悬及其上的乐律学铭文，标志着人类在那个历史时期音乐理论的巅峰。

曾自周初南公适在江汉间立国，跨越西周、春秋、战国。楚国先后吞并了江汉一带的姬姓诸国及越、徐、蔡、黄等国的大片领土，占据了江淮广大地区！曾国最初所代表的中原文化，在强势楚文化的浸润和包围之中，早已变色。至战国早期，一个 600 年来代表周王朝管理江汉诸国、且在吴灭楚时救了楚王之命的曾国，已为楚之附庸，文化上染上了楚的颜色。

曾侯乙墓内证据丰富。据出土的竹简载，曾侯乙死后赗赠车马的，均为于史有证的楚国邑君；曾侯乙墓中置于钟架正中的镈钟，为楚王所赠。为了悬挂这件镈钟，挤掉了钟架短边下层外端一件最大的甬钟，以致打乱了编钟的整体编列。对楚王赠品如此敬重，体现了曾、楚之间某种程度的从属关系。⑤ 竹简所载曾侯乙葬仪中的御车者和赠马者中，楚国类型的曾国官衔比比皆是。为曾侯葬仪御车

① 中国音乐文物大系总编辑部．中国音乐文物大系・河南卷 [M]. 郑州：大象出版社，1996.
② 中国音乐文物大系总编辑部．中国音乐文物大系・北京卷 [M]. 郑州：大象出版社，1996：68. 中国音乐文物大系总编辑部．中国音乐文物大系・河南卷 [M]. 郑州：大象出版社，1996：131.
③ 河南省文物研究所．信阳楚墓 [M]. 北京：文物出版社，1986.
④ 中国音乐文物大系总编辑部．中国音乐文物大系・河南卷 [M]. 郑州：大象出版社，1996.12.
⑤ 中国音乐文物大系总编辑部．中国音乐文物大系・湖北卷 [M]. 郑州：大象出版社，1996.10.

者，应为曾侯属下官员。显然，曾国在当时已广泛采用了楚国官制，足证楚在政治上对曾的影响。不仅曾、楚在政治上存在依附关系，从该墓出土的文物如铜器铭文和纹饰看，也蒙上了浓重的楚文化色彩；曾侯乙墓出土竹简与江陵、信阳等地楚简相比，几乎同出一辙。曾侯乙编钟的乐律铭文，约一半的内容，都属楚文化范畴！曾侯乙编钟铭文中所载十二律名，一半是楚律名！剩下的一半，亦为曾楚共用。

近年，湖北随州叶家山、文峰塔以及枣阳郭家庙等曾国墓地中大量乐器的新发现，逐渐勾勒出一个时间上跨越西周早期至战国中期700年，空间上以随州为中心的曾国音乐文化圈，也勾勒出在曾、楚博弈中，曾周音乐文化的陷落及至与楚文化水乳交融的历史！2013年发现和发掘的湖北随州叶家山M111，为周初昭王时期墓葬。该墓的墓主“曾侯犺”（一说“犺”应隶定为“犭立”，读若“立”），为曾侯乙600多年前的祖先。墓中出土的5件钟镈，为西周早期音乐考古的重大发现。5钟的正侧鼓音皆可发小三度或大三度音程的双音，构成了E宫的“徵—羽—宫—角—徵—羽—宫”音列，是目前最早体现周初乐钟“戒商”规矩的重要标本[①]。特别是其中的二钟侧鼓部已经明确标注敲击点标记，说明当时编钟的铸制者已经有目的地设计并使用了编钟上的侧鼓音。即晚至西周昭王之世，中国古代在音乐科技上的重大发明——双音钟的铸调技术，已经毫无疑问地确立了！

湖北随州叶家山西周早期曾侯墓地，与擂鼓墩战国曾国墓群及近年发掘的随州文峰塔、枣阳郭家庙等曾国国君墓地，共同构建了曾国的考古学年代序列。郭家庙30号墓出土编钟一套13件，时代属春秋早期。编钟音高稳定，宫调明确，是一套完整实用的青铜乐器。特别其腔内均系挂铃舌，摇晃自击而叮当作响，为名副其实的“铃钟”，极为罕见。2014年11月至2015年1月郭家庙墓地曹门湾墓区1号墓抢救性发掘，出土的乐器有瑟、建鼓及钟磬、簨虡等，极具特色。其中的一件瑟相比春秋中晚期的赵巷4号楚墓瑟、曹家岗5号楚墓瑟而言，应为瑟的更早期形态。据曹门湾86号墓出土青铜壶铭文显示，墓主为曾国贵族“旁㫳”。墓中出土了一件春秋早期的古琴，为目前所知最早的楚式“半箱”琴标本。曾国

① 王子初．周乐戒商考[J]．中国历史文物，2008(4).

墓地乐器的新发现，勾勒出曾国音乐文化的中原渊源和原始面貌；揭示了在跨越西周早期至战国中期700年间，“曾国文化圈”逐渐融入楚文化的历史踪迹！

不过，翻开现行的中国音乐史著，却难以找到历史上如此辉煌的荆楚音乐文化的踪迹。确实，历史没有留给它应有的地位。

传统文献中有关古代音乐的历史信息，其局限性显而易见。音乐是声音的艺术，它只能作用于人的听觉，是看不见、摸不着的；音乐又是时间的艺术，它只能存在于声波运动的时段内；它既难以用文字来描述，也不能用图像来加以表现。历史文献中用文字记载的音乐史料，都是对音乐的间接记录，其中的文学性描写，仅是一种音乐的意境而已。曾对中国音乐文化产生重大影响的荆楚乐器文化，人们仍只有在大量乐器的考古发现中，才能领略其真正的风采。曾侯乙墓出土的乐器，尤其是编钟的出现，撼动了以文献为主要史料基础的传统中国音乐史。曾侯乙编钟是自古至今所见科学、艺术和技术含量最高的乐器。曾侯乙编钟的出土，证实了中国青铜乐钟的双音铸调技术，这一伟大科学发明的存在，填补了中国古代乐律理论的失载。

11年之前，邵晓洁完成了其博士学位论文《楚钟研究》，① 并荣获中国音乐史学会全国论文评奖博士组一等奖，作为她的指导老师，我深感荣幸！今再读其后著《楚乐器研究》，深感其在日常繁杂的事务性工作中所付出的不懈努力，这一项重要的学术成果来之不易，可喜可贺！《楚乐器研究》，更是晓洁在楚文化研究中的一部力作，有着重要的学术意义。

楚乐器是楚音乐文化的物化，其所体现出的高超的音乐实践与理论成就，对后世中华音乐文化影响巨大。时至今日，撰写春秋战国的音乐史，缺失楚国的音乐文化，不符合历史事实；不研究楚国的乐器及其音乐艺术成就，也难以构成一部客观的、科学的东周音乐断代史！邵晓洁的《楚乐器研究》，其深刻意义正体现于此！

王子初

2019年9月8日

于郑州大学柳园

---

① 邵晓洁．楚钟研究[M]．北京：人民音乐出版社，2010.

序

20 世纪 80 年代，纷至沓来的楚文化重大考古发现掀起了楚文化研究一波又一波的热潮，时至今日，学界对楚文化的关注依然有增无减。

与先秦时期其他地域文化有所不同，楚文化卓异的风采几乎惊艳了上古物质文明和精神文明的所有领域：它不仅有炉火纯青的青铜冶铸、巧夺天工的木竹髹漆、精美绝伦的丝织刺绣，而且有义理精深的老庄哲学、惊采绝艳的屈宋文学、出神入化的美术乐舞，在先秦时期满天星斗般的地域文化中，楚文化熠熠生辉，魅力四射！也正因为楚文化的内容广博而深厚，学术界才会源源不断地涌现出众多体例各异、深浅不一的楚文化研究成果。

楚音乐艺术是楚文化的重要组成部分。然而，综观林林总总的楚文化研究成果，楚音乐艺术的研究却相对薄弱，尤其是在楚乐器不断被大量发现的同时，与之相关的研究仍然寥若晨星。令人欣慰的是，邵晓洁博士新近出版的《楚乐器研究》一书，大大推进了这一领域的研究。

《楚乐器研究》是第一部以出土楚乐器实物为主要对象进行楚音乐研究的著作，也是迄今为止楚乐器蒐集最完整、研究最深入、涉及最广泛的一部楚乐器研究专著。作为一部音乐考古研究专著，此书并非就乐器论乐器，而是将楚乐器置于不同的学术层面予以考察。楚乐器具有双重属性，既是楚文化的遗存，也是楚音乐的载体，《楚乐器研究》一书紧扣这两个关键环节，不但从音乐本体角度对楚乐器展开了细致入微的分析，还以楚文化乃至中国传统文化为背景，对楚乐器所蕴含的礼乐文化和精神内涵进行了系统深入的阐述。尤其值得关注的是，作者在将考古发现资料与传世文献记载相互参验的过程中，注重将不同来源的文献同时作为考察分析的证据，并充分考虑到文献内容的特性，反复校勘，去伪存真；在对音乐实物资料进行具体分析时，作者仔细甄别，审慎援引，体现出其严格的学术训练、良好的学术修养和严谨的学术态度。

楚音乐艺术博大精深，源远流长，希望作者能以本书为起点，对楚音乐艺术做更加系统深入的研究，为弘扬楚音乐艺术乃至楚文化贡献自己的力量！

刘玉堂

2019 年 10 月

于武汉

目录

表格目录

图片目录

说明：本书所用图片均来自相关田野考古资料和《中国音乐文物大系》，特此说明，以表谢忱。

绪论

一、以中国传统文化为背景，基于楚文化的楚乐器研究

卡尔·雅斯贝尔斯（Karl Jaspers）于 1949 年首次从世界史结构的高度，把公元前 500 年前后古代世界同时出现几个重要文明和文化突破的时期称之为“轴心时代”[①]，中国的轴心时代是先秦时期。楚文化是先秦时期以长江中游地区为中心的地域文化，被视为“与当时中原华夏文化系统的诸国、东部近海地区的东夷族及其文化系统鼎立的三大支柱之一”[②]，无论从文化特色来比较，还是以文化影响来衡量，楚文化都堪称先秦文化中具瑰丽绚烂色彩且广受关注的一支。依横向考察，随着楚国势力逐步扩张，楚文化的辐射面不断扩大，对周边文化产生了重要影响，“说楚文化影响所及达到半个中国，并非夸张之词”[③]。从纵向来看，楚文化对汉代乃至后世传统文化的影响卓著可见。西汉以降，楚文化相对独立的体系已不复存在，但其在物质文化和精神文化方面对后世的影响依然巨大而深远。

自 20 世纪中叶以来，随着楚文化田野考古发掘工作的不断深入，楚文化考古材料也日益丰富，楚文化开始受到学界关注，相关研究也渐多、渐广、渐深。相对于楚文化其他方面的研究，楚音乐的研究略显滞后。对楚乐器的综合研究与考察应可对此有所小补。楚音乐被誉为构建美轮美奂楚文化的六大支柱之一，但

① 卡尔·雅斯贝尔斯．论历史的起源与目标 [M]. 李雪涛，译．上海：华东师范大学出版社，2018.
② 石泉．楚国历史文化辞典 [M]. 武汉：武汉大学出版社，1996：1.
③ 李学勤．东周与秦代文明 [M]. 北京：文物出版社，1984：12.

与之相关的文献记载甚为稀少。若要在中国传统文献中寻找楚音乐的相关资料，势必收获甚微，这更突出了楚音乐实物史料在楚音乐研究中不可替代的地位和作用。

二、以中国音乐文化为背景，基于中国音乐断代史的楚乐器研究

在历史研究中，断代史与地域史的研究互通互补，是对通史研究的细化、深化。音乐断代史研究和地域音乐文化考察已成为中国古代音乐史研究的重要方面和发展趋势。在现有中国音乐史著作中，有关东周时期的音乐状况几乎都一笔带之，着墨甚少。然而，作为中国历史上一个大分裂时期，东周时诸侯割据，战火连连，地域的割裂和地理环境的差别，使此时地域文化的个性与特色彰显，差异与联系呈现，音乐文化也是如此。

传世文献和考古出土实物也验证了东周时期各诸侯国音乐文化的特色和差别。孔子“郑声淫”的观点，即说明郑国音乐有别于其他地域的音乐风格和特征；楚人钟仪在晋国操南音的故事，反映了钟仪所操缦的琴乐必定带有显著的地域特点。曾侯乙钟磬铭辞的内容表明，战国时期至少有 6 个诸侯国所使用的律名系统不同，黄钟标准音高也不同[①]，出土乐器实物也显示出，不同地域所用乐器的器类、外形、装饰、组合以及性能等都具有自身鲜明的特点。有鉴于此，若要对东周时期整个“中国”的音乐状况做全面的了解和统揽，可就当时各诸侯国或各区域的音乐状况进行较为深入的考察与研究，从而整合并构建东周这一重要历史时期音乐发展的整体状况。

东周时期，楚国的扩张速度最快，地域面积最广，楚音乐文化在当时乃至后世都产生了广泛和深远的影响，楚音乐文化研究是东周时期各地域音乐文化研究中最具代表性的部分。古代楚人音乐生活的物质遗存较为丰富，其中，楚乐器最

① 崔宪．曾侯乙编钟钟铭校释及其律学研究 [M]. 北京：人民音乐出版社，1997：147.

能直接和忠实地反映楚音乐的核心内容。通过分析存见楚乐器的音乐性能，考察其形制与装饰，研讨其使用场合，探究其与音乐本体、礼乐文化直接相关的问题，可以为解决中国古代音乐史上的某些疑惑提供新依据、新线索和新角度。

三、楚乐器是楚音乐之物质文化与精神文化的双重载体

目前所见楚音乐实物数量庞大、种类纷繁，“八音”之属皆有实物出土，能够较为全面客观地体现楚音乐的基本面貌。在钟磬乐舞时代早已逝去的今天，出土古代乐器因它特殊的材质、独有的音乐性能以及积淀于身的深刻文化内涵，成为我们追溯古代音乐面貌、寻绎古人音乐逻辑，探索古代音乐文化形成、发展与变迁的不可多得的实物材料。

在没有录音设备和缺乏乐谱记录的年代里，作为听觉艺术的音乐随着时间而消逝，然而我们依然不能断言它们已消失殆尽，因为它们或多或少会以某种特有的样态隐匿于不同形式的音乐文化遗存中，比如：古代文献中的相关记述、保存较好的各类音乐文物、存活于当下的音乐活化石，等等。

李纯一在 20 世纪 50 年代就已指出：“关于我国古代音乐，因无乐谱留传，所以很难进行比较具体的研究。幸亏有不少古乐器被保存下来，并且常有考古学上的发现，若能对其发音进行全面的综合考察，当可略补上述的缺陷。”① 之后，黄翔鹏在其著述中又进一步谈到：“原始社会到奴隶社会之间的古代音乐，其本身早已不复存在了。也许，它以不可察觉的方式，融汇在我们民族音乐传统的中间，……现在，我们已经很难确切地把它们的原始形态一一指认出来。唯独有条件的，只是它们的音阶结构的规律可能保存在某些幸存的乐器实物之中，可供我们今天来进行研究。”②

① 李纯一 . 关于殷钟的研究 [J]. 考古学报，1957（3）：50.
② 黄翔鹏 . 新石器和青铜时代的已知音响资料与我国音阶发展史问题 [M]// 溯流探源——中国传统音乐研究 . 北京：人民音乐出版社，1993：4.

研究古代音乐形态，乐器实物具有难以取代的优越性。从乐器制作的角度，“烧结、镂刻、熔铸可看作古代的录音技术”。[①] 其中，“烧结”指古代陶土类乐器，“镂刻”指古代竹木类乐器，“熔铸”指的是古代青铜乐器。古代乐器所保存的音响及音律关系是古人音乐思维观念和模式的固化形态，能够反映出古代音乐中某些技术性和理论性的问题。与此同时，这种关系的变化也在一定程度上显示了古代音乐形态的演变，以及潜藏其间的古人音乐思维的发展历程，带有相应的时代精神与艺术特征。

四、“楚”的内涵与外延

早在 20 世纪 80 年代初期，考古学家已对楚及楚文化的内涵与外延进行了清晰而精辟的解释。

1980 年，在湖北武汉召开的中国考古学会第二次年会[②] 成为楚文化学术史上的一次具有里程碑意义的重大学术活动。在会议开幕式上，夏鼐指出：“这‘楚’字可以有下列不同的含义：（1）地区名，即所谓楚地……就地理范围而言，不同的时代，楚地的范围大小不同。古代的楚文化，不限于今日湖北省境内，还包括湖南、安徽及河南的南部。（2）国名或地方性的王朝名，即周代的楚国。这楚国根据文献记载，从西周初年到公元前 223 年被秦国所灭，大约存在了八百来年……（3）民族名，即所谓楚民族。（4）文化名，即考古发现所显示的文化面貌。”[③] 在会议闭幕式讲话中，苏秉琦认为：“楚文化就是‘楚’的文化。这个‘楚’有四个互相关联又互相区别的概念：第一，是地域概念；第二，是国家概念；第三，是民族概念；第四，是文化概念。作为一种考古学文化，楚文化的内容和特征还是一个有待探索的课题。……我们不能简单地说，楚地、楚国、楚族的文化就是

① 黄翔鹏．新石器和青铜时代的已知音响资料与我国音阶发展史问题 [M]// 溯流探源——中国传统音乐研究．北京：人民音乐出版社，1993：5.
② 1980 年，中国考古学会第二次年会在武汉召开，本次会议以研讨楚文化为重点——笔者注。
③ 夏鼐．楚文化研究中的几个问题 [J]. 江汉考古，1982（1）：1.

楚文化。……因为前边三者是因时而异的。”[①] 次年，俞伟超在楚文化研究会成立大会上的讲话中说道：“考古学上的楚文化，简单地说，就是中国古代楚人所创造的一种有自身特征的文化遗存。讲得再具体一点，就是这种文化遗存有一定的时间范围、一定的空间范围、一定的族属范围、一定的文化特征内涵。在这四个方面中，一定的文化特征内涵是最重要的。”[②] 他还说道，“楚文化这个概念当然是从楚人在楚国所创造出来的文化之中抽象、概括出来的，但既然已成为一种抽象的概念，就已经超出了楚人、楚国的具体范畴，而是可以作为一种具有特定内涵的文化面貌来看待。……它的时间范畴就应当比楚国存在的具体时间长一些。”[③]

显然，学术界对“楚”之含义的阐述大体相同，均包含四个方面，即：楚地、楚国、楚族、楚文化。其中，文化特征内涵被视为最重要的方面。考古学界通常将带有明显楚文化特征的器物冠以“楚系”一名。

在楚音乐文物的定义上，李幼平曾将其划分为三类：第一类为“楚墓与楚文化遗址出土的楚音乐文物”；第二类为“非楚墓与非楚文化遗址出土或传世的楚音乐文物”；第三类为“楚墓出土的非楚音乐文物和部分处于楚境、附庸于楚国，历史上曾与楚国有一定特殊关系的其他南方诸侯国墓葬中出土的音乐文物”。[④] 从所分各类的具体内容中可以看到，第一类和第二类音乐文物的出土地不同，虽然它们或出土于楚墓，或出土于非楚墓，但应当归属于楚。第三类的情况较为复杂，其中又包含有两小类，一是发现并出土于楚墓，但音乐文物的自身特征表明其并不属于楚；二是音乐文物属于楚附庸国或者属于与楚有着密切关系的诸侯国。对于第二小类，由于附庸国与楚的特殊依附关系，其文化也会受到楚浓重的影响，因此这类音乐文物通常带有较为明显的楚文化因素。而第一小类的内容表明，只要是楚墓出土的音乐文物，无论其是否为楚人遗物，或者是否具有楚文化因素，都可归入楚音乐文物类别中。可见，这一分类所包含的范围较广，几乎凡与楚相

① 苏秉琦．从楚文化探索中提出的问题 [J]. 江汉考古，1982（1）：3.
② 俞伟超．关于当前楚文化的考古学研究问题——在楚文化研究会成立会上的讲话 [M]. 湖南考古辑刊：1. 长沙：岳麓书社，1982：39.
③ 俞伟超．关于当前楚文化的考古学研究问题——在楚文化研究会成立会上的讲话 [M]. 湖南考古辑刊：1. 长沙：岳麓书社，1982：39.
④ 李幼平．论楚乐的分期与演进 [J]. 江汉考古，1991（1）：82.

关的音乐文物均包含于内。

鉴于楚乐器在先秦时期所具备的礼与乐的双重功能和文化内涵，本书所言“楚”将以文化因素和文化特征为主导，也就是说，凡具有明显楚文化因素的乐器均在考察研究的范围之列。其来源有经传世著录和科学考古发掘出土，但是，在对一些古代乐器进行具体分析时，我们可能会发现它们兼备多种文化因素，对这类器物很难将它们归于哪一文化属性或哪一文化区域。鉴于这种较为复杂的状况，笔者拟在资料整理和研究过程中对存见楚音乐实物史料进行“隐性”分级，主要依据有两条：其一，是归属于楚的确定性；其二，是包含楚文化因素的多少或受到楚文化影响程度的大小。据此，可将这些材料大致划分为两级：第一级是确定无疑的楚乐器，大略包括楚地楚墓中出土的楚国乐器、非楚墓出土的楚国乐器，或自铭器主为楚人的乐器，等等；第二级是带有明显楚文化因素或受到强烈楚文化影响的楚附庸国的乐器，这一级别的材料虽然不是楚人最直接的历史遗存，但由于它们具有极为明显的楚文化因素，因此也是楚音乐文化研究中必不可少的旁证材料。这种分级主要体现在对研究资料的使用和侧重上，第一级材料是本书的重点考察对象。

乐器作为人类音乐文化的载体，承载了物质文化与精神文化的双重内涵。乐器形制不仅是物质生产的直接产物，更是“合主体感受”的“合规律性的形式”；乐器纹饰与造型则是“精神生产、意识形态的产物”。[①] 因此，本书对楚乐器的研究不限于乐器的本体分析与考察，而是将楚乐器作为先秦历史文化中的一个文化事项予以看待。在对楚乐器的考察中，不仅关注其外在器型、装饰等物质层面的信息，更观照蕴含其中的礼乐内涵、思想观念、社会意识等精神层面的内容。

① 李泽厚．美的历程 [M]．北京：中国社会科学出版社，1984：3 – 4.

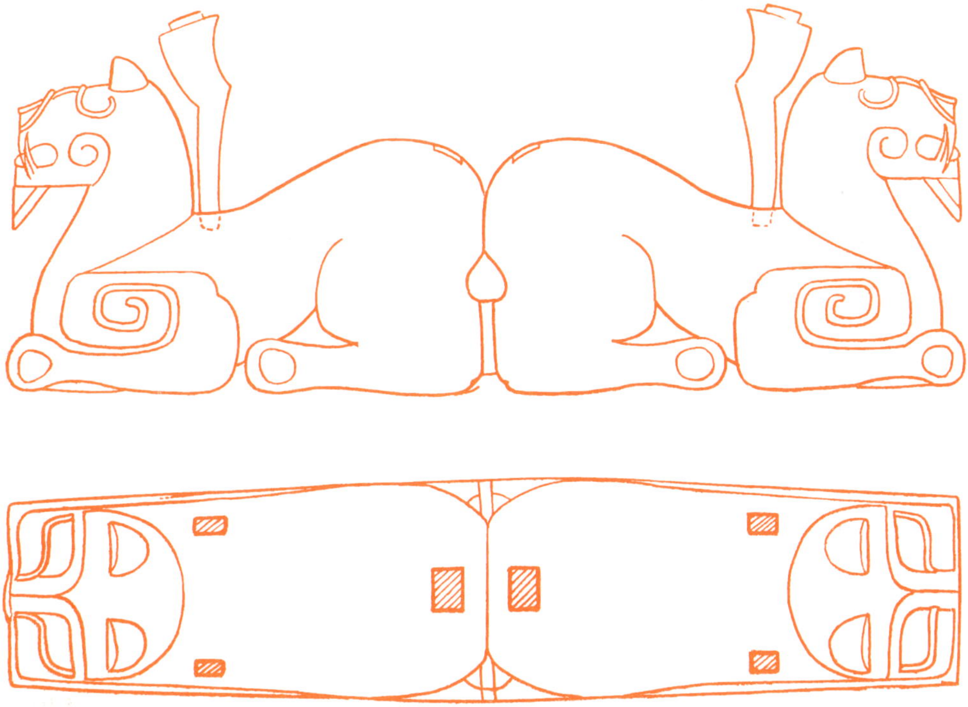

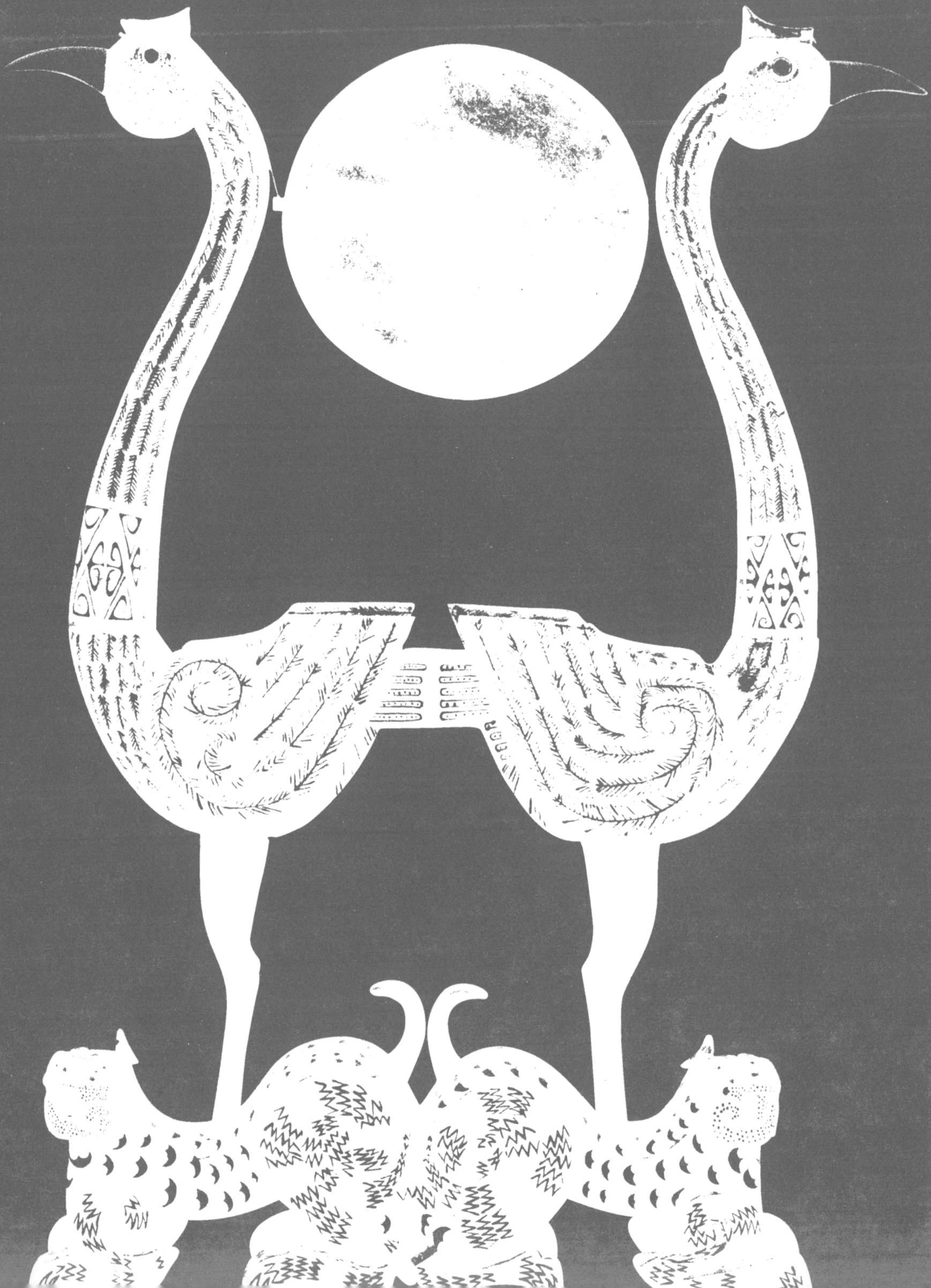

第一章 楚乐器的发现

第一节 楚乐器发现小史

楚乐器的发现，文献记载最早可追溯至唐代。《新唐书·杨收传》记载，宣宗时，“涔阳耕得古钟，高尺余，收扣之曰：‘此姑洗角也’。既劀拭，有刻在两栾，果然。”① 有学者认为唐代的涔阳，地处今湖南常德以北、湖北省荆州市江陵县之南，实为楚国腹地，所以，此“古钟”可能是楚钟。②

文献记载中明确有楚乐器出土并且被著录或有实物传世，当始于宋代。此后，部分大型楚墓被盗，一批重要的楚音乐文物浮出水面。20 世纪早期，田野考古工作方法被引进、了解、运用，科学系统的考古发掘工作拉开了帷幕。楚文化的考古工作正式开启并渐而深入。纵观楚乐器发现的历史轨迹，可大致划分为五个阶段。

一、宋代至清代

此时所发现的楚乐器均为青铜钟，其中既有传世品，也有出土物，均著录于宋代金石学著作中。

（一）楚公逆钟 / 镈

宋代政和三年（1113），今湖北嘉鱼县太平湖出土了著名的楚器——楚公逆镈。此器属西周晚期，后为邵泽民所得，又被秦桧索取，之后下落不明，其器形不详。此钟的铭文著录首见于宋代王厚之《钟鼎款识》（原册 1843 年毁于大火，今本为阮元翻刻）中，书内有两件拓本，为此铭善本。《两周金文辞大系图录考

① 《新唐书》中的这条文献最早由饶宗颐、曾宪通在《随县曾侯乙墓钟磬铭辞研究》一书中举出，后黄翔鹏在《曾侯乙钟磬铭辞乐律学研究十年进程》一文中参酌《玉海》中的相关记录对其进行了校正补录。笔者于此处转引黄翔鹏文中的校正文，并对原始文献进行了核对。（参见欧阳修，宋祁．新唐书：卷 184[M]. 北京：中华书局，1975：5393. 王应麟．玉海：卷 109[M]. 上海：上海书店，江苏古籍出版社，1990：1996. 饶宗颐，曾宪通．随县曾侯乙墓钟磬铭辞研究 [M]. 香港：香港中文大学出版社，1985. 黄翔鹏．曾侯乙钟磬铭辞乐律学研究十年进程 [M]// 中国人的音乐和音乐学．济南：山东文艺出版社，1997：60.）——笔者注。

② 黄翔鹏．曾侯乙钟磬铭辞乐律学研究十年进程 [M]// 中国人的音乐和音乐学．济南：山东文艺出版社，1997：60.

释》中即是这两个拓本。古今学者对此钟的研究较多。其中，孙诒让首先提出“此楚公逆即熊咢也”[①]。王国维指出，孙诒让的观点“不可易”。[②]高至喜认为，此器形制应为钟而非镈，这是由于西周铜镈的“钲间尚未形成”，“楚公逆镈的铭文应是从类似楚公逆钟的器物上摹拓下来的，故应正名为楚公逆钟”。[③]

（二）楚王酓章钟

宋代，湖北安陆出土两件楚王酓章钟，后归方城范氏收藏，现仅有铭文传世。两件钟最早著录于薛尚功《历代钟鼎彝器款识法帖》，其中一件铭文完整，一件仅存铭文后半。[④]完整铭文者又见王俅《啸堂集古录》、王厚之《钟鼎款识》，以《钟鼎款识》为善本。两件钟的钟铭上均有标音：一件上有3字，为“穆”“商”“商”，黄翔鹏认为其意为楚国穆钟律的商调之商[⑤]；另一件上有5字，为“少羽反”“宫反”，构成了该钟正、侧鼓部音程的小三度间距。

酓章其人，为楚惠王。曾侯乙编钟中唯一一件镈为楚王酓章镈，李零认为其与宋代出土的楚王酓章钟当出自一套。[⑥]但是，宋代出土的是有于弧的钟，而曾侯乙墓出土的是平口的镈，二者形制不同。刘彬徽推想的情况是，楚惠王铸造了镈和甬钟各一套，两件钟各分属一套。[⑦]

（三）王孙遗者钟

清光绪年间，也有楚王孙钟等重要的楚器出土。传世品王孙遗者钟即出于这一时期。据《湖北通志·金石志》载：“此钟光绪甲申年（1884）出宜都城西二十余里山中。”[⑧]该钟先后见于20余处著录。北京尊古斋曾受此钟，后辗转流落美国，今藏于旧金山亚洲艺术博物馆。现藏故宫博物院和广东省博物馆的所谓“王孙钟”，

---

① 孙诒让．古籀拾遗 [M]. 北京：中华书局，1989：20.
② 王国维．夜雨楚公钟跋 [M]// 观堂集林：卷十八．北京：中华书局，1959：890 － 891.
③ 高至喜．论商周铜镈 [M]// 商周青铜器与楚文化研究．长沙：岳麓书社，1999：42.
④ 薛尚功．历代钟鼎彝器款识法帖：卷六 [M]// 宋人著录金文丛刊初编．影印本．北京：中华书局，2005：349.
⑤ 黄翔鹏．释“楚商”——从曾侯钟的调式研究管窥楚文化问题 [M]// 溯流探源——中国传统音乐研究．北京：人民音乐出版社，1993：73 － 90.
⑥ 李零．宋代出土的楚王酓章钟 [J]. 江汉考古，1984（1）：88.
⑦ 刘彬徽．楚系青铜器研究 [M]. 武汉：湖北教育出版社，1995：333.
⑧ 张仲炘，杨承禧．湖北通志・金石志：卷九十三 [M]. 台北：京华书局，1967：2108.

其花纹及铭文为伪作。该器铭文共 117 字，郭沫若《两周金文辞大系图录考释》将其定为徐器[①]，刘彬徽将其与淅川出土王孙诰钟对比，铭文内容和文字风格类同，年代相近，认为其应为楚器[②]。由于王孙遗者难以与历史文献中的人物相对应，因此，学界对其身份的看法也不尽相同，刘翔、孙启康认为王孙遗者是楚公子追舒[③]，伍士谦则认为是王孙诰兄弟辈。[④]

二、20 世纪 20 年代至 40 年代

这一时期是楚文化发现的第一阶段。楚器为世人所知正是始于 20 世纪 20 年代。1923 年，安徽寿县出土了一批青铜器，有铜镜、车马器等，这批青铜器多被当时在蚌埠的瑞典工程师加尔白克（O.Karlback）所得，他将其分售至欧美各地，楚器从此开始被认知。

对楚器的真正辨识，还是自 1933 年安徽寿县朱家集李三孤堆楚幽王墓的被盗开始。此次被盗出土的楚器成为当时国内重要的铜器群之一。1933 年，朱家集地主朱鸿初等聚众盗掘了李三孤堆楚墓，1935 年该墓再次被盗，1938 年军阀李品仙利用驻皖的机会又对此墓进行了历时一个多月的盗掘。最后一次盗掘由于戒备森严，除内部人员外，其余知情者较少，具体情况不甚明了。而前两次盗掘出土的寿县楚器一经面世便被分散于各处，当时的调查结果是，公藏 4 处，私藏 8 处，流散于外埠或私家的不计其数。[⑤]由于该墓是迄今为止所发现的规模最大、等级最高的楚文化墓葬，因此，文物部门多年来一直重视搜集流散于各地的寿县楚器，学者们也一直在对该墓被盗掘出土器物的器类、数量等进行调查和统计。[⑥]对这两次遭盗掘的出土器物收藏情况的调查结果是：安徽省博物馆藏 776 件（其

---

① 郭沫若 . 两周金文辞大系图录考释 [M]. 北京：科学出版社，2002：347.

② 刘彬徽 . 楚国有铭铜器编年概述 [M]. 古文字研究：9. 北京：中华书局，1984：331 － 372.

③ 刘翔 . 王孙遗者钟新释 [J]. 江汉论坛，1983(8)：76–78. 孙启康 . 楚器王孙遗者钟考辨 [J]. 江汉考古，1983 (4)：41 － 46.

④ 伍士谦 . 王子午鼎、王孙诰钟铭文考释 [M]. 古文字研究：9. 北京：中华书局，1984：284.

⑤ 徐乃昌 . 安徽通志金石古物考编：2 (转引自殷涤非 . 关于寿县楚器 [J]. 考古通讯，1955 (2)：22.)

⑥ 殷涤非 . 关于寿县楚器 [J]. 考古通讯 .1955 (2)：21 － 24 (文中对解放以来所发表的有关寿县楚器的著录进行了梳理). 曹淑琴，殷玮璋 . 寿县朱家集铜器群研究 [M]// 考古学文化论集 . 北京：文物出版社，1987. 李零 . 论东周楚国典型铜器群 [M]. 古文字研究：19. 北京：中华书局，1992.

中 10 件被其他博物馆借走）、天津博物馆藏 10 件、故宫博物院藏 9 件、国家博物馆藏 8 件、上海博物馆藏 5 件、台北“故宫博物院”藏 2 件、日本东京国立博物馆藏 1 件、吉林大学文物室藏 1 件、辽宁省博物馆藏 1 件、美国纽约市私人藏 1 件、广州市博物馆藏 1 件、旅顺博物馆藏 1 件。① 统计表明，李三孤堆楚墓被盗出土的楚铜器数量有数千件，其中不乏楚文物精品。此外，资料显示，在李三孤堆楚幽王墓的盗掘中，发现“铜铎三十余个，每个重二三斤”②。有研究者认为这些所谓的“铜铎”很可能就是编钟③；也有研究者认为它们“很可能就是饰棺的棺罩周围悬挂的东西”④。两种说法均有疑点。根据邓峙一的记述，似乎每件“铜铎”的重量都十分相近，它们与编钟大小重量相次的特征不相符，因而是编钟的可能性较小。从重量上看，每件“铜铎”重达二三斤，这一重量用于悬挂在棺罩周围又似乎显得略重。所以，在缺乏实物的情况下，这三十余件器物到底是钟，还是棺饰，或者是其他器物，暂时难以断定。与此同时，相关记载显示，该墓中还随葬有编磬，但数量不知。⑤

这一时期的楚乐器发掘由于获取方式不科学，因此，无论是器形、纹饰等本体特征，还是埋藏于地下的具体情况都难以确定。

三、20 世纪 50 年代至 70 年代

楚文化发现的第二阶段始于 20 世纪 50 年代，这一时期是楚文化遗存科学发掘工作的开端。在此后的近 30 年间，楚文化遗存的特征日益明显，楚墓的年代学也基本建立。此时所发现的楚乐器数量也随着楚文化考古工作的深入而不断增加。

① 孙华．寿县李三孤堆楚墓墓主的初步分析 [M]// 楚文化研究会．楚文化研究论集：7. 长沙：岳麓书社，2007：423 － 424.
② 邓峙一．李品仙盗掘楚王墓亲历记 [M]. 安徽文史资料选辑：1. 合肥：安徽人民出版社，1960.（转引自刘彬徽．楚系青铜器研究 [M]. 武汉：湖北教育出版社，1995：241.）
③ 郭德维．关于寿县楚王墓椁室形制复原问题 [J]. 江汉考古，1982（1）：40.
④ 孙华．寿县李三孤堆楚墓墓主的初步分析 [M]// 楚文化研究会．楚文化研究论集：7. 长沙：岳麓书社，2007：423.
⑤ 郭德维．楚墓分类问题的探讨 [J]. 考古 .1983(3)：249-259.

20 世纪 50 年代出土的楚乐器虽批数不多，却多为重大发现。安徽寿县发现的楚附庸国墓葬——蔡侯墓中出土了成编的甬钟、钮钟和镈，还出土了 1 件钲，尽管器物均有残损，但在当时已是极为可观、重要的材料。河南信阳长台关 1 号墓出土楚乐器在当时引起了学术界的轰动。该墓所出青铜编钟堪称旷世精品，是截止到当时“出土编钟中最完整的一套”，又因其保存了较为完好的外部形态和音乐音响性能而被认为是“研究古代乐器及乐律最理想的材料”[①]。20 世纪 60 年代集中发掘的大多是小型楚墓，由于这些墓葬规模较小、级别较低，因此较少出土有乐器。20 世纪 70 年代，楚乐器发现进入高峰时期，出土楚乐器的数量之多、性能之好，均于此前少有。属于楚附庸国的曾侯乙墓乐器，尤其是曾侯乙编钟的出土在当时乃至其后的几十年中掀起了一股编钟研究和楚音乐研究的浪潮。事实上，几乎在曾侯乙墓乐器出土的同时，河南淅川下寺楚墓群中也相继出土了大量保存较好的乐器，其中，敬事天王钟是目前所发现的编钟中音乐音响性能最为完好的一套，王孙诰钟则是目前已知的以甬钟成编、件数较多的实用编钟。除此以外，河南、湖北、湖南、安徽还有其他零星发现。

（一）信阳长台关楚墓乐器[②]

1956 年，河南信阳农民在打井时掘出椁板，随后在墓葬前室、主室和右侧室取出了一些器物，长台关 1 号墓就此被发现。该墓的正式发掘工作于同年展开并在 2 个月后结束。次年，在 1 号墓东约 10 米处又发现了 2 号楚墓。两墓为形制相同的大型木椁墓，遗物内容丰富，均出土有乐器。

1 号墓规模较大，墓圹呈长方形，共有 7 室：前室、主室、右侧室、左侧室、后室、左后室、右后室，它们采用 539 根方木筑成，是当时“鄂豫湘皖四省所发现的楚墓中形制最庞大者之一”[③]。墓葬有内外两重。经复原清理，墓中出土器物共计 903 件。13 件青铜编钟出于前室，其中 6 枚于 1956 年春被人取出，另 7 枚于 1957 年被清理出来，出土时整齐并列地挂在一个倾倒的彩绘木质钟架上。

① 中央音乐学院民族音乐研究所调查组 . 信阳战国楚墓出土乐器初步调查记 [J]. 文物参考资料，1958（1）：23.
② 河南省文物研究所 . 信阳楚墓 [M]. 北京：文物出版社，1986.
③ 河南省文物研究所 . 信阳楚墓 [M]. 北京：文物出版社，1986：14.

钟钮用兽面插销挂穿在钟架上，尽管木架已断裂，但插销并未脱落。原中央音乐学院民族音乐研究所组织调查组对该墓出土乐器进行了考察，并撰写了《信阳战国楚墓出土乐器初步调查记》，介绍了这套编钟的基本情况和测音数据。1957 年除夕，为迎接新年，中央人民广播电台在敲响新年钟声之时，向全世界播送了由这套编钟演奏的《东方红》。与此钟同时出土的还有 3 件木瑟，1 件彩绘锦瑟，1 件小鼓，1 件大鼓及 1 件鼓座。彩绘锦瑟虽已残缺过甚，仅存 53 块，但从其残留瑟板来看，原器的制作极为精美。瑟上的彩绘图案内容丰富，具有深刻的礼乐内涵，是重要的先秦音乐图像史料。

2 号墓的结构和规模与 1 号墓相似，也有 7 室和内外两重棺，其木料消耗量与 1 号墓相当。2 号墓出土了与 1 号墓编钟形制相同、大小次第的 13 件木质编钟，发掘时钟枚已多半脱落，此外还出土有与之相配套的钟架 1 件、钟槌 2 件。同墓出土的乐器及相关配件还有木质编磬 13 件及磬架 1 件，木瑟 3 件，鼓 2 件，鼓座 1 件及鼓杖 2 件。其中，虎座鸟架鼓之鸟架造型在存见同类鼓中较为特别。

从两墓的形制和遗物看，其墓主绝非庶民，至少相当于大夫级，但 1 号墓的级别略高于 2 号墓，且二者有着密切关系。由于墓葬的历史信息不明确，因此对于其墓葬年代[①]、编钟原套件数、墓主身份等问题仍在讨论中。

（二）长沙浏城桥 1 号墓出土乐器[②]

1971 年，湖南长沙市东区浏城桥发现了一处较大型和完整的楚墓。该墓有两椁一棺。在外椁和内椁之间的东、南、西三面均留有一定的空间，形成三个边厢，随葬器物即放置其中。西边厢中横放有一件形制与主棺相同、形体较小的小棺，内空，乐器便放置于这件小棺之上，包括大鼓、小鼓、瑟、彩绘木鹿、角形器等。墓中出土的 24 弦瑟为当时首次发现，且不见于文献记载。通过墓葬形制和出土遗物的对比分析，该墓年代被推定为春秋晚期。

① 郭沫若的《信阳墓的国别与年代》一文认为该墓年代为春秋晚期；考古报告中判断该墓葬的年代为战国早期；陈振裕的《略论九座楚墓的年代》一文认为该墓年代为战国中晚期；欧潭生的《信阳地区楚文化发展序列》一文认为编钟年代为春秋晚期，墓葬年代为战国中期；但目前多数学者认为该墓年代属于战国中期为宜——笔者注。

② 湖南省博物馆．长沙浏城桥一号墓 [J]. 考古学报，1972（1）：59-72.

（三）葛陂寺 34 号墓与拍马山 4 号墓出土乐器[①]

1962 年到 1963 年间，距离湖北江陵纪南城 1.5 公里和 2 公里处的葛陂寺和拍马山分别发现了两批保存较为完好的楚墓。其中，葛陂寺 34 号墓和拍马山 4 号墓中均出土了保存较好的战国时期虎座鸟架鼓。此前，由于所出虎座鸟架鼓多残损不全，尤其缺乏各部分连接处实物，故学术界对于虎座鸟架鼓的连接和具体结构尚难以确认。这两件虎座鸟架鼓的发现为这一乐器结构的认定提供了有力的实证。

（四）河南淅川下寺楚墓群的乐器发现[②]

河南淅川县位于河南省西南部，西接陕西，南邻湖北。其西部的荆紫关是湖北通往关中的重要关隘。下寺楚墓群主要分布在龙山山脊之上。正式发掘工作于 1979 年完成，共发掘大中型春秋墓 9 座、小型春秋墓 15 座、车马坑 5 座以及汉墓 8 座。其中有乐器出土的墓葬为 M1、M2 和 M10。

1. 下寺 2 号墓出土乐器

在下寺楚墓群中，M2 处于整个墓地的核心地位。它是一座长方形土坑墓，无墓道，坑底四周有熟土二层台。墓葬为一椁两棺。乐器主要陈放于墓室南部，甬钟和编磬就位于此。26 件甬钟由西至东依次作一字排列，紧靠椁室南壁，大者在下，小者在上，有的散落于大钟之间，另有配套的 1 件撞钟棒帽、24 件甬钟销钉和 52 根钟系。石磬大多压在编钟之下。此外，墓室东部也放置有少量乐器。

墓中所出编钟不仅是当时出土件数最多、体量最巨、规模最大的编钟，也是出土的、单以甬钟成套的件数和规模较大的一套编钟。它们保存完好，每件钟上均有铭文，几件钟共铸完 1 篇。虽然它们形制相同，但纹饰及大小比例却略有差别，因而被认为非一次设计铸造而成。正因为如此，它也成为学术界研讨较多的先秦编钟之一。

---

① 湖北省文物管理委员会．湖北江陵出土虎座鸟架鼓两座楚墓的清理简报 [J]. 文物，1964（9）：27-30。

② 河南省文物研究所，河南省丹江库区考古发掘队，淅川县博物馆．淅川下寺春秋楚墓 [M]. 北京：文物出版社，1991.

钟铭显示，该钟的器主为王孙诰，但此人于史书无考。而该墓墓主问题一直存在争议：发掘报告及相关研究认为墓主为庄王之子王子午，即康王时的令尹子庚①，另有子庚后的第三任令尹②、子庚之孙③、王子午之子④三种观点。无论墓主为谁，官至令尹无疑。其年代初步确定为春秋晚期。

2. 下寺1号墓出土乐器

M1位于M2的南面，为长方形土坑墓。一椁两棺，墓主人头东脚西。9件编钟被陈放在墓室偏南部，分3件与6件呈曲尺状摆放，13件编磬于墓室中部偏西，1件罕见的石排箫与玉器同置于墓室西部。该墓出土的9件编钟保存较好，形制相同，大小相次。各钟皆有铭文，因铭文中有“敬事天王”四字而得名。经检测，这套编钟的音乐音响性能极佳。据墓内出土器物及墓葬布局判断，M1墓主是孟滕姬，为M2墓主的正夫人。资料表明，这套编钟约为春秋中期前段铸造，而墓葬年代却为春秋晚期前段。

3. 下寺10号墓出土乐器

M10位于墓葬群的北部，为长方形土坑墓。一椁两棺。乐器主要陈放在椁室东部。䵼镈放在椁室最东端，由大到小、从南往北呈一条直线，镈钮在同一水平线上，此线上有一条南北向的彩绘痕迹，应是悬挂镈的横梁痕迹。䵼钟的位置相对较乱，镈的东、西两侧都有。此外发现有一条与镈横梁同长且平行的彩绘痕迹，当为钟架。因此可以判断，钟镈同架，钟于上层，镈在下层。石磬则大小叠压于椁室南。这套钟镈上均有铭文，但行款字数不一。据初步推断，这套编钟为吕王之孙䵼所作，吕被楚灭后，流入楚人手中而被下葬，当属于楚系钟。这套钟镈的年代可能为春秋中期后段，墓葬年代约为春秋晚期后段。

---

① 赵世纲．再谈淅川下寺2号墓的墓主与年代[M]// 楚文化研究会．楚文化研究论集：2.武汉：湖北人民出版社，1991：133－142.

② 李零．“楚叔之孙倗”究竟是谁——河南淅川下寺二号墓之墓主和年代问题的讨论[J].中原文物，1981（4）：38－39.陈伟．淅川下寺2号楚墓墓主及相关问题[J].江汉考古，1983（1）：34－35、40.

③ 张亚初．淅川下寺2号墓的墓主、年代与1号墓编钟的名称问题[J].文物，1985（4）：54－58.

④ 刘彬徽．楚系青铜器研究[M].武汉：湖北教育出版社，1995：313.

（五）天星观 1 号墓出土乐器[①]

天星观 1 号楚墓是当时湖北江陵地区所发现的规模最大的楚墓，是一座有封土、墓道的长方形竖穴木椁墓。该墓有 15 级台阶，一椁三棺，分为 5 大室 7 小室，即：南室（南东室、南西室）、东室（东南室、东北室）、北室、西室、中室。其中有 6 室都曾被盗，尽管如此，墓中依然发现了 2440 余件珍贵文物。乐器均下葬于东室，且多制作精良，具备较好的音乐音响性能。东室出土有 4 件编钟及与之相配的 5 件穿钉和 1 件钟架。4 件钟形制相同，其中 2 件悬挂在钟架的横梁上。钟架横梁下端有大小递减的 22 个长方孔，两侧还有插穿钉的小孔，由此可知，这套编钟原应有 22 件。4 件钟对应在钟架上的位置是第 6、第 9、第 19 和第 22。同出有 2 件钟棒。此外，东室还出土了若干编磬及磬架 1 件和磬槌 6 件，笙 6 件，瑟 5 件，虎座凤鸟悬鼓 1 件和鼓槌 2 件，小鼓 1 件。墓中出土的虎座鸟架鼓已经成为此类乐器的代表。据判断，该墓下葬年代约在公元前 340 年前后，即楚宣王或威王时期。墓主人是邸阳君番勅，其爵位应是楚国的上卿，官职可能是令尹、上柱国之类。

（六）上蔡楚墓出土乐器[②]

1979 年，河南上蔡县砖瓦厂在城西挖土时发现了一座楚墓，出土随葬青铜器 29 件。墓葬呈南北向，破坏严重，墓室结构也被损毁。该墓出土有 13 件编钟，形制相同，大小次第，制作精致。其中 4 件破裂，9 件基本完好。其年代初步判断为战国中期或偏早。

（七）平粮台墓出土乐器[③]

1979 年至 1980 年间，考古工作者对河南平粮台古城址的一批战国、两汉墓葬进行了清理，其中 16 号墓最大。这座墓葬是“甲”字形竖穴木椁墓。墓主为一老年男性，头向东。随葬器物多放置于椁室东部和棺的南北两侧。其中出土有陶质编钮钟，这些钟烧造火候较低，陶质较差，且受到一定程度的损坏，仅修复

---

① 湖北省荆州博物馆．江陵天星观 1 号墓 [J]. 考古学报，1982（1）：95.
② 李芳芝．上蔡县发现一座楚墓 [J]. 中原文物，1990（2）：94.
③ 河南省考古所，淮阳县文物保障所．河南淮阳平粮台十六号楚墓发掘报告 [J]. 文物，1984（10）：21.

5 件。这些钟的总体形制模仿青铜乐钟，但仿制得极为粗糙，如钟体较浑圆；钟枚较大，且每面 9 枚均匀分布于钟体；由于钟枚数量、大小、分布情况的变化，这组陶钟均没有隔出钲部、鼓部等。与陶钟同出的还有陶编磬。结合墓中出土的陶九鼎可知，墓主的身份不低。该墓的年代约属战国晚期。

（八）当阳曹家岗 5 号楚墓出土乐器

曹家岗 5 号楚墓位于今湖北当阳市。此墓除一椁重棺之外，还同葬两具陪棺，设附葬坑。墓葬被盗，同时遭到严重破坏，尽管如此，依然发掘了近千件珍贵的遗物。2 号陪棺上有木瑟 1 件，1 号陪棺的棺盖上有 1 件残漆瑟和 2 件笙。所出 2 件春秋晚期的瑟分别为 26 弦漆瑟和 21 弦木瑟，均为目前所知瑟的最早实物，其中，漆瑟的装饰由彩绘与浮雕结合，异常精美。

此外，这一时期还发现了几批重要的楚附庸国的乐器，无论是出土墓葬及墓中器物，还是乐器本身，都带有十分明显的楚文化因素。

（九）蔡侯墓出土乐器[①]

1955 年，民工在安徽寿县深沟取土时发现了 2 件甬钟，随后继续挖掘，取出了 30 余件大件青铜器。隔日，安徽省博物馆筹备处工作人员发现此情况并通报上级，由考古人员进行的科学清理发掘工作才得以进行。

该墓为一座近正方形的竖井土坑墓，没有墓道。墓主人头北足南。坑底东南角可能有一殉人。墓坑北部放置乐器和礼器。这部分资料由民工掘出，据其中一位民工回忆，墓葬东面整齐放置着 2 排甬钟。2 排甬钟的西南部放置有 2 组编钟和编镈。已知出土编钟共 29 件，其中甬钟 12 件，钮钟 9 件，镈 8 件。此外，报告的乐器一栏中还介绍有残钟片，“残碎无法计数。其中已清理出 47 块有铭文，文与甬钟、编镈、编钟已发现之铭文有所不同，似为另一种钟；但有的钟乳与甬钟相同，也可能是甬钟”。[②]（笔者注：此处所言“钟乳”，当指钟枚。）墓中还另出土有 1 件錞于和 1 件钲。因墓中出土铜器的铭文上多有“蔡侯”字样，因此可以确定为蔡侯之墓，其时代暂定在春秋晚期，或者公元前 5 世纪前半期。由

① 安徽省文物管理委员会，安徽省博物馆．寿县蔡侯墓出土遗物 [M]．北京：科学出版社，1956.
② 安徽省文物管理委员会，安徽省博物馆．寿县蔡侯墓出土遗物 [M]．北京：科学出版社，1956：11.

于该墓的器物组合及器物特征都呈现了较为典型的楚文化特征，因此学术界通常将此墓列为楚系墓葬。

（十）曾侯乙墓出土乐器[①]

曾侯乙墓位于湖北随县擂鼓墩，于 1977 年被发现。这座墓葬规模较大，总面积达 220 平方米，墓坑形状较为特殊，方向正南。墓葬分 4 个椁室，分别是北室、东室、中室、西室。主棺分内、外两层，墓主人头朝南，另有 21 具陪葬棺。该墓出土了 125 件乐器，有编钟 64 件、镈 1 件、编磬 32 件、瑟 12 件、鼓 4 件、笙 6 件、篪 2 件、排箫 2 件、十弦琴 1 件、均钟 1 件，分别出自东室和中室，此外还出土编钟的钟架、编磬的磬架，以及与之配套的用于悬挂和演奏的乐器附件。

曾侯乙墓出土乐器品类多样，大多保存完好，装饰精美，制作精良，具有较好的音乐性能。它们或为同类乐器中的精品，或为目前少有的遗物，抑或为目前所仅见的孤品。

曾侯乙编钟无论是外形还是音响都保存得相当完好。64 件编钟与 1 件镈同悬一架，呈曲尺形摆列。其中甬钟 3 组共 45 件，3 组甬钟的形制纹饰不尽相同，分长枚、短枚和无枚三种。钮钟 3 组共 19 件，均无枚，但纹饰略有差异。这套编钟的每件钟上都铸刻有乐律铭文，其音乐意义与文化内涵都极为丰富。镈上也铸刻有铭文，虽与音乐无涉，但却记录了一段史实，为该墓葬年代的判定提供了确凿的依据。所发现的乐律铭文不仅呈现了前所未有的、文献中未见的系统化音乐理论，还成为了中国古代乐钟“一钟双音”理论与实践的无可辩驳的实证。有关曾侯乙编钟的文化属性问题，学术界讨论较多。尽管曾侯乙编钟上带有明显的中原文化因素，但无论钟铭还是外形纹饰都表现出显著的楚文化特征，加之曾国曾为楚之附庸，因此曾侯乙编钟可以被纳入楚系钟的范畴。

曾侯乙编磬虽然无法进行测音，但磬上与钟铭为同一体系的七百多字音律记录，为复原其音乐性能提供了相应的依据。

曾侯乙墓出土瑟、笙是目前所知同类楚乐器中的精品，为分析这类楚乐器提

① 湖北省博物馆．曾侯乙墓 [M]. 北京：文物出版社，1989.

供了宝贵的依据。曾侯乙墓出土鼓保存较好，类别较为丰富。所出十弦琴、排箫和篪均为目前所见两类乐器的少有遗物标本，是分析这几类乐器的重要证据。墓中出土的均钟为目前所仅见，其发现与考证具有十分重要的学术意义。

（十一）固始侯古堆 1 号墓出土乐器[①]

1978 年，河南固始县城关镇砖瓦厂工人在备土时发现了这座墓葬陪葬坑的椁室。工人因好奇将椁板凿开小洞，使得室内积水外流，同时他们还取出了 2 件镈和一些车马器。不久后，科学考古发掘获批开始。1 号墓是“甲”字形长方形竖穴墓，坐西朝东。木椁分内、外两层。主棺为单棺，墓主人头向东。该墓有 3 个东汉时期的盗洞遗迹。陪葬坑位于主墓北侧 13 米处，是一个东西向的长方形竖穴坑。钟镈陈放在陪葬坑的东南隅，由大到小呈东西向并排。横梁脱落，钟镈散地，但排列井然。陪葬坑共出土 8 件镈和 9 件钟。6 件镈靠南壁，最大的 2 件放在东壁和南壁的拐角处。9 件钟置于镈的北侧，东西呈一条线，横梁脱落但钟钮仍对照着横梁上的长方形孔，可见，编钟放置时是悬挂在钟架上的。钟镈保存完好，均有铭文，但字数、内容及部位不同。此外，同出 6 件漆瑟、1 件木鼓和 1 件有柄鼓。

关于该墓的国别、年代及墓主人身份，学术界的观点不一。[②] 就国别而言，有三种观点：有认为是楚系墓葬，有认为是番墓，还有认为是吴墓。关于墓葬年代，有认为属春秋晚期，有认为属春秋末或战国初年，还有认为是战国前期偏早。墓主人为宋景公的妹妹无疑，但对于她的具体身份却看法不一，有学者认为她是吴太子夫差夫人季子，有认为季子起初嫁给阖闾为夫人，夫死后改嫁给番子成周为夫人，还有学者认为季子是吴公子终累的夫人。

研究表明，这组钟镈和其他出土乐器可能是吴国伐楚时的战利品，由于吴国夫人季子随军驻守时去世，这些钟镈乐器等战利品便作为随葬品埋葬于季子的陪

① 河南省文物考古研究所．固始侯古堆一号墓 [M]. 郑州：大象出版社，2004.
② 参见河南省文物考古研究所．固始侯古堆一号墓 [M]. 郑州：大象出版社，2004. 李学勤．东周与秦代文明 [M]. 北京：文物出版社，1984：126. 王恩田．河南固始“勾吴夫人墓”——兼论番国的地理位置及吴伐楚路线 [J]. 中原文物，1985（2）：61 – 64、66. 徐少华．固始侯古堆一号墓的年代及其相关问题 [M]// 楚文化研究会．楚文化研究论集：7. 长沙：岳麓书社，2007：306 – 319. 高成林．关于固始侯古堆一号墓的几个问题 [M]// 楚文化研究会．楚文化研究论集：7. 长沙：岳麓书社，2007：320 – 326.

葬坑中[1]，因此可将其归入楚系乐器。

（十二）秦王卑命钟[2]

1973 年，一位农民社员在湖北荆州城西犁地时发现了一件青铜钟，并交于博物馆保存。这件钟略呈绿色，有光泽，纹饰精美。钟体一面镌刻有 12 字铭文，但不全，可见是一套钟中的一件。关于此钟的定名，大致有几种说法：有定名为“秦王卑命钟”；有“竞钟”之称[3]；有“王卑命钟”之名[4]；还有称其为“秦王钟”[5]。这些定名均出自钟上铭文，只是所截取的字不同而已，目前学界大多采用“秦王卑命钟”。简讯中将该钟年代初步定在春秋中晚期至战国早期，但其所属年代及国别在学术界聚讼已久。因其外部纹饰和造型具有较为明显的楚文化特征，故定为楚系钟。

（十三）纸背村出土乐器[6]

1978 年，在湖南东部浏阳县纸背村山脚发现了一批青铜器，根据发现器物的社员反映和出土的情况判断，它们可能是一座竖穴土坑墓的随葬品。这批青铜器中有 9 件造型纹饰相同的编钟，保存基本完好，此外还有 1 件素面铙。它们的年代被初步判定为战国早期。该墓乐器的基本形制和纹饰均带有明显楚文化因素。

四、20 世纪 80 年代至 20 世纪末

1980 年，中国考古学会召开了以楚文化为重点的第二次年会。这是楚文化考古迈进深入阶段的开端。次年，湘鄂豫皖四省楚文化研究会的成立，有力促进了楚文化考古的发掘与研究工作。

---

① 参见赵世纲．固始侯古堆出土乐器研究 [M]// 固始侯古堆一号墓．郑州：大象出版社，2004：131. 徐少华．固始侯古堆一号墓的年代及其相关问题 [M]// 楚文化研究会．楚文化研究论集：7. 长沙：岳麓书社，2007：306 － 319. 高成林．关于固始侯古堆一号墓的几个问题 [M]// 楚文化研究会．楚文化研究论集：7. 长沙：岳麓书社，2007：320 － 326.

② 湖北省博物馆．当阳季家湖楚城遗址 [J]. 文物，1980（10）：35.

③ 李纯一．中国上古出土乐器综论 [M]. 北京：文物出版社，1996：224.

④ 刘彬徽．楚系青铜器研究 [M]. 武汉：湖北教育出版社，1995：340.

⑤ 中国社会科学院考古研究所．殷周金文集成（第一册）[M]. 北京：中华书局，1984：26.

⑥ 熊传薪．湖南新发现的青铜器 [M]// 文物编辑委员会．文物资料丛刊：5. 北京：文物出版社，1981：104.

这一阶段的楚文化考古发现中也出土了楚乐器。除成编成套出土之外，其余大多为单件，尽管它们较为零散，但其中所发现的几批重要楚乐器，对早期楚文化及楚音乐文化的研究都具有重大学术意义。

陕西周原出土了一件西周晚期的楚公冢钟。此前所知的楚公冢钟共有 4 件，其中 3 件藏于日本泉屋博古馆，另 1 件下落不明，但 4 件钟均有著录。新出楚公冢钟是国内仅见的楚公冢钟实物，不但是迄今所见年代最早的楚钟，更是年代较早的楚青铜器之一，弥足珍贵。山西曲沃晋侯墓地是自 20 世纪 90 年代以来所发掘的晋国大型贵族墓地，在该墓地的64号墓中出土了数件西周晚期的楚公逆编钟。前文已述，楚公逆钟早在宋代就有发现，此后被各家著录。晋侯墓地出土的楚公逆编钟，不但证实了宋代出土此钟的真实性，更对研究楚音乐文化、探讨早期晋楚文化交流具有重大意义，此外，钟铭内容叙述了楚公逆出征擒获首级，并用以祭祀，同时将献得的九万钧铜用来铸造编钟的重要历史事件。

（一）包山楚墓出土乐器[①]

包山墓地是这一时期发现的重要楚墓群，其年代序列明晰，类别明显，是探讨古代楚人礼俗的重要资料。包山墓地的相对年代被判定为战国中期晚段至战国晚期早段。包山 1 号墓出土有 1 件虎座鸟架鼓、1 件有柄鼓、1 件瑟和 1 件笙竽类乐器；包山 2 号墓也出土了 1 件鼓和 1 件瑟，还出土 1 件铜铙。由于包山墓地的级别较天星观 1 号墓低，所以墓中未出土青铜编钟等礼乐重器。

（二）江陵雨台山楚墓群出土乐器[②]

江陵雨台山楚墓群位于今湖北荆州约 10 千米处，邻近楚都纪南城。该墓群先后清理出的楚墓，年代从春秋中期到战国晚期，延续时间长达 400 多年。同一墓地中发掘如此数量众多的楚墓，在当时尚属首次。雨台山楚墓群的棺椁形式和出土器物具有鲜明的地方特点。该墓群的墓葬级别不高，因此未出土礼乐重器，但其中出土了一批鼓、瑟、笙等楚人最喜欢也最常用的乐器。

---

① 湖北省荆沙铁路考古队 . 包山楚墓 [M]. 北京：文物出版社，1991.
② 湖北省荆州地区博物馆 . 湖北江陵雨台山楚墓 [M]. 北京：文物出版社，1984.

（三）老河口安岗楚墓出土乐器[①]

老河口位于湖北西北，与河南邓州、淅川接壤，因处于汉江故道口而得名，素有“襄陨要道、秦楚通衢”之称。此地距离秦楚反复拉锯的丹江流域很近，保存了大量重要的历史遗存。安岗墓地共清理出 4 座墓葬，墓葬年代被判定为：1 号墓为战国中期，约公元前 330 年，2 号墓略早于 1 号墓，3 号墓和 4 号墓的年代大体相当，为战国中期偏晚。1 号墓和 2 号墓的规模较大，出土器物较多，墓葬等级接近。两墓关系密切，1 号墓墓主人为男性，等级是下大夫，2 号墓墓主人为女性，等级是元士，两墓东西并列，方向相同，相距仅 7 米，可能曾共用一座封土堆，为夫妻异穴合葬墓。两墓中均有乐器出土。1 号墓出土的乐器虽数量不多，规模不大，但均为楚乐器中较为少见的形态和珍贵标本。墓中出土有目前仅见的带鼓座悬鼓，此鼓制作精良，纹饰雕刻极为精美。墓中还出土了 24 弦瑟以及与之相匹配的精美瑟座、笙以及长期以来因不明其名与实而被据其形态命名为“角形器”的雅。2 号墓出土有瑟。该墓的考古报告认为，楚墓中常伴随出土的绕线棒是一种乐器，认为其用途是缠绕瑟弦，此观点似有可斟酌之处。

（四）和尚岭墓地出土乐器[②]

河南淅川和尚岭墓地位于下寺楚墓群北约 400 米。1989 年，当地村民对该墓地进行盗掘并将文物贩卖至国外，此事引起了有关部门高度重视。文物被追缴回后，该墓地的考古工作也正式展开，并于 1990 年完成发掘，其中发掘楚墓 2 座，佣子受钟出土于和尚岭 2 号墓中。

2 号墓为长方形土坑竖穴木椁墓，墓向东。可能为一椁重棺。墓室西部有一个盗洞，但被盗不严重，大部分随葬品未被盗走。编钟编磬放置在墓室东南部。编钟紧贴椁室南壁，从出土情况看，它们分两层悬挂，上层为钮钟，下层为镈，均保存良好。9 件钮钟形制相同，大小相次，有阴文铭文，由几件组成一篇。8 件镈形制相同，大小相次，有阴文铭文。墓中还同出有 12 件石编磬。

和尚岭两座楚墓为夫妻异穴合葬墓，考古报告中指出：“M1 的墓主是春秋

① 襄阳市博物馆，老河口市博物馆．老河口安岗楚墓 [M]．北京：科学出版社，2018.

② 河南省文物考古研究所，南阳市文物考古研究所，淅川县博物馆．淅川和尚岭与徐家岭楚墓 [M]．郑州：大象出版社，2004.

中晚期楚国的高级贵族克黄，M2 则是克黄夫人仲姬的墓。”但学术界对此意见不一，两墓的年代同为春秋晚期。[①] 此外，有研究认为佣子受钟的年代为楚惠王十四年。[②] 还有研究将 2 号墓的时代判断为战国早期偏早。[③]

（五）徐家岭墓地出土乐器[④]

徐家岭墓地是一处楚贵族墓地，位于龙山余脉的河南淅川县南，与和尚岭墓地相距 3 公里。岭上分布有 10 座墓葬。其中 M3、M9、M10 均出土有乐器，M3 和 M10 出土了编钟。

1. 徐家岭 3 号墓出土乐器

3 号墓为长方形土坑竖穴木椁墓，墓向东。该墓被盗较为严重，从残迹看是一椁三棺。钟磬陈放于椁室东南部。9 件钮钟与 8 件镈放置在一起，但已无法辨认其具体摆放情况。其中 9 件编钟形制相同，大小相次，但纹饰有别，保存基本完整。8 件镈的形制纹饰相同，大小相次。墓中还同出有 12 件石编磬。墓主人是男性，为楚国高级贵族，可能是大夫级。墓葬年代可能是春秋晚期。

2. 徐家岭 9 号墓出土乐器

9 号墓为长方形带台阶的土坑竖穴木椁墓。墓内棺椁腐朽，从其残迹可知其原为一椁三棺。根据盗洞和洞内遗物判断，该墓曾于战国晚期被盗。墓中出土多件挂钩、销钉和穿钉，表明原随葬有青铜钟类乐器，同出有 14 件石编磬。值得一提的是，墓中出土了一对造型独特、制作精美的青铜神兽，考古报告认为此为青铜鼓座。目前尚未发现同类器物，此观点需加以进一步分析考证。墓葬年代约为春秋晚期。由于该墓被盗严重，尤其是墓中的青铜礼乐重器多被盗掘，因此难以根据随葬情况推定墓葬级别，参照同墓地中墓葬情况大略相同的 10 号墓来看，9 号墓的墓主人身份与 10 号墓基本相当，可能略高，大致同为大夫级。

---

① 河南省文物考古研究所，南阳市文物考古研究所，淅川县博物馆．淅川和尚岭与徐家岭楚墓 [M]. 郑州：大象出版社，2004：120.
② 赵世纲．佣子受钟与鄂国史迹 [J]. 江汉考古，1995（1）：49.
③ 高成林．淅川和尚岭楚墓的时代问题 [J]. 中原文物，1996（4）：61 － 65.
④ 河南省文物考古研究所，南阳市文物考古研究所，淅川县博物馆．淅川和尚岭与徐家岭楚墓 [M]. 郑州：大象出版社，2004.

3. 徐家岭 10 号墓出土乐器

10 号墓为“甲”字形墓。葬具为一椁三棺，墓主人头向东。钟磬陈放于墓室偏南部。9 件钮钟与 8 件镈放置在一起，但已无法辨认其具体摆放情况。其中 9 件编钟形制相同，大小相次，保存较为完好。8 件镈形制纹饰相同，大小相次，其中 3 件略残。墓中同出 13 件石编磬。墓主人为大夫级，墓葬年代可能是战国早期。

（六）叶县旧县墓地出土乐器 ①

河南叶县旧县一带是一处重要古墓地。1985 年，经勘查发现，这是一处大型东周时期的墓葬群。由于水的侵蚀导致了冢土和墓室一角的破坏，考古人员随即对其中一座墓葬进行了钻探发掘，即旧县 1 号墓。该墓为长方土坑竖穴墓，曾多次被盗，墓主人头向及葬式不明。墓葬为重椁重棺，分东室、西室、侧室三个部分，东室和西室均放置有乐器。残存的 6 件编钟出自西室，出土时有 5 件悬挂在残留痕迹的木质钟架上，1 件出自北侧的盗洞边。6 件钟形制相同，大小相次，纹饰基本相同，原均有铭文，但或被锉去，或已锈蚀。2 件瑟叠放于东室内。根据墓葬情况判断，其年代当在战国早期，墓主人可能是楚大夫级贵族。

（七）楚公逆编钟 ②

1993 年，考古人员在对北赵晋侯墓地的第四次抢救性发掘中，发掘了 3 座大墓、20 余座祭祀坑及 2 座汉墓，其中 M64 中出土了 8 件编钟。M64 是“甲”字形墓，葬具为一椁两棺，墓主人头朝北。编钟陈放于外棺东南侧，同出乐器还有 16 件石磬和 1 件铜钲。该墓墓主是晋侯邦父。其年代在西周晚期宣王之世。

2007 年 6 月 25 日至 30 日，为配合晋侯墓地考古发掘报告中出土乐器资料的编写和研究，笔者与王子初在晋侯墓地的主要发掘人之一——北京大学考古文博学院刘绪的带领下，一同赴山西对晋侯墓地出土乐器进行了实地调查，对 M64 出土编钟进行了全面测量。经过考察发现，8 件甬钟形制相似，纹饰、铭文有别，其中 6 件钟的铭文内容与楚公逆有关。

---

① 河南省文物研究所，平顶山市文物管理委员会，叶县文化馆 . 河南省叶县旧县 1 号墓的清理 [J]. 华夏考古，1988（3）：8.

② 山西省考古研究所，北京大学考古系 . 天马—曲村遗址北赵晋侯墓地第四次发掘 [J]. 文物，1994（8）：5.

（八）楚公冢钟[①]

1998 年，陕西周原召陈村村民在用推土机平整土地时发现了 1 件西周青铜甬钟。据勘查，这件钟应是出土于召陈遗址甲区西周大型建筑群基址西侧的土壕断崖内，系窖藏出土。和周原多数出土窖藏一样，它也是周室东迁或战乱时贵族逃跑前埋下的。这件钟的纹饰较有特色，钟上铸有 17 字阴文铭文。此钟的铸造年代当在周幽王时期，即楚熊仪在位时期。

（九）平夜君成钟[②]

平夜君成墓位于河南东南部驻马店市新蔡县西北的葛陵村。1992 年，因当地人烧窑取土而被发现，后经二次盗掘，最终于 1994 年得以抢救性发掘。该墓为“甲”字形，由墓坑和墓道组成，两棺两椁。由于该墓多次被盗，因此随葬器物残留较少。墓葬共有 5 室，经发掘后分析，乐器当陈放于东室和北室。墓葬棺室中出土了 1 件小型钮钟。据判断，该墓的墓主人为平夜君成，他可能是一位地位显赫的楚国封君，其年代约为战国中期。

（十）九里 1 号墓钟[③]

这座墓位于湖南常德地区临澧县附近的一个楚墓群中，于 1980 年被发掘。墓葬规模与江陵天星观 1 号墓相当。墓中出土编钟的钟型和件数均不明，仅存钟架。

（十一）黔阳钟[④]

1985 年至 1988 年间，怀化地区文物工作队先后在黔城镇发现 29 座战国时期墓葬，均为中小型土坑竖穴墓。其中 3 座墓共发现铜编钟 22 件。钟出土时多被填土压碎，置于一起，互相叠压，未见钟架。钟体小，壁薄，均为明器，无实用价值。经修复，有 14 件基本复原。

---

① 罗西章．陕西周原新出土的青铜器 [J]. 考古，1999（4）：20.
② 河南省文物考古研究所、河南省驻马店市文化局、新蔡县文物保护管理所．河南新蔡平夜君成墓的发掘 [J]. 文物，2002（8）：10.
③ 湖南省博物馆，常德地区文物工作队．临澧九里楚墓发掘报告 [M]. 湖南考古辑刊：3. 长沙：岳麓书社，1986：87.
④ 怀化地区文物工作队，黔阳芙蓉楼管理所．黔阳县黔城战国墓发掘简报 [M]. 湖南考古辑刊：5. 长沙：岳麓书社，1989：61 － 71，转 51.

（十二）六安楚墓出土乐器[①]

1991 年，安徽六安城西窑厂民工取土时偶然发现了这座墓葬。该墓为土坑竖穴木椁墓，呈“甲”字形，重棺重椁，并有两具陪葬棺。外椁东侧放置有仿铜陶乐器，其中有陶钮钟 12 件，陶镈 5 件，陶磬 12 件，另有木槌 1 件。从出土时的排列情况看，这些乐器在埋葬时应悬挂于架上。据判断，该墓年代约在战国早期，墓主人身份当属大夫阶层。

（十三）擂鼓墩 2 号墓出土乐器[②]

擂鼓墩 2 号墓位于曾侯乙墓西侧约 102 米，于 1981 年被发现。该墓为岩坑竖穴木椁墓，正东西方向。其内部棺椁已腐烂难辨。根据墓葬相关情况判断，其年代约为战国中期前段。墓中虽没有可资考证墓主身份的确凿资料，但仍可推测，墓主人可能是曾国国君的夫人。该墓出土编钟 36 件，其中有 8 件大型钟、28 件小型钟，此外还有钟钩 22 件。编钟大小相套，多数卧置于墓室南面，少量陈放于墓室西面。与编钟同出的乐器还有 12 件编磬和 1 件青铜鼓座。这批编钟与曾侯乙编钟的文化属性大体相同，亦被列为楚系钟。

五、21 世纪以来

21 世纪以来的楚乐器发现多有可圈可点之处。从出土楚乐器的规模来看，最值得一提的当为湖北枣阳九连墩楚墓乐器的发现。所出土的 2 套编钟是研究战国中晚期楚钟组合、音列及等级制度的重要材料。九连墩 2 号墓出土乐器的种类不亚于曾侯乙墓，且大多保存较好，其中，体鸣乐器是最具特色的部分。此墓出土虎座鸟架鼓，无论于造型还是纹饰，均堪称战国中晚期的代表性器物，所出 1 件雅、1 件舂牍和 1 件柷在楚墓中或不多见，或为仅见，此外，还同出有 19 件石编磬及磬架、磬槌、5 件瑟及瑟座、4 件笙。从出土楚乐器对探索楚史及早期楚文化的重要性来说，万福垴遗址中发现的 12 件青铜甬钟尤其值得关注。这是目前所知年代最早的楚钟实物和楚乐器实物，是研究早期楚钟、楚音乐乃至楚礼乐文

① 安徽省六安县文物管理所．安徽六安县城西窑厂 2 号楚墓 [J]. 考古，1995（2）：129.
② 湖北省博物馆，随州市博物馆．湖北随州擂鼓墩二号墓发掘简报 [J]. 文物，1985（1）：16.

化的重要实物史料，对于甬钟形成的研究也具有重大学术价值。21 世纪规模最大的楚钟发现，应是河南叶县出土的一套春秋中晚期的大型组合编钟。这套编钟分 5 组共 37 件，包括甬钟、钮钟和镈，填补了中国青铜乐钟发展史上由春秋时期较小型组合编钟跨越到宏大曾侯乙编钟之间的缺环，堪称战国时期大型组合编钟的先声。

（一）天星观 2 号墓出土乐器[①]

2000 年，湖北荆州沙市区观音垱镇天星观村的一座古墓因水位下降而暴露，经调查，该墓两次被盗而不能保存，因此发掘工作开始进行并于 9 天后结束。天星观墓地是一处战国时期的楚国贵族墓地，2 号墓与 1 号墓相距不远。2 号墓是带墓道的长方形竖穴土坑木椁墓，墓道朝南。葬具为两椁两棺，葬式不详，通过对残留人骨的检测，墓主人可能为女性。墓葬有 5 室：主室、南室、东南室、东室和西室。除南室外，其余各室都陈放有质地不同、数量不等的乐器及乐器装置或附件，总数达 53 件。其中，编钟陈放于东室，钟架横梁拆卸放置，多数钮钟被取下堆放在东室南部，少量小件钮钟悬挂在拆卸下的横梁上，镈则按大小顺序摆列在椁室底板上。出土钮钟 22 件，分为 2 组，每组 11 件，形制相同，大小次第，纹饰略有不同；镈 1 组 10 件，形制相同，大小次第，纹饰略有不同。墓中出土 1 件虎座鸟架鼓和 2 件鼓槌，此鼓保存完好，造型和风格较此前有所不同，是目前所见此器中的精品，此外，墓中还发现 5 件 23 弦瑟和 7 件瑟指套、2 件笙，残存 1 件石磬和 1 具磬架。

据判断，天星观 2 号墓级别当为大夫级，且与 1 号墓有密切联系，两墓墓主可能是夫妻关系，因此 2 号墓的墓主人可能是邸阳君番勳的夫人。

（二）九连墩楚墓出土乐器[②]

2002 年，湖北文博部门对正在施工的孝感至襄阳高速公路所涉及的枣阳市九

① 湖北省荆州博物馆 . 荆州天星观二号楚墓 [M]. 文物出版社，2003.

② 湖北省文物考古研究所 . 湖北枣阳市九连墩楚墓 [J]. 考古，2003（7）：10 – 14. 刘国胜 . 惊动中国——九连墩大型楚墓考古 [J]. 文物天地，2003（3）：32.（笔者曾于 2002 年参与九连墩楚墓乐器的发掘与整理工作——笔者注。）王先福 . 九连墩楚墓出土乐器的初步认识 [M]// 李幼平 . 寰宇钟鸣——“曾侯乙编钟出土 40 周年”纪念文集，2018：1158-173. 湖北省文物考古研究所，襄阳市文物考古研究所 . 湖北枣阳九连墩 M2 乐器清理简报 [J]. 中原文物，2018（2）：17-29 转 76.

连墩墓地 1 号、2 号墓及车马坑进行了抢救性发掘。两墓并列，年代相当，是楚墓中常见的夫妻异穴合葬墓，属于战国中晚期。

1 号墓葬具为两椁两棺，内分 5 室：东室、南室、西室、北室和中室。其中，东室和西室都随葬有乐器，1 号墓共出土编钟 1 套，共 34 件，其中有 22 件钮钟，分 2 组各 11 件，还有 12 件较大的甬钟。此外，还出土编磬 1 套（残存 9 件）、建鼓 1 件、有柄鼓 1 件、瑟 10 件、十弦琴 2 件、五弦琴 1 件、笙 2 件、舂牍 1 件，雅 3 件等。

2 号墓葬具同样是两椁两棺，也分为东、南、西、北、中共 5 室。乐器多陈放在北室中，其中出土钮钟 1 套共 11 件、编磬 1 套共 19 件、虎座鸟架鼓 1 件、扁鼓 1 件、瑟 5 件、篪 4 件、排箫 2 件、舂牍 1 件、笙 4 件、雅 1 件、柷 1 件及乐器架。

两墓共发掘出土了百余件乐器，包括钟、磬、鼓、琴、瑟、笙、篪、雅、舂牍、柷等近 10 种，是湖北地区继曾侯乙墓乐器出土以来的又一次数量多、种类繁的重大发现，也是楚音乐文物的又一重大发现，其中，部分乐器形态特点突出，部分器类为目前所仅见。

（三）长台关 7 号墓出土乐器[①]

2002 年，河南长台关楚墓群又意外发现了一座楚墓。这座墓葬规模较大，结构复杂，虽多次被盗，但依然出土了大批珍贵的文物。墓葬平面呈“甲”字形，坐西向东。椁室内又分为 7 室。其中，乐器主要存放在左侧室，且多为木质，主要有木编钟及钟架、木编磬及磬架、木鼓架、木瑟等。此外，右侧室也随葬有木瑟。经初步研究，这座墓葬的年代不早于战国中期。

（四）叶县旧县 4 号墓出土乐器[②]

叶县旧县 4 号墓因被盗举报而于 2002 年进行抢救性发掘。该墓为长方形土坑竖穴墓，单棺单椁，虽绝大部分随葬器物被盗走，但仍清理出残留器物近 700 件。

① 河南省文物考古研究所，信阳市文物工作队 . 河南信阳长台关七号楚墓发掘简报 [J]. 文物，2004（3）：31 － 41.

② 平顶山市文物管理局，叶县文化局 . 河南叶县旧县四号春秋墓发掘简报 [J]. 文物，2007（9）：4 － 37.

棺椁之间以铜器为主，其中椁室东侧放置乐器，有铜编钟 29 件，包括甬钟 20 件和钮钟 9 件，甬钟可分为完全相同的甲、乙两组，每组各 10 件，它们形制相同，大小相次；铜编镈共 8 件，可分为螺旋枚镈与四扉棱镈 2 组，每组 4 件。这 37 件编钟是目前所知先秦编钟中前所未见的组合类型，颇具特色，具有重大的学术意义与价值。此外，还出土有石编磬 15 件、磬架铜饰 2 件、铜跽坐人俑 16 件、建鼓座 1 件、瑟骨棒 1 件和钟撞首 1 件等。根据墓中出土文物推测，墓主可能为许灵公。墓葬年代在春秋时期。需要说明的是，这座墓葬以及这批钟镈均以中原文化为主体，但是由于许国一度成为楚之附庸，墓葬以及所出乐器都表现出较多楚文化因素。

（五）万福垴编钟[①]

2012 至 2013 年间，湖北宜昌发现一处大型周代聚落遗址。这座遗址汇聚了鄂东至长江下游以及峡江地区和长江上游的多种文化因素，呈现出多元文化因素融合的特征，其主要文化内涵依然属于楚文化范畴。遗址中发现的一批青铜重器，在鄂西地区极为罕见，是首次在探索早期楚文化中心区域发现西周时期楚国重器，对研究早期楚文化具有重大意义。

该遗址主要分为三期：西周晚期、春秋早期和春秋中期。遗址中共清理灰坑 30 个、灰沟 2 条、窑 1 座，以及少量洞坑遗迹。出土遗物多为陶器，为数不多的青铜器遗物中有 12 件甬钟，因其中一件甬钟钲部刻有“楚季宝钟 / 厥孙乃献于公 / 公其万年受厥福”的铭文，故这批钟也名为楚季编钟。这 12 件甬钟因施工发现而失去了原始埋藏背景，出土单位亦无法确认，根据纹饰的差别被分为 3 类。发掘简报认为，这批编钟形制大小各有不同，不似一套，钟体铭文与其铸造年代也不一致，推测应该是编钟在铸造使用了一段时间后，因某种原因再进行錾刻而成，并且，这批编钟的整体年代要早于遗址年代，疑由它处携带而来。

通过对资料的梳理可知，从获取楚乐器的手段和途径上看，楚乐器的出土经历了由偶然意外的无意识发现到有目的、有意识的科学考古发掘的转变。这是科

① 湖北省文物考古研究所，武汉大学历史学院考古系，宜昌博物馆．湖北宜昌万福垴遗址发掘简报[J]. 江汉考古，2016（4）：11-35.

学的田野考古方法被引入中国，并在中国考古学田野实践中被切实应用的必然结果，也是学术发展的必由之路。科学的楚乐器发现与楚文化的考古进程是同步并一致的。

第二节 出土楚乐器的地理分布

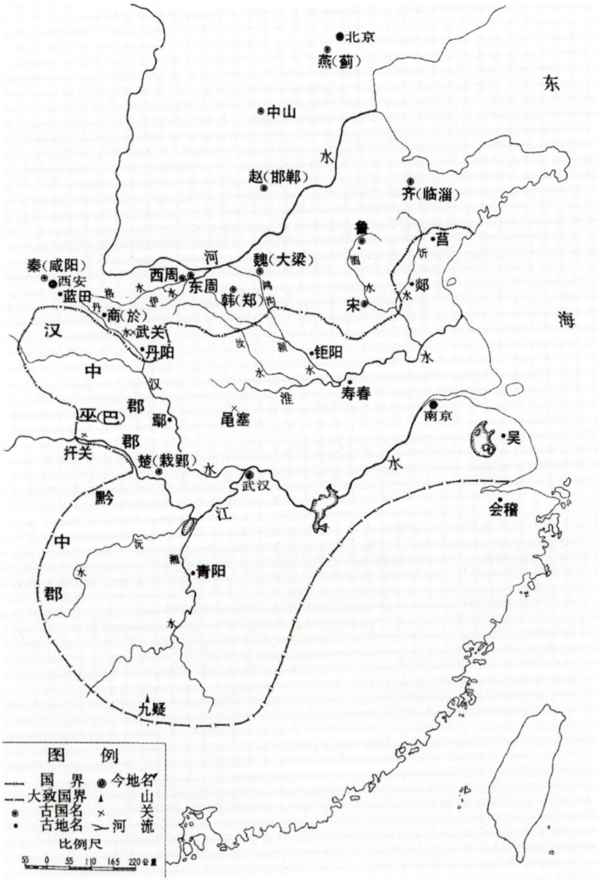

图 1-1 楚国极盛时期疆域图[①]

目前所见楚乐器的年代早自西周中晚期，晚至战国中晚期。一般来讲，乐器的制作年代应比下葬时间早得多。而像编钟这类不易受损的乐器，其废弃时间与制作时间通常相距较长。虽然有专为下葬而铸造的编钟，但往往更多是在流传多年后才被埋入地下。

已知楚乐器主要发现于今河南、湖北、湖南、安徽四省，均处于先秦楚国势力疆域之内。陕西、山西都并非楚地，但两地亦有楚乐器发现，且均为楚钟，而出土这两批楚钟的遗址或墓葬并非楚文化

① 张正明．楚史[M]．武汉：湖北教育出版社，1995.

遗址或墓葬，其中一批出自陕西周原召陈遗址，另一批出于山西晋侯墓地。这两批楚钟的发现体现出，在西周时期，中原与楚之间已有过因各种缘由发生的、主动或被动的文化交流，或为礼仪馈赠，或是战事孑遗，抑或是敬献供奉等。目前，在湘、鄂、豫、皖的楚乐器发现分布不均，其中，河南省出土楚乐器的地区涉及淅川、信阳、上蔡、叶县、淮阳等，这些县市均位于今河南省中南部，或靠近湖北，或毗邻安徽。湖北的楚乐器集中发现在随枣走廊，即今随州市和枣阳市，此外，距离古代郢都不远的地方也有楚乐器发现。安徽楚乐器出土地区则多在皖西。湖南楚乐器则多见于湘北。四省中各楚乐器出土区集合所连成的大片地域（即豫中南、鄂、湘北和皖西）便是先秦时期楚国、楚文化的核心地带。

目前已知西周时期的楚乐器均为楚钟，多为传世品，且发现地点大多不详，其中仅有 2 批为发掘品，均出自当时的中原腹地。出土春秋时期楚乐器的地域主要在今河南省，无论是出土的批次还是件数都占有极大比例，此外，安徽省也有少量发现。相比之下，出土战国时期楚乐器的覆盖地域更大，出土批数也更多。河南与湖北是战国时期楚乐器的出土集中地，所不同的是，两省出土这一时期楚乐器虽批次相近，但湖北出土的数量比河南更多，可见，湖北所出战国时期楚乐器的成套规模更为宏大。此外，湖南和安徽也发现一些战国时期楚乐器。

根据统计分析还可看到，楚乐器发现在楚文化圈内具有由北往南逐步发展的特点，随着时间的推移，其空间分布也由北往南逐步扩展，涉及地域更加广阔，在一定区域内的分布也更密集。楚乐器出土的集中地——豫中南、鄂、湘北、皖西，是楚文化形成、发展、壮大的核心地带。从楚乐器的发现我们可以看到，它与楚国疆域的拓展、楚文化发展壮大的空间扩张过程相吻合，并从某一侧面体现了楚国国势强弱的阶段性变化。

第三节　出土楚乐器类型

通过对存见楚乐器的全面搜集和整理发现，先秦时期以乐器材质分类的“八音”之属多有出土，具体包括钟、磬、鼓、瑟、笙、篪、琴、雅、舂牍、柷、铙、征等。无论是出土批数还是件数，楚青铜编钟均占较大比重，其原因有二：一方面与乐器材质的保存直接相关，即相对于竹、木等材质的乐器来说，青铜编钟的材质最容易保存；另一方面，这一现象与楚人尚钟之风不无关联。

“尚钟之风，于楚为烈”①是对编钟在楚人、楚国、楚文化中所处地位的精辟表达和概括。与楚相关的文献记载中涉及钟的场面都异常宏大②，《楚辞》各篇章中也不乏对钟的描写③，更有记载表明，青铜编钟对楚人而言，不仅是一种喜爱和崇尚的乐器，更上升为一种与鼎齐名齐位的重器④。楚人对钟的偏爱和重视，使钟成为了楚国身份等级的象征和音乐文化的代表，就连楚的司乐、司钟之官也被冠以“钟”为氏，并成为地位极高的世官⑤。迄今所发现楚钟的量和质更加直观地凸显了楚人的尚钟之风。

楚人尚钟不仅体现于楚钟在出土楚乐器中的占比，还体现在楚钟在所知先秦编钟中的比例。据初步统计，在迄今所见的先秦编钟中，出土总数最多者为楚钟，占已出土编钟总数量的近40%，单批数量最多者也为楚钟。从出土先秦时期各个历史时段的编钟来看，所见规模最大者多为楚钟，所见制作精良者多为楚钟，所出各个历史时段数量最多者也是楚钟。显然，其他地域出土的编钟无论数量还是品质都难与楚钟比堪。

春秋战国时期是中国历史上的一次重大分裂时期，尽管由于“礼崩乐坏”，礼乐制度和规范下移，礼乐器铸造和使用较为泛滥，但从历史走向大势的角度来看，编钟已逐渐衰微，质和量都开始呈下坡趋势。然而，迄今所发现这一时期楚钟批次和件数的情况却不尽然，它们的件数和批次较其他文化区域的编钟更多。进入战国时期，尤其是战国中期前后，在其他文化区域编钟逐渐走向衰微的时候，楚钟依然保持着较强的生命力，并一直伴随、延续到青铜编钟历史的结束阶段。

还需提到的是，与先秦时期其他诸侯国一样，青铜编钟是楚国的礼乐重器，

---

① 张正明．楚文化史[M]．上海：上海人民出版社，1987：121.
② 《左传·成公十二年》：“晋郤至如楚聘，且莅盟。楚子享之，子反相，为地室而县焉。郤至将登，金奏作于下，惊而走出。”（杨伯峻．春秋左传注[M]．北京：中华书局，1990：857.）
③ 如：《九歌·东君》：“緪瑟兮交鼓，箫钟兮瑶簴”；《大招》：“叩钟调磬，娱人乱只”；《招魂》：“陈钟按鼓，造新歌些”等。
④ 《淮南子·泰族训》：“阖闾伐楚，五战入郢，烧高府之粟，破九龙之钟。”（何宁．淮南子集释：卷二十[M]．北京：中华书局，1998：1416.）
⑤ 张正明，刘玉堂．从楚人尚钟看钟氏的由来[J]．江汉论坛，1985（6）：79－80.

因此，其只见于高级贵族墓葬中。没有随葬礼乐器的楚墓中，常出现鼓与瑟，可见，这两类乐器也是古代楚人钟爱和最常配合使用的乐器。

考古发现的楚乐器可以在很大程度上反映古代楚人的礼乐用器状况，但依然无法重现其全貌。这些楚乐器即便都是死者生前的实用乐器，但也多为丧葬所用，受丧葬礼仪和埋藏空间的限制，加之，数千年的深埋与盗掘者的疯狂掠夺，导致其难以完好留存，甚至没有留下蛛丝马迹。可以说，如今我们所了解的楚礼乐状况仅为数千年前古代楚人礼乐生活的冰山一角。

第二章 楚乐器研究现状

通观目前的楚乐器研究，不但有整体综合考察，还有分类专题研究，内容广泛，涉及铭辞考释、形制纹饰、乐律学、乐器组合等。

第一节 综合研究概况

《荆楚歌乐舞》[①]是目前所见对楚乐器及楚音乐研究较为全面的著述。该书将出土楚音乐实物史料、历史文献记载与民间传统音乐“活化石”三类材料相结合，对楚声的来源、发展和遗声，楚舞的意蕴与遗韵，楚乐的形态等进行了全面考察。书中专设“荆楚八音”一章，按“八音”分类法对出土楚乐器进行了梳理和研究；“钟鼓楚乐”一章从乐器组合或乐队形式的角度进行了梳理；“荆楚乐律”一章在分析楚人何以行腔为歌时涉及出土楚乐器的音律体系。

《荆楚音乐》[②]是一本对荆楚音乐、荆楚戏曲、荆楚曲艺三大艺术门类进行介绍的书籍。书中设有“荆楚音乐文物”一章，对较为重要的出土荆楚乐器进行了介绍。

李幼平的《论楚乐的分期与演进》[③]一文以楚音乐文物为据，对楚乐的发展进行分段分期。此外，还撰写有《从出土音乐文物论楚国音乐的演进》[④]，文章从楚乐器的演变发展讨论楚乐的演进，同时，还另有专文对楚钟与楚乐器组合进行了总体分析。[⑤]美国考古学家罗泰（Lothar von Falkenhausen）在东周楚文化国际研讨会上发表了研究楚礼乐的论文。[⑥]这些应是楚钟乃至楚乐历时性研究的较早学术成果。

---

① 杨匡民，李幼平．荆楚歌乐舞 [M]. 武汉：湖北教育出版社，1997.
② 黄中骏．荆楚音乐 [M]. 武汉：武汉出版社，2014.
③ 李幼平．论楚乐的分期与演进 [J]. 江汉考古，1991（1）：82 － 90.
④ 李幼平．从出土音乐文物论楚国音乐的演进 [J]. 黄钟，1990（4）：17 － 23.
⑤ 李幼平．楚系乐器组合研究 [J]. 黄钟，1992（1）：20 － 29.
⑥ Lothar von Falkenhausen.Chu Ritual Music[C]//Thomas Lawton.New Perspectives on Chu Culture During The Eastern Zhou Period，Washington：Authur M. Sackler Gallery，1991：47 － 106.

第二节 分类研究概况

一、专题研究举要

学界对目前所出土的各类楚乐器都进行了相应的分析研究。楚钟的出土数量最多，保存情况最好，相关研究成果也最丰富，且渐成体系。

（一）楚钟研究的学术发展历程

青铜编钟是古代青铜器中的主要器类之一，楚钟又是古代青铜编钟中的一个重要部分，楚钟的研究历史与青铜编钟乃至青铜器的研究历史大体相重合。各个阶段的楚钟研究始终孕育于不同历史时期的学术研究温床上，它们的研究角度、视野和方法也与各时期学术研究的大背景、大趋势基本一致。对中国音乐考古学这一新兴的学科来说，楚钟的发现与研究有着不同于一般的意义，它同中国音乐考古学学科的发生与发展具有重要的关联，可以说，中国音乐考古学发端于楚钟的发现与研究，楚钟研究也贯穿了中国音乐考古学发生、发展的学科历程。由于楚钟研究的涉及面较广，成果极为丰硕，故以下将在全面观照所有研究角度的同时，仅对与本书相关的主要成果予以述评。

1. 宋代至清代金石学时期以著录和考证铭、纹为主的研究

楚钟研究，最早可上溯自北宋以来的金石学。金石学是在尚未进行科学考古发掘前，以零星出土的古代铜器或石刻为研究对象的一门学问，它偏重著录和考证文字资料，以达到证经补史的目的。金石学不仅是中国考古学的前身，也是作为中国考古学专门分支之一[①]的音乐考古学的滥觞。

在金石学几百年学术传统的影响下，楚钟相关研究亦具有与一般金石学研究相同的考察重点和研究方法，即：主要集中在对单件楚钟铭文的著录、训诂和释读上，对楚钟的形制、纹饰和年代等也偶有涉及。遗憾的是，这些楚钟实物早年已佚，有的器形不明，仅有铭文传世，也有部分楚钟的传世铭文因翻刻而失真。

① 王子初．中国音乐考古学[M]．福州：福建教育出版社，2003：12.

宋代吕大临《考古图》是中国现存最早又较有系统的古器物图录，该书对若干件楚钟有所著录。

薛尚功的《历代钟鼎彝器款识法帖》（后简称《法帖》）是宋代著录青铜器铭文诸书中，收录资料最丰富，编次最有条理的一部。《法帖》最早著录了宋代于今湖北安陆出土的 2 件楚王酓章钟，其中一件铭文完整，一件仅存铭文后半。完整铭文者又见王俅《啸堂集古录》、王厚之《钟鼎款识》，以《钟鼎款识》为善本。该钟钟铭上有标音。一件有 3 个字：“穆、商、商”；另一件有 5 个字：“少羽反、宫反”。《法帖》虽然不能明确解释这几字铭文的意义，但却推断出了铭文内容的性质，即它们是用来标示“二钟所中之声律”[①]的。这一成果无论在当时还是后世都是值得关注的。此外，《法帖》还对其他早期出土或传世的楚钟予以著录，包括楚公逆钟、王孙遗者钟，还有楚王为江仲芈所作的媵器楚邛仲嬭南和钟[②]等，尽管凤毛麟角，但它们均为古代楚国国君用器。

王厚之《钟鼎款识》最早著录了徽宗政和三年（1113）出土于湖北嘉鱼县太平湖的西周晚期楚公逆钟，但著录原册在 1843 年毁于大火，今本为阮元翻刻。书内有两件拓本，是此铭善本。据《钟鼎款识》荣芑于绍熙四年（1193）题记，此器“铭在钟里”[③]，估计铭文应在钲间，共计 37 字。对此钟的研究较多，铭文释读分歧较大。其中，孙诒让首先提出“此楚公逆即熊咢也”[④]，不仅认明了器主其人，还为这件钟的断代提供了证据。

清代阮元《积古斋钟鼎彝器款识》最先著录了早期楚钟的代表器物——楚公家钟。此外，其他金石学著作中也零星著录有楚钟。

当时存见青铜乐钟的数量不多，较为零散，不成序列也无系统，因此，楚钟研究没有开设专题，也未被放置于独特的同一音乐文化整体中进行探讨，只在金石器物研究中有所涉及，并且也罕有对楚钟音乐性能的关注。虽然薛尚功考证确认了楚王酓章钟上乐律铭文的性质，但未能进行更深层次的理论阐释，他的研究也应归于青铜编钟铭文著录和训诂的一部分。

---

① 薛尚功．历代钟鼎彝器款识法帖：卷六 [M]// 宋人著录金文丛刊初编．影印本．北京：中华书局，2005：349.
② 江为国名，于公元前 623 年灭于楚——笔者注。
③ 王厚之．钟鼎款识 [M]．北京：中华书局，1985：27.
④ 孙诒让．古籀拾遗 [M]．北京：中华书局，1989：20.

2. 近代历史学时期结合历史文献的二重证据研究

清末民初，金石资料层出不穷，学者们延续着金石学的学术传统，偏重对某件、某种器物或铭文的考察，没有对材料进行系统性的积累、梳理、著录和研究，更没有将其置于历史学的广阔视野中予以看待。20 世纪 30 年代是我国考古学、古文字学真正起步的时期，学者开始以历史的眼光来看待这些传世青铜器。郭沫若的《两周金文辞大系图录考释》[①] 收录了 250 件西周铜器和 261 件东周铜器。针对西周与东周两个历史时段的不同特点，他将西周铜器按王世排列，对东周铜器则按国别分类，这使得“一团混沌”的传世青铜器第一次形成了较为完整的体系，成为了可供古史研究之用的科学资料。在东周青铜器的分类中收录了十余件楚器，其中便有传世的重要楚钟。此外，他还从历时性角度将青铜器的发展分为滥觞期（约相当于殷商前期）、勃古期（殷商后期及西周初至昭、穆之世）、开放期（恭、懿至春秋中期）、新式期（春秋中叶至战国末年），这一青铜器分期的观点至今仍具有生命力。该著中所提出的标准器断代法，对中国青铜器的研究更是产生了巨大而深远的影响，音乐考古学中以编钟音阶结构断代的方法，正是借鉴了此法的基本思路，即以寻找各时期重要的编钟音阶结构作为标准尺的“刻度”，随着材料的逐渐增多，使“刻度”渐趋细密，在这一标尺的基础上，将新出编钟音阶与相应“刻度”进行比对、衡量，以此来判断和检验新出编钟的相对年代。

真正将楚钟实物材料与历史文献相结合来探讨历史问题，当推清代学人王国维。在田野考古如火如荼的情势下，面对当时学术界的“疑古”思潮，王国维提出了此后在各个学术领域均产生了重大影响的研究方法——“二重证据法”，其基本思想见于他在《古史新证》中所说的这段话：“吾辈生于今日，幸于纸上之材料外，更得地下之新材料。由此种材料，我辈固得据以补正纸上之材料，亦得证明古书之某部分全为实录，即百家不雅驯之言亦不无表示一面之事实。此二重证据法惟在今日始得为之。虽古书之未得证明者不能加以否定，而其已得证明者不能不加以肯定可断言也。”[②]

王国维《观堂集林》中收录有《夜雨楚公钟跋》。此文以楚钟为研究对象，

① 郭沫若．两周金文辞大系图录考释 [M]. 北京：科学出版社，1957.
② 王国维．古史新证 [M]. 北京：清华大学出版社，1994：3.

肯定了清人孙诒让对楚公逆镈之“逆”的考释，并将该钟器主及出土地等信息与《史记·楚世家》等历史文献进行比照，对楚中叶的历史进行了阐述。[①] 这篇著述当为考古实物与文献记载二重证据在楚钟研究上的最早范例。

容庚《商周彝器通考》[②] 是中国第一本关于青铜器的通论著作。此书摒弃了旧时金石学偏重铭文的“狭隘”，对青铜器的起源、发现、类别、时代、铭文、花纹、铸法、价值、去锈、拓墨、仿造、辨伪、销毁、收藏和著录等展开了全面的介绍和阐述，并根据用途将青铜器划为食器、酒器、水器及杂器、乐器等类别予以分述。《殷周青铜器通论》[③] 正是在《商周彝器通考》的基础上重新编写而成的。两部著作均对当时所知的重要楚钟进行了介绍。

在这一时期的重要著作中，楚钟已作为东周楚国的历史遗物被单列出来，同时，也被作为二重证据之一纳入历史研究当中。此时的楚钟研究，无论从研究角度还是从考察视野上，均呈现出中国音乐考古学学科的萌芽状态。

3. 当代考古学时期立足科学发掘的多角度综合研究

20 世纪 50 年代末，信阳编钟的出土在当时引起了不小的轰动，尽管在音乐性能检测过程中，研究者们与“一钟双音”的发现擦肩而过，但这批编钟依然引发了学术界对古代编钟的关注和研究，由此激发的“一钟双音”思考，也成为了“双音结构之发现的起因”[④]。有关信阳编钟的诸多疑案，学术界聚讼至今，讨论的焦点主要集中在音律、件数、年代等几个方面。

1977 年，以吕骥为首的四位音乐家对黄河流域的甘肃、陕西、山西、河南四省进行了音乐文物普查，这是当时涉及面最广、学术含量最高的音乐文物普查，不但极大地推进了中国音乐考古学的学科化进程，也有效地促进了中国古代编钟的研究。正是在这次考察中，具有物理学学术背景的黄翔鹏发现并提出了“一钟双音”，并在《新石器和青铜时代的已知音响资料与我国音阶发展史问题》一文中对这一现象及其理论基础进行了全面梳理与阐释。这一全新的认识引起了学术

① 王国维．夜雨楚公钟跋 [M]// 观堂集林：卷十八．北京：中华书局，1959：890 － 891.
② 容庚．商周彝器通考 [M]. 北京：哈佛燕京学社，1941.
③ 容庚，张维持．殷周青铜器通论 [M]. 北京：科学出版社，1958.
④ 黄翔鹏．曾侯乙钟磬铭辞乐律学研究十年进程 [M]// 湖北省博物馆，美国圣迭各加州大学，湖北省对外文化交流协会．曾侯乙编钟研究．武汉：湖北人民出版社，1992：3.

界的纷争和质疑。随后，曾侯乙编钟于 1978 年出土，其正、侧鼓部的乐律铭刻铁证了中国古代“一钟双音”的现象和理论。这一重大发现修正了我们以往对古代编钟的片面认识，成为中国编钟研究史、中国音乐考古学发展史上不得不书的重要界碑。

“一钟双音”的发现和曾侯乙编钟的出土，令世界学术界开始重新看待中国古代编钟。同时，楚文化考古工作也走向深化，大量精彩绝伦的楚文物在中国学术界引发了一场楚文化研究热，吸引了大量国外学者的目光，亦推动了编钟研究的热潮。

在当今的学术视野下，古乐器的研究是多角度课题，融合了多种研究方法，这是由它们的多重属性和多种功能所决定的。就编钟而言，作为具有“一钟双音”性能的中国古代乐钟，其声学原理是必须研究的，并且与发声密切相关的铸造技术、合金比例材料等也都需要仔细考察；作为一种实用乐器，其音列及音律所蕴含的严密逻辑关系，是古代音乐史研究中必须关注和面对的课题。先秦时期，青铜编钟是身份等级的标志和象征，是重要的礼仪用器之一，其件数、组合、重量、大小等都是礼乐制度的客观反映；同时，作为一种古代青铜器，其形制演变的研究也首当其冲，等等。正因为如此，进入科学研究阶段的楚钟研究，涉及了多个角度，也涵盖了诸多学科，充分体现了中国音乐考古学的学科特色，及其“先天”具备的学科交叉性和包容性。

（二）曾侯乙钟磬研究

自曾侯乙编钟出土以来，相关研究成果层出不穷，《文物》《音乐研究》《黄钟》《江汉考古》等核心学术刊物分别组织专号刊载了曾侯乙编钟的研究论文。为纪念曾侯乙编钟出土十周年和二十周年，学术界组织召开了研讨会，《黄钟》开设曾侯乙编钟学术会议论文专辑，1988 年在武汉召开的曾侯乙编钟国际学术研讨会上发布的论文被结集出版为《曾侯乙编钟研究》一书[①]。此后，在曾侯乙编钟出土三十周年和四十周年之时，学术界先后召开学术研讨会，出版了纪念文集[②③]。

① 湖北省博物馆，美国圣迭各加州大学，湖北省对外文化交流协会．曾侯乙编钟研究 [M]// 武汉：湖北人民出版社，1992.

② 李幼平．钟鸣寰宇——“曾侯乙编钟出土 30 周年”文集 [M]// 武汉：武汉出版社，2008.

③ 李幼平．钟鸣寰宇——“曾侯乙编钟出土 40 周年”纪念文集 [M]// 武汉：武汉出版社，2018.

此外还有数部曾侯乙编钟的研究专著出版，散见于各期刊的曾侯乙编钟研究论文也数量众多，成果蔚为可观。目前看来，有关曾侯乙编钟的研究成果占楚钟研究成果的60%以上，涉及方方面面，鉴于本书并非曾侯乙编钟的专门研究，故以下仅为曾侯乙编钟研究的主要成果举要。

曾侯乙钟磬铭辞是曾侯乙钟磬研究中最主要，也是最重要的方面之一。破解曾侯乙钟磬铭文密码的钥匙首先就是铭文的释读。裘锡圭、李家浩从文字学角度对曾侯乙钟磬铭文作了开创性的研究，其成果反映了钟铭的客观存在状况，揭示了大量未知的乐律名称，无疑是曾侯乙钟磬铭辞乐律学研究的奠基性成果。更重要的是，他们通过对钟铭与《国语》上记载的文字材料的对照研究，不但辨识了《国语》中所记律名的来历，还反证了《国语》记载的真实性及其与曾文化、周文化的关系等重大问题。① 黄翔鹏在此释文基础上，对其乐律内容进行了全面系统的整理分析，撰写了《曾侯乙钟磬铭文乐学体系初探》②（后简称《初探》）等一系列重大成果。《初探》一文全面揭示了曾侯乙编钟的音乐性能特点和钟磬铭文的乐学内涵，提出了以“宫、商、徵、羽”四基为根本，以“颠－曾”三度体系为枢纽的曾侯乙编钟钟律系统，这些结论不但补正了文献中对先秦音乐内容的相关记载，也为破解音乐史研究中的诸多疑案提供了重要线索。黄翔鹏在对曾侯乙钟磬铭辞的研究过程中，还延伸出了其他重要学术成果，其中与楚钟和楚乐相关的主要研究有：对宋代出土楚王酓章钟上乐律铭文的意义进行了考证和解释③；从历史文献、曾侯乙编钟铭辞以及今存民歌等材料入手，阐明了楚调以下徵音阶之商为核心的特点④。在曾侯乙编钟出土十周年的纪念研讨会上，黄翔鹏发表了有关曾侯乙钟磬铭辞研究十年进程的论文。与其说该文是一篇对曾侯乙钟磬铭辞乐律学及其与之密切相关的文字学、乐律学、乐器复仿制等研究成果进行全面总

① 裘锡圭，李家浩．曾侯乙墓钟、磬铭文释文与考释[M]// 湖北省博物馆．曾侯乙墓．北京：文物出版社，1989：532 － 582.

② 黄翔鹏．曾侯乙钟磬铭文乐学体系初探[M]// 溯流探源——中国传统音乐研究．北京：人民音乐出版社，1993：128 － 180.

③ 黄翔鹏．曾侯乙钟磬铭文乐学体系初探[M]// 溯流探源——中国传统音乐研究．北京：人民音乐出版社，1993：128 － 180. 此后，吴钊又撰有《“龢”“穆”辩》一文刊发于《中国音乐学》1992年第4期上——笔者注。

④ 黄翔鹏．释“楚商”——从曾侯钟的调式研究管窥楚文化问题[M]// 溯流探源——中国传统音乐研究．北京：人民音乐出版社，1993：73 － 90.

结的综述性文章，倒不如认为这是作者在对曾侯乙钟磬铭辞研究课题进行深度回顾的基础上所作的学术展望[①]。崔宪的《曾侯乙编钟钟铭校释及其律学研究》[②]一书是在以上研究基础上，对曾钟铭文所作的更加深入的文献整理和研究工作。该著不仅再次对曾钟铭文进行了缜密的校、点、注等工作，还从"琴五调"的角度对黄翔鹏此前所提出的"钟律就是琴律"的观点进行了深入论证，在曾钟定律和调律、楚制与周制生律排列次序的差别等问题上也多有创获。2004 年，崔宪从文献、钟铭、古琴、笙制多个角度考证了曾侯乙钟磬铭辞中仅见一次的"龢"的涵义[③]，标志着曾侯乙钟磬铭辞的研究已开始进入细、精、深的层面。此外，饶宗颐和曾宪通[④]、李纯一[⑤]、陈应时[⑥]等也就钟铭中的某些问题进行了研究。

（三）其他种类楚乐器研究

对于其他种类的楚乐器，除有单批或单件的专门分析考察以外，也有对某一类楚乐器的综合研究。

1. 曾侯乙墓乐器综合研究

曾侯乙墓乐器自出土以来一直备受学界关注。黄翔鹏在亲历该墓乐器的整理后，写下了《先秦音乐文化的光辉创造——曾侯乙墓的古乐器》一文。文中对曾侯乙墓各类乐器进行了分析与认定，进一步确认和肯定了曾侯乙墓乐器的学术价值。[⑦]蒋朗蟾撰写的《曾侯乙墓古乐器研究》则从乐器复原与音乐实践的角度对其做了更深入的分析研究。[⑧]

2. 楚磬专门研究

对于楚磬的综合研讨，学术界只在出土石磬的整体研究中略有涉及，未见专论。在目前出土的先秦楚乐器中，楚磬的数量虽然不多，却独具特色，尤以湖北

---

① 黄翔鹏．曾侯乙钟磬铭辞乐律学研究十年进程 [M]// 湖北省博物馆，美国圣迭各加州大学，湖北省对外文化交流协会．曾侯乙编钟研究．武汉：湖北人民出版社，1992：1 − 19.
② 崔宪．曾侯乙编钟钟铭校释及其律学研究 [M]. 北京：人民音乐出版社，1997.
③ 崔宪．曾侯乙钟铭"龢"字探微 [J]. 中国音乐学，2004（4）：9 − 15.
④ 饶宗颐，曾宪通．随县曾侯乙墓随县钟磬铭辞研究 [M]. 香港：香港中文大学出版社，1985.
⑤ 李纯一．曾侯乙编钟铭文考索 [J]. 音乐研究，1981（1）：54 − 67.
⑥ 陈应时．曾侯乙钟磬铭文疑难字释义述评 [J]. 音乐艺术，2002（3）：6 − 12.
⑦ 黄翔鹏．先秦音乐文化的光辉创造——曾侯乙墓的古乐器 [J]. 文物，1979（7）：32-39.
⑧ 蒋朗蟾．曾侯乙墓古乐器研究 [J]. 黄钟，1988（4）：73-84.

江陵纪南城出土彩绘编磬为代表。《湖北江陵发现的楚国彩绘石编磬及其相关问题》是目前为止对这批彩绘编磬最详细的介绍与研究。文中对这批石磬的纹饰、测音数据等都进行了分析与考证。[①]

目前出土的楚磬大多不能进行演奏测音，因此无法从测音资料入手进行综合整理与分析，从而获得楚磬音乐性能的概貌。曾侯乙编磬上的音乐铭文为楚磬音乐性能的探讨提供了可能。20 世纪 80 年代，湖北省博物馆与中国科学院武汉物理所合作进行了曾侯乙编磬的复原研究，这一科研成果经中华人民共和国文化和旅游部鉴定，获文化科技成果三等奖。此外，曾侯乙编磬的悬法、编列、国别等也是学者们的主要关注点。[②]

3. 楚鼓专门研究

目前出土的楚鼓，不但批次与数量多，种类也不在少数。有学者对多种楚鼓进行综合阐述[③]，也有对同一墓葬出土鼓乐器的组合进行探讨。[④]

虎座鸟架鼓作为楚音乐乃至楚文化的代表，获得了学术界的诸多关注，其中，对其造型所蕴含的文化内涵、功用等方面的讨论较多。此外，木鹿鼓因其独特的造型以及榫接其后的实心小鼓，为学术界提供了许多可资研讨的课题。

4. 楚瑟、楚笙、楚篪、楚排箫、楚琴等的研究

瑟与笙是楚礼乐中的常用乐器。众所周知，南方的地理环境更利于保存竹木类器物，这使得楚墓中的楚瑟得以留存，不但出土量较多，保存状况也相对较好。目前所知先秦时期的瑟与笙的实物几乎全部是古代楚人的遗物，因此，凡探讨先秦时期的瑟、笙或此类别的乐器，几乎都绕不开对楚瑟、楚笙的阐释与分析。

先秦时期的篪、琴、柷、雅等竹木类乐器虽发现不多，但均仅见于楚墓，如若考察这些乐器，也必须从楚器入手。

---

① 湖北省博物馆．湖北江陵发现的楚国彩绘石编磬及其相关问题 [J]. 考古，1972（3）：41-48.

② 冯光生，徐雪．战国曾侯乙编磬的复原及其相关问题的研究 [J]．文物．1984（5）：60-65. 应有勤．曾侯乙编磬的悬法与旋宫 [J]. 黄钟．1998(3)：20-29. 王安潮．曾侯乙编磬铭文校释及初步研究 [J]. 浙江艺术职业学院学报．2006(4)：19-25 王安潮．从编钟编磬铭文看曾侯乙墓出土编磬的国别 [J]．黄钟 .2005（3）：69-74. 李成渝．磬簴编列辨证——曾侯乙编磬研究之二 [J]. 中央音乐学院学报 .1984(3)：32-37.

③ 祝建华．楚俗探秘——鹿角立鹤悬鼓、鹿鼓、虎座鸟架鼓考 [J]. 江汉考古，1991（4）：83-86.

④ 陈春．略论曾侯乙墓鼓乐器的组合与功能 [J]. 江汉考古，2006（4）：55-57.

二、研究内容总览

（一）铭辞考释及相关研究

铭辞考释多以楚钟为研究对象，尤以早期楚钟为甚，这是由于钟上铸刻铭文是西周时期编钟的重要特点之一。此后，也有少量铸刻铭文的楚钟例证。在对钟铭进行释读研究的同时，还会涉及年代、器主、国别、某些历史事件等方面的探讨。

楚公冢钟和楚公逆钟是目前所知年代最早的楚钟。张亚初对楚公冢钟和楚公逆镈的年代进行了考证，认为楚公冢钟较之楚公逆镈要早。①李零在《江汉考古》上先后发表数篇文章介绍了楚公逆镈及其铭文概况。②高至喜《论商周铜镈》一文中首次对此器的形制提出了质疑，并给予辨正说明，他认为："从其发表的铭文看，铭文铸在钲间，但从目前所见所有西周铜镈钲间尚未形成，认为楚公逆镈的铭文应是从类似楚公冢钟的器物上摹拓下来的，故应正名为楚公逆钟。"③

此后还有学者对此器铭文进行了复原和新角度的阐释。④1993 年，山西曲沃晋侯墓地出土了 8 件西周晚期的编钟，其中 6 件为楚公逆编钟，这批编钟的发现不但证实了宋代所发现楚公逆钟的真实性，也对深入解读宋代楚公逆钟提供了新线索，是研究早期楚钟的珍贵资料。海内外学者们先后对此钟铭文的内容进行了考释，对铭文相关内容、器主及其与墓主的关系等进行了研究，确认了器主为熊鄂，墓主人晋侯邦父为晋穆侯。⑤

此外，还有专文解读了楚王酓章钟、王孙遗者钟、淅川楚墓出土编钟、秦王卑命钟、㠱子受钟、䣄篙钟等传世著录或出土楚钟的铭文，探讨了其历史、铸造年代等相关问题。

---

① 张亚初．论楚公冢钟和楚公逆镈的年代 [J]. 江汉考古，1984（4）：95 － 96.
② 李零．楚公逆镈 [J]. 江汉考古，1983（2）：94. 李零．再谈楚公钟 [J]. 江汉考古，1986（3）：90 － 91.
③ 高至喜．论商周铜镈 [M]// 商周青铜器与楚文化研究．长沙：岳麓书社，1999：42.
④ 黄锡全．楚公逆镈铭文新释 [J]. 武汉大学学报：社会科学版，1991（4）：53 － 59.
⑤ 李学勤．试论楚公逆编钟 [J]. 文物，1995（2）：69 － 72. 黄锡全，于炳文．山西晋侯墓地所出楚公逆钟铭文初释 [J]. 考古，1995（2）：170 － 178. 杨宽．补记：关于楚公逆编钟 [M]. 西周史．上海：上海人民出版社，1999：639. 刘绪．晋侯邦父墓与楚公逆编钟 [M]// 高崇文，安田喜宪．长江流域青铜文化研究．北京：科学出版社，2002：56 － 59. 王健．从楚公逆钟铭文论到西周的方伯制度 [M]. 中国历史地理论丛：第 17 卷第 2 辑 .2002：52 － 66. 柯鹤立．试论晋侯邦父墓中的楚公逆编钟 [M]// 上海博物馆. 晋侯墓地出土青铜器国际学术研讨会论文集．上海：上海书画出版社，2002：355 － 365. 段渝．楚公逆编钟与周宣王伐楚 [J]. 社会科学研究，2004（2）：133 － 139.

对曾侯乙钟磬铭辞的考释，不但是曾侯乙钟磬研究最主要的内容之一，也是楚乐器、楚音乐乃至中国古代音乐研究中的重要内容。前文已对曾侯乙钟磬铭辞研究现状作出相关总结，此不赘述。

（二）楚乐器造型、纹饰的专门探讨

对楚乐器造型、纹饰研究的专文并不多见。目前，有学者对已知的5件楚公冢钟的侧鼓部鸟纹进行了研究，认为这种鸟纹是南方地区翘尾鸟纹装饰的传统，并且这一传统一直延续到了战国时期。[①] 高至喜剖析了部分楚公逆编钟的纹饰特征，并将其与楚公冢钟进行比较，认为楚公冢钟要明显早于楚公逆钟，肯定了楚公冢为周厉王时期熊挚的观点。[②] 对早期楚钟纹饰的分析及其与中原编钟纹饰的比较研究，是探讨早期楚文化的基本面貌以及与中原文化关系的重要内容，上述研究成果的学术意义便体现于此。

虎座鸟架鼓是楚音乐文化中独具特色的乐器，已成为楚文化的标签，其造型一度引起学术界的热切关注。研究的切入点从造型本身延伸至其礼乐内涵与功能。有认为此类鼓的动物组合造型隐喻了楚人与巴人因多年征战导致的紧张关系，巴人崇虎，楚人尚凤，以虎为座，以凤鸟为架且踩踏于虎背上，楚人有此设计，必有其意，所表现的是凤虎相斗的主题，是凤战胜虎的雕像，更是纪念楚人战胜巴人的丰碑。[③] 有认为此鼓是灵鼓，是巫具，具备通天地的功能，能够帮助引魂升天。[④] 还有研究认为，此鼓的造型并无特别的意味，从根本上说，此鼓是一件实用乐器，其独特的造型是当时的工匠根据技术规范和审美观念而创制的一项杰作。[⑤]

（三）楚乐器的乐律学分析

在目前所见楚乐器中，青铜编钟无疑是考察楚音乐本体最好的实物史料。对

---

① 袁艳玲．楚公冢钟侧鼓鸟纹研究——兼及商周时期的鸟纹和鸟形饰 [J]. 中原文物，2006（3）：78 － 85.
② 高至喜．楚国西周铜器初论 [M]// 商周青铜器与楚文化研究．长沙：岳麓书社，1999：118. 高至喜．晋侯墓出土楚公逆编钟的几个问题 [M]// 上海博物馆．晋侯墓地出土青铜器国际学术研讨会论文集．上海：上海书画出版社，2002：346 － 354.
③ 张正明，滕壬生，张胜琳．凤斗龙虎图像考释 [J]. 江汉考古，1984（1）：96-100.
④ 祝建华．楚俗探秘——鹿角立鹤悬鼓、鹿鼓、虎座鸟架鼓考 [J]. 江汉考古，1991（4）：83-86.
⑤ 武家璧．虎座鸟架鼓辨正 [J]. 考古与文物，1998（6）：57-62. 陈振裕．谈虎座鸟架鼓 [J]. 江汉考古，1982（1）：65-68.

楚钟音乐性能的专题研究始于 20 世纪 50 年代对郘篙钟的音律分析。杨荫浏首先对郘篙钟的音律进行了分析[①]，但由于当时“一钟双音”的理论还未被发现和证实，测音资料势必只测录有正鼓音，分析资料的“残缺”，使得其中存在的某些问题引发了学术争鸣。[②]尽管如此，该文所采用的分析手段和方法被后人广泛借鉴。20 世纪 90 年代，在获得了全套编钟的完整测音资料后，黄翔鹏再次从乐律学角度对这套编钟的音乐性能进行了分析研究[③]，并在《用乐音系列记录下来的历史阶段——先秦编钟音阶结构的断代研究》[④]一文中，将此钟的音列作为战国早期编钟音列的标准器。此前，考古界根据这套编钟首钟与其余 12 件钟在纹饰铭文上的差异推测它并非同套，黄翔鹏从音乐性能角度的分析结论引起了考古界的普遍关注。尽管随着相关资料的丰富和认识的加深，学术界对于这套编钟的年代以及编制的问题已有新的看法，但黄翔鹏的这一研究成果在当时产生了广泛影响，其乐律学分析的基本结论仍可资借鉴。

淅川下寺出土王孙诰钟的音乐性能也一度为学者们所关注。由于考古资料显示这 26 件钟可能并非同套，也并非同期铸造，因此，学者们多从器物性能角度考察其一致性。赵世纲撰写的关于淅川下寺春秋楚墓出土编钟音高和音律的研究论文被列为该墓群考古发掘报告的主要附录之一，成为该墓群出土编钟原始资料中音乐性能方面的综合基础研究。[⑤]此外，在他对该钟的综合研究中也有针对音乐性能的专门考察。[⑥]郑祖襄对此钟的研究再次证明，26 件王孙诰钟并非同期铸造，有 9 件为后期补入，同时，他还分析了这套编钟的调高、音律特点，推定了编钟的原设计音位，为还王孙诰钟之原貌作了十分有益的工作。[⑦]

① 杨荫浏．信阳出土春秋编钟的音律 [J]. 音乐研究，1959（1）：77 － 80.
② 参见梁易．对《信阳出土春秋编钟的音律》领会和疑问 [J]. 音乐研究，1959（6）：96 － 97. 杨荫浏. 关于春秋编钟的音律问题 [J]. 音乐研究，1960（1）：104.
③ 黄翔鹏．“郘篙”钟每钟两音音名与阶名的乐律学分析 [M]// 溯流探源——中国传统音乐研究．北京：人民音乐出版社，1993：92 － 97.
④ 黄翔鹏．用乐音系列记录下来的历史阶段——先秦编钟音阶结构的断代研究 [M]// 溯流探源——中国传统音乐研究．北京：人民音乐出版社，1993：98 － 108.
⑤ 赵世纲．淅川下寺春秋楚墓出土编钟的音高与音律 [M]// 河南省文物研究所，河南省丹江库区考古发掘队，淅川县博物馆．淅川下寺春秋楚墓．北京：文物出版社，1991：418 － 436.
⑥ 赵世纲．淅川楚墓王孙诰钟的分析 [J]. 江汉考古，1986（3）：45 － 57.
⑦ 郑祖襄．河南淅川下寺 2 号楚墓王孙诰编钟乐律学分析 [J]. 音乐艺术，2005（2）：45 － 52.

（四）楚乐器组合研究

有关楚乐器组合的研究成果较少，基本围绕曾侯乙墓出土乐器而展开。

乐悬是编钟研究中的重要内容之一。目前鲜有曾侯乙编钟乐悬的相关论述，仅数篇文章略有关注，且角度各有不同。[①] 在“传统是一条河流”的命题下，音乐学各分支学科在各自发展与相互交融的过程中，将文献记载、考古出土实物、民间音乐活化石“三重证据”相结合成为了古代音乐研究的趋势。有学者在曾侯乙编钟与湖北民间音乐相结合的研究上做了有益的尝试。[②] 历史上的曾楚关系十分密切，曾侯乙墓出土文物文化因素的多样性受到了研究者的关注。[③] 对于曾侯乙钟与楚钟的关系以及曾侯乙钟磬与中原钟磬的比较，学者也有涉及。[④] 曾侯乙编钟是先秦时期科学与艺术的伟大结晶，与之相关的声学特性以及编钟复制中所涉及的冶铸技术、调试技术、合金比例、音律定位等也是学者们研究的主要方面。

第三节 本书的立足点

楚乐器的研究几乎贯穿了中国音乐考古学的学科化进程，集中体现了中国音乐考古学学科发展的各阶段特点，可以成为中国音乐考古学学科发展的一个缩影。它发端于金石学、文字学的考释，萌芽于历史学、考古学的研究，而后在音乐学以及中国传统文化领域展开了全方位的研讨。

目前的楚乐器研究已涉及多个方面和多个角度，成果斐然，为进一步全面、深入探讨楚乐器打下了良好的学术基础。然而，新材料的层出不穷、资料的日累月积和学术发展的日新月异，促使我们对楚乐器的研究提出了更高的要求。

---

① 李纯一. 曾侯乙编钟的编次与乐悬 [J]. 音乐研究，1985（2）：62 － 70. 方秀珍. 曾侯乙墓乐悬与周代礼制 [J]. 江汉考古，1991（3）：94 － 95.

② 杨匡民. 楚编钟与民歌音阶的比较 [J]. 交响，1987（2）1 － 12. 童忠良，郑荣达. 荆州民歌的三度重叠与纯律因素——兼论湖北民间音乐与曾侯乙编钟乐律的比较 [J]. 黄钟，1988（4）：61 － 69.

③ 冯光生. 曾侯乙编钟文化属性分析 [J]. 黄钟，1998（3）：11 － 18.

④ 赵世纲. 曾侯乙钟与楚钟 [M]// 湖北省博物馆，美国圣迭各加州大学，湖北省对外文化交流协会. 曾侯乙编钟研究. 武汉：湖北人民出版社，1992：70 － 85. 赵世纲. 曾侯乙钟磬与中原钟磬之比较 [J]. 华夏考古，2002（4）：66 － 72.

第一，对楚乐器进行全面、深入的了解和总体认识。学界目前对楚乐器的分析研究不在少数，但缺乏对各类楚乐器的全面梳理与整体研究。对楚乐器进行整体考察将促使我们对各类楚乐器有更加全面的了解和更为宏观的认识。

第二，对楚乐器进行分类梳理分析。目前的研究缺乏对楚乐器的分类梳理分析，对楚乐器发展及其各方面特点的总体认识和研究也涉及不多。对其进行分类梳理研究，有助于我们对楚乐器演变发展历程、楚乐器的特点和特色进行具体、全面、系统的归纳总结。

第三，从音乐角度对楚乐器进行专门研究。由于考古发掘出土的楚乐器材料大多刊发于考古期刊或是考古报告中，一些考古新发现较少为音乐界所关注。但是，随着中国音乐考古学学科的建立与发展，在《中国音乐文物大系》这一学科奠基性资料总集被逐卷出版的形势下，考古出土的楚乐器资料已进入音乐界学者的视野，并备受关注。从音乐角度切入的分析考察现已成为音乐文物研究的主要方面，这正是音乐考古学研究的主要立足点之一。

第四，对与楚乐器密切相关的礼乐制度进行探讨。楚乐器的件数、组合等与楚礼乐制度紧密相关，并由此兼及东周时期礼乐文化、社会制度的状况及其变化。这一点在以往的楚乐器研究中较少触及，是当前楚乐器研究应当关注的方面。

第五，宏观把握楚乐器的历史地位和意义。楚乐器无论于中国古代音乐历史的发展，还是于楚文化，都有重要意义。因此，宏观把握楚乐器的文化地位，重新考量其在中国音乐文化乃至中国传统文化中的意义与价值是十分必要的。

第六，对近年来考古出土的楚乐器新资料进行解读。近年考古发现新资料在现有研究中大多未被涉及，有的未能得到研究和充分的利用，这些新资料能够推进楚乐器和楚音乐的研究广度和深度，补充和加深我们对楚乐器、楚音乐文化的认识。

综上，以往和新近出土的丰富的楚音乐实物资料为楚乐器乃至楚音乐的研究打下了坚实的资料基础；丰硕而重要的楚乐器研究成果成为本书研究的重要基点和必要参照；与楚乐器相关的学术盲点是本书的主要立足点。传世文献中关于楚乐器的阐述、出土楚文献中的音乐内容、考古出土楚音乐实物史料，均为本书分析研究的资料范畴。

第三章 楚文献中的楚乐器

楚文献指的是与楚直接相关的文献，主要涉及两部分。一部分是传世楚文献，其中最具代表性且记载楚乐器最集中的，当为《楚辞》。另一部分则是出土楚文献，与音乐相关的出土楚文献主要是出土楚遣册中的乐器记录、上海博物馆藏楚竹书中的相关记述等。其中，上海博物馆藏楚竹书中有与《诗经》对应的《采风曲目》，与乐器无关；《陈公治兵》虽提及多种乐器，又大多不为音乐实践所用，故不在本书讨论之列。

第一节 楚文学作品中记载的乐器

《楚辞》是一部由西汉刘向根据战国至东汉年间屈原等人作品辑补而成的楚地新体裁诗歌总集，是楚文化最具代表性的文学作品。

本章对《楚辞》中出现的乐器及相关音乐描述进行初步整理。《楚辞》所记录的音乐内容从多方面反映出战国时期楚国社会音乐生活的点滴风貌，展现出先秦两汉时期楚乐器和楚地礼乐文化的基本面貌。

一、文学作品作为音乐历史研究材料的特殊性

古代文学作品是古人基于社会生活的多方面体悟与经验，用文字形式所进行的艺术创作。它能在一定程度上反映当时的社会生活，但并非当时社会生活的忠实记录和原始叙述。

古代文学作品作为历史研究材料，有其特殊性。一方面，由于它关乎个人体验，因此，作者在创作中会不可避免地将个人的体悟渗透于文字书写中；另一方面，文学作品一般会将现实的社会生活予以提炼、拓展或升华。因此在历史研究，尤其是实证分析中，文学作品难以成为最直接的史料，不宜拿来就用，而应报以审慎的态度，从文学艺术作品中挖掘、筛选、提炼可资利用的历史信息，与其他史料进行相互比对和参照。

就楚文学作品来说，其中所记述的楚音乐相关内容能够反映楚音乐的整体概貌及其在古代楚人社会生活中的重要地位。由于文学作品的特殊性，我们难以将

其作为楚乐器研究的主要材料和直接对象，但它却是不能忽略的重要参考资料。特别是在其他传世文献几乎无涉楚音乐、楚乐器的情况下，古代楚文学作品中关于音乐的多方面描写就显得更为重要和珍贵。

二、《楚辞》中的楚乐器

《楚辞》中的大量音乐描写涉及了多种楚乐器，具体整理如下（表 3-1）：

表 3-1 《楚辞》中所记楚乐器概况表

序号	乐器	出现次数	出现篇章	备注
1	钟	3	《九歌·东君》《招魂》《大招》	详见（1）
2	磬	1	《大招》	详见（2）
3	鼓	5	《九歌·东皇太一》《九歌·东君》《九歌·国殇》《招魂》	详见（3）
4	竽	4	《九歌·东皇太一》《九歌·东君》《招魂》《大招》《九怀·昭世》	详见（4）
5	瑟	6	《九歌·东皇太一》《九歌·东君》《招魂》《远游》《惜誓》《七谏·谬谏》	详见（5）
6	簧	2	《九叹·忧苦》《九思·伤时》	详见（6）
7	箫	1	《大招》	详见（7）
8	参差	1	《九歌·湘君》	详见（8）
9	（龠）篪	1	《九歌·东君》	详见（9）

注：（1）《九歌·东君》："緪瑟兮交鼓，箫钟兮瑶簴。"《招魂》："肴羞未通，女乐罗些。陈钟按鼓，造新歌些。"《大招》："二八接舞，投诗赋只。叩钟调磬，娱人乱只。"

（2）《大招》："二八接舞，投诗赋只。叩钟调磬，娱人乱只。"

（3）《九歌·东皇太一》："扬枹兮拊鼓，疏缓节兮安歌，陈竽瑟兮浩倡。"《九歌·东君》："緪瑟兮交鼓，箫钟兮瑶簴。"《九歌·国殇》："霾两轮兮縶四马，援玉枹兮击鸣鼓。"《九歌·礼魂》："盛礼兮会鼓，传芭兮代舞，姱女倡兮容与。"

《招魂》："肴羞未通，女乐罗些。陈钟按鼓，造新歌些。"

（4）《九歌·东皇太一》："扬枹兮拊鼓，疏缓节兮安歌，陈竽瑟兮浩倡。"《九歌·东君》："鸣𪛆兮吹竽，思灵保兮贤姱。"《招魂》："竽瑟狂会，搷鸣鼓些。"《大招》："代秦郑卫，鸣竽张只。"《九怀·昭世》："闻素女兮微歌，听王后兮吹竽。"

（5）《九歌·东皇太一》："扬枹兮拊鼓，疏缓节兮安歌，陈竽瑟兮浩倡。"《九歌·东君》："緪瑟兮交鼓，箫钟兮瑶簴。"《招魂》："竽瑟狂会，搷鸣鼓些。"《远游》："使湘灵鼓瑟兮，令海若舞冯夷。"《惜誓》："二子拥瑟而调均兮，余因称乎清商。"《七谏·谬谏》："伯牙之绝弦兮，无钟子期而听之。和抱璞而泣血兮，安得良工而剖之？同音者相和兮，同类者相似。"

（6）《九叹·忧苦》："愿假簧以舒忧兮，志纡郁其难释。叹《离骚》以扬意兮，犹未殚于《九章》。"《九思·伤时》："使素女兮鼓簧，乘戈和兮讴谣。声噭誂兮清和，音晏衍兮要婬。"

（7）《大招》："讴和《扬阿》，赵箫倡只。"

（8）《九歌·湘君》："望夫君兮未来，吹参差兮谁思？"

（9）《九歌·东君》："鸣𪛆兮吹竽，思灵保兮贤姱。"

从上表可见，《楚辞》中提到的乐器约有9种。这9种乐器在楚墓中都有对应的实物出土。

在所记录的乐器中，瑟与鼓出现的次数最多，这与楚墓中随葬乐器的情况相一致。目前所知楚墓中出土楚鼓的批次多、数量多、种类多，出土楚瑟的批次和数量也较多。文献与考古实物均证明，二者是楚音乐实践和礼乐生活中最常用的乐器，被应用于多种场合。《楚辞》中提及竽的次数也不在少数，却只字未提楚墓中常出土的笙，但在非屈原所做的《九叹》《九思》两篇中均提到了簧。簧被认为是笙类乐器的总称，可指代笙。关于楚笙与楚竽的相关问题，后文将予以专论。此外，所言参差，即排箫，是其别称，既用于描述箫管长短不齐，也有隐喻诗歌中人物复杂心情的意图。这些楚乐器不仅用于大型乐舞场面，也用于个人抒怀，后文将对其进行详述。

三、《楚辞》中的楚乐器组合

《楚辞》中的音乐记载体现出楚乐器组合的 3 种基本情况。

第一种为大型乐队。即包括青铜乐钟等金类乐器的乐队，有的由钟、磬与瑟、竽等乐器组成，有的为钟、鼓与瑟、竽等乐器组合而成。这种组合多用于大型乐舞场面和礼乐活动。例如，祭祀最高天神的篇章《九歌 · 东皇太一》、祭祀日神东君的篇章《九歌 · 东君》以及描写尽显巫风的娱神招魂习俗的《招魂》等。

第二种为小型乐队。有以鼓为节奏乐器，与瑟、竽等乐器的组合；也有瑟、竽等乐器的直接组合。楚鼓的品类多样，根据乐队中的平衡原则，结合考古出土楚鼓实物推测，大型乐队中的鼓可能是体量较大的悬鼓，小型乐队中则更多使用体量略小或音量较小的鼓。

第三种为单独提及的乐器。为单种乐器的齐奏或独奏。它们多被用于特殊的场合，与某一主题氛围相契合，也有的用于个人抒怀。例如，《九歌 · 国殇》是一篇纪念为国捐躯将士的篇章，其中涉及大量关于战争的描写，所用鼓的合奏即是为了表达悲壮激烈的主题。《九歌 · 湘君》中描写湘夫人吹奏排箫（参差）思念湘君的情景，则是单纯地抒发个人情感。

四、《楚辞》中的诸国乐舞

《楚辞》对楚人礼乐生活的艺术描写还提到了当时其他诸侯国的乐舞，主要见于以下两个篇章：

> 《招魂》：“二八齐容，起郑舞些。衽若交竿，抚案下些。竽瑟狂会，搷鸣鼓些。宫庭震惊，发《激楚》些。吴歈蔡讴，奏大吕些。士女杂坐，乱而不分些。放陈组缨，班其相纷些。郑卫妖玩，来杂陈些。”
>
> 《大招》：“代秦郑卫，鸣竽张只。伏戏《驾辩》，楚《劳商》只。讴和《扬阿》，赵箫倡只。”

《招魂》和《大招》两篇所描写的都是楚人娱鬼神招魂复魄的情景，其中提到的诸侯国多达 8 个，分别是：郑、吴、蔡、代、秦、郑、卫、赵。显然，楚人在其礼乐生活中并不拘泥于用楚人之器，唱楚人之歌，起楚人之舞，奏楚人之乐，而是以开放的胸怀，兼收并蓄，广纳其他诸国的乐器、乐歌与乐舞，并将其与楚乐舞融为一体，为楚礼乐生活所用，从而极大地丰富和充实了楚音乐的内容与风格。

第二节 出土楚文献中的乐器

20 世纪 50 年代以来，随着我国考古工作的深入开展，一批批深藏于地下的简牍得以出土，对研究古代社会历史与思想文化产生了重要影响。目前已知的简牍实物以战国时期最早，且大多出自环境有利于竹木器保存的墓葬中。战国简牍主要出土于长江流域，以今湖北、湖南、河南三地最为集中，且多出自楚墓。出土战国楚简年代可靠、内容丰富，是研究先秦历史文化不可多得的文献史料。出土楚文献中多提及乐器，其中琴、瑟均最早见于战国时期楚文字。作为出土楚文献的一个重要类别，丧葬简牍是古代楚人在丧葬活动中专门用来记录有关丧葬事务的一类简牍资料。此类材料多泛泛而谈，也可称其为“丧葬文书”。使用简牍书写的丧葬记录可以分为两类：一个是赗之“方”，也就是赗书；另一个是遣之“策”，即遣册。二者在内容、形式和使用上都有所不同。大体来说，赗书是对助丧的赗赠物品的记录，遣册是对送葬的遣送物品的记录。在所知战国楚简中，有 13 批包含或者属于丧葬简牍，其中已正式公布 7 批（含曾侯乙简）。

目前，战国遣册均出自大夫、下大夫级墓葬，士一级墓葬中尚未见，并且，遣册登记的物品并不全部随葬。也就是说，目前出土楚文献中记载的乐器或音乐面貌反映的是大夫以上级别的丧葬用乐中的部分情况。

出土楚文献中记录有楚乐器的仅有少许几批，且大多只记有一两种乐器，值得一提的是，信阳长台关 1 号墓出土楚简中有一篇专门记录乐器相关内容的文字。

信阳长台关 1 号墓共整理出土 2 组竹简。1 组出自前室东部，共 119 支，均为断简。文字系用墨书在竹黄一面，内容为一部竹书，久已散佚，作者不详。2 组出自左后室，保存较为完整，共 29 支。其书写方式为先编联后墨书。内容为遣册，即记载随葬品名称与数量的清单。信阳长台关 1 号墓出土遣册是按各类记录的。

图 3-1 信阳长台关 1 号墓 2-18 号简简文

图 3-2 信阳长台关 1 号墓 2-03 号简简文

经研究，2-18 号简与 2-03 号简的两条简文原应连接，所记载的内容为乐人之器。①根据《楚丧葬简牍集释》②中前人研究成果的整理与校释，现将简文所记乐器情况与出土乐器对照整理如下（表 3-2）。

表 3-2 信阳长台关 M1 楚简“乐人之器”与出土乐器对照表

序号	乐器名称	所记数量	乐器描述校释	乐器出土情况	备注
1	钟	13	一堵编钟，彩绘钟架，青铜插销	前室出土 13 件青铜编钟，1 具彩绘钟架（2 个墩、1 根立柱、1 根横梁），11 件青铜插销，2 件钟槌	
2	磬	19	一堵编磬，彩绘磬架，绳系悬	未出土	
3	筑	1		未出土	
4	笙	2		未出土	
5	竽	1		未出土	
6	鼓（大鼓）	1		1 件大鼓（带鼓环），1 件伏虎鼓座，应为虎座鸟架鼓	
7	鼙（小鼓）	1		1 件小鼓	
8	鼓槌	2		未出土	
9	舂牍	4		未出土	
10	漆瑟	3		3 件，其中 1 件彩绘锦瑟	
11	瑟座	3		未出土	

遣册中的乐器记录大体涉及四个方面的信息：一为乐器数量，二为乐器名称，三为乐器装饰，四为附属物。其中，对于青铜编钟和石编磬，大多会记录钟架、

① 李家浩．信阳楚简“乐人之器”研究 [M]. 简帛研究．南宁：广西教育出版社，1998：1-22.
② 刘国胜．楚丧葬简牍集释 [M]. 北京：科学出版社，2011：5，21-24.

磬架以及悬挂的相关信息；对于瑟，则会记录与彩绘图案、底座[①]或是外包装或装饰物[②]相关的信息。遣册中所记录的乐器信息与下葬、出土乐器的实际情况并不能完全一致。遣册记录的乐器为古代楚人在丧葬仪式中所用乐器的情况，随之下葬的只是其中的一部分，而出土乐器数量和状况则取决于墓葬的客观保存环境和是否被盗。当然，我们也会发现，在大多数情况下，楚墓出土乐器多于简文记录乐器，这大概是由于简牍大多不存或者残存极少一部分的原因，出土文献的重要性和学术价值也正体现于此。

① 楚简中记录瑟时多同记有“桊”，如：信阳竹简中“三漆瑟，桊”；包山楚简中“一瑟，又桊”；望山2号墓楚简中也有相同记载。胡雅丽在“中国简帛学国际论坛2007”的论文《“桊”之名实考》中认为“桊”字指的是瑟座，近年来的楚音乐文物考古发现证实了这一观点。

② 望山2号墓楚简中记载“瑟”的同时提到“秋衣”或丝织物，此丝织物为装瑟所用或者用于缠弦。

第四章

楚乐器的分类研究

本书“楚乐器的发现”一章已对出土楚乐器的基本情况进行了大致梳理。根据目前所掌握的楚乐器实物史料不难看出，无论于乐器种类、乐器数量，还是在乐器性能和乐器修饰等方面，楚乐器均为先秦乐器之翘楚。

《周礼·春官·大师》载：“大师掌六律六同，以合阴阳之声。……皆文之以五声，宫、商、角、徵、羽；皆播之以八音：金、石、土、革、丝、木、匏、竹。”[①]《尚书》中也提到“八音克谐”。文献中所记载的“八音”，便是先秦时期以乐器材质为划分标准的乐器分类。用现代科学的理念来衡量，这种乐器分类法的弊端明显，毕竟乐器的各个部件并非由单一材质制成，并且同一种乐器可能使用两种不同材质制作出不同版本。尽管如此，我们在论述先秦乐器时还是需借用当时的乐器分类法进行描述。由于先秦时期明器制作的特殊性，如实用器为青铜材质的编钟，其明器形式有仿铜而制的陶制钟和木制钟，因此在使用这一分类时应排除明器。据此，出土的实用楚乐器涉及“八音”中的七类，具体为：金之属有钟、镈、钲、铎、勾鑃等；石之属有磬、石排箫；革之属有虎座鸟架鼓、鸟架鼓、有柄鼓等；丝之属有瑟、琴、均钟等；木之属有舂牍、雅、木鹿鼓、柷等；匏之属有笙、竽等；竹之属有篪、竹排箫等；唯缺土属。从乐器在乐队中的功能来说，这些乐器既有用于演奏音乐旋律的，还有在音乐演奏中承担节奏功能的。需要说明的是，部分金之属器类用于战争，较少作为乐器使用，因此，本章不对这类器物进行分析，而是对被楚人用于古代礼乐生活的乐器予以分类研究。

第一节 楚钟

楚钟是研究楚音乐最主要的实物资料。在已知楚音乐实物史料中，楚钟的数量最多，占楚音乐实物史料总量的 40%，并且具备完整的年代序列；楚钟是存见楚乐器中历时最长的乐器，几乎贯穿了楚文化的发展历程；楚钟因其青铜材质，保存状况最好，留存的可供分析研究的测音资料也最多。显然，研究楚乐器乃至楚音乐文化的各个方面都离不开楚钟，而在其中，关于楚乐器纹饰内容与风格以

① 孙诒让. 周礼正义 [M]. 北京：中华书局，1987：1832.

及楚音乐形态的历时发展与变化方面的探讨，则不得不主要依赖于年代有序且跨越最长的楚钟资料。基于本书篇章结构的整体考虑，本章关于各类楚乐器的研究中，楚钟的研究内容将以其外部形态分析为主，有关楚钟纹饰和音乐性能的考察将在后文关于楚乐器纹饰与楚音乐形态的相关章节中予以详述。

一、器物形态变化与功能的关系

众所周知，任何一种器物都具有发生、发展、消亡或转化为另外一种器物的过程，每个阶段的变化与人类在各个历史时期的不同需求相关。作为各类器物的首要特征——形态，在漫长的发展历史中不断演变。

在影响器物形态的诸多因素中，“功能决定形式”的观点虽一度占主角，但对这一看法的质疑声也不绝于耳。有西方学者提出：“同样功能的器具在不同的文化中有不同的形态，这个演变过程又是如何呢？”[①] 对此，“功能决定形式”的说法无法作出解释。他认为“真正决定器具形式的是使用者所发现的缺点……不同地区、不同的人所观察和注重的缺点不同，改善的方法各异。因此不同的文化产生不同的器具。”[②] 还有学者对功能与审美在器物产生和形式演化中的作用发表了见解。他们提出，在人类物质文化史的发展序列中，“实用先于审美”的命题应予以重新审视，“最初的美的需求，并不晚于实用而存在……这种属于美的范畴的实用性，是否愈加刺激了人们在创造时自觉不自觉地要把审美同时考虑呢？”[③] 对于这一问题，俞伟超曾指出，物品所以做成某种形态，主要是其用途、制作技术、使用者的生活或生产环境、制作和使用者的心理情况或审美观念这几种因素所决定的……客观存在的这几种因素，总是综合为一种特定的力量，决定着物品的特定形态。在任何一个人们共同体内，已经形成的某一种综合力量，会成为牢固的传统，使得各种物品已经形成的形态具有相当的稳定性。[④] 西方学者也认为，自然界的演化是随机的，但是器具的演进却是人类有意识的活动，包含心理、经济及社会文化等因素，创造力在器具的演进中不断发展……技术对发明

① 亨利·佩卓斯基．器具的进化 [M]. 丁佩芝，陈月霞，译．北京：中国社会科学出版社，1999：1.
② 亨利·佩卓斯基．器具的进化 [M]. 丁佩芝，陈月霞，译．北京：中国社会科学出版社，1999：19.
③ 周晓陆，曾智泉，卢昉．艺术考古学：相关理论探讨 [N]. 中国文物报，2006 － 10 － 18（6）.
④ 俞伟超．关于“考古类型学”的问题 [M]// 考古学是什么．北京：中国社会科学出版社，1996：63 － 64.

有相当的影响……连材质也会影响器具的形式和功能。[①]

综合来看，影响器物形态演变的因素是多元耦合的。器物的使用与功能、制作材料和技术能力、生产生活环境、社会心理情况和审美意识等都可能成为影响器物形态的重要因素。这些因素相互作用、融合，影响着器物的形态，并且在古人智力和技术的不同发展阶段，表现出了对器物形态不同程度的影响。一般而言，在制作技术比较原始的时候，技术能力和质料限制成为器物形态最强烈的影响因素；当人们的智力得到了相应的发展之后，器物使用的合理性开始在其形态演进中起到越来越重要的作用；随着人们对自然支配能力的不断提升和充分发展，审美观念和社会意识成为影响器物形态的必要因素，而他们的审美观念本身也是受生产能力、生活环境和社会状况所制约的。可见，这些因素同时对器物形态产生着影响，只不过在不同阶段影响的程度不同。此外，对不同性质的器具，其形态变化因素也各有不同，例如，实用性强的器具，其形态变化可能更多地考虑到功能的改进，而被用来审美的器物，它们的形态变化可能主要是由人们的审美意识和观念所决定。

乐器的产生源自人类对声响的某种需求。乐器之所以为乐器，是以其音乐音响性能为首要条件的，因此，乐器形态的演进不同于一般器物，它更多以改良发声、完善音乐性能为主要目的。尽管如此，“功能决定形式”的观点依然不能适用于乐器发生、发展、消亡或转化的所有阶段。在乐器发生初期，其形制应是由多重因素决定的，功能、审美、环境、文化心理等缺一不可。诚然，制作技术、质料等都是完善乐器音乐性能的必备条件，但在技术和质地都相对稳定的情况下，对于那些总体形制已基本固定的乐器来说，其形制的细微变化则大多是为了获得更好的音乐性能，因此，功能说比较适用于解释乐器的形制演变。

就古代青铜乐钟而言，其基本形制及尺度是“一钟双音”特有性能的根本声学保证，要获得更好的双音隔离度、音色及音准，材料的合金配比和金属组织、铸造质量和铸后加工，形制的细部变化与调整等都是重要影响因素。《周礼·考工记》“凫氏”中就记录了钟体厚薄、大小、长短与音响的关系，其中说道“钟

---

① 亨利·佩卓斯基．器具的进化[M]．丁佩芝，陈月霞，译．北京：中国社会科学出版社，1999：24.

已厚则石，已薄则播，侈则柞，弇则郁，长甬则震”[①]。《周礼·春官·典同》中也分辨了基本形制不同的钟在音响效果上的差别和优劣[②]，即：“凡声，高声碮，正声缓，下声肆，陂声散，险声敛，达声赢，微声韽，回声衍，侈声筰，弇声郁，薄声甄，厚声石。”[③]可见，古人对此有着深刻的认识，而这种认识也是通过不断的实践和实验而获得的。因此，“不同时代、不同地区在钟制上的差别，是反映了铸钟匠师追求更完善的形制以得到更好的音响效果的种种探索”。[④]

通过分析青铜楚钟形制上的微小变化，以及这些变化与编钟音乐音响性能之间的关系，我们可以看到古代楚人对编钟音乐音响性能的执着追求和对铸钟技术不断探索和实践的过程。

限于现有的考古材料，本部分所分析的楚钟形态的变化，实际只是楚钟形态演化总过程中的一个片断。在此之前，楚钟当有一个漫长的酝酿、形成、发展期；在此之后，它也应该具备一个逐渐转变或消退的过程。此外，下文所揭示的楚钟形制变化片断也仅是其演变的逻辑过程，而未必是具体的历史过程。

二、楚钟的型式划分

目前已出土的楚钟既有青铜制，又有木制，还有陶制。其中的木制钟与陶制钟均仿青铜钟制造，它们不具备乐器的实用功能，而大多作为明器随葬，是先秦时期，尤其是自春秋中晚期之后大量出现的一种仿铜礼器。本节主要将存见青铜楚钟作为型式研究的对象。此外，由于现有楚系镈的资料所属年代较晚，不成发展序列，难以对其进行类型学划分，故暂不列入下文的分析。

类型学是科学归纳和分析考古材料的考古学方法论之一。“就方法论本身最基本的能力来说，主要在于能够找出物品形态变化的逻辑过程，而不一定是历史

① 孙诒让．周礼正义 [M]. 北京：中华书局，1987：3269.
② 戴念祖根据《周礼·春官·典同》的记载，草绘了 12 种钟形线图，并详细解释了它们的音响效果。（参见戴念祖．中国的钟及其在文化史上的意义 [M]// 黄盛璋．亚洲文明论丛．成都：四川人民出版社，1986：113 – 114.）——笔者注。
③ 孙诒让．周礼正义 [M]. 北京：中华书局，1987：1874.
④ 华觉明．曾侯乙编钟冶铸技术与声学特性研究 [M]// 湖北省博物馆，美国圣迭各加州大学，湖北省对外文化交流协会．曾侯乙编钟研究．武汉：湖北人民出版社，1992：480.

的具体过程”，因为“真正的具体过程则应当存在着相当的交错现象”。①

分型的目的主要在于区分同时代并存的不同型别的器物，体现器物间所存在的横向联系；分式的目的主要在于区分同型器物在不同时代所表现出的形态，体现同一型器物时间早晚的纵向逻辑关系。到目前为止，根据楚钟所属单位和它与共存器物之间的关系，考古报告中已基本确定了它们的所属年代。本节对楚钟的考古类型学分析，旨在理清它们形态变化的逻辑过程，归纳其基本变化规律，以期对其发展序列获得相应认识。由于编钟形制与其音响性能有着直接关联，因此，下文的型式划分将结合量化分析对关乎楚钟形制变化的主要数据进行统计，以最为直观的量化形式梳理并廓清其变化发展的历程。

目前已知的楚青铜钟在形制和纹饰风格等方面的共同特点十分突出，但它们也存在某些细部差异。就形制而言，其共同特征表现为：舞平；钟体上窄下宽，两铣外侈，下垂，铣边有棱；于部向上成弧形；钟腔体横截面呈合瓦状扁圆形。依据舞部上方悬挂部件的不同特征，可将其分为两型。

A 型：钮钟，舞部上方为一长方形钮，多采用插销将钟固定于钟架横梁上。一般来说，此型钟的钟体较小。根据钟体、于弧及钲部的变化将此型钟分为三式，以示钟形的细部演变过程（表 4-1）。

A Ⅰ：钟形略近正方形，于部微弧，钲部较大，约占钟身高的三分之二。

标本：楚王领钟。

A Ⅱ：钟体略长，于部微弧略大于 A Ⅰ，钲部微上缩。

标本：敬事天王钟。同式器还有旧县 M4 钟、鄦钟、倗子受钟、徐家岭 M3 钟、徐家岭 M10 钟、鄱子成周钟、蔡侯钟。

A Ⅲ：钟体修长，略呈扁圆直筒状，于弧明显增大，钲部已明显上缩，约占钟身高的二分之一。依其钲部有无枚，分为二亚式。

A Ⅲ a：钲部有枚。

标本：䣄篙钟。同式器有旧县 M1 钟、纸背村钟、天星观 M2 钟、九连墩 M1 钮钟、上蔡钟。

① 俞伟超．关于“考古类型学”的问题 [M]// 考古学是什么．北京：中国社会科学出版社，1996：67 － 68.

A Ⅲ b：钲部无枚。

标本：天星观 M1 钟。同式器有曾侯乙上层钮钟、平夜君成钟。

由于各式楚钟的变化大多不太明显，在以上通过视觉判断分式的基础上，进一步进行量化分析，与上文的划分相对应。钟体比值由体高（除去悬挂部位的钟体高度，即通高减去钮高所得值）与铣间的比例构成，侈度由铣间与舞修的比例构成。在侈度相对稳定的情况下，钟体的比值越大说明钟体越长。

表 4-1　A 型钮钟钟形量化分析表

式别	钟名	钟体 （体高与铣间之比）	侈度 （铣间与舞修之比）
A Ⅰ	楚王领钟	1.01	1.099
A Ⅱ	旧县 M4 钮钟	1.254	1.214
	敬事天王钟	1.192	1.138
	黝钟	1.261	1.154
	俶子受钟	1.152	1.076
	徐家岭 M3 钟	1.152	1.138
	徐家岭 M10 钟	1.32	1.139
	鄱子成周钟	1.218	1.126
	蔡侯钟	1.395	1.140
A Ⅲ	纸背村钟	1.0397	1.16
	曾侯乙编钟上层钮钟	1.44	1.151
	旧县 M1 钟	1.374	1.12
	留篙钟	1.347	1.105
	天星观 M1 钟	1.309	1.121
	天星观 M2 钟	1.335	1.113
	九连墩 M1 钮钟	1.421	1.174
	平夜君成钟	1.439	1.188

注：（1）因部分楚钟形制数据不明，故上表仅收录有具体形制数据资料的楚钟。

（2）表中数据基本为各套 / 各组（或现存若干件）钟数据之平均值。

B 型：甬钟，舞部上方为一长条形甬，甬上细下粗。此型钟的钟体较之 A 型钟大。又据钟体、于弧、钲部及甬的变化将此型钟分为三式，从纵向时间角度展示钟形细部演变的过程（表 4-2）。

B Ⅰ：钟形略宽，于部微弧，钲部大，约占钟身高的三分之二，甬较短。根据甬的横截面形状分为二亚式。

B Ⅰ a：甬截面呈圆形。

标本：楚公豦钟，同式器有万福垴编钟 2012YWTN03E20:1 和 2012YWTN03E20:7。

B Ⅰ b：甬截面呈圆角方形。

标本：楚公豦钟 Z98:3009，同式器有楚公逆编钟、万福垴编钟 2012YWTN03E20:9。

B Ⅱ：钟体略长，于部微弧略大于 B Ⅰ，钲部微上缩，甬增长。

标本：王孙诰钟，甬截面呈八棱体。

B Ⅲ：钟体修长，于弧大，钲部明显上缩，约占钟身高的二分之一，甬长。依其钲部有无枚，分为二亚式。

B Ⅲ a：钲部为长枚。

标本：秦王卑命钟，甬截面为圆形，但甬形与所见其他楚钟不同，即甬较短，其上无旋、幹而为一短钉，显然其悬挂方式不同。

同式器有九连墩 M1 钟、曾侯乙长枚钟（中、下层）、擂鼓墩 M2 大型钟。

B Ⅲ b：钲部为短枚。

标本：曾侯乙中层短枚钟、擂鼓墩 M2 小型钟。

B Ⅲ c：钲部无枚。

标本：曾侯乙中层无枚钟。

图 4-1　楚王领钟拓片

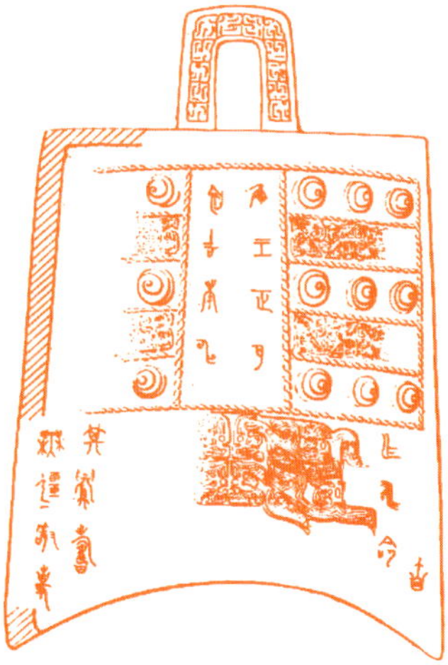

图 4-2　敬事天王钟线图

图 4-3　徐家岭 3 号墓编钟线图

图 4-4　徐家岭 10 号墓钟线图

图 4-5 留篙钟线图

图 4-6 九连墩 1 号墓钮钟线图

图 4-7 江陵天星观 1 号墓钮钟

图 4-8 江陵天星观 2 号墓钮钟

表 4-2 B 型甬钟钟形量化分析表

式别	钟名	甬长变化（甬长与通高之比）	钟 体（体高与铣间之比）	侈 度（铣间与舞修之比）
B Ⅰ	万福垴编钟（楚季钟）	0.313	1.179	1.207
	楚公冢钟（周原）	0.356	1.156	1.2
	楚公逆编钟	0.363	1.128	1.185
B Ⅱ	旧县 M4 钟	0.348	1.243	1.213
	王孙诰钟	0.391	1.222	1.147
B Ⅲ	曾侯乙编钟中层甬钟	0.438	1.461	1.112
	秦王卑命钟	0.276	1.329	1.107
	擂鼓墩 M2 钟	0.453	1.385	1.102
	九连墩 M1 钟	0.486	1.31	1.13

注：（1）因部分楚钟形制数据不明，故上表仅收录有具体形制数据资料的楚钟。

（2）曾侯乙编钟下层大型甬钟的数据暂未列入。

（3）表中数据基本为各套（或现存若干件）钟数据之平均值。万福垴编钟因非一套，故取刻铭的楚季钟为例。

通过以上分析可知，A、B 两型钟的钟体具有基本相同的变化规律，即：钟体由宽矮逐渐变得修长；于弧逐渐扩大；钲部渐上缩。此外，B 型甬钟的甬部逐渐变长，且甬横截面的形状各有不同。

尽管所见楚系镈因未呈序列而难以进行类型学研究，但其总体特征依然十分明显。第一，楚系镈大多形体较小。大型特镈是商周时期镈的基本形式，而楚系镈则不同，其镈体较小，多成编成组。曾侯乙编钟中的楚王镈是目前所见的唯一一件大型楚镈，是楚人专为祭奠曾侯乙而铸造的。第二，楚系镈多为无脊镈。商周时期常见的有脊镈不见于楚，叶县旧县 4 号墓编钟中的有脊镈当为两周之际的遗绪和中原文化的产物。

图 4-9 楚公豪钟 Z98:3009 拓片

图 4-10 万福垴编钟 2012YWTN03E20:1

图 4-12 王孙诰钟拓片

图 4-11 万福垴编钟 2012YWTN03E20:9

13 九连墩 M1 甬钟

图 4-14 楚王酓章镈

图 4-15 和尚岭 2 号墓编镈

图 4-16 徐家岭 3 号墓编镈

图 4-17 天星观 2 号墓编镈

三、楚钟的形制演变

上文对楚钟型式的划分以及对其相关数据的量化比对，已基本廓清了楚钟外部形态的细微变化，据此可将其发展大致划分为三个阶段（表 4-3）。

表 4-3　楚钟形制发展分期简表

型式期	形制	
	A 型	B 型
西周中晚期至春秋中期	A Ⅰ	B Ⅰ（B Ⅰ a、B Ⅰ b）
春秋中期至春秋战国之交	A Ⅱ	B Ⅱ
战国早期至战国晚期	A Ⅲ（A Ⅲ a、A Ⅲ b）	B Ⅲ（B Ⅲ a、B Ⅲ b、B Ⅲ c）

第一期：约从西周中晚期至春秋中期。此时钟体显得较为厚重，形体略方，于部微弧，钲部较长。尽管目前所见早期楚钟的数量不多，但其整体形制结构与同时期中原编钟相同，形态风格也与中原钟几乎没有区别。甬钟在形成之初便已具备了合理的声学结构和较好的音乐性能，随后出现的钮钟亦然，这种较为合理的基本钟体结构已经不再允许钟体有较大的变化。当代的编钟复制实践表明，青铜乐钟的铸造与调试极为复杂，可谓牵一发而动全身，在没有足够铸造经验和技术把握的情况下，对钟体结构的任意改变都极易造成音色毁坏、音高混乱，甚至钟体废弃。

第二期：约从春秋中期至春秋战国之交。从整体形制的变化上看，这可以说是第一阶段向第三阶段的转变过渡期。这一时期楚钟与中原编钟的形态也基本相当，楚钟的形态风格特点正在形成，但仍不突出。

第三期：约从战国早期至战国晚期。这一阶段楚钟的钟形与第一阶段的区别十分明显。钟体修长，于弧大，钲部上缩至钟身的二分之一处。此时出现了素面无纹、无枚钟。战国时期楚钟已具有较为突出的形态风格，即：钟体修长，于弧较大，鼓部也较大。这与中原地区及其他地域编钟的形态特征已有了一定程度的差别。

一般认为，楚钟形态的变化与楚艺术崇尚飘逸的审美特质有关，但实际上它与青铜乐钟音乐音响性能的提高和改善有着更为直接的关系。

四、楚钟形制变化与音响性能的关系

经研究测算表明，“编钟形制与尺度规范在西周中期业已初步形成。春秋晚期的淅川编钟形制和《考工记》所载最为接近，音响效果也好……但出土的编钟，其形制与尺度并不都和《考工记》所载相同。”[①] 尽管如此，那些细微的尺度出入，并不影响编钟制作规范的形成和确立，而是在一定时期，以提高编钟音乐音响性能为主旨所做的细部调整。以下将就楚钟形制变化的实际情况与其性能的关系作相关探讨。

（一）钟体变化

楚钟的钟体由略宽阔型逐步向修长型转变，上文的钟形量化分析数据清晰地显示出这一变化过程。《周礼 · 考工记 · 凫氏》载：“钟大而短，则其声疾而短闻。钟小而长，则其声舒而远闻。”[②] 孙诒让《周礼正义》曰：“钟大而短则内浅，鼓之，其震荡急而出声燥急，故易竭也。……钟体小而长，则内深，鼓之，其震荡缓而出声安徐不迫，故难息也。”[③] 结合文献记载和考古实物的情况可以看出，古人对钟体与其发声、乐音传播以及音响效果之间存在的必然联系已具有深刻的理解和认识。这种认识是他们在艺术实践中逐步积累得出的经验或理论成果，它来自实践又被付诸实践。

从音乐音响性能上看，修长型的钟，声响悦耳舒展且穿透力强；从视觉审美角度考察，楚钟钟体逐步摆脱厚重宽阔趋向于轻盈修长，契合楚人追崇的浪漫飘逸之美。

型式分析也显示出楚钟的于弧在逐渐增大。科学研究表明，编钟的振动频率

① 华觉明 . 双音青铜编钟的研究、复制、仿制和创制——兼论多重证据法和技术史研究的社会功能 [M]// 技术史研究十二讲 . 北京：北京理工大学出版社，2006：51.
② 孙诒让 . 周礼正义 [M]. 北京：中华书局，1987：3270 – 3271.
③ 孙诒让 . 周礼正义 [M]. 北京：中华书局，1987：3271.

除了与钟壁厚度、敲击区域等具有直接关系以外，还与钟口的弯曲形状密切相关。[①]钟口形状不仅对频率有所影响，还对编钟的双音性能有直接作用，即：平口的青铜镈，其正、侧鼓音多为二度关系，而于口的青铜钟，其正、侧鼓音多呈三度关系，显然，曲于以及于口的大小与青铜乐钟双音的隔离度密切关联。[②]一般来说，钟的于口大，双音隔离度较好，反之，略差。

（二）钲部变化

钲部从钟身三分之二处逐渐上缩至二分之一处，使钟体受击部位——鼓部相对扩大。有过编钟演奏经历的人都知道，钟槌的材质以及敲击钟体的力度与韧度都会对编钟音色产生一定影响。正鼓部演奏部位的扩大无疑有利于演奏者进行演奏，由此也可以获得更好的音乐效果。

（三）关于钟枚的作用

《周礼·考工记·凫氏》载：“……篆间谓之枚……”[③]

阮元著有短篇《钟枚说》，全文如下：

> 予所见古钟甚多，大小不一，而皆有乳。乳即《考工记》之所谓枚也。其枚或长而锐，或短而钝，或且甚平漫，钟不一形。窃思古人制器，必有所因，此枚之设，将为观美耶？未足观也。然则欲此累累者何用乎？乙丑春，余在杭州铸学宫之乐钟，与程氏瑶田、李氏锐共算其律，以定其范。将为黄钟者，及铸成，则失之为夹钟矣。铸工曰：“若不合者，当用铜锡傅其内，可改其音。”余乃令其别择一钟，挫其乳之锐者，乳钝而音改矣。夫乃知《考工》但著磨磬之法，而不著磨钟之法者，为其枚之易磨，人所共知，不必著于书也。[④]

其一，阮元所见的古钟都有枚，并且这些钟枚的大小长短各有不同。这显然是阮元建立在当时所发现的以及他所见到的古钟材料之上的认识。迄今考古发现的为数不少的无枚钟已将这一认识推翻。

---

① 陈通，郑大瑞．椭圆截锥的弯曲振动和编钟 [J]. 声学学报（8），1983（3）：129 – 134.
② 戴念祖．中国物理学大系・声学史 [M]. 长沙：湖南教育出版社，2001：124.
③ 孙诒让．周礼正义 [M]. 北京：中华书局，1987：3262.
④ 阮元．钟枚说 [M]// 揅经室集：一集，卷五．北京：中华书局，1993：116 – 117.

其二，阮元不但采用锉磨钟枚来调节乐钟的音高，还指出，之所以《周礼·考工记》中只记有磬的调音方法而未记载调钟之法，是因为钟枚易磨，并且此理可能人所共知，根本不必记录于书中。对于改变钟枚的高度是否能够调节乐钟音高，目前虽未经过科学实验予以证伪，但此法有一个重大弊端，就是会破坏编钟的整体美观。对大量出土先秦乐钟的普查、分析、实验、复制已可证实，先秦乐钟的调音部位多集中在钟体内壁。通过在钟体内壁预设音梁、内唇，锉磨之以改变壁厚，从而调节音高，这样可以在适度调节乐钟音高的同时，仍然保证编钟钟体外观的协调统一。同时，目前也尚未发现出土先秦乐钟的钟枚有经过磨砺的痕迹。锉磨钟枚以调节音高的说法难以成立。

现代物理学研究证实，枚可以纠正铸造的不均匀性，使振动节线更为整齐，还可以起到振动负载的作用，使声音较快衰减。① 依据激光全息检测，通过对尺寸、基频相同的甬钟、钮钟稳态共振频谱的对比得出，有枚钟的高频数量较无枚钟少而且弱，可见枚具有减少高频振动的影响以改善钟的音响效果的作用。② 这一现代科学实验恰好印证了王黼《重修宣和博古图》中的记载，即："枚所以节声而长短异状……枚短则声不能节而有隆杀"，又"宋李照号为知乐，其论枚乳则以谓用节余声。盖声失以节，则镗镗成韵而隆杀杂乱，其理然也"。③ 考察已知楚钟形制的发展可知，西周至春秋时期的楚钟多为有枚钟，无枚钟在战国时期才开始出现。如果说钟枚能够改善编钟的音乐音响，那么它理应被广泛应用。然而，考古发现的情况却是，钟枚在编钟发展的高峰时期时隐时现，这似乎有异于事物发展的普遍规律，除此之外，在曾侯乙编钟的编组中还出现了无枚钟与有枚钟（包括长枚、短枚）同编同架的情形，这是目前所见多种钟枚的乐钟同编成套的唯一特例。那么这些现象又应如何解释呢？韩宝强研究认为，钟枚会对钟声谐音产生一定的影响，而谐音的数量与强度又是影响音色感的基本客观因素。④ 由此推断，有枚钟与无枚钟可能存在一定的音色差异，那么曾侯乙编钟之有枚钟与无枚钟同

---

① 戴念祖．中国物理学大系·声学史[M]．长沙：湖南教育出版社，2001：124.
② 华觉明．曾侯乙编钟冶铸技术与声学特性研究[M]//湖北省博物馆，美国圣迭各加州大学，湖北省对外文化交流协会．曾侯乙编钟研究．武汉：湖北人民出版社，1992：474.
③ 王黼．重修宣和博古图：卷二十二[M]．翻刻本．1528（明嘉靖七年）.
④ 韩宝强．音的历程[M]．北京：中国文联出版社，2003：60.

编或许可以理解为古人对编钟的不同音色的听觉需求。然而，就人耳的实际听觉感受而言，有枚钟与无枚钟的音色差异并不明显，甚至难以辨别。可见，钟枚能够变化乐钟音色的说法也不能全面解释目前所见先秦乐钟的复杂状况。

由此，我们似乎理应通过溯钟枚之源来进一步寻求对其作用的解释。陈梦家曾提出大铙上的兽面纹“突出其两目，是为乳枚的滥觞”①，但考古类型学的研究表明，钟枚来自大铙上的乳枚，而乳枚是由大铙上的乳钉和云纹尾部上翘演变而来。②尽管两种看法有所不同，但都倾向于钟枚源于纹饰说。众所周知，乐钟纹饰的表象作用是装点和修饰钟体，因此，由纹饰演变而来的钟枚最初可能会延续其本体来源的功能，即用于装饰钟体外部。从目前所见先秦楚钟的枚，不仅形态各异，且纹饰也各有不同。正如钟体素面可作为一种纹饰或修饰风格一样，乐钟无枚也是一种朴素且富有深刻内涵的装饰。曾侯乙编钟无枚钟的钲部饰有繁缛华丽的半立体纹饰，从另一角度反映了钟体修饰的重要性。如此看来，曾侯乙编钟中具有三种形态不同的枚区的乐钟各自成组并同悬一架，更可能是先秦钟师考虑到在其宏大编制下，通过编钟细微部位的变化以达到外观小异大同、富于变换的和谐美。

综上所述，钟枚最初以装饰钟体的作用而出现，随着古人对乐钟性能认识的不断深化和铸钟技术的不断提高，枚对乐钟音响性能的作用逐步被认识和利用。因此，钟枚的作用应是双重的，兼备衰减乐钟余音、调节音色和装饰钟体的功能。

（四）内壁调音

在铣长一定的情况下，可对钟体内壁的不同部位进行锉磨，通过调整钟壁厚度可以改变振动频率并调节音高。研究表明，先秦各个历史时段的青铜乐钟所采用的改变钟壁厚度的手段并不相同，具有明显的时代特征，简言之：西周编钟大多采用挖隧的调音手法；春秋时期编钟上开始出现音梁，通过对其内唇的锉磨来进行调音，并且此音梁结构从最初短小低平的雏形，逐步发展成为较为高耸的长条形音脊；战国时期编钟上则出现了宽厚的块状音塬作为调音锉磨的预留壁厚。③

---

① 陈梦家．西周铜器断代：五[J]．考古学报，1956（3）：126．
② 高至喜．中国南方出土商周铜铙概论[M]// 商周青铜器与楚文化研究．长沙：岳麓书社 1999：21．
③ 王子初．中国青铜乐钟的音乐学断代[J]．中国音乐学，2007（1）：5－36．

图 4-18 曾侯乙长枚钟钲部

图 4-19 曾侯乙短枚钟钲部

此为先秦青铜乐钟调音发展轨迹之总体通则，楚钟亦无例外，即从西周时期楚公逆编钟内壁的调音凹槽，到春秋时期楚钟上的音梁，最后到战国时期楚钟上出现的块状音塬。

迄今所见古代编钟的钟体多呈合瓦形，合瓦形钟本身就可能具有自然双音，但是，古代乐钟所呈现的调音结构和手法的演变，更加体现了“一钟双音”由自

图 4-20 曾侯乙无枚钟钲部

然状态逐渐向人为控制的转变、古代钟师调音技术的日渐精湛和娴熟以及古人对编钟音高和音律的主观需求。编钟调音的方法看似简单，实际极为不易，如若仅为获得设计音高而随意改变钟体的厚度或长短，极易导致音色变劣，从而钟体废弃。编钟音高的变化与锉磨量的多少和部位相关，对某些敏感区甚至敏感点调音的效果与在一般部位迥然不同，锉磨量的多少也必须在一定的幅度之内，此外，锉磨的方式还对音色有一定影响。[1] 显然，青铜编钟的铸调有着极高的技术含量。

（五）甬部变化

1. 甬逐渐增长

由于甬钟钟体一般较钮钟大，且多采取斜挂的方式悬于钟架上。长形的甬及甬上的斡、旋等是甬钟斜悬的基本构件，甬部长度的增加不仅可以保持其与钟腔的比重平衡，使甬钟悬挂的倾斜度更宜于演奏，同时，还可维持编钟整体外观的统一性和协调性。研究发现，王孙诰钟的甬内部有泥芯，“甬内留有泥芯能起到某种阻尼作用”[2]，可适当衰减编钟的余音，改善编钟的音响效果，而此泥芯极有可能是当时的钟师刻意保留下来的。可见，古代钟师已充分认识到甬中的泥芯有助于编钟余音的衰减。

2. 形态各异的甬

就目前的材料来看，楚甬钟上甬的横截面大致有三种形状：圆形、圆角方形、八棱体。其中，圆角方形甬和圆形甬均出现于西周时期的楚钟上，而自春秋中晚期以来的楚甬钟，其甬部横截面均为八棱体。甬钟横截面形状的差别与其音乐音响性能无涉，当与审美选择有关。秦王卑命钟的甬部形制较为特殊，为存见楚钟之特例。

山西晋侯墓地出土了著名的楚公逆编钟，其中前 6 件钟的甬未封衡，甬端处多见泥芯，最值得注意的是钟甬的最顶端铸有 4 个对称凹口。笔者在对晋侯墓地出土乐器的考察中发现，甬端铸有 4 个凹口的现象在该墓地出土编钟中并不鲜见，这些凹口的用途暂不明确，尚待进一步研究。

附：秦王卑命钟小考

1973 年，一位农民社员在湖北荆州城西犁地时发现了一件青铜钟，并交于博物馆保存。经考察发现，此地是当阳季家湖楚城遗址，距离楚都纪南城约 35 公

---

① 华觉明 . 双音青铜编钟的研究、复制、仿制和创制——兼论多重证据法和技术史研究的社会功能 [M]// 技术史研究十二讲 . 北京：北京理工大学出版社，2006：59.

② 华觉明 . 曾侯乙编钟冶铸技术与声学特性研究 [M]// 湖北省博物馆，美国圣迭各加州大学，湖北省对外文化交流协会 . 曾侯乙编钟研究 . 武汉：湖北人民出版社，1992：473.

里。出土编钟的地方是遗址中的 1 号房屋台基，经考古人员钻探试掘证明，此处原是一座高出附近地面的夯筑台基。这件钟略呈绿色，且有光泽。钟体纹饰精美，以蟠螭纹为主，间有雷纹、谷纹、绹纹、贝纹等。钲上有 36 枚，上饰涡纹。钟内甬底处有一近圆形凹槽，衡内饰双线圆圈纹，周围饰 4 组兽形纹。舞内有芯撑孔 2 个，钟腔内壁有类似遗孔 4 个，大小不等，断面呈“V”形。钟的一面镌刻有 12 字铭文，钲部 4 字，左侧鼓部 8 字，但铭文不全，可见是一套钟中的一件。[①] 经检测，其正鼓音为 $^{\#}g^{1}+11$，侧鼓音为 $b^{1}+12$。[②] 由于此钟的出土信息不明，钟上铭文信息不确定，有关其定名、国别及年代等问题的争议不绝于耳。

此钟的定名有几种说法：有定名为“秦王卑命钟”；有“竞钟”之称[③]；有“王卑命钟”的定名[④]；有定为“秦王钟”[⑤]；还有定为“‘救秦戎’钟”[⑥]。这些定名均出自钟上铭文，只是名称所取铭文中的字不同而已，但目前学界大多采用“秦王卑命钟”。

考古简讯中将这件钟的年代初步定在春秋中晚期至战国早期[⑦]，但由于各家对该钟铭文的释读不同，所以有关此钟所属国别和年代的看法也不同，大致有以下几种观点：

1. 春秋晚期。[⑧]
2. 战国早期的楚式钟。[⑨]
3. 战国中期楚器，此观点提出者又进一步定为战国中期偏早。[⑩]
4. 公元前 578 年秦国制品。[⑪]
5. 秦惠王十三年后的楚器。[⑫]

---

① 湖北省博物馆 . 当阳季家湖楚城遗址 [J]. 文物，1980（10）：35.
② 中国音乐文物大系总编辑部 . 中国音乐文物大系：湖北卷 [M]. 郑州：大象出版社，1996：23.
③ 李纯一 . 中国上古出土乐器综论 [M]. 北京：文物出版社，1996：224.
④ 刘彬徽 . 楚系青铜器研究 [M]. 武汉：湖北教育出版社，1995：340.
⑤ 中国社会科学院考古研究所 . 殷周金文集成（第一册）[M]. 北京：中华书局，1984：26.
⑥ 黄锡全，刘森淼 . “救秦戎”钟铭文新解 [J]. 江汉考古，1992（1）：74 － 79.
⑦ 荆州地区博物馆 . 湖北枝江出土一件铜钟 [J]. 文物，1974（6）：86.
⑧ 中国社会科学院考古研究所 . 殷周金文集成（第一册）[M]. 北京：中华书局，1984：5.
⑨ 李纯一 . 中国上古出土乐器综论 [M]. 北京：文物出版社，1996：225.
⑩ 刘彬徽 . 湖北出土两周金文国别年代考述 [M]. 古文字研究：13. 北京：中华书局，1986. 刘彬徽 . 楚青铜器研究 [M]. 武汉：湖北教育出版社，1995：340.
⑪ 李瑾 . 关于《竞钟》年代的鉴定 [J]. 江汉考古，1980（2）：59 － 63.
⑫ 李零 . 楚国铜器铭文编年汇释 [M]. 古文字研究：13. 北京：中华书局，1986.

6. 秦昭襄王二十九年后铸。[①]

结合前文的型式划分和后文的纹饰分析来看，该钟可能是战国早中期的楚系钟。此外，这件钟的甬部较为特殊，其特征为：甬较短，截面呈圆形；甬封衡，近衡处有一左右对穿的横括，可以正悬；有旋无斡，此旋不同于所见先秦乐钟的旋，仅突出约 1 毫米不到，且宽至甬基，与舞相接，显然并非为悬挂所用。[②]

李纯一认为，“此钟甬制当适于直悬”，他假设了两种直悬的方式：其一是“用绳结套在两侧横钉上将钟悬起”；其二是“将甬插入簨内凭借两侧横钉挂在簨上”，并指出了两种直悬方式的弊端。[③] 从此钟甬的形制特点来看，其悬挂方式为直悬无疑，但具体形式还有待探究。其原因在于，这一观点的资料信息来自已刊发的考古简讯和简报，但简报中并未写明甬两侧的小钉直穿过甬，并在甬内形成小横梁，而《中国音乐文物大系 · 湖北卷》的条目编写，是在考古报告的基础上，从音乐的角度出发对实物进行考察和测量，尤其是对与器物音乐性能相关的信息予以核实或补充，故《中国音乐文物大系》中对此钟甬部的描述较为细致。李纯一的观点阐发于《中国音乐文物大系 · 湖北卷》出版之前，因此他的推测在当时来看也不无道理。此外，此钟直悬的甬部形制也是当时“所见孤例”[④]。

图 4-21 秦王卑命钟

① 饶宗颐．说“竞重”“重夜君”与“重皇”[J]. 文物，1981（5）：75.

② 有关此钟甬部形制的细部描述参见以下 3 处资料：（1）荆州地区博物馆．湖北枝江出土一件铜钟 [J]. 文物，1974（6）：86.（2）湖北省博物馆．当阳季家湖楚城遗址 [J]. 文物，1980（10）：35.（3）中国音乐文物大系总编辑部．中国音乐文物大系：湖北卷 [M]. 郑州：大象出版社，1996：23.

③ 李纯一．中国上古出土乐器综论 [M]. 北京：文物出版社，1996：225.

④ 李纯一．中国上古出土乐器综论 [M]. 北京：文物出版社，1996：225.

图 4-22 蟠龙纹钟

尽管考古资料在不断丰富，《中国音乐文物大系》各卷本也在陆续编纂出版，这种直悬的甬钟依然不多，此钟更是楚钟之特例。目前所知，采用直悬方式的甬钟另见三例：

1. 者减钟。甬素面，有旋无斡，甬顶端两侧有短突，其上束有半圆形挂环。属吴器。①

2. 蟠龙纹钟。《中国音乐文物大系 · 上海卷》收录。该钟为收购品，保存完好。甬素面封衡，旋、斡具备，顶端穿孔固定一半环形挂钮。正鼓部饰有相背龙纹，舞部饰蟠龙纹，篆饰斜角云纹，长枚，右侧鼓部有凤鸟纹。该器原称“兮仲钟”，有铭，系后人伪刻，字的横竖笔划相等，出自同一凿子。钟内四侧鼓部各有一凹槽，由于口延伸至钟体三分之一处。经检测，音质一般，正鼓音为 e^1-10，侧鼓音为 g^1-6。该钟的年代被定为西周晚期。②

3. 通山横石钟。《中国音乐文物大系 · 湖北卷》收录。该钟于 1962 年出土于通山县横石镇的一座宋墓中。保存完好，通体光润，呈青黑色。甬素面，旋、斡具备，顶端有一半圆挂环，钟体正面纹饰精美，背面无纹。鼓部饰云雷纹，舞部饰饕餮纹，钲间饰蝉纹，枚呈二节犬牙状。③

其中，通山横石钟和蟠龙纹钟既有用于斜悬的旋斡装置，又有可以直悬的半环型挂钮。它们是否证明了甬

① Lothar von Falkenhausen: Chu Ritual Music[C]// Edited by Thomas Lawton.New Perspectives on Chu Culture During The Eastern Zhou Period.Washington: Authur M. Sackler Gallery, 1991: 65.
② 中国音乐文物大系总编辑部 . 中国音乐文物大系：上海卷 [M]. 郑州：大象出版社，1996：50.
③ 中国音乐文物大系总编辑部 . 中国音乐文物大系：湖北卷 [M]. 郑州：大象出版社，1996：40.

图 4-23 者减钟

图 4-24 通山横石钟

钟在采用斜悬之前，曾经有过直悬的探索阶段？我们能否认为它们是甬钟从直悬到斜悬的过渡实验品？答案是否定的，原因如下：

就这两件器物自身而言，根据通山横石钟的出土状况以及钟体自身的特点，大致可以判明其为宋人铸品而非先秦孑遗。蟠龙纹钟的纹饰与形制风格具有明显中原西周晚期青铜甬钟的特征，但其确切来源不明，证据也不充分。

从甬钟的定型过程来看，至迟在西周早期，甬钟已完成了置奏向悬奏的转型，即甬部锥度变小，且斡、旋俱全。[1] 并且，这种斜悬的方式一经出现就得到了广泛的应用。

然而，者减钟的甬部却与秦王卑命钟的甬部极为相似，二者甬上均有旋无斡，

① 王子初．晋侯苏编钟的音乐学研究 [J]. 文物，1998（5）：23 － 30.

甬的两侧各有一突出物；所不同的是，秦王卑命钟甬的两侧各为一小短钉，并且穿过甬部形成横括；者减钟则不然，其甬顶两侧的短小突出物上束有用于悬挂的半环形金属物。从甬部的构造可以确认，它们均采用直悬方式，但具体形式略有差异。其中，秦王卑命钟因横括在甬内，故还另需绳索类物拴在横括上才能将钟悬挂起来，沈括在《梦溪笔谈》中已对这类空柄甬钟的悬挂方法进行了描述[①]，夏鼐依照沈括的说法绘制了复原图[②]；者减钟上已有半环形悬挂部件，类似于空甬内的横括外置，因此可以直接悬挂于挂钩上。

者减钟是现存最早的吴器，约属春秋晚期。相传 1761 年出土于今江西省樟树市，据记载共 11 枚，分属于 2 套，均不完整。目前所知存世者，1 件藏于上海博物馆[③]，1 件藏于台北“故宫博物院”。两钟的纹饰母题及风格相同，但上博藏者减钟为阳纹，台北“故宫”藏者减钟为阴文。罗泰（Lothar von Falkenhausen）认为，这两件采用不同纹饰铸造手法的钟属于同套[④]，事实上，两钟的区别还不仅如此，其甬部形制也不同，所直接引发的是悬挂方式的差异，其中，台北“故宫博物馆”藏者减钟为直悬，上博藏者减钟的甬部斡旋具备，当为斜悬。直悬与斜悬的钟同编成套，显然不利于整套钟外观的协调与统一，因此，它们可能分属于不同的两套钟。

甬钟直悬，不利于演奏，敲击时容易摇晃，也可能因晃动产生时高时低的嗡音（即因晃动产生的拍频音），故其特性并不优于斜悬方式，也并非过渡性制品，那么它们是否是一定的地域特色或时代特征？从现有直悬钟的所属年代来看，它们不但有西周时期制品，还有春秋战国之交的遗物；就它们的文化属性而言，不但有楚器，还有吴器。

综上所述，这类直悬钟在当时并不具备普遍性和实用性。与斜悬钟的演奏相比，它们的悬挂方式也并无优越性，不利于实际演奏，因此，可初步推断它们或许是为改良而未达到改良效果的制品，抑或是古人于一时一地的创新之作。

① 沈括．梦溪笔谈：卷五．[M] 影印本．南京：江苏古籍出版社，1999：35.
② 夏鼐．沈括与考古学 [J]. 考古学报，1974（2）：13.
③ 参见“者减钟”条目（中国音乐文物大系总编辑部．中国音乐文物大系：上海卷 [M]. 郑州：大象出版社，1996：50.）
④ Lothar von Falkenhausen：Chu Ritual Music[C]//Edited by Thomas Lawton.New Perspectives on Chu Culture During The Eastern Zhou Period.Washington：Authur M. Sackler Gallery， 1991：65.

第二节 楚磬

磬的历史悠久，无论从历史文献还是从考古出土实物，都可追溯至史前时期。在漫长的历史发展中，从无规律的不规则形到定型的鼓股分离、磬底弧曲的倨句状，从粗糙的打制到精细的磨制，从单件使用的特磬到3件甚至多件编组、多组合并的编磬，磬的外部形制、制作方法、使用组合都发生了许多变化。

楚磬是目前考古发现楚乐器中数量仅次于楚钟的乐器，超过20批，约200件。所知年代最早的楚磬为春秋晚期产物，此时，磬已基本定型，并且一直延续到战国晚期，甚至汉代。

一、楚磬的形制与材质

《周礼·考工记》中"磬氏"一篇对磬的形制比例有着十分详细的记载，即"磬氏为磬，倨句一矩有半，其博为一，股为二，鼓为三；参分其股博，去一以为鼓博；参分其鼓博，以其一为之厚。"[①]唐兰在《古乐器小记》中说："今所存古器，俱上为倨句之形，而下为微弧形。"大量出土石磬的数据表明，现存磬的实物与《周礼·考工记》中的记载基本可以对应，证明了《周礼·考工记》所记载这部分内容的真实性。

磬的形制与其音乐音响性能密切相关。倨句的形成与规范、倨孔的位置和大小与其悬挂的稳定性直接关联；鼓股的分离与演奏以及在最佳敲击点获得最佳的音色有直接关系；底部上弧、较窄的磬体则是突出其基频、优化乐器发声性能的物理结构基础。

东周时期，石磬的外部形制已基本定型，就楚磬来说，其基本形制大致为：磬体呈倨句状，倨句度在140度到160度之间，鼓股分明，鼓部较长，股部较短，磬底向上微弧。

文献记载还显示出，古人早已确认了磬的基本制作材料，即由石而制[②]，对

① 孙诒让．周礼正义[M]．北京：中华书局，1987：3350.
② 《尚书·益稷》："击石拊石，百兽率舞。"

石料的具体品类和产地，也已有十分具体清晰的认识。《山海经·西山经》载：“小华之山，……其阴多磬石。”其中又载：“小华之山，……径水出焉，而东流注于渭，其中多磬石、青碧。”《尚书·禹贡》：“泗滨浮磬。”与其他大多数东周时期的石磬相同，楚磬的制作材质也多为石灰石。石灰石具有较好的发声性能，声音清脆悠扬。同时，这种材料也比较常见，可以满足制作成编石磬的材料需求量。但是，它也有十分明显的缺点：一方面，与一般石质片状物一样，石灰石也容易破碎；另一方面，由于石灰石的主要成分为碳酸钙，具有一定的水溶性，宜溶蚀于含有二氧化碳的水中，导致其在潮湿多水的环境中不易保存。南方地下水丰富，墓葬中的石磬大多因为墓葬环境湿润而蚀溶于水，仅遗存其形，或表面成粉末状，或实为膏泥状。与之相反，北方相对干燥的地下环境似乎更利于石磬的保存。这大概是目前北方所出土石磬较之南方出土石磬数量更多、状况更好的主要原因。楚墓中虽多有石磬出土，但其中仅有极少部分可以敲击发音，能保存全套基本形制数据者也不多见，多数已不见实物，仅残留少量可供研究参考的数据。

二、楚磬的音乐性能

目前，有较完整音乐性能数据的楚磬仅 2 套，分别是曾侯乙墓出土编磬和江陵出土彩绘编磬。其中，曾侯乙编磬的音乐信息主要来自其铭文的记载。

（一）曾侯乙编磬的音乐性能

曾侯乙墓共出土编磬 32 件、磬架 1 具、挂钩 32 副、磬槌 2 件以及磬匣 3 件。出土状况显示，32 件磬分 2 层，每层 16 件，每层又可分为 2 组，一组 6 件，另一组 10 件。石磬形制相同，均为倨句状，股鼓分离，底部上弧，且大小相次。磬体表面、两旁等处遗有很细的摩擦痕迹。鼓部的一面以及首尾上下端面上，或阴刻文字，或墨书，其中绝大多数为阴刻文字，阴刻处填以朱漆。磬文共 708 字，其中墨书 12 字，内容与钟铭相通，大致可分为三类，即编号、标音和乐律关系。磬文记录中所涉及的律名，除姑洗和浊姑洗为曾律名之外，其余均采用楚律名，分别是：穆钟、浊穆钟、兽钟、浊兽钟、新钟、浊新钟、文王、浊文王、坪皇、浊坪皇。磬文所见阶名大多见于钟铭。

图 4-25 曾侯乙墓编磬

由于这批石磬的保存情况不佳，或破碎，或风化，或溶蚀，因此，无法对其进行测音。有研究机构根据这批石磬出土时遗留形态的规格尺寸、磬上音律刻文以及相关资料，对其音高进行了推定。（表 4-4）[①]

表 4-4　曾侯乙编磬音高推定表

上层					下层				
出土号	磬头刻号	标音刻文	相对音高	相对音位	出土号	磬头刻号	标音刻文	相对音高	相对音位
1	（十一）	徵		$^{\#}f^2$	1	（七）	徵曾		d^2
2	十六	宫	1	b^2	2	（十二）	宫曾		g^2
3	廿三	徵反	5	$^{\#}f^3$	3	十九	徵曾		d^3
4	廿八	宫反		b^3	4	廿四	宫曾		g^3
5	卅五	徵反		$^{\#}f^4$	5	（卅一）	（徵曾）		d^4
6	卌一	少羽颠		c^5	6	卅六	（宫曾）		g^4
7	六	商		$^{\#}c^2$	7	（五）	羽颠		c^2
8	八	下角		$^{\#}d^2$	8	（十）	商颠		f^2
9	（九）	羽曾		e^5	9	十四	商曾		a^2
10	十三	羽		$^{\#}g^2$	10	（十五）	徵颠		$^{\#}a^2$
11	十八	商	2	$^{\#}c^3$	11	十七	羽颠		c^3
12	廿	下角	3	$^{\#}d^3$	12	（廿一）	羽曾	4	e^3
13	（廿五）	（羽反）	6	$^{\#}g^3$	13	廿二	（商颠）		f^3
14	（卅）	（商反）		$^{\#}c^4$	14	（廿六）	商曾		a^3
15	（卅二）	（角反）		$^{\#}d^4$	15	卅三	（羽曾）		e^4
16	（卅四）	少商颠		f^4	16	卅九	（徵颠）		$^{\#}a^4$

① 冯光生，徐雪仙．战国曾侯乙编磬的复原及相关问题的研究 [J]. 文物，1984(5)：60–65.

为考察其音区分布，现列出各八度组的音高分布以及不同音高在上下层磬的分布。

八度组	C	#C	D	#D	E	F	#F	G	#G	A	#A	B
小字二组	下	上	下	上	上	下	上	下	上	下	下	上
小字三组	下	上	下	上	下	下	上	下	上	下		上
小字四组		上	下	上	下	上	上	下			下	
小字五组	上											

小字二组十二律俱全。小字二组各音均位于磬架中部上下层，应是使用最多的音区。

与其他先秦时期编磬出土的情况不同，曾侯乙墓出土编磬时，还发现 3 件形制相同的磬匣。磬匣与磬不在同一墓室，编磬与编钟、瑟、笙、鼓等其他乐器同置于中室，而磬匣被置于北室。磬匣分为盖、身两个部分，均用整木斫成。通体髹以黑漆，上有朱漆刻文。磬匣通长 81.2 厘米，通高 32 厘米，宽 24 厘米，匣内凿有磬槽。磬槽依磬的形体凿成，因此，磬槽大小有序，深浅有别，每件磬装入槽中都严丝合缝，松紧得当。其中一件磬匣内有 13 条磬槽，分为 2 排，每排 6 个，另 1 个斜置于 2 排之间的间隔处。另两件磬匣内分别有 14 条磬槽。每件磬匣的匣盖上墨书有内装石磬数量及标音的说明，每条磬槽的槽头均有编号，为 1 至 41，表明 3 件磬匣能装 41 件石磬，此数比该墓所出 32 件石磬多出 9 件，据此推测这 9 件磬未下葬。

磬匣与磬同出，不但再次证明这套编磬的实用性，更显示出这些编磬的储存和运输方式，也表明它们可能曾被搬至多处，用于多种场合。

（二）纪南城彩绘编磬的测音数据分析

纪南城彩绘编磬是目前所见唯一一例彩绘石制编磬。从这批彩绘编磬的形制数据来看，其大小次第，基本成序列。除少量磬体出现断裂以外，其余石磬整体保存状况良好，其发声性能之卓著、音色之优美在所见先秦编磬中屈指可数。测音结果参见表 4-5。

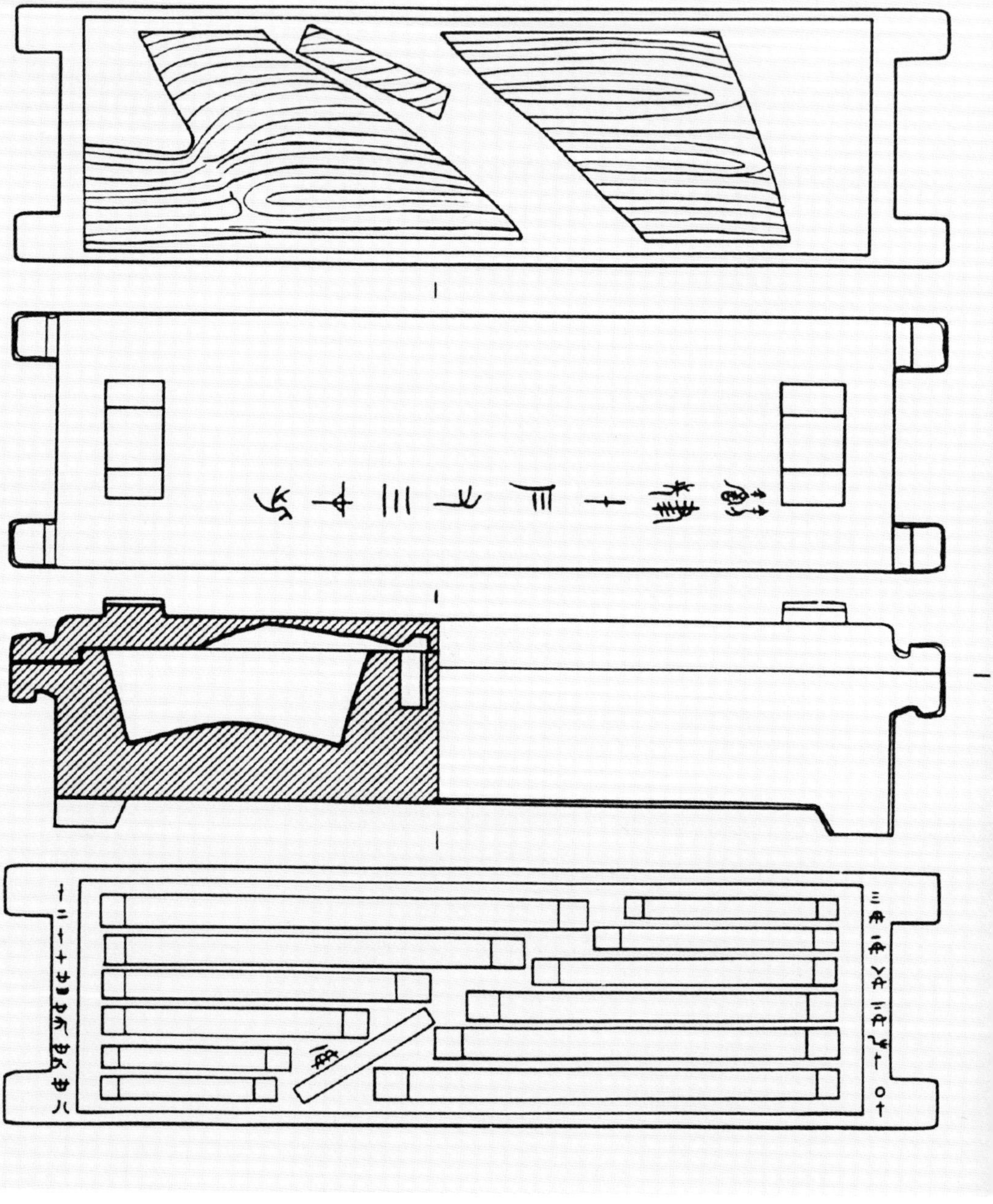

图 4-26 曾侯乙墓磬匣线图

表 4-5 纪南城彩绘编磬测音数据表

单位：音分

序号	频率（赫兹）	实测音高	备注
1	333.07	e^1+18	
2	315.65	$^\#d^1+25$	断裂
3	412.67	$^\#g^1-11$	
4	419.65	$^\#g^1+18$	
5	420.37	$^\#g^1+21$	
6	487.93	b^1-21	
7	（489.34）	b^1-16	断裂
8	569.62	$^\#c^2+47$	
9	（541.70）	$^\#c^2-40$	断裂
10	（564.71）	$^\#c^2+32$	断裂
11	571.27	d^2-48	
12	581.25	d^2-18	
13	581.25	d^2-18	
14	547.27	$^\#c^2-16$	
15	720.17	$^\#f^2-47$	
16	1108.7	$^\#c^3$	
17	852.28	$^\#g^2+45$	
18	976.42	b^2-20	
19	1177.4	d^3+4	
20	1446.2	$^\#f^3-40$	
21	1520.7	$^\#f^3+47$	
22	1804.3	a^3+43	
23	2025.2	b^3+43	
24	1725.8	a^3-34	
25	/	/	断裂，无法测音

从表 4-5 可以看出，纪南城彩绘编磬中有 4 件断裂，虽可测音高，但所测结果不足为据，另有 1 件残缺不能测音。现有测音结果显示，其音域宽阔，已逾 3 个八度，音高基本次第。由于这批编磬出土时为平置堆放，且无簨虡同出，因此，其是否有分组，如何分组，我们尚不知晓。

表中的数据显示，25 件磬中有几个音的音高十分接近。如：音高同为 $^{\#}$G 的第 3、4、5 件磬，音高同为 $^{\#}$C 的第 8、9、10、14 件磬，音高同为 D 的第 11、12、13 件磬等。结合频率来看，音高同为 D 的第 11、12、13 件磬，其频率与音高为 $^{\#}$C 的第 8、10 件磬相差不足 20 赫兹，这一差距是人耳很难分辨出来的，也就是说，第 8、10、11、12、13 这 5 件磬可视为同一音高。这种音高设置难以构成相应的顺序音列，也无法形成合理的分组。显然，这批彩绘编磬并不具备相应的演奏功能，而更可能是为了满足某种礼仪形式的需要，大致根据外部形制大小次第拼组而成的。

三、彩绘编磬

目前所见先秦时期磬的实物，大多素面，仅春秋战国时期楚国郢都故址纪南城出土了一批彩绘石编磬。这批编磬出土于城南约 2 公里处的一座直径 20 米、高 2 米的圆形土台中。此土台有上、下两个文化层，分别是汉代文化层和战国文化层，彩绘编磬便是在战国文化层中被发现的。出土时，编磬股部两两相接，整齐叠置，形成半圆形，较大型者在下，较小型者在上，显然是有意埋葬于此。有研究根据纪南城的整体布局和出土文物，推测城南郊可能有重要的祭祀场所，是楚国贵族重要的活动场所之一。① 更有研究认为，纪南城南约 2 公里的圆形土台或为祭楚之分野翼、轸宿内诸星之遗存。② 这批彩绘编磬的出土地无疑是楚人的一处重要祭祀场所。

从上文对纪南城彩绘编磬测音数据的分析可以看出，这批编磬的音律虽由低到高次第，但其中出现了多处重复音的情况，在排除重复音是为分组设置的可能性之后，似可推测它们是拼组而成。

---

① 郭德维．楚都纪南城复原研究 [M]. 北京：文物出版社，1999：87.
② 曲英杰．史记都城考 [M]. 北京：商务印书馆，2007：320.

反观这批编磬的纹饰，虽均以凤鸟为主题，但其内容和形态却各不相同。第2件磬，正面绘有三只立鸟，中间立凤作回首展翅状，尾部上翘形成羽毛带，鼓部立凤作张口回首状，翘尾垂翅。股部立凤则张口昂首，翘尾合翅，其余空白处饰以繁缛交错的羽毛纹饰。第3件磬上也绘有三只凤鸟，中间的立凤口微张，凤冠羽毛长长地延伸，尾部的羽毛用细笔勾画而成，其余两只凤鸟的长颈在立凤颈下交错，下面的凤鸟，鸟喙呈钩状，其余空白处也填以羽毛组成的纹饰。第14件磬正面绘有2只凤鸟，中间立凤昂首垂尾，躯体丰满，其上又有一凤鸟仅露出头尾，其余也都以羽毛纹饰填补。第18件磬上绘有一只昂首挺胸的立凤，凤翅与凤尾已被周围的羽毛图案所挡。第19件磬和第22件磬均采用精练的手法勾画出昂首曲颈、展翅垂尾的凤鸟，羽冠夸张大胆，任意延伸，足似做向前抓物，其余处有羽毛图案修饰。显然，这批编磬的彩绘纹饰既不相同，也无连续性，为这批编磬是因祭祀需要拼凑而成的结论推测增加了依据。

综合出土地为祭祀场所、音律难成序列、纹饰同主题而无规律的因素可以推知，江陵纪南城出土彩绘编磬应是先秦时期楚人的祭祀用器。

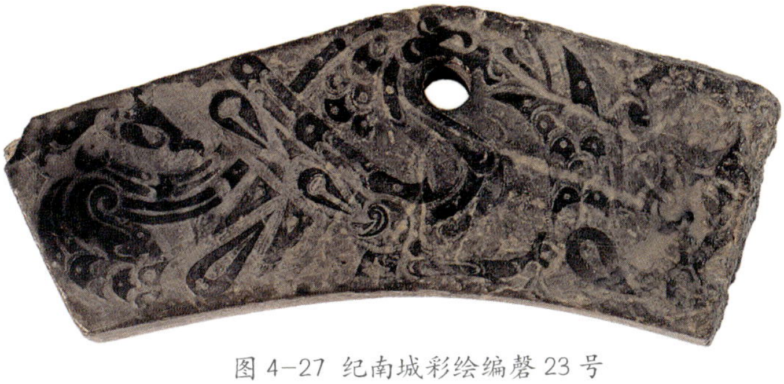

图 4-27 纪南城彩绘编磬 23 号

图 4-28 纪南城彩绘编磬 14 号线图

四、楚磬编组

如前文所述，虽然目前出土楚磬批次和数量较多，但整套保存完整者并不多见，其编组及件数概况大体如下（表 4-6）：

表 4-6　成套楚磬编组统计表

序号	名称	年代	数量 / 编组	备注
1	淅川下寺 M2 石磬	春秋中晚期	13	
2	淅川下寺 M1 石磬	春秋晚期	13	
3	淅川下寺 M10 石磬	春秋晚期	13	
4	徐家岭 M3 石磬	春秋晚期	12	
5	徐家岭 M9 石磬	春秋晚期	12	
6	和尚岭 M2 石磬	春秋晚期	14	
7	信阳长台关 M2 木磬	战国早期	9+9	一组大一组小
8	徐家岭 M9 石磬	战国早期	13	
9	曾侯乙墓石磬	战国早期	16+16	
10	擂鼓墩 M2 石磬	战国早期	12	
11	江陵纪南城彩绘石编磬	战国时期	25	拼凑
12	九连墩 M2 石磬	战国中晚期	10+9	

上述楚编磬中，信阳长台关 2 号墓出土编磬为木制，不可用于演奏，应为明器。从春秋晚期到战国早期，楚磬多以 12 件或 13 件成组成编，大型楚墓中的编磬甚至为多组双层成编。如同青铜编钟一样，石磬的编组除了符合当时相应的礼制规定以外，也应与其音乐性能有直接关系，对楚编磬编组的深入考察，需结合编磬测音资料的分析，因此，这一研究课题的开展尚待更多保存较好、测音资料齐备的楚磬出土。

第三节 楚鼓

鼓是鼓类乐器的总称。中国鼓类乐器的历史悠久，至少可以追溯自黄帝时代。[①]文献中所记录的鼓类乐器多种多样。杨荫浏先生在《中国音乐史纲》“上古期的乐器”中，整理列出了文献中所提到的鼓超过20种：有的鼓是依其形制进行描述，如建鼓；有的据其材质予以表述，如鼍鼓；有的鼓根据其功能阐释，如雷鼓、灵鼓；还有的是依据大小来区分，如麻为大鼗，料为小鼗等。[②]然而，在考古发现中，我们并没有看到能够完全与文献记载一一对应的鼓类乐器。文献中还记载了各历史时期所用鼓的不同。《礼记·明堂位》载：“夏后氏之鼓足，殷楹鼓，周悬鼓。”[③]但考古发现的实际情况并不如文献所载的这般。

从已知考古发现的鼓来看，楚鼓无论是类型还是数量都首屈一指。如同其他以竹木为主要材质的乐器一样，考古发现楚鼓的类型与数量之多，和南方适于保存这类材质器物的地理环境分不开。经初步统计，目前已知楚鼓超过70件，种类多样，大小不一，大致包括悬鼓、建鼓、卧鹿鼓、有柄鼓等，其中，悬鼓又可分为虎座鸟架鼓、鸟架鼓、鼓座类悬鼓等。

一、悬鼓

《礼记·明堂位》：“周悬鼓”，注：“悬，悬于簨虡也。”可见，悬鼓即为悬挂在鼓架上的鼓。根据目前所见楚鼓资料，悬于“簨虡”的鼓不止一种，鼓架有虎座鸟架、单独的鸟架，除此之外，还出土有带鼓座的鼓。虽然带鼓座的鼓并未悬挂，似有足，但与文献中所说的足鼓不同，足鼓为有足之鼓，其足是鼓身的一部分，二者为一体[④]，带鼓座的鼓显然与之有所差别，因此，暂且将其与悬鼓一并阐释。

① 《山海经·大荒东经》：东海中有流波山，入海七千里，其上有兽，状如牛，苍身而无角，一足，出入水则必风雨，其光如日月，其声如雷，其名为夔，黄帝得之，以其皮为鼓，橛以雷兽之骨，声闻五百里，以威天下。

② 杨荫浏．中国音乐史纲[M]．北京：音乐出版社，1955：51-52；61-64.

③ 孙希旦．礼记集解[M]．北京：中华书局，1989：854.

④ 《礼记·明堂位》：“夏后氏之鼓足。”郑玄注：“足，谓四足也。”

（一）楚悬鼓之代表——虎座鸟架鼓

虎座鸟架鼓因其独特的造型、精美的彩绘、集中的发现，成为楚悬鼓乃至先秦悬鼓的主要代表。虎座鸟架鼓，顾名思义，其基本形制为：以双虎为座，双鸟立于虎上为架，以悬鼓。

已知虎座鸟架鼓40多件，主要出土于今湖北、河南、湖南等地，其中以湖北最多，且尤以楚文化腹地——江陵地区出土最为丰富。

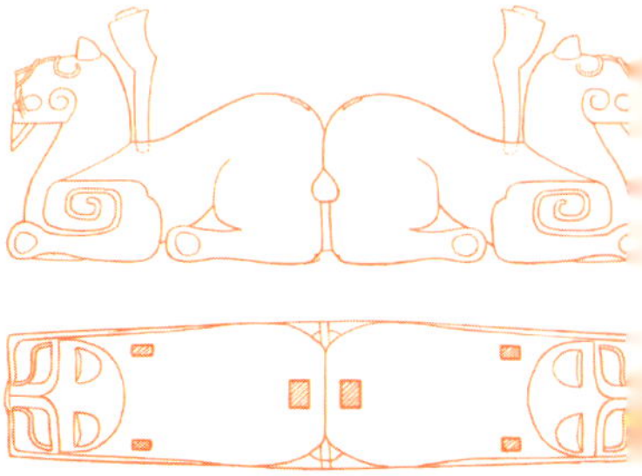

图4-29 信阳长台关1号墓1-118虎座鸟架鼓虎座线图

1. 结构与造型

目前所发现虎座鸟架鼓的总体数量不多，历经年代较短，并且由于保存状况的原因，其留存的资料信息不全面，因此，本文暂不对其做类型学分析，仅在对现有资料分析的基础上予以分别阐释。

从所知虎座鸟架鼓资料来看，其造型基本一致，均为：双虎相背，侧向踞伏，此为底座；双鸟相背，立于双虎之上，鼓悬于双鸟之间。两个虎座与两个立鸟是这一乐器结构的核心部分，它们的连接方式大致有：双鸟鸟尾榫接，双虎分体；双鸟鸟尾一体，双虎分体独立；有双鸟鸟尾一体相连，双虎一体；还有双鸟鸟尾榫接，双虎一体。其余部位的榫接方式自上而下依次为：鸟首与鸟颈榫接，鸟颈与鸟身榫接，鸟身与鸟腿榫接，鸟腿榫接于虎背上。经初步统计发现，自战国早期至战国中期早段，以鸟尾榫接、双虎分体独立者居多，战国中期中段以后，则以鸟尾一体、双虎分体独立的结构更为常见。虎座鸟架鼓是具有实用功能的乐器，其结构必须牢固、稳定。试想，在虎座分体独立的情况下，虎座鸟架鼓的左右两半部分仅靠鸟尾榫接，频繁击奏时，极有可能导致榫接松动，鼓身不稳。反之，如果双鸟的鸟身与

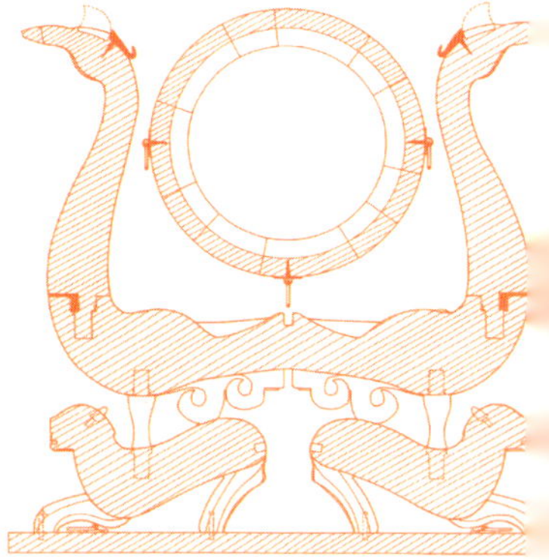

图4-30 天星观2号墓虎座鸟架M2:23全剖图

图 4-31 望山 1 号墓虎座鸟架鼓

鸟尾为整木雕制而成的话，那么整个鼓的中部结构坚实牢固，虎座分体立于两边，即便多次频繁击奏也不会致使鼓身出现不稳定的状况。这应该是古代楚乐师在音乐实践中勤于思考，逐步调整改善后的结果。

从已知虎座鸟架鼓的形态来看，立鸟和虎座的形象与姿态并非完全一致。其中，立鸟形象与姿态情况大致为：鸟颈鸟身大多修长挺拔，有的直立，有的略前倾；鸟首有的上扬似仰天，有的则平视前方；鸟喙有的弯长，有的短直，其中弯长者，大多鸟首上扬，鸟喙微微张开似鸣叫状，或含小珠，短直者则少有张开；鸟冠有的长似羽冠，有的则短小。虎座的形态也有所差异：有的踞伏，口微张，目视前方，作温驯状；有的则前伏后抻，前视鼓目，似欲扑出，或咧口作咆哮状，或龇牙作凶猛状。

战国早期虎座鸟架鼓的虎座多为踞伏温驯状，进入战国中期，出现了几例前伏后抻欲扑出，龇牙咆哮更显凶猛的虎座形态。同时，战国中期以后的虎座鸟架鼓上还出现了一些新元素，如增加动物造型的装饰或小构件，增加底座，使用木质以外的材质制作小构件等，整体造型设计呈现出繁缛化趋势，显得更为精美，

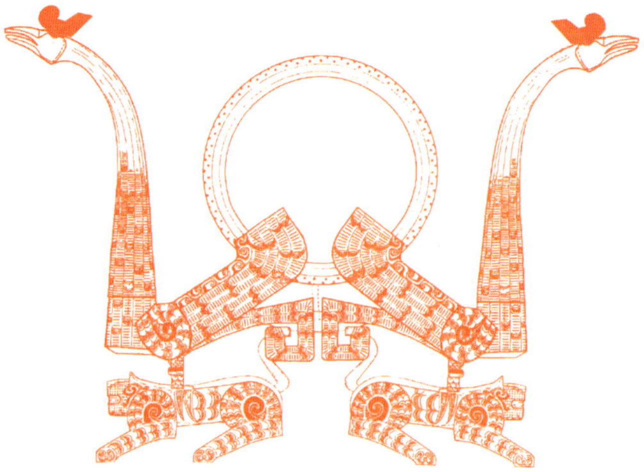

图 4-32 长沙马益顺巷 1 号楚墓虎座鸟架鼓线图

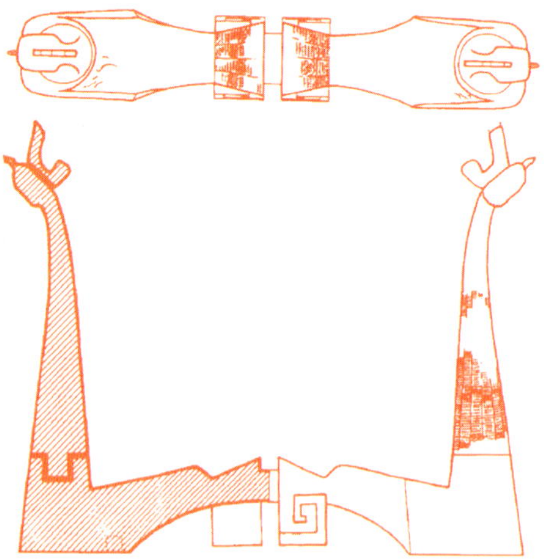

图 4-33 长沙茅亭子楚墓虎座鸟架鼓局部线图

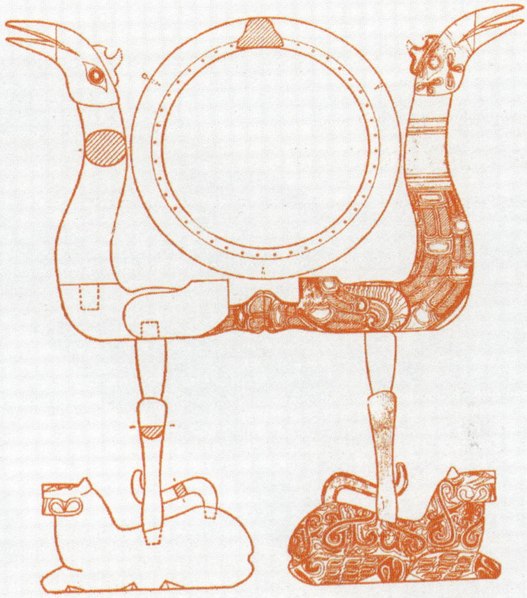

图 4-34 包山 1 号墓虎座鸟架鼓线图

图 4-35 信阳长台关 2 号墓虎座鸟
架鼓 2-155 线图

图 4-36 天星观 2 号墓
虎座鸟架鼓 M2:23 虎座

更加神秘，也更有气势。天星观 2 号墓虎座鸟架鼓和九连墩 2 号墓虎座鸟架鼓是迄今所发现保存最好、制作最精美且各具特点的两件战国中期虎座鸟架鼓。

天星观 2 号墓虎座鸟架鼓 M2:23，由两只卧虎、两只立鸟、一面悬鼓和一块长方形底座组成，采用分部雕刻，之后榫卯连接，再用生漆黏接。底座为一块长 156 厘米、宽 43.2 厘米、厚 6 厘米的长方形底板，四角各装有一铜制铺首环。两虎虎身分别由整木雕凿而成，虎尾与虎身榫卯相连，出土时已失。虎耳用皮革制成，以生漆与虎首黏接，亦缺失 2 只，此为目前所仅见。两虎背向昂首卧伏作欲扑状，张嘴露牙，虎耳竖立似瓢，圆目突鼓平视。两虎足下分别以榫卯与底座连接。鸟长曲颈，头上扬，鸟喙有前后两部分，用生漆黏接，双目圆鼓前视，鸟冠后安有一枚悬挂鼓的铜制挂钩。鸟之颈身榫卯结合，后用铜构件予以固定，双翅略收且弯曲下垂，鸟腿直立，鸟爪作抓虎背状。

图 4-37　天星观 2 号墓虎座鸟架鼓 M2:23 线图

图 4-38　九连墩 2 号墓虎座鸟架鼓线图

与天星观2号墓虎座鸟架鼓相类似，九连墩2号墓虎座鸟架鼓标本M2∶351同样是在以两只卧虎、两只立鸟、一面悬鼓为组成部分的基础上，增加了一块长方形底座，除此以外，还在悬鼓的左右下侧分别增设一只小的支鼓虎。此鼓出土时虽已散离，但除悬鼓外，其他部件均基本保存完好，仅少量漆皮、粉彩脱落。底座位于虎座之下，由整木雕成，一长方形底板，上雕刻装饰，两侧各开一长方形卯孔，内装铜钮衔环。底座长130.8厘米，宽39厘米，通高11.6厘米，板厚3.6厘米。两只卧虎的虎身为整木雕制。两虎背向昂首卧伏作欲扑状，张嘴伸舌，圆目平视，圆勺状耳竖立，腿根部肥厚雕成卷云状，四爪并列，“S”形长尾上翘外卷，双耳和尾巴榫卯插接于虎身。虎背两侧各开一长方形卯孔。与典型虎座鸟架鼓不同的是，鸟腿榫接处的卯孔外侧浮雕有三尖爪，与鸟腿连接后，好似鸟的双爪立抓于虎背上。单虎通长58.2厘米，通宽31.21厘米，通高37.8厘米。两只立鸟鸟身一体，为整木雕制，鸟首、颈、腿、冠分别雕制。鸟首尖嘴上翘并微张，头顶中部纵刻一浅槽，后端卡倒“S”形铜挂钩。鼓目，长颈近“S”形，上部内弧，下部外突，下端中部出一方形榫头，插接于鸟身上部卯孔内；两鸟腿根部圆鼓，腿扁体棒形，嵌一上翘尖爪，上下端面中部各出一榫头，分别插接于虎身、鸟身。

图4-39 九连墩2号墓虎座鸟鼓底座

单鸟身通长 67 厘米，通高 94.4 厘米，翅展 39.2 厘米。两只支鼓虎形体小，四耳均缺，双尾残断，耳单独雕制，尾制法不明。小支鼓虎侧首，作跳起扶鼓状，接卡住鼓框，而鼓框下端的铺首衔环自然垂下并以线系到鸟尾连接处固定。

在已知虎座鸟架鼓中，仅上述两件有底座。结合两鼓的资料发现，增加底座的目的并不仅仅是为装饰和增加气势，而是为了免于频繁拆装和便于灵活移动，理由大致有三：第一，相关数据显示，两鼓的规格体量较大，鼓作为古代楚人礼乐生活中十分重要的乐器，势必使用较多，规格体量较大的鼓不利于挪移到其他场所使用。第二，虎座鸟架鼓各部位全部采用榫卯连接，为了使用而频繁拆装，势必造成榫卯松动，契合不严，导致器身不稳，或许正因为有此顾虑，天星观 2 号墓虎座鸟架鼓的制作者在榫卯连接后，又用生漆进行黏接。第三，两鼓的底座上均安装有不同数量的铜制环形物，应为整件鼓固定或者移动时所用。这种铜制环形物也见于体量较大的建鼓座上，如曾侯乙建鼓。有了底座，大型虎座鸟架鼓就能够在不必拆装的情况下，被挪移到不同的场所使用，使用方法是用绳索系于其底座的铜铺首环上，拖拉绳索即可整体拖移虎座鸟架鼓。

2. 悬挂方式

虎座鸟架鼓最早发现于 20 世纪五六十年代，受限于当时出土虎座鸟架鼓的数量和保存情况以及学术界对这一未见于文献的乐器的认识，悬鼓如何与鸟架相连，如何被悬挂起来演奏，一度是学术界未能解决的疑问。随着考古资料的逐渐丰富，有关悬鼓悬挂方式的问题已迎刃而解。资料显示，虎座鸟架鼓悬鼓多采用三点固定法予以悬挂，即鼓框两边与鸟冠连接固定，鼓框下端与鸟尾榫接处连接固定。目前所见最多的是鼓框安装铜制铺首衔环，基本方法为：悬鼓鼓框两侧和下端各置一铜制铺首衔环，在鼓框两侧铺首衔环上拴线，线的另一端拴挂于双鸟鸟冠处，鼓便被悬挂起来，另用线拴于鼓框下端的铺首衔环，再将其拴系于双鸟鸟尾榫接处，可以将鼓大致固定，以防敲击鼓面时，鼓身前后摆动。战国中期晚段九连墩 2 号墓虎座鸟架鼓悬鼓的左右下侧，还分别设计了一只支鼓虎，用来固定悬鼓。

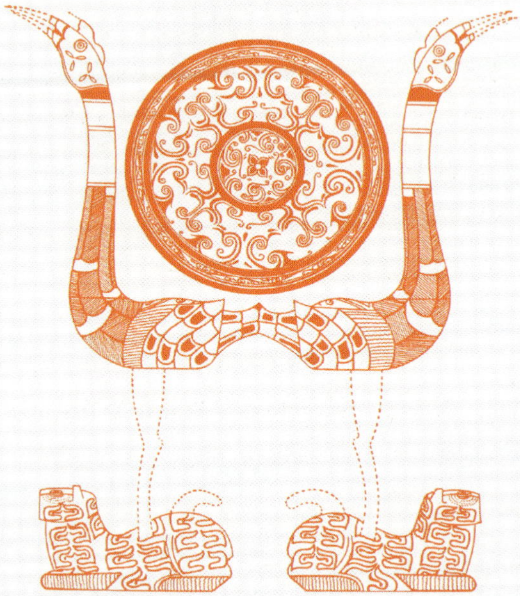

图 4-40 江陵雨台山 354 号墓虎座鸟架鼓

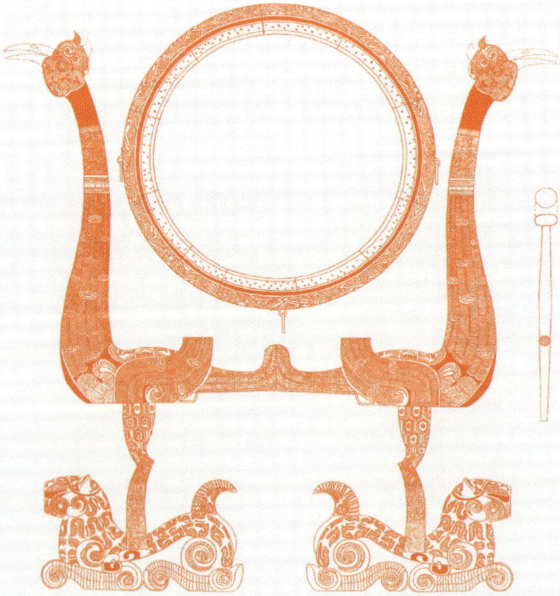

图 4-41 天星观 1 号墓虎座鸟架鼓

3. 规格大小与墓主人等级

文献记载和考古实物表明，在先秦时期丧葬制度中，随葬乐器的材质、件数都与墓葬级别直接相关。对于虎座鸟架鼓而言，其规格大小能够大体反映出墓主人的等级及其在当时的社会地位（表 4-7）。

根据现有保存较好的考古资料分析，虎座鸟架鼓可大致分为三种体量：第一为大型，通高多在 130 厘米以上；第二为中型，通高在 100 厘米 ~130 厘米；第三为小型，通高在 100 厘米以下。有的虎座鸟架鼓虽架与座均残缺不全，无法得知其规格数据，但我们能够从残存的鼓框直径推测悬鼓鼓面的基本大小，据此也可以大致推断出整体器身的规格类型。通过分析整理发现，大型虎座鸟架鼓多出现于楚封君或者上大夫墓葬，中型虎座鸟架鼓一般出土于大夫或下大夫墓葬，小型虎座鸟架鼓大多出土于士的墓葬中。

除此以外，虎座鸟架鼓的制作与装饰的精美程度也与墓主人等级有一定的关联。

表 4-7　出土虎座鸟架鼓概况表

单位：厘米

名称	年代	墓葬等级	通高	宽	鼓径	鼓高	备注
长台关 1 号墓虎座鸟架鼓	战国早期	士大夫			面 76.4 腹 96	27.2	双虎一体；铜鼓环
长台关 2 号墓虎座鸟架鼓	战国早期	士大夫	162	140			鸟尾一体，双虎一体；铜铺首环
荆州嵝峨山楚墓 M27 虎座鸟架鼓	战国早中期	士			13.5	2.5	鸟尾榫接，双虎分体
葛陂寺 M34 虎座鸟架鼓	战国早中期		约 93		35		鸟尾榫接，双虎分体
拍马山 4 号墓虎座鸟架鼓	战国中期		约 79		34		鸟尾榫接，双虎分体
长沙楚墓 M397 虎座鸟架鼓			132	140	60		
长沙三公里楚墓虎座鸟架鼓	战国中期早段	卿大夫					鸟尾榫接，双虎分体

续表

名称	年代	墓葬等级	通高	宽	鼓径	鼓高	备注
鄂城百4(百4:20)虎座鸟架鼓	战国中期早段		88.2				
鄂城钢4(钢4:20)虎座鸟架鼓	战国中期早段		70.2				鸟尾一体，双虎分体
江陵枣林铺楚墓虎座鸟架鼓	战国中期早段		86		38.4		铺首衔环
望山1号墓虎座鸟架鼓	战国中期晚段	下大夫	104				鸟尾榫接，双虎分体
长沙市茅亭子楚墓虎座鸟架鼓	战国中期	大夫	双凤鸟长112.8	虎长66.4			鸟尾一体，双虎分体
长沙市马益顺巷楚墓虎座鸟架鼓	战国中期	大夫	115	161			鸟尾一体，双虎分体；鸟冠内有销钉，鸟尾连接处有方孔，上插方柱以嵌套小鼓
天星观1号墓虎座鸟架鼓	战国中期	封君	139.5		75		鸟尾榫接，双虎分体；3个铺首衔环
天星观2号墓虎座鸟架鼓	战国中期	上大夫	149.5	156	75.5	25.5	鸟尾一体，双虎分体；3个铺首衔环
包山1号墓虎座鸟架鼓标本1:44	战国中期		101		46		
湖南临澧九里虎座鸟架鼓	战国中期	封君	163	115			鸟尾一体，双虎一体
九连墩2号墓虎座鸟架鼓	战国中期晚段	大夫	136	134	66	17.6	鸟尾一体，双虎分体；3个铺首衔环

注：为便于分析研究，此表仅收录数据信息相对完整的虎座鸟架鼓。

图 4-42 湖南临澧九里虎座鸟架鼓

（二）鸟架鼓

楚墓中还出土有一种鸟架鼓。与上述虎座鸟架鼓不同，这种鸟架鼓仅有鸟架而无虎座，目前出土数量很少，并且均出自鄂东地区的黄冈黄州、鄂州一带。

鸟架鼓上鸟的形态与前文所述虎座鸟架鼓上的有所不同，具体表现为：

1. 虎座鸟架鼓之鸟架有鸟冠，有的鸟冠形态夸张，鸟架鼓则均无鸟冠；

2. 虎座鸟架鼓之鸟翘尾昂首，鸟喙微张或鸟喙衔珠，鸟架鼓之鸟双目平视，鸟喙紧闭；

3. 虎座鸟架鼓之鸟多形态轻盈挺拔，鸟架鼓之鸟则敦实稳健。

据此，我们是否可以认为，虎座鸟架鼓上鸟的原型与鸟架鼓上的可能并非同一种鸟。

出自湖北黄州楚墓的鸟架鼓（WM18:16），由双凤鸟、二方座和一鼓组成。双鸟背向站立，两尾相连，昂首曲颈，长喙，双足各立于一方木座上。

湖北鄂城市郊发现的楚墓群中，百子畈大队发掘的百 3、百 4 号墓分别出土一件鸟架鼓。两件鼓形制相同，均为木质雕刻。其中，百 4:20，两立鸟，鸟尾相连，长颈，木鼓悬挂双鸟之间，鸟身饰以红色羽毛纹，鼓边布满一圈竹钉，鼓侧边髹红地，上施朱漆。其通高 88.2 厘米。

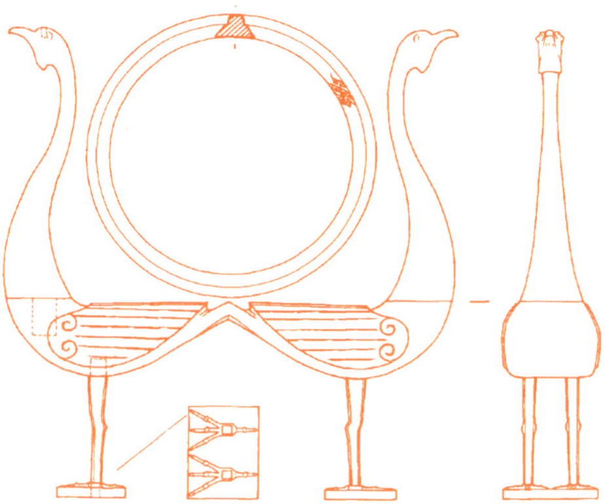

图 4-43 湖北黄州楚墓鸟架鼓 WM18:16

图 4-44 湖北鄂州百花台鸟架鼓鸟架（复制品）

木鼓圆扁，缘外凸，悬于两鸟之间。鼓边可见固定鼓皮的竹钉，出土时鼓皮无存。鸟头的颈下部、足的上下部皆凿成长方形凸榫，分别与鸟身和方座套合。鸟的双眼双翅皆凸起。翅上刻平行线纹。方形木座上凿留凸起的双脚，每只脚四趾，以三前一后的形式排列，且每趾的关节及趾甲都被刻出，形象极为逼真。悬鼓通体髹黑漆，鼓边朱绘三角雷纹。其通高 93 厘米，鼓径 56 厘米。

根据两座墓地出土鸟架鼓之形态的统一性，以及它们与虎座鸟架鼓上鸟之形态的明显差异，我们似乎不能简单地认为鸟架鼓是虎座鸟架鼓的一种，是简化了的虎座鸟架鼓。

众所周知，先秦时期楚国疆域辽阔，不同地区楚墓除具备一定的共性之外，还存在一些地域特点或差异。湖北黄州与鄂州仅一江之隔，西周时属于“汉阳诸姬”。文献记载，楚人最早涉足于此是在西周晚期，直至楚宣王时期再次踏入。[①]随着 20 世纪末楚文化考古的不断深入，此地的楚文化发现逐渐增多，相关材料也愈加丰富。考古学家通过对这一地域所发现考古材料的深入分析，发现其缺乏楚文化腹地——江陵地区楚墓所常见的特色，而出现了许多不同形制或不同品类的器物，认为这一地域楚墓具有多种地域的特点。[②]特定的地理位置使其成为文化交流和传播的通道，从而产生具有多地域特点的器物。此地之所以发现形态特殊的鸟架鼓，或许能从这一背景中找到相关依据。

（三）鼓座类悬鼓

以鼓座为架的楚鼓，目前考古发现极少，且大多鼓座不存。

目前所见有鼓座同出的悬鼓仅一件，即湖北老河口安岗楚墓出土悬鼓。此器（M1:71）由木鼓座与鼓组成，通高 84.6 厘米。鼓座通高 51.2 厘米，宽 52.8 厘米，底座厚 7 厘米，分两个部分，下部是长方形底座，上部为整木斫雕而成，其整体图案为二龙一蛇，有爪有足，弯曲盘绕。鼓座以三点固定悬鼓，即通过鼓座顶梁两侧的卯眼架起支柱，柱顶各以线连接鼓框，鼓框下端穿线系于鼓座顶梁中部。鼓面径 42 厘米，鼓高 42.6 厘米。此鼓较厚，几乎呈圆桶形，厚大的共鸣腔

---

① 参见《史记·楚世家》与《水经·江水注》《晋书地道记》相关记载。
② 湖北省文物考古研究所，黄冈市博物馆，黄州博物馆．湖北黄州楚墓 [J]. 考古学报，2001（2）：267.

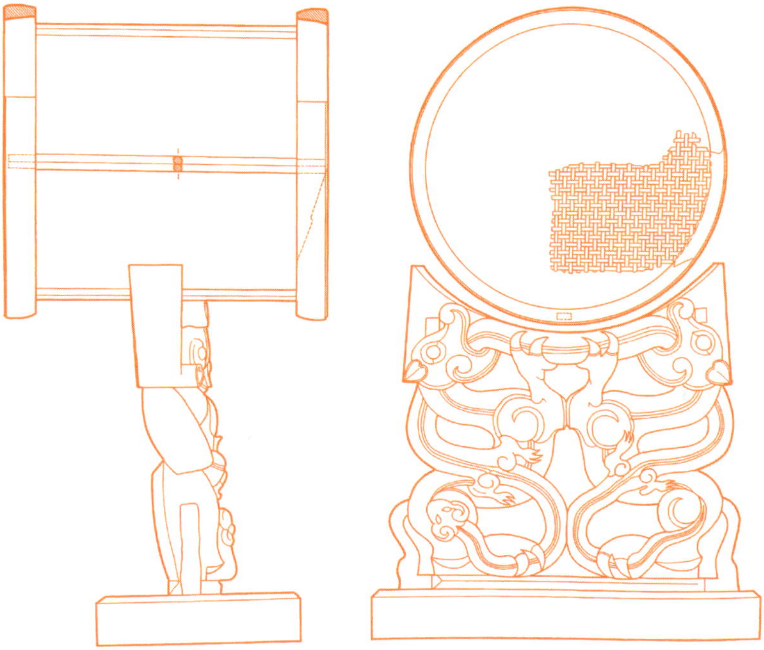

图 4-45 老河口安岗 1 号墓悬鼓线图

会使鼓的音色低厚轰隆。所不同的是，此鼓以宽 0.5 厘米的皮革条，用经纬方式编织成十字纹鼓面，并以生漆黏接于鼓框。这种鼓面为目前所仅见，虽形式特别，但这种形式并不利于鼓的共鸣与鼓声的传播，由此推断，这件悬鼓疑为明器。

根据老河口安岗 1 号墓悬鼓的基本情况，我们可以判断另外两件没有鼓座同出的木鼓也可能是鼓座类悬鼓。一件是湖南长沙浏城桥 1 号墓出土大鼓。该鼓鼓面直径 45 厘米、高 8.5 厘米，腔板中厚 3.5 厘米，口厚 1 厘米。上下两面均蒙有皮革。革虽不存，鼓钉尚在，上下各两圈，每圈 42 个。鼓腔上下两端蒙鼓皮处无漆，中部髹褐色漆，绘云纹，步骤为先蒙好鼓皮再髹漆绘花纹。鼓腔中部有三个长方形榫眼，榫眼间距分别为 93 度、102 度、165 度，其中一个榫眼内残存一木塞。根据鼓的形式和三个榫眼的位置推测，插入榫眼的木塞应是悬鼓时所用的支柱，此鼓似应支于架上演奏，而不大可能是悬挂于架上。榫眼间距 165 度的方位内，应是击鼓者站立的地方。墓中未同出鼓座。另一件同类器出土于河南固始侯古堆，

图 4-46 固始侯古堆 M1P:25 悬鼓

也没有鼓座同出。此鼓（M1P:25）外径 42 厘米，高 20 厘米。上下两面均蒙皮革。遗竹钉 8 枚，竹钉长 2 厘米，均为 3 个一组，呈三角钉法。鼓框中部髹黑漆，间有朱绘变形虺纹，银白色回纹填补空间。两块鼓壁板的中部凿小方眼，内存有方榫，榫长 2.8 厘米，外大内小。据此可推测，此鼓亦为立于鼓座的悬鼓。

（四）其他悬鼓

这类鼓大多也未见鼓架，而是鼓框设有悬挂所需的铺首衔环或者用于悬挂的其他装置。

湖北藤店 1 号墓出土一件大鼓，仅见鼓腔。此鼓直径 42 厘米，高 10 厘米。鼓框两边有许多竹钉，可推测上下鼓面蒙皮。鼓框上有三个铺首衔环，鼓框用红、黄等色彩绘图案。荆州�山楚墓出土木鼓（M7:34）与之相类。其鼓皮已烂，仅存鼓框。鼓框两侧密布竹钉，两边有两个相对的方孔，用以系绳悬挂。鼓框上髹黑漆，绘红色菱形纹。鼓面径 47 厘米，高 10 厘米。

徐家岭 9 号墓出土 2 件铸造精美的青铜神兽，其大小、造型、纹饰均基本相同，且一左一右，考古报告将其归入乐器类，定为鼓架，认为是一对尾部相对的用于悬鼓的青铜鼓架，主要依据有三：第一，神兽在墓葬中的位置与乐器靠近；第二，

图 4-47 徐家岭 9 号墓青铜神兽

图 4-48 信阳长台关 2 号墓鼓槌线图

图 4-49 天星观 2 号墓鼓槌线图

神兽龙角上有穿孔，腹下有半圆形钮，认为是为悬挂所用；第三，神兽尾部有青铜榫眼，是用于放置鼓槌。然而，笔者分析认为，神兽并非用于悬鼓的兽架，而是另有他用的礼器。其理由也有三点：第一，神兽通高为 48 厘米，此高度并不适合用来悬鼓演奏，即便是悬挂小鼓，如此低的位置也非常不利于演奏；第二，神兽上的榫眼较浅，如下文所述，所见木鼓槌的长度多为 45 厘米，这一长度已接近神兽的通高，即便是较短的鼓槌，其长度也有 22 厘米，依然很难插置于神兽尾部的榫眼中；第三，青铜神兽的出土位置虽与乐器很近，但也紧邻青铜礼器，故，神兽在墓葬中的位置难以作为认定它们是鼓架的主要证据。

（五）悬鼓之木鼓槌

悬鼓作为大型鼓，多与之同出有鼓槌。目前所出鼓槌十余对，均为木质，头细尾粗。鼓槌长度多在 22 厘米至 58 厘米，其中，45 厘米上下者最多。鼓槌手柄的截面多为圆形，也有椭圆形；槌头有圆球形、扁圆形、亚腰形等；其中有未髹漆者，髹黑漆素面者，也有彩绘者，彩绘多以黑漆为底，其上彩绘几何纹饰；也有鼓槌的头尾都安有骨制等其他材质的装饰物，如长台关 2 号墓出土鼓槌，通长 58 厘米，头尾均有装饰物，细腰形槌头，其上原应有捆缚之物，槌尾镶有筒形骨饰。

二、木鹿鼓

（一）木鹿鼓概说

1. 名称与基本形态

在先秦楚鼓的学术讨论当中，通常会看到“木鹿鼓”“卧鹿鼓”“鹿鼓”“鹿

图 4-50 江陵拍马山 11 号墓木鹿鼓

架鼓”“鹿座鼓”等相近的名称，实际上，这些称谓均指向同一种器物，即我们所见以木制卧鹿为基本形态，木鹿臀部凹凸榫接一个实心扁鼓状物的器物。

木鹿鼓的基本结构分为 4 个部分：一是鹿头，二是鹿身，三是鹿角，四是小型实心扁鼓状物。鹿身通常为整木雕琢而成，与鹿头榫接，髹黑漆后彩绘斑纹，鹿的形态呈卧姿，前腿跪向内曲，后腿向前弯曲，昂首侧视或直视，两眼平视前方。鹿角多为真鹿角，成对榫插于木鹿头上。在鹿的臀部有一方形榫眼，一个小型木质带柄实心扁鼓状物斜插于榫眼中。

2. 出土木鹿鼓概况

截至目前，木鹿鼓仅见于战国时期的楚墓中，均出土于湖北境内，并且集中发现于江陵地区。迄今所发现的木鹿鼓仅十余件，其中保存较为完整的亦不足 10 件。所出木鹿鼓的形制大体相同，规格差别不大（表 4-8）。

表 4-8　出土木鹿鼓规格表

单位：厘米

序号	出土墓葬	年代	通高	鹿身高	鹿身长	鼓径	鼓厚	备注
1	曾侯乙墓	战国早期	77	27	45			鹿身有榫眼，但未见小木鼓
2	江陵嵕峨山 7 号墓	战国中期		32.8	45	18	3.5	
3	江陵雨台山 363 号墓	战国时期		21.6	35.2			
4	江陵拍马山 11 号墓	战国中晚期		28	33	14	3	
5	江陵秦家嘴 20 号墓	战国时期		21.2	34.6			小木鼓残
6	江陵雨台山 10 号墓	战国时期		24.9	37.3	14		
7	江陵拍马山 2 号墓	战国中晚期			31	11	1.2	

注：（1）此表仅收录保存较好且相关数据较为齐备的木鹿鼓。
（2）缺通高数据者，皆因墓葬中未见鹿角实物。

从所见保存较好的木鹿鼓可以看出，此类鼓大多髹黑漆为底，其上多使用红、黄、金三色彩绘类似鹿斑纹类的纹饰，木制小鼓上则多绘以几何纹，如卷云纹、

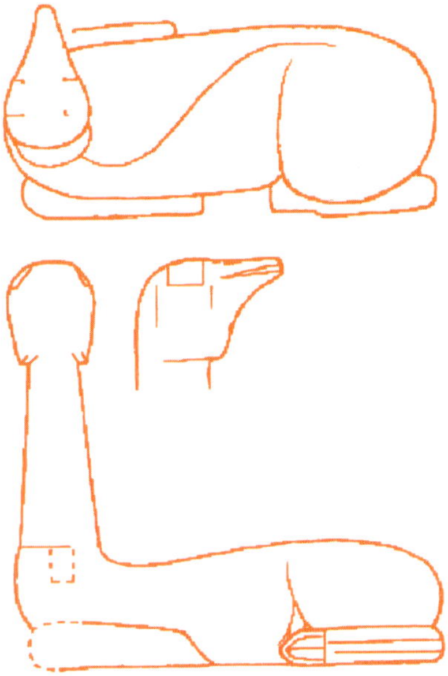

图 4-51　荆门黄付庙楚墓木卧鹿 M24:1 线图

图 4-52　安岗楚墓木卧鹿 M2:25 线图

带纹等。木鹿鼓同出器物中也有乐器，并且有一定规律，多为瑟、扁鼓。

（二）木鹿鼓诸说

对木鹿鼓的性质与功能的判定，学界看法不一，归纳起来大致有三种观点：第一，认为其是用以摆设和装饰的艺术品；第二，认为木鹿鼓是明器；第三，认为木鹿鼓是具有实用功能的乐器。

前两种观点均认为实心小木鼓不能用于演奏，所不同的是对其功用的看法，下文将对其进行逐一分析。

木鹿鼓的外形考究，纹饰精美，独具特色，大概正因为如此，才被认为是用于摆设和装饰的艺术品。然而，统观存见的楚音乐文物，造型特别、制作精良、纹饰精美者不在少数，例如虎座鸟架鼓等，这些乐器不但有着特点突出、精美飘逸的外形，还具备非常明确的乐器功能，并且在楚音乐实践中发挥着重要作用。我们知道，楚墓中也出土一种类似木鹿鼓的器物——木卧鹿，其造型与木鹿鼓基本一致，二者的区别仅仅是木鹿的臀部是否有一方形榫眼，榫接一实心小扁鼓。老河口安岗楚墓2号墓中出土了一件保存较好的木卧鹿。此鹿为整木雕琢，形态与木鹿鼓的鹿相同，鹿的头顶两侧有2个方形卯眼，插入2只带榫头的真鹿角，卯眼中再插入小短角，臀部未见方形榫眼。此木卧鹿与镇墓兽同出于墓葬头厢，为葬仪用器。显然，倘若木卧鹿是楚人礼仪生活中具有特殊意义的艺术品或葬仪用器的话，似乎再无必要画蛇添足制作小扁鼓榫接于鹿身。还需注意的一个现象是，虽然目前发现的木鹿鼓数量并不多，但按比例来看，半数都与实用乐器同出，由此亦见一斑。

在中国古代“事死如事生”的基本观念下，随葬明器都是根据古人礼仪生活中的实用器来制作的，大多有形无实，“貌而不用”，为丧葬用器，不具备实用功能。如果认为木鹿鼓是明器的话，那么应当有对应的实用器，也就是鹿身后榫接的小鼓非实心，而是中空蒙皮的，但目前楚墓中并未发现这类实用器，所出木鹿鼓无一例外榫接的都是实心小扁鼓，此外，出土木鹿鼓的墓葬中也大多没有明器同出。综合这些因素，我们很难将木鹿鼓确定为明器。

（三）木鹿鼓的性质与功能

前文所辨析的两种观点，其讨论的焦点以及作出判断的主要依据都在于，与我们所熟悉的鼓框蒙皮的鼓类乐器不同，凹凸榫接于木鹿臀部的小扁鼓为木制实心，不能用于演奏。那么，木鹿鼓到底能否作为乐器使用？它的主要功能为何？

木鹿鼓上的实心小扁鼓，其实质是一块圆形厚实木板，敲击发出啷啷之声。在中国浩瀚的乐器之林中，与之类似的节奏乐器并不少见，例如梆子，便是这种实心木制打击乐器，在音乐实践中属于“击节”的节奏乐器。从乐器制作的角度来说，有的木材在制作合理、安置得当、规格适度的情况下，的确具有较好的音响性能，如泡桐等。湖北荆州博物

图 4-53 江陵嵘峨山 7 号墓木鹿鼓线图

图 4-54 江陵雨台山 363 号楚墓木鹿鼓

馆曾经复制一件木鹿鼓，将其用于复原楚乐的演奏中，木鹿鼓的啷啷之声清脆有力，与其他楚乐器配合相得益彰，音响平衡统一。实践证明，木鹿鼓是可以作为节奏乐器使用的。在目前所知的木鹿鼓中，实心小扁鼓的规格虽相差无几，但又不完全一致，面径最大者达 18 厘米，最小者 11 厘米。众所周知，节奏乐器大多没有十分明确的音高要求，仅存在音区的大致差别。音区的高低与乐器本身的规格大小直接相关，共鸣体大则音区低，共鸣体小则音区高，但是共鸣体只有在规格差别较大时，音区高低差异才会很明显，反之，则不然。木鹿鼓上实心小扁鼓的规格之差不足以形成音区上的差别。还需注意到的是，目前所见木鹿鼓上的带柄实心小扁鼓，在凹凸榫接时采用的多是从上略向下的斜插方式，这应当是为了防止小扁鼓滑落而设计的。倘若木鹿鼓作为艺术品或明器静置于某处的话，自然不必考虑其被反复击奏而可能导致实心小扁鼓的插柄慢慢松脱出榫眼的情况了。这也从另外一个角度反映出木鹿鼓作为节奏乐器的实用功能。

楚墓出土的木鹿鼓除具备乐器的实用功能外，还有一定的礼器性质。目前所知，出土木鹿鼓较为集中的是江陵雨台山楚墓群，而该墓群中有 7 座墓葬出土木鹿鼓，且与镇墓兽同出。有研究者对楚墓随葬鹿角进行了专题研究[①]，结果表明：楚墓随葬鹿角多来自梅花鹿，麋鹿角仅见于级别高的楚墓中；鹿角具有礼器的功能，鹿角越长，分叉越多，墓主人的等级也越高。综合木鹿鼓鹿身纹饰和对鹿角的数据分析可见，木鹿鼓之鹿的原型当为梅花鹿。《墨子 · 公输》载：“荆有云梦，犀兕麋鹿满之。”[②]先秦时期楚地的鹿非常多，楚人也经常能见到鹿。宋代刘斧《青琐高议》后集卷 9《仁鹿记》中记录了一则“群鹿救楚王”的动人故事，大概这就是楚人为何如此喜欢鹿，甚至崇拜鹿的根本原因吧。

图 4-55 沙市喻家台 41 号墓木鹿鼓

图 4-56 曾侯乙墓漆木鹿线图

三、有柄鼓

有柄鼓这一名称并不见于文献记载，而是学界根据其形制特点而厘定的。在目前所知的楚音乐考古材料当中，有柄鼓的数量不多，仅十余件，见于现湖北、湖南和河南等

① 罗运兵，李刚．楚墓出土鹿角新观察 [J]. 江汉考古，2017(4)：102–110.

② 孙诒让．墨子间诂 [M]. 北京：中华书局，2001：485.

地，形制大体相同，均为一小鼓的鼓框上榫接一手柄。在先秦有关鼓的记载当中，有手柄的鼓仅有鼗。《周礼 · 春官 · 小师》郑玄注：“鼗，如鼓而小，持其柄摇之，旁耳还自击。”《诗经 · 有瞽》注：“鼗，如鼓而小，有柄，两耳，持其柄摇之，则旁耳还自击。”可以看到，所记载的这种鼓有柄，演奏方式为摇奏。如果是摇奏，意味着鼓面旁边应当固定一个能激发鼓面振动的部件。出土有柄鼓的基本形制反映出，这种鼓并不能以摇奏的方式被激发发声，而应采用击奏。现对保存较好的楚有柄鼓概况整理如下（表 4-9）：

表 4-9 楚有柄鼓概况表

单位：厘米

名称	年代	面径	厚	柄长	鼓面	备注
固始侯古堆 M1 有柄鼓	春秋晚期	20.8	8.4		两面蒙皮	
长沙浏城桥 M1 有柄鼓	春秋晚期	外 21.2 内 16.1	6.9		一面蒙皮，一面木底板	
曾侯乙墓有柄鼓	战国早期	24	23.8		两面蒙皮	
江陵枣林铺楚墓有柄鼓	战国中期早段	12	1.8	2.8	木质厚胎	
黄付庙楚墓有柄鼓	战国中期	10	2.4		椭圆形木质厚胎	
江陵藤店 M1 有柄鼓	战国中期	15.7			一面蒙皮，一面木底板	
包山 M1 有柄鼓	战国中期	15	2.2	23	整板凿成	
包山 M5 有柄鼓	战国中晚期	10	0.8		整板凿成	
九连墩 M1 有柄鼓	战国中晚期	28	32	9.1	两面蒙皮	形制似曾侯乙墓有柄鼓

根据现有资料分析看出，目前所知最早的有柄鼓大约为春秋晚期至战国早期，此时的有柄鼓鼓身较大，不仅表现在鼓的面径较大，还体现在鼓身的高度较高。

曾侯乙墓出土有柄鼓是目前所见鼓身较高且保存较好的一件。此鼓形似桶状，鼓身中部微鼓。整体较小，鼓面径 24 厘米，鼓腹径 28 厘米，高 23.8 厘米，壁厚 1.2 厘米至 2 厘米。鼓腹腰处装一木手柄，安装方法为：柄的一段穿透鼓壁，用一竹钉在鼓腔内部插栓固定。与目前所见其他鼓不同的是，此鼓的木制手柄似压腰葫芦形，上刻弦纹，柄长 8.5 厘米，柄首长 3.5 厘米、宽 5.3 厘米、厚 2.8 厘米。鼓腔与手柄均髹以朱漆。两面蒙皮，鼓皮不存，但鼓腔口外沿遗有两行方锥形的竹钉，每行 23 个，上下错落，从竹钉露出 0.2 厘米鼓腔板，可以大略估计出鼓皮的厚度，即薄于 0.2 厘米。

固始侯古堆 1 号墓有柄鼓鼓身也相对较高，但较之曾侯乙墓有柄鼓略小、略扁。此鼓为圆形，面径 19 厘米，外径 20.8 厘米，高 8.4 厘米。鼓壁凿一方形眼，上下对应，木质手柄插入其中，通过鼓腔又插入上端的方眼内，下端有一圆形柄格紧贴鼓壁，严密牢固。此鼓纹饰之精美程度，在存见有柄鼓中并不多见。鼓面纹饰是张好鼓皮后髹漆彩绘而成，中间朱绘圆钮，其间涂黄色，其外朱绘三条夔龙围绕之，夔龙双角直立，曲身卷尾，全身填以黄色回纹。在其外绘四股交叉的

图 4-57 曾侯乙墓有柄鼓

图 4-58　固始侯古堆 1 号墓有柄鼓（复制品）

绳纹，两红两黄。再外朱绘方格、云纹、回纹等，其间以黄色星点纹填补。边沿以朱、黄绳纹环绕一周。鼓壁上下用双线勾勒的朱色山字纹，中间鼓起一周绘 12 组联尾兽纹，内填黄色涡纹，线条流畅，色泽艳丽。此鼓鼓柄较长，残长 18 厘米，表面亦为先髹黑漆后，再用朱色勾成三角形界格，其间朱绘云纹。

战国中期以后，除了有前述圆桶状有柄鼓外，大部分有柄鼓鼓身逐步变得小而扁，即鼓面径缩小、变小，鼓身变薄，整个鼓身类似于扁鼓状，其中，有一面蒙皮一面为木板的，也有实心木胎器，此外，鼓面形状也并非圆形一种。

九连墩 1 号墓出土有柄鼓的形态与曾侯乙墓有柄鼓相似，同为圆桶状，所不同的是，此鼓两面用于蒙皮的竹钉分别多达 5 行，每行约 80 个，手柄断面为长方形，内细外粗，被削成多棱，更利于手持。这些都表明此鼓应为实用乐器。

江陵藤店 1 号墓有柄鼓为一面蒙皮一面木板，直径为 15.7 厘米，其中一面鼓框周边有一圈为蒙皮所用的竹钉，另一面是与鼓框相连的木板。鼓框施以朱漆彩绘。鼓柄资料不详，但从此鼓的复制品上看，鼓柄较短，截面为圆方形，柄首

图 4-59 江陵藤店 1 号墓有柄鼓（复制品）

为略大的圆方体，且有黑漆底朱漆彩绘。

湖北荆门黄付庙楚墓有柄鼓(M24:11)为椭圆形木制厚胎，直径10厘米，厚2.4厘米，一端有一残柄。此鼓鼓面极小，椭圆形鼓面不利于振动发声，为目前所仅见。综合相关信息推知，此鼓或为明器。湖北江陵枣林铺楚墓有柄鼓（M1:8），鼓面为圆形，正面较平，背面鼓边缘自外向内削成切角，素面。鼓面径 12 厘米，厚 1.8 厘米，柄长 2.8 厘米，如此短柄，无法手持，加之同出木竽为明器，可推断此鼓亦为明器。包山 1 号墓出土有柄鼓（M1:46）为整板凿成，圆形鼓面，鼓面径 15 厘米，厚 2.2 厘米，带柄通长 23 厘米。通体涂墨，正面以红、白彩绘几何纹，柄上亦绘有纹饰。包山 5 号墓有柄鼓（M5:34），整板凿成圆形，侧有一柄，直径 10.8 厘米，厚 0.8 厘米。

目前所知，战国中晚期的楚有柄鼓多与大鼓、瑟同出，且明器居多。这里或许会令人产生疑问，为什么前文说到木鹿鼓榫接为一实心小鼓时，笔者分析推测其可能发出嘟嘟之声，判断其为实用器，而此处有柄鼓为实心木胎者，则推断其

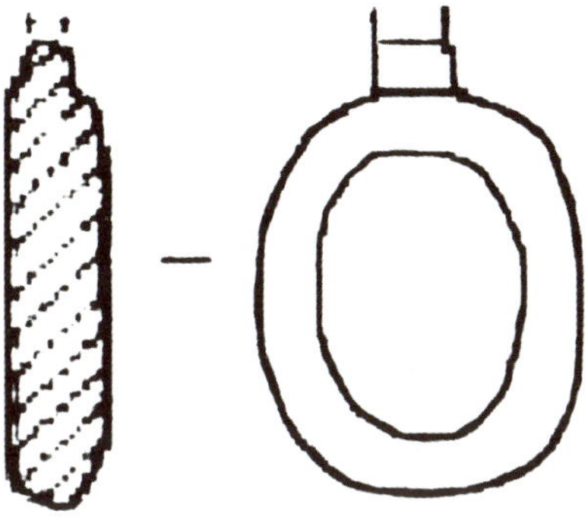

图 4-60　荆门黄付庙楚墓 M24:11 有柄鼓线图

图 4-61　包山 1 号墓有柄鼓线图

为明器呢？原因大致有如下两点：其一，作为明器的实心木胎有柄鼓出现之前，更多的是两面蒙皮的有柄鼓实用器，偶尔出现一面蒙皮一面木板者。其二，目前所见实心木胎的有柄鼓，其形制不满足实用乐器的要求，比如，鼓面为椭圆形；又如，鼓的手柄过于短以至无法手持；再如，同出乐器也并非实用器，等等。

四、建鼓

建鼓是文献有载的鼓类乐器，由鼓座、鼓身、建木柱三个部分组成，其中，鼓座均为半球状，鼓身为圆桶状，建木柱高且直。目前，楚墓中出土建鼓较少，已出土建鼓的楚墓多为楚国和楚附庸国的高级贵族墓葬，如九连墩 1 号墓、曾侯乙墓、擂鼓墩 2 号墓、江苏淮安市运河村 1 号战国楚墓以及叶县旧县 4 号墓等。

目前所知建鼓鼓座有两种材质，分别为木制和青铜制。建鼓鼓座均饰以精美繁复的动物纹饰，木制鼓座采用雕刻髹漆彩绘的方式，青铜鼓座的纹饰造型则由青铜合金铸造而成。

青铜鼓座的建鼓中，以曾侯乙墓建鼓、叶县旧县 4 号墓建鼓为代表。曾侯乙墓建鼓保存完好，鼓座、鼓身均有留存。叶县旧县 4 号墓建鼓仅残存鼓座，且出土时已分散破碎成 50 多块残片，不足原物的四分之一，研究人员对其进行了修复研究与制作后，方获知其原貌。[①] 这两件青铜鼓

① 马新民，郭移洪，李元芝 . 叶县旧县四号墓春秋铜蟠龙建鼓座修复与保护 [J]. 华夏考古，2012（3）：141-147.

座均饰以回旋盘绕繁复精细的蟠龙纹，但蟠龙纹饰的基本形态和结构等略有差异，无论从纹饰形态、内容、结构、层次，还是从纹饰的精致程度和所体现的铸造技艺等方面来看，二者都堪称先秦时期青铜铸造的巅峰之作。

建鼓的规格主要体现在鼓身大小和建木柱的高矮上，下文将简述目前存见有鼓身的建鼓，以获得对先秦楚建鼓的整体认识。

曾侯乙墓建鼓是目前保存最完好的先秦时期建鼓。除鼓上蒙皮不存以外，鼓座、鼓身、建木均保存较好。曾侯乙墓建鼓体量较大，鼓座底径 80 厘米，通高 54 厘米，鼓身长 106 厘米，口径 74 厘米，鼓腔壁厚 2.8 厘米至 4.2 厘米，两端蒙皮处各有 4 排竹钉。贯穿鼓身的圆建木柱高达 3.65 米，上端伸出鼓腔 1.5 米，下端伸出鼓腔 1.25 米（含鼓座内部分）。建木柱较粗，直径 6 厘米，与鼓身相交处更粗，直径 9 厘米。

图 4-62 曾侯乙墓建鼓座

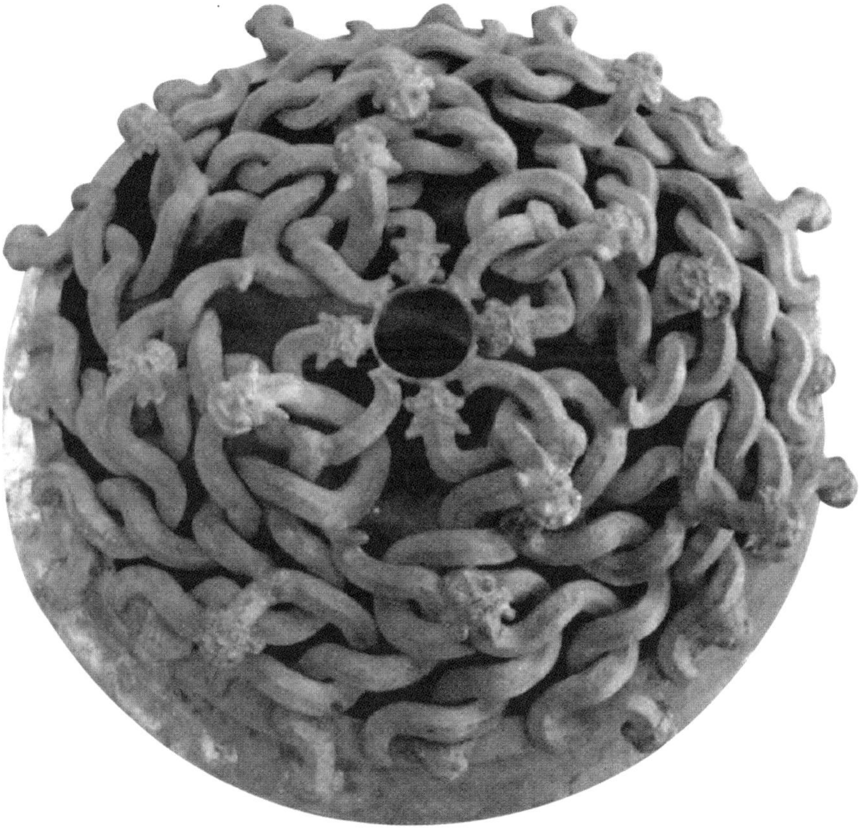

图 4-63 叶县旧县 4 号墓建鼓座（修复后）

九连墩 1 号墓建鼓出土时虽破散于各处，但拼合后基本完整。此鼓是目前所见木制鼓座建鼓中体量最大且保存最完好的一件。其鼓体呈圆桶状，鼓腹略鼓，由多块木板拼合。鼓身中部挖有 10 个圆形浅槽，呈“X”形对称排列，槽内卡置 10 个圆形帽状铜扣，铜扣以外皆髹以红漆。鼓身两端蒙皮，皮已不存，蒙皮处分别有 7 行方锥形竹钉。鼓身口径 56 厘米，腹径 70 厘米，高 66.4 厘米。建木柱为较长的圆柱体，顶端有筒状铜套，圆锥顶，下部为四分燕尾状，复原高度为 280 厘米，直径 5.6 厘米。建鼓座为木制，整木雕成，半球体，通体雕刻纹饰，为互相缠绕的蛇，均以黑漆为底，上以红黄彩绘。鼓座复原直径为 48.9 厘米，复原高度为 26.5 厘米。

淮安运河村1号战国墓出土了鼓身和鼓柱，但未出建鼓座。此鼓（M1:27）鼓身为整木刳凿而成，口沿圆弧，较腹壁增厚。鼓身呈圆桶状，表面髹以黑漆，口径26厘米，腹径46厘米，长56厘米，边壁厚2.5厘米，两端的乳丁带宽9厘米。鼓身中部上、下各有一对穿的柱孔，上孔为方形，边长6厘米。建木柱为扁条形木杆，截面为5厘米×2.5厘米；上端为边长6厘米的方形榫头，顶部呈圆柱体，已残损；柱杆中间断缺；下端有一榫头。推测建木柱高达1米以上。

从仅存数据的楚建鼓来看，除鼓座材质有别以外，建鼓的规格大小也存在较大差异，大者高3米有余，小者仅1米多，这与建鼓座的材质直接相关。青铜鼓座建鼓的整体规格较之木制鼓座大，毕竟对于这类直立高耸的乐器来说，青铜材质的鼓座势必更加稳定，能承受更大力量的鼓身和更高大粗壮的木柱。

图4-64 九连墩1号墓建鼓 M1:901

从现有资料来看，建鼓似乎并非楚国的常用鼓类乐器，有建鼓出土的墓葬多为楚系高等级墓葬，那么，建鼓的规格和建鼓座的材质是否与墓主人等级直接相关？由于目前掌握的相关资料太少，因此暂时难以对此作出判断。

第四节 楚瑟

瑟是一种见诸古代历史文献和考古出土实物的中国古代弦鸣乐器。最早记录瑟的文献可以追溯至先秦时期。此后的历代文献中都有关于瑟的记述，所涉内容也十分广泛，包括起源、形制、弦制、乐器组合、摆放位置和使用场合等。

瑟的历史悠久，文献中对瑟的创造者和产生时代众说纷纭，如“庖牺作五十弦，黄帝使素女鼓瑟，哀不自胜，乃破为二十五弦，具二均声”[①]；“神农作瑟”[②]；“帝俊生晏龙，晏龙是始为琴瑟。帝俊有子八人，是始为歌舞”[③]；“太帝使素女鼓五十弦瑟，悲，帝禁不止，故破其瑟为二十五弦”[④]；“昔古朱襄氏之治天下也，多风而阳气畜积，万物散解，果实不成，故士达作为五弦瑟，以来阴气，以定群生”[⑤]；“农瑟羲琴，倕钟和磬，达灵成性，象物昭功，由此言之，其来自远”[⑥]，等等，从中不难看出，无论瑟的创造者是谁，其产生时代至少都可以上溯至伏羲之时或炎黄时期。目前所知最早的瑟发现于湖北枣阳郭家庙墓地，属于春秋早期，瑟的使用年代当早于这一历史时期。

目前存见的瑟，大致有两种不同的形态。一种是出土先秦时期瑟，另一种是传世明清时期瑟。其中，明清时期瑟基本形制不同于先秦时期瑟，大致为面板从瑟首到瑟尾逐步下垂，略呈拱形，首尾分别嵌一条岳山，瑟面置弦，弦不分组，无瑟枘。本文所论为出土先秦时期瑟。

① 《尔雅注疏》卷五引《世本·作篇》。
② 《山海经校注》卷一八《海内经》引《世本·作篇》。
③ 《山海经校注》卷一八《海内经》。
④ 《史记》卷二十八《封禅书》。
⑤ 《吕氏春秋》卷五《古乐》。
⑥ 《晋书·乐志》卷二十二。

图 4-65 曾侯乙墓瑟

图 4-66 清代中和韶乐彩绘云龙纹瑟

一、楚瑟概况

有关先秦瑟的流行区域和使用情况，散见于先秦文学作品及相关史书中。集周代北方民歌之大成者《诗经》，其《国风》按国别记录了当时十五国的民歌，其中的许多篇章均提到瑟，如：《国风·周南·关雎》中“窈窕淑女，琴瑟友之”；《国风·郑风·女曰鸡鸣》中“琴瑟在御，莫不静好”；《国风·鄘风·定之方中》之“树之榛栗，椅桐梓漆，爰伐琴瑟”等等。《国语·周语》记载周王与伶州鸠的对话“琴瑟尚宫”。《战国策·齐策》记录齐国临淄的老百姓“无不吹竽、鼓瑟、击筑、弹琴、斗鸡、走犬……”，还记录有“故钟鼓竽瑟之音不绝，地可广而欲可成”，《战国策·赵策》中也有“听竽瑟之音，察五味之和”的记载。而关于瑟的记录最突出的，当属楚文学的代表作品——《楚辞》，其中生动描绘了瑟与鼓、竽、钟等乐器一同用于楚乐舞活动的图景。

据不完全统计，迄今为止出土先秦瑟已逾百件，主要见于今湖北、湖南、河南三地，其中，湖北出土瑟无论批次还是数量都最多，占八成以上。河南出土瑟的地区也主要在与今湖北交界处的楚地。这与南方地下水充足，墓葬中木制器物保存较好相关。

结合前文关于楚文献中楚乐器的记载情况来看，无论在出土楚文献里，还是传世楚文献中，对瑟的记录都最多。综合可见，瑟是楚音乐艺术中不可或缺的乐器之一，在楚音乐实践中占有十分重要的地位。

二、楚瑟形制分析

古代文献中有关瑟的形制描述并不具体，仅提及瑟的相关部位名称，如岳、柱、弦等，因此，我们只能通过考古出土实物来认识先秦时期瑟的基本形制。由于目前所知先秦时期的瑟绝大多数为楚瑟，因此，本文所论瑟之形制即为楚瑟的基本形态。

总体来说，先秦时期的瑟均为木制。整体形制为类扁长方体，中空，面板微弧。面板首部有一条岳山，称之为首岳，紧邻首岳处为弦孔。面板尾部亦有岳山，称之为尾岳，尾岳通常分为长短不一的 3 段，每段尾岳处也有相应的弦孔。尾岳靠近尾部处有系弦柱，名之瑟枘，数量不等，多为 4 个，且形态不一，其中，似蘑菇状者居多。此外，在首尾岳对应的底板上均有过弦槽，底板首尾处皆有越。每根瑟弦下都有一瑟柱，其功用一致，皆通过移动以改变有效弦长，从而调节音高，所见瑟柱的形态不尽相同。

（一）楚瑟的型式划分

由于出土先秦瑟的规格大小和形制细节并不完全一致，因此，学术界对楚瑟形制进行了相关研讨，大致有两种较为系统的划分方法。

第一种：根据楚瑟瑟体的长宽比将其分为 4 型。分别是：大型瑟，其长宽比为 4∶1；次大型瑟，其长宽比为 3.5∶1；中型瑟，其长宽比为 2.5∶1；小型瑟，其长宽比为 2∶1。①

① 杨匡民，李幼平．荆楚歌乐舞 [M]. 武汉：湖北教育出版社，1997：267-268.

第二种：首先，根据瑟枘的数量将先秦瑟分为 4 型，即Ⅰ型 2 枘，Ⅱ型 3 枘，Ⅲ型 5 枘，Ⅳ型 4 枘；之后，依弦制分式，其中，Ⅳ型被分为 5 式，分别为Ⅳa 式 19 弦，Ⅳb 式 21 弦，Ⅳc 式 23 弦，Ⅳd 式 24 弦，Ⅳe 式 25 弦；最后，依据瑟体大小划分亚式，4 型中的每式均可分为 3 个亚式，这 3 种规格分别是大瑟通长为 160 厘米以上，中瑟通长为 100 厘米至 160 厘米之间，小瑟通长为 100 厘米以下。[①]

近年来，随着楚文化考古工作的不断深入，逐步增多的出土楚瑟实物，促进和加深了我们对楚瑟的基本认识，因此，有必要整合现有考古资料对出土先秦楚瑟的发展轨迹进行重新梳理。

经初步整理发现，目前所知先秦楚瑟，无论其弦制为何，瑟体宽度都相对稳定，并没有随着弦数的多寡发生较大变化，基本在 37 厘米至 46 厘米之间，仅有为数不多的瑟，宽度低于或高于此数值区间。从这一角度来看，长宽比难以成为考察瑟体变化的最佳数值。通观所知先秦楚瑟实物，我们还发现，瑟枘数量的多寡并非不同类型瑟的并行发展，而是瑟在发生和发展、探索与定型过程中的阶段性产物。

就楚瑟形制的整体情况而言，瑟体的宽度相对稳定但长度参差不齐，并且差异较大，最多相差近 4 倍。反观文献中关于瑟的记载，《礼记》中提到大瑟、小瑟[②]，《尔雅·释乐》中专门解释大瑟[③]，这些记载表明，先秦时期的瑟有大小之分，其大小是依弦数的多少来划分。对于瑟的类别，文献中还有“雅瑟”与“颂瑟”之别。《周礼》载：“雅瑟二十三弦，颂瑟二十五弦。”《三礼图》对其做了进一步解释：“雅瑟长八尺一寸，广一尺八寸，二十三弦……颂瑟长七尺二寸，广尺八寸，二十五弦。”显然，无论雅瑟还是颂瑟，瑟体宽度都基本相同，规格区别主要在于通长，这与已知楚瑟的情况大体一致。鉴于此，本文拟根据出土楚瑟的通长对其进行分型。

需要说明的是，与青铜编钟这类固定音高乐器在铸造完成后仅能锉磨内壁以微调音高不同的是，瑟这类后期可通过松紧弦和移动瑟柱改变音高的乐器，在制作之初，对其形制的各个细节大概并无特别严苛和缜密的数据要求，而可能在乐

① 李纯一．中国上古出土乐器综论 [M]．北京：文物出版社，1996：425-426.
② 《礼记·明堂位》：“大琴大瑟，中琴小瑟，四代之乐器也。”
③ 《尔雅·释乐》“大瑟谓之洒。”

器规格的基本要求和框架下，根据乐器原始制作材料的实际情况以及乐器制作者的喜好来决定。正如我们今天看到的传世古琴，其通长最小者100厘米有余，最大者接近130厘米，二者虽然通长相差近30厘米，却并不分属两种类型的琴。但是，根据乐器发声的基本原理推断，瑟在宽度基本稳定的情况下，通长相差50厘米以上者，其基本音区当有所差别。因此，笔者在对已知楚瑟的形制数据进行全面整理统计后，以50厘米为基本区间，将其分为3型，具体如下：

A型：大瑟，通长区间为150厘米以上。

根据瑟尾岳山、瑟枘数量的不同以及越的变化，将其分为4式。

AⅠ：尾岳未分段。

标本：湖北当阳赵巷4号墓出土漆瑟M4:52。此瑟虽残破，但保留了完整的面板、侧板、挡板和瑟尾。其通长约200厘米，尾部有18个弦孔，3个瑟枘。根据考古出土实物的复制品可以看出，尾岳未分，但中间一组瑟弦较内外两组（各8弦）长，且在瑟尾处单为其凿池钻孔张弦。

AⅡ：尾岳被分为3段，越由槽口连接。

图4-67 当阳赵巷4号墓漆瑟（复制品）尾部

图 4-68 当阳曹家岗 5 号墓木瑟线图

图 4-69 当阳曹家岗 5 号墓漆瑟（复制品）尾部

图 4-70 固始侯古堆 1 号墓木瑟 M1P:98 线图

标本 1：湖北当阳曹家岗 5 号墓出土木瑟。此瑟形制与同出漆瑟相近。通长 191 厘米，高约 17 厘米，首部嵌有一条首岳，紧邻首岳外侧钻有 21 个弦孔，尾部嵌有 3 条尾岳，其弦数分组自外向内为 6、8、7，且置有 2 个瑟枘。底板中间纵开一条宽 8 厘米且直通两端的槽口，槽口一端紧邻首越，首越较宽。

标本 2：湖北当阳曹家岗 5 号墓出土漆瑟。此瑟虽朽蚀严重，但各部件齐备。通长 210 厘米，高约 18 厘米，首部嵌有一条首岳，紧邻首岳外侧钻有 26 个弦孔，尾部嵌有 3 条尾岳，其弦数分组自外向内为 10、8、8，且置有 3 个瑟枘。底板中间纵开一条宽 7.6 厘米的槽口，与首尾越相连接。

A Ⅲ：尾岳被分为 3 段，尾部置有 5 个瑟枘，底板两端凿有 2 越，分别为首越和尾越。

标本：河南固始侯古堆 1 号墓出土瑟 M1P:98。该墓出土了 6 件形制相同、大小一致的瑟。通长 192 厘米，高约 10 厘米。首部有一条首岳，紧邻首岳外侧有 19 个弦孔，尾部有 3 条尾岳，其弦数分组自外向内为 6、7、6，且置有 5 个瑟枘。底板两端凿有 2 个形态不同的越。

A Ⅳ：尾岳被分为 3 段，尾部置 4 个瑟枘，底板两端凿有 2 越，分别为首越和尾越。

标本 1：天星观 2 号墓出土漆瑟 M2:74。该墓出土 5 件瑟，除 1 件属于 B 型瑟外，其余均属于 A Ⅳ瑟。M2:74 通长 178.6 厘米，高 16 厘米。首部有一条首岳，紧邻首岳外侧有 23 个弦孔，尾部有 3 条尾岳，其弦数分组自外向内为 8、7、8，且置有 4 个瑟枘。底板两端各有一个椭圆形越，首越长径 14.6 厘米，尾越长径 12.2 厘米。

图 4-71 天星观 2 号墓漆瑟 M2:74 线图

标本 2：天星观 1 号墓出土瑟 M1:139。该墓出土 5 件瑟，形制相近，弦数不等。M1:139 通长 172.5 厘米，高 6.5 厘米。首部有一条首岳，紧邻首岳外侧有 23 个弦孔，尾部有 3 条尾岳，4 个瑟枘。底板两端分别有一首越和尾越。

图 4-72 天星观 1 号墓瑟 M1:139 线图

B 型：中瑟，通长区间为 100 至 150 厘米。

标本 1：望山 1 号墓瑟 WM2:T1。此瑟通长 146 厘米，高 9 厘米。首部有一条首岳，紧邻首岳外侧为 25 个弦孔，尾部有 3 条尾岳，4 个瑟枘。底部首尾处分别有一个大小不一的越，首越较尾越小。

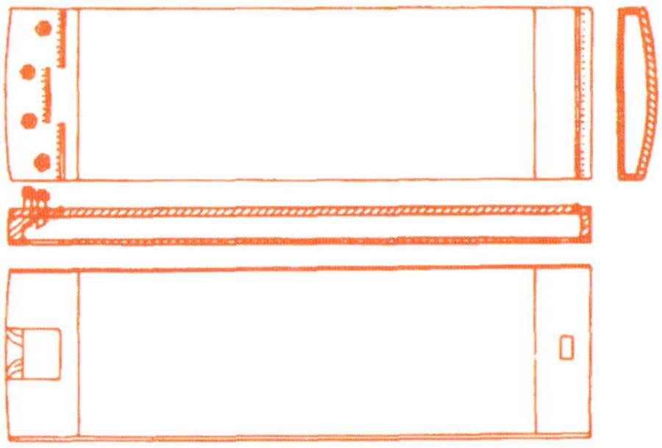
图 4-73 望山 1 号墓瑟 WM2:T1 线图

标本 2：望山 1 号墓瑟 WM1:B77。此瑟通长 115 厘米，高 9 厘米。首部有一条首岳，紧邻首岳外侧为 25 个弦孔，尾部有 3 条尾岳，4 个瑟枘。底部首尾处分别有一长方形越。

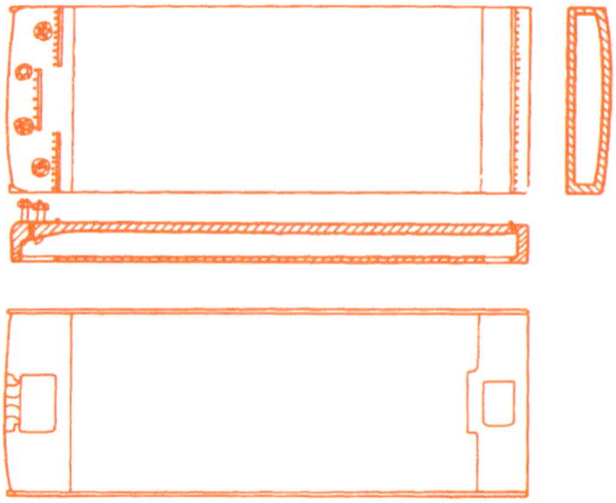
图 4-74 望山 1 号墓瑟 WM1:B77 线图

C 型：小瑟，通长区间为 100 厘米

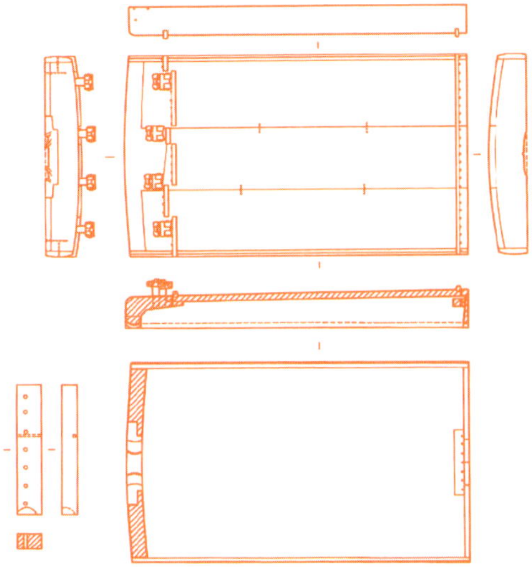

图 4-75 九连墩 2 号楚墓瑟 M2:127-1 线图

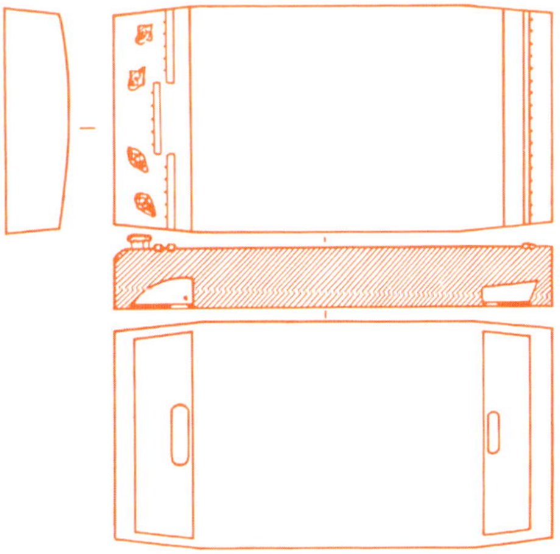

图 4-76 江陵雨台山 388 号楚墓瑟 M388:6 线图

以下。

标本 1：九连墩 2 号楚墓瑟 M2:127-1。此瑟通长 70 厘米，高 7.8 厘米。首部有一条首岳，紧邻首岳外侧有 23 个弦孔，尾部有 3 条尾岳，其弦数分组自外向内为 8、8、7，且置有 4 个瑟枘。底板两端各有一个椭圆形越。与其还同出一件形制相同的大型瑟。

标本 2：江陵雨台山 388 号楚墓瑟 M388:6。此瑟通长 60 厘米，高 8.7 厘米。首部有一条首岳，紧邻首岳外侧有 19 个弦孔，尾部有 3 条尾岳，其弦数分组自外向内为 7、5、7，且置有 4 个瑟枘。底板两端各有一个长方椭圆形越。

（二）楚瑟形制发展与音乐性能的关系

根据上文的分析，出土先秦楚瑟大致可分为 3 种规格，分别是大瑟、中瑟和小瑟。迄今为止，大瑟最早见于春秋中晚期，并一直延续到战国晚期。同为大瑟，战国时期的大瑟整体较之春秋中晚期大瑟小，体现在通长略短，通高略小，瑟体趋于扁化。

春秋中期至战国早期是楚瑟形制的探索期。在此期间，楚瑟的越从最初有尾越和狭长槽口，到此长槽口与首越、尾越相通相连形成哑铃状，之后取消槽口，最终完成了首、尾越的分离；早期瑟的瑟枘数量并不稳定，且并未与弦数形成固定合理的比例，出现了 2 枘、3 枘和 5 枘，4 瑟枘的定制于战国早期被固定下来，并且一直延续至战国晚期。乐器出音孔的设置直接关系到乐器的音质和声音传导，其位置、大小等因素都能对乐器音质产生影响。楚瑟首、尾越的形成与确立是古代楚人对乐器声音品质追求的具体体现。瑟枘，作为固定瑟弦的重要部件，其数量设置的合理性关系到瑟枘所能承受的瑟弦张力、张弦的方便程度和瑟之外形的协调美观。

资料显示，楚瑟自战国早期开始逐步定型。自此，楚瑟中开始陆续出现另外两个类型——中型楚瑟和小型楚瑟。目前所见最早的中型楚瑟为春秋晚期产物，战国中期是中型楚瑟使用最多的时期。小型楚瑟出现于战国早期，并且一直延续至战国中晚期。中型瑟和小型瑟的出现无疑是出于楚音乐实践的需要，它们的共鸣腔体小，音区较高，既可以拓展楚乐器中弦鸣乐器的音域，还能够丰富音乐的层次。多例在同一座楚墓中出土两种不同规格类型瑟的情况，证明了这一推断的可能性。

三、楚瑟瑟体的制作方法

从目前的资料来看，楚瑟瑟体的制作方法大体有 3 种。

第一，瑟体由整木掏雕而成，或大部分瑟体用整木掏雕，之后插入底板。这一制作方法仅见于较早时期的楚瑟，如湖北当阳曹家岗 5 号墓出土的漆瑟与木瑟、曾侯乙墓出土 10 件漆瑟、长沙浏城桥楚墓出土瑟等。

第二，面板由整木斫制，瑟体四壁用木板拼合而成。此法的出现时段与楚瑟定型的时间基本一致，是所知最常见的一种楚瑟制作方法。在制作材料符合条件的情况下，保持面板的完整，无疑更利于楚瑟的演奏与发声。

第三，瑟体面板等均由多块木板拼合。此法最早见于战国中期，且使用较少。板与板之间的拼合方法也包括几种，分别是榫卯契合、竹钉或铜钉固定、黏合。

从上述分析归纳可以看到，古代楚人在瑟的制作过程中，对主要原始材料——木材的处理和利用上所做出的各种探索与实践。

四、楚瑟弦制与瑟柱

已知出土楚瑟弦制有 7 种之多，分别是 18 弦、19 弦、21 弦、23 弦、24 弦、25 弦、26 弦。随着时间的推移，楚瑟弦制也在不断变化。春秋中期至春秋晚期的楚瑟弦制涉及 5 种，为 18 弦、19 弦、21 弦、24 弦、26 弦。进入战国时期，楚瑟弦制开始减少。战国早期仅有 21 弦和 25 弦两种。自战国中期开始，楚瑟弦制主要有 3 种，分别是 23 弦，24 弦和 25 弦，其中 23 弦和 25 弦楚瑟占有较大比例，且数量相当。显然，战国时期楚瑟弦制已相对稳定，23 弦和 25 弦是此时楚瑟中使用最多也最具代表性的弦制。其中，23 弦据其尾岳划分为 3 组，使用最多的弦数分组是 8（外）、7（中）、8（内）；25 弦据其尾岳划分为 3 组，使用最多的弦数分组为 9（外）、7（中）、9（内）。

湖北当阳赵巷 5 号墓出土瑟，据其面板上的弦孔孔径数据来看，自外而内孔径由小渐大，可大致推测其音区分布可能是由高到低。但从目前所知数量有限的先秦瑟孔径数据来看，也有同一瑟上弦孔孔径完全一致的现象，这使得我们很难据此判断弦的粗细，并由此推测所设音区的高低。

图 4-77 曾侯乙墓部分瑟柱线图

图 4-78 九连墩 2 号墓瑟柱线图

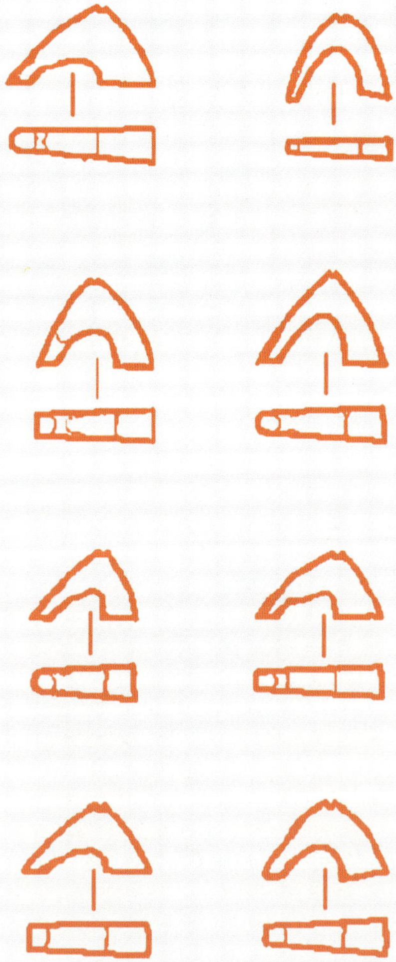

图 4-79 老河口 1 号楚墓瑟柱线图

与瑟弦紧密相关的是弦下瑟柱，通过移动置于弦下的瑟柱改变弦长进而调节音高。《韩诗外传》卷七中有载：“赵王使人于楚，鼓瑟而遣之，曰：‘慎无失吾言。’使者受命，伏而不起，曰：‘大王鼓瑟，未尝若今日之悲也。’王曰：‘调。’使者曰：‘调则可记其柱。’王曰：‘不可。天有燥湿，弦有缓急，柱有推移，不可记也。’”目前已出土战国时期楚瑟柱超过200个，多未髹漆，形态大体相同，多为三角形、拱桥形或三角拱形。由于瑟的面板微弧，中间高，两侧低，为使瑟弦处于同一平面上，便于演奏，部分瑟柱还被设计制作成不对称型。

五、楚瑟的安置与演奏

历史文献中未见有关瑟的安置和演奏等方面的内容，学界多根据与瑟相关的乐舞图像对先秦时期瑟的安置和演奏方式进行推断，基本结论是，乐人席地而坐，瑟的一端置于腿上，另一端搁于地上，弹弦演奏。的确，楚瑟的出音部位——越位于底板，而底板上没有如琴之雁足这样可以将出音部位与桌案隔开的设置，从这个角度来说，如若将楚瑟直接放置于桌案上演奏，似乎不利于乐音的传导。前文关于出土楚遣册中乐器记录的分析中提到，楚遣册中在登记瑟时多同记有“桊”字，有学者研究认为，“桊”指的是瑟座。这一记录表明楚瑟均配有瑟座，且一瑟一座。近年来，楚墓中出土的近 20 件瑟座也为楚瑟的安置方式提供了新证据。

现有 5 座楚墓明确出土瑟座。其中 3 座楚墓在出土瑟座的同时，也伴随出土了与之数量相同的瑟，为一瑟一座的配比，如：信阳长台关 2 号墓出土 3 件瑟和 3 件瑟座；老河口 1 号墓出土 1 件瑟和 1 件瑟座；枣阳九连墩 2 号墓出土 5 件瑟和 5 件木制瑟座。并且，瑟座大多与同出瑟的规格一致，例如：信阳长台关 2 号墓出土的 3 件瑟和 3 件瑟座（原考古报告称其为“瑟枕”），据考古报告描述，3 件瑟座均为三棱形，髹以黑漆，通高同为 12 厘米，长宽各异，其中一件较小，通长 36 厘米，宽 4 厘米至 8.8 厘米，另两件瑟座较大且规格相当，通长均为 51 厘米，宽分别为 5 厘米至 10 厘米和 4 厘米至 9 厘米，恰好与同出瑟之一小两大的规格相匹配。此外，九连墩 1 号墓中还出土了 10 件瑟和 7 件瑟座，望山 2 号墓出土 1 件瑟和 2 件瑟座。显然，瑟座在战国时期，尤其是进入战国中期后已较为常见。

根据已知楚瑟瑟座的整体形态，可大致将其分为 2 型。

A 型：屏形，多为长方体。

又据其是否有座可分为 2 亚型。

A Ⅰ：有座屏形瑟座。此型瑟座多分座、屏两个部分，由木块分雕拼合而成，也有整木雕成。瑟座下部较上部略宽，且多采用透雕的方式制刻纹样。

图 4-80　九连墩 2 号墓屏形瑟座 M2:127-2 线图

图 4-81　九连墩 1 号墓屏形瑟座 M1:600-2 线图

图 4-82 九连墩 1 号墓无座屏形瑟座 M1:915-2

标本 1：枣阳九连墩 2 号楚墓屏形瑟座 M2:127-2，分座、屏两部分。座，由整木雕制，平面近“工”字形，两端宽短近方形，底着地，中部呈窄长条形，两端边缘中部各有一长方形凹槽用于插屏边柱。屏，为长方形框状，由两边柱、中柱、横梁呈横“日”形以榫卯与座扣接。座两端外侧面各浮雕一兽首，中间浅浮雕八条相互缠绕的龙，龙身盘到屏的三根柱上。座与屏柱间镂雕两蛙、四凤、四鸟、四鹿、八蛇，动物形象衔、抓、套接于屏柱上。通体髹黑漆地。通长 53.4 厘米，通高 14.1 厘米。

标本 2：九连墩 1 号墓出土屏形瑟座 M1:600-2，分座和屏两个部分，为木块分雕拼合而成。底座由整木雕制，屏为长方形框状，由两边柱、中柱、横梁，呈横“日”形以榫卯与座扣接。其雕刻纹样、规格都与九连墩 2 号墓屏形瑟座基本相同。通长 52 厘米，通高 15 厘米。

A Ⅱ：无座屏形瑟座。此型瑟座呈长方体，座屏一体，上下同宽，整木制成，多采用平雕的方式制刻纹样。

标本：九连墩 1 号墓无座屏形瑟座 M1:915-2 由整木制成。瑟座两面各由外向内浮雕四龙轮廓，内外两侧龙头，内侧者头朝内，外侧者头朝外，踞伏状，张嘴，短角短尾，前后足各 1 只。以黑漆为底，红漆勾绘。两侧顶部饰以横带纹，中部和下部饰对称卷云纹。通长 52 厘米，通高 12 厘米，厚 5 厘米。

B 型：枕形。此型瑟座多由枕木、支座、足组成，器表常髹以黑漆。

标本 1：老河口 1 号墓瑟座 M1:66，由枕木、足、支座组成。枕木为窄长方形，足为束腰杯形，支座呈“人”字形。器表满髹黑漆。通长 70.6 厘米，宽 7.2 厘米，

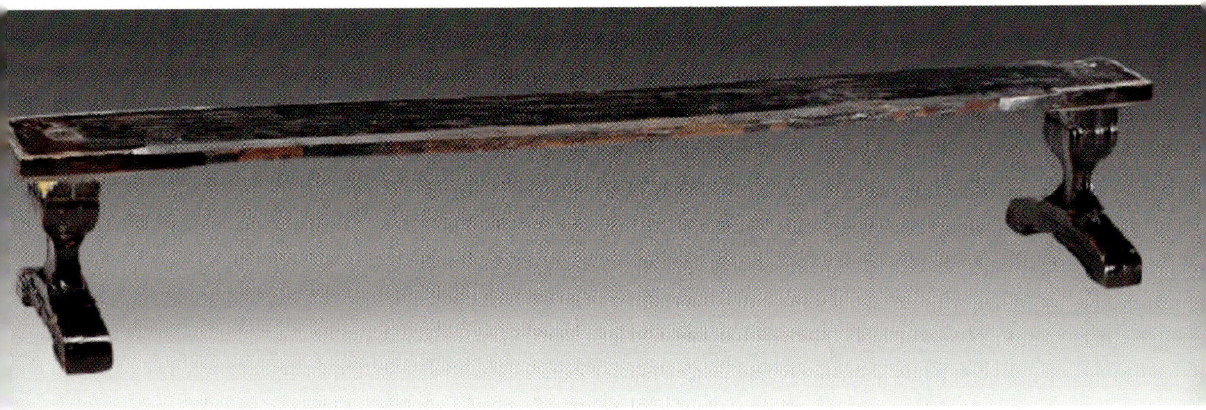

图 4-83 老河口 1 号楚墓瑟座 M1:66

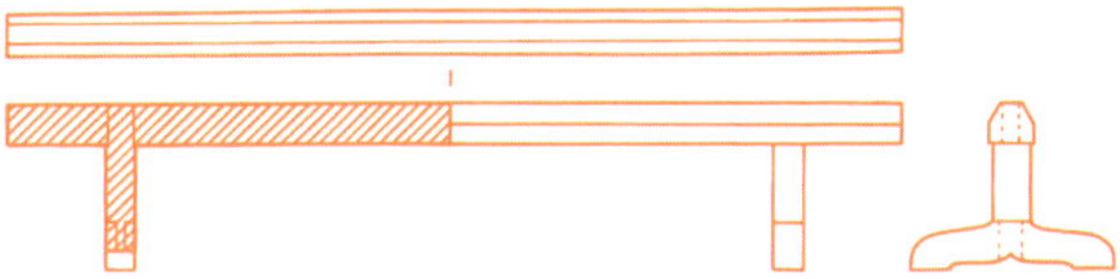

图 4-84 九连墩 2 号墓枕形瑟座 M2:348-2 线图

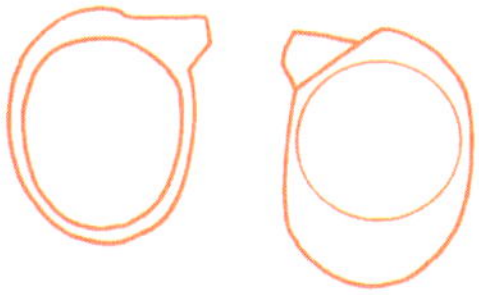

图 4-85 天星观 2 号墓骨瑟指套 M2:230 线图

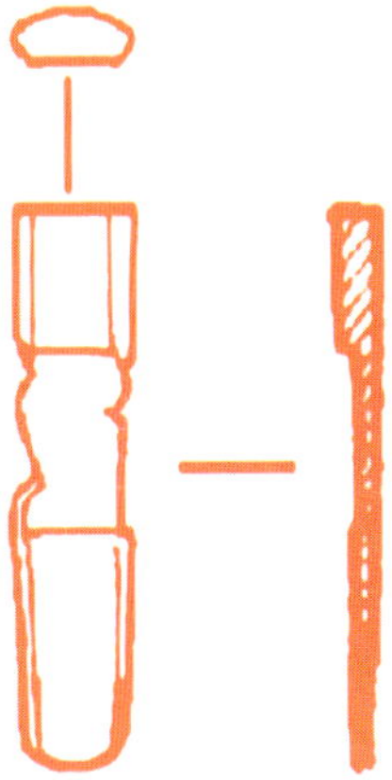

图 4-86 老河口 2 号墓瑟拔片线图

高 13.2 厘米。

标本 2：枣阳九连墩 2 号墓出土 4 件枕形瑟座。标本 M2:348-2，由枕木、支座、足组成。枕木为长条形，横断面六边形，由长方形木条斜向削去上两角，底面宽平，两端中部各开一方形透穿卯孔，足呈“人”字形，由支柱与柎木扣接成。通体髹黑漆。通长 72 厘米，高 13.7 厘米。

需要提到的是，在九连墩 2 号墓中，与上述两型瑟座同出楚瑟的尾部细部特征进一步证明了这种安置方式。该墓简报中这样描述道：“尾端底部两角各有一曲尺形木块黏接于底板上，该木块为瑟尾端直接搁于地面而制。”[①]这一斜置的安置方式与将瑟的一端置于席地而坐的乐人腿上极为相似。反观瑟座规格可以发现，无论瑟座的形制为何，长度多少，其高度却基本一致，均在 12 厘米至 15 厘米之间，恰好适合乐师席地而坐进行演奏，同时也与瑟斜置于腿上演奏时的高度基本相当。可见，瑟在一定的历史时期，既可斜置于瑟座之上，也能斜搁于乐人的腿上。但从考古资料来看，战国中期以后，瑟座的使用已十分广泛。瑟斜置于瑟座解放了乐人的双腿，便于演奏。从乐器振动发声的角度来说，斜置于瑟座的方式更利于瑟体的共振和乐音的传播，音量也更大。

与瑟的演奏密切相关的，还有瑟弦材质和演奏工具。考古出土的先秦瑟弦较少，且保存状况大多不佳。目前所知，楚墓出土的瑟弦有牛筋弦、麻丝弦、桑蚕丝、动物皮革多股丝弦等。已发现的瑟的演奏工具包括瑟指套和拨片，其中瑟指套有骨制和木制两种。湖北荆州天星观 2 号墓中出土了 7 件骨瑟指套，均为黑色，形制大小相近，椭圆形，内空，可套一指。其前部呈斜坡，后部较直，器身外侧有一凸角状，似鍪。报告称，以往该器物多被定名为“骨韘”，被列入兵器，也有定名为“指套”，而在此墓中，1 件出于瑟上，2 件出于竹笥内，应与瑟有着密不可分的关系。有研究者将其定名为“勾弦器”，认为是瑟上弦时的简单工具。由于出土同类资料较少，目前尚难进行更深入的分析。[②]

第五节 楚琴、均钟

一、楚琴

琴的历史源远流长，文化意蕴丰富深厚。历史典籍中有许多关于琴的传说和

① 湖北省文物考古研究所，襄阳市文物考古研究所．湖北枣阳九连墩 M2 乐器清理简报 [J]. 中原文物，2018（2）：24.
② 湖北省荆州博物馆．荆州天星观二号楚墓 [M]. 北京：文物出版社，2003：123-124.

记述，涉及琴的创制[①]、弦制的由来[②]、琴的规格[③]、琴的类型[④]等。

2016年以前，学界一直认为年代最早的琴的实物是战国早期曾侯乙墓十弦琴。2016年，在湖北枣阳郭家庙曹门湾86号墓中发现了一件比曾侯乙墓十弦琴年长300多岁的琴，此琴通长约92厘米，宽约35厘米，墓主人为曾国贵族“旁晨”。自此，春秋早期郭家庙琴成为目前所知年代最早的出土琴。

通观已见先秦时期琴，它们具有一些共同特征：均为半箱体，由琴身面板与活动底板组成，面板与底板之间构成共鸣腔，琴首有一条岳山，琴尾下端有一系弦琴轸。目前所知先秦时期的琴的实物不足10件，多发现于楚系墓葬，其中4件保存完好，1件残存面板。

曾侯乙墓十弦琴，由琴身面板和活动底板组成。琴身由整木雕成，分音箱和尾板两部分。音箱呈不规则长方体。琴面起伏不平，表面圆鼓，琴底方平规整。琴首置有岳山，上存勒弦痕迹，岳山外有10个弦孔，与岳山上的勒弦痕一一对应。琴面循边阴刻一道弦纹带，同样的弦纹带构成了一个近似于“回”形的方

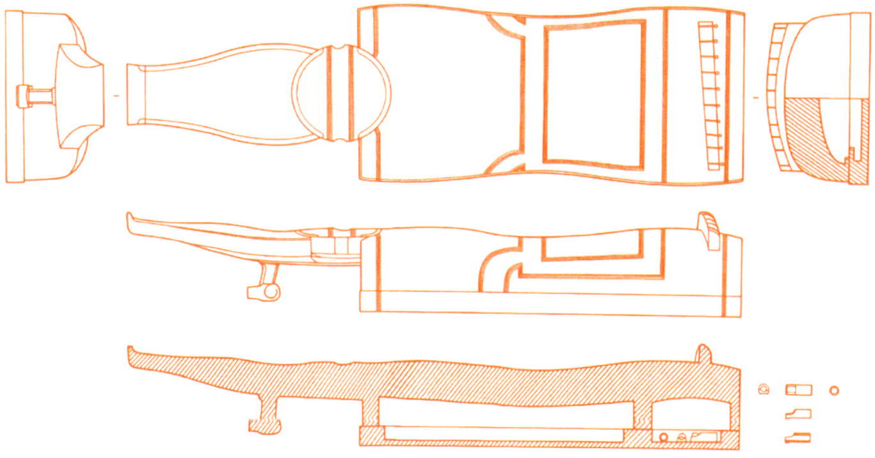

图4-87　曾侯乙墓十弦琴线图

① 《尔雅疏》引《琴操》：“伏羲作琴。”
② 《尔雅疏》引《琴操》云：“本五弦，文王武王加二弦，嗣后多用七弦。”
③ 《史记·乐书第二》：“琴长八尺一寸。”《韩诗外传》：“伏羲琴长七尺二寸。”《风俗通义》：“琴长五尺五寸。”《文献通考》记载孔子“琴长三尺六寸四分”。
④ 《礼记·明堂位》分大琴和中琴，即“大琴大瑟，中琴小瑟”。《尔雅·释乐》：“大琴谓之离。”

框。琴体中空，琴底有2个与音箱内部相通的异形孔，一孔呈大半圆形，另一孔较长，位于底面中部，且头宽腰细。面板尾部与音箱相连处，阴刻有圆圈纹。琴尾末端微微上翘，置弦时，琴弦与琴面间能有一定间距，更易于弹奏，其表面勒弦痕迹明显。同出4个木制琴轸。此琴通长67厘米，音箱长41.2厘米、宽18.7厘米至19厘米。

九连墩1号墓出土2件十弦琴。两琴并列出土于墓葬西室，均缺失底板，残存琴身。琴身由音箱和尾板构成，由整木雕制，其中一件尾板残。琴首有长条形岳山，岳山外侧穿10个弦孔。标本M1:851的面板浮雕有龙、凤、蛇等动物图案，之后在动物纹样的空隙间，髹黑漆为底，以红黄彩绘狩猎、采摘等纹饰。琴的面板凹凸不平，无法抚琴演奏。同墓出土另一件琴（M1:852）的整体形态与之相当，尾板残断，岳山缺失，但面板无浮雕，仅少量浅凹弦纹。两件琴规格基本一致，浮雕琴音箱长43.4厘米，最宽20.5厘米，尾板长28.9厘米，最宽12厘米；无浮雕琴音箱残长42.4厘米，最宽16厘米。

九连墩1号墓是目前仅见同出2件琴的楚墓。笔者曾参与了该墓的乐器发掘工作，亲历九连墩1号墓琴的出土过程。2件琴虽都有音箱，但面板浮雕彩绘纹饰的琴难以用于实际演奏，可能为明器，而另外一件面板较为光素的琴则可作为

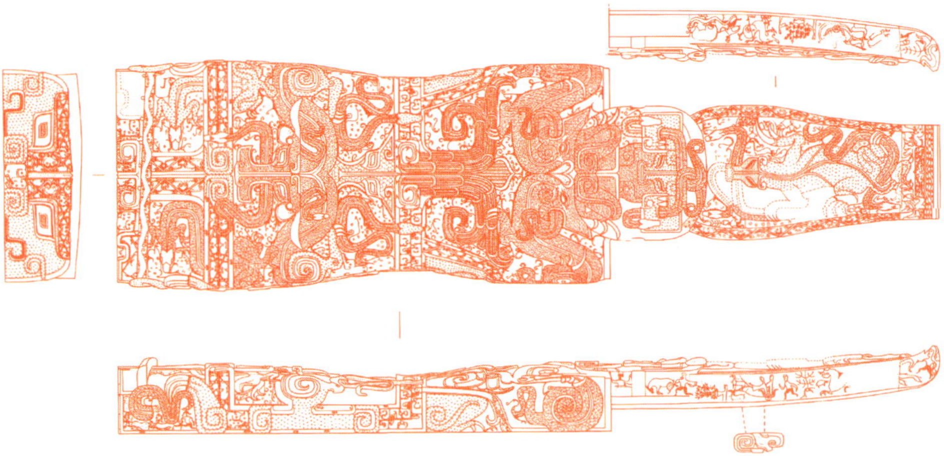

图4-88 九连墩1号墓琴M1:851线图

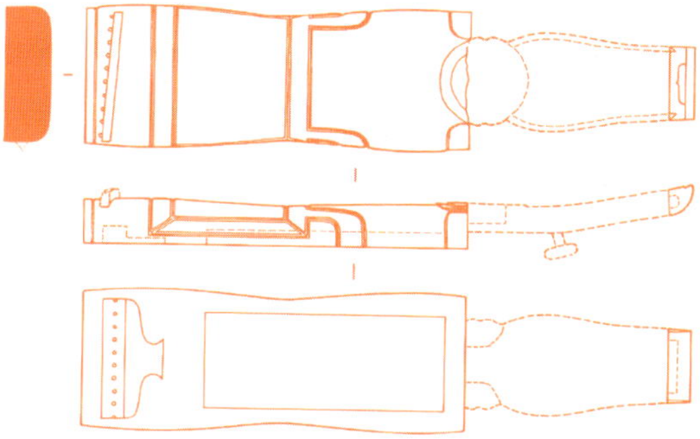

图 4-89 九连墩 1 号墓琴 M1:852 线图

图 4-90 长沙五里牌楚墓十弦琴线图

实用器。同类乐器之明器与实用器同时下葬的例证尚不多见。明器琴何以制作音箱？同类乐器之明器与实用器又为何同时下葬？这些疑团尚须待详细资料公布后做更深入的研究。

荆门郭店楚墓琴，属战国中期琴，是目前所知最早的七弦琴实物。此琴亦由琴首音箱和尾板组成。琴首音箱由面板和底板组成，琴尾实心。面板内和长方形底板上凿对应的“T”形凹槽，琴首有一条形岳山，上有弦痕，外侧有弦孔 7 个，孔距 1.3 厘米。琴尾下设一雁足。通体髹黑漆。此琴通长 82.1 厘米，琴身 50.8 厘米，宽 12.4 厘米至 13.5 厘米。

图 4-91 荆门郭店楚墓琴

图 4-92 马王堆 3 号墓琴

长沙五里牌楚墓琴，属战国晚期。此琴亦由琴首音箱和尾板组成。琴首音箱由面板和底板组成，琴尾实心。面板头宽尾窄，岳山不存。因相关部位残损导致弦数不明。长方形底板上挖有一“T”形凹槽。尾部上翘，用小横木凿一凹槽承弦。下端有一琴轸。此琴通长 79 厘米，底板长 48.8 厘米。通体髹漆彩绘，轸头浮雕一凤，底板凹槽内以黑漆为底，用黄褐色彩绘龙、凤、兽和云纹。从这一纹饰设计可以推测，琴体底板并非脱落，原设计就是可以活动的。

考古出土琴与传世琴的外形和结构有所不同，主要表现出如下几个方面：

1. 传世琴为全箱式，即整个琴体内空；出土琴则为半箱式，一半是内空的共鸣腔，另一半为实心窄条器尾。

2. 传世琴琴体较长，通长约在 110 厘米至 130 厘米；出土琴则较短，通长约 60 厘米至 90 厘米。

3. 传世琴琴面板光平微弧，上嵌有 13 徽；出土琴面板并非完全平直，其上或阴刻勾线，或浮雕纹饰，且无徽。

4. 出土琴的琴内槽腹呈“T”形，且较小，底板并未黏合，可活动；传世琴的槽腹较大，与琴形相同，底板与面板黏合。

5. 与传世琴有龙池、凤沼出音孔不同，出土琴未设此类。

6. 传世琴有 2 个雁足，分别系 3 弦和 4 弦；出土琴仅 1 个雁足，所有弦均系于此。

7. 弦数不同，传世琴为七弦琴；出土琴有 7 弦，但多为 10 弦。

从二者外形结构的不同可知音响性能的差异。由于琴体小、共鸣腔小、底板活动、琴面不光平，并且无琴徽，出土琴的音量势必相对较小，演奏时难以获取左手的走手音，甚至于按音，推测其更多用于演奏空弦音或泛音。从仅有的几件出土琴也可以看到，其造型和结构也在发生细微的变化：琴体略微变长，共鸣腔略微变大，琴面阴刻线和纹饰减少，琴体渐窄，弦数减少等。

马王堆 M3 琴的出土使我们对此类半箱式琴有了更全面的了解。马王堆 M3 琴属西汉时期，亦为木制，由琴身和底板组成，琴身又分音箱和尾板。琴面圆弧，无徽，首端有使用痕迹。琴首音箱部分宽于琴尾，有一长条形岳山，外侧有 7 个弦孔。活动底板，内凿“T”形槽腹，轸沟处安置有 7 个用于调弦的角质轸子，轸上有 2 孔。面板内侧也有与底板对应的“T”形凹槽。尾板下端置一雁足。通体髹黑漆。通长 81.5 厘米，通高 13.3 厘米，宽 12 厘米至 12.6 厘米，音箱长 51.1 厘米。显然，先秦时期琴的形制结构一直延续到了汉代，与后世七弦琴的定型应有一定关联。

二、均钟

曾侯乙墓出土有 1 件彩绘精致的弦乐器，既不见于文献，也未见于此前的考古发现，因此，学术界在发掘之初根据弦数将其定名为五弦器。

此器为木制，形如长棒，系整木雕成。通长 115 厘米，宽 5.5 厘米至 7 厘米，高 1.4 厘米至 4 厘米。表面平直狭长，首端立有一蘑菇状柱，首尾各有一条形岳山，隐间 106 厘米。首端起近一半处为长形中空音箱。底板首端开有一椭圆形孔与内腔相通，此孔与首端挡板处有一过弦槽。器身另一段为实心。

图 4-93 曾侯乙墓均钟

此器器身通体以黑漆为底，彩绘具有深刻乐律意味的精美纹饰。纹饰内容可分为两个主题。第一个主题与《山海经 · 大荒西经》中所述夏后氏启上天得乐有关，包括两幅图像，分别为两个不同的人形，均胯下盘绕二龙，龙首相对。第二个主题与黄帝命伶伦听凤鸣作乐相关，是 12 只为一组的引颈振翅的凤鸟。

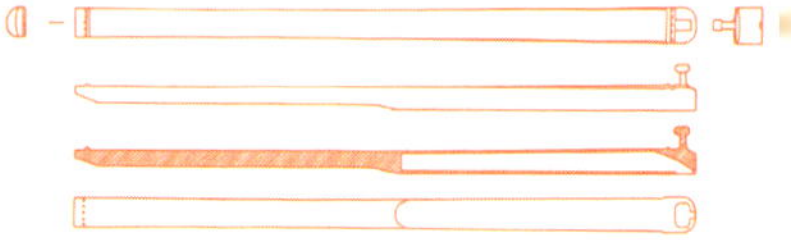

图 4-94 曾侯乙墓均线图

黄翔鹏《均钟考》[1]一文对此器进行了深入的研究，认为这是一种古代的声学仪器，是秦汉失传了的一种专为编钟调律的音高标准器，并根据《国语 · 周语下》中伶州鸠对周景王问律的回答中出现的“度律均钟”将其定名为均钟。该文对其长度、宽度、弦数、有无徽位或标识刻画、是否有弦柱弦轸进行逐一分析，辨析此器与和它形态相近的琴、瑟、筑等几种乐器之间的区别，考察其使用五弦的原因及其定弦法，是中国音乐考古学的重要学术成果。

毫无疑问，均钟的发现，提醒我们重新考量、认识其背后存在的严密数理结构和完备的音乐理论系统。

第六节 楚笙

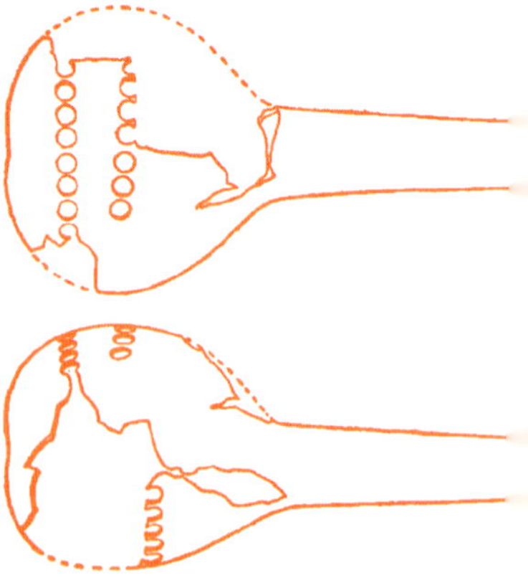

图 4-95 当阳曹家岗 5 号墓笙标本 11 线图

在先秦乐器八音分类中，笙与竽均为匏属。文献中将笙与竽统称为簧[2]，应是由于笙、竽发声之关键都在簧。

① 黄翔鹏. 均钟考——曾侯乙墓五弦器研究(上)[J]. 黄钟，1989(1)：38-51. 黄翔鹏. 均钟考——曾侯乙墓五弦器研究(下)[J]. 黄钟，1989(2)：83-91.

② 《国风·王风·君子阳阳》：“左执簧。”注：“簧，竽笙管中金叶也。盖竽笙皆以竹管植于匏中，而窍其管底之侧，以薄金叶障之，吹则鼓之而出声，所谓簧也；故笙竽皆谓之簧。”

相比竽而言，文献中对笙的性质与形制描述更多，涉及笙的创制者[①]、笙的形态[②]、笙的簧数[③]、笙的类别[④]、笙与竽的关系等[⑤]。笙与竽同属，形制结构没有明显差异，基本结构大致包括 4 个部分，即斗体、吹嘴、笙管、簧片。吹嘴与斗体相连相通，斗体上多制有 2 排数量相等的孔，且与斗体底部的孔对穿；笙管由斗体上面的孔插入，直达斗底的对穿孔，即所谓“穿匏达本”；笙管上端开有一至两个音窗，下端为笙簧部分；簧框多为长方形，簧舌的一端与簧框相连接，其余三面与簧框之间有细微的间隙。从文献记载可以看到，笙与竽是两种不同的乐器，主要区别在于规格大小和簧数的多少，其中，笙簧多在 19 簧以内，以 13 簧和 19 簧为主；竽的簧数较多，有 23 簧，还有 36 簧。下文将对考古发现保存尚好的笙竽类乐器进行分析。

一、楚笙的型式划分

目前所知先秦时期的笙主要发现于湖北、湖南、河南等地的楚墓中，超过 30 件，其中最早的实物出土于湖北当阳曹家岗 5 号墓，属于春秋晚期。该墓出土有 2 件笙，均残，匏制笙斗，吹嘴平整，吹管呈喇叭状。整器呈深褐色，外表光平。其中，标本 11 的笙斗上排列着两排管孔，一排残存 8 孔，另一排残存 6 孔。笙斗直径 14.7 厘米至 15.5 厘米，吹管长 13 厘米，管口径 3.4 厘米，壁厚 0.3 厘米至 0.4 厘米，从笙斗直径来看，此器在目前所见楚笙中应算体量较大者。

先秦时期楚笙的形制并无明显变化，但制作及材质有所不同，可根据笙斗与吹嘴的制作方法，将其分为 3 式。

Ⅰ式：整匏范制，即采用人工套模范自然生长的方法制成。

具体做法为：根据乐器设计的具体要求，用一定圆径的外范套在幼匏的上端，由此约束幼匏上端的自然生长，使其成长为规范的管状，以此为吹管；幼匏的下

---

① 《礼记·明堂位》：“女娲之笙簧。”《世本》：“随作笙。”
② 《说文》：“笙，十三簧，象凤之身。”
③ 《尔雅·释乐》注：“大者十九簧”，小者“十三簧”。
④ 《尔雅·释乐》“大笙谓之巢”，小笙“谓之和”。《释文》：“孙炎曰：‘巢，高也，言其声高。’”
⑤ 《吕氏春秋·仲夏纪》高诱《注》：“竽，笙之大者。”《周礼·春官·笙师》注：“郑司农云：竽三十六簧。”《风俗通义》：“竽二十三簧。”

半部分则不加外范约束，自然生长成球状形态，作为笙斗；定型后，需要掏去内瓤；在范匏上端截开一平口以去除范匏上端的蒂，此亦为吹口。此式器的外形似葫芦，笙斗与笙嘴一体相通，笙斗腹圆，其上有两排数量相当且上下对应相通的圆孔，用于插置笙管。

湖北当阳曹家岗 5 号墓出土笙即依此法制作。另，曾侯乙墓和天星观 1 号墓中出土部分笙也采用了这一制作方法。

曾侯乙墓出土的 6 件笙采用此法，但其大小规格不一，簧数也不同。其中，2 件笙斗上有 18 孔，整体较大；1 件笙斗上有 14 孔，器型中等；1 件笙斗上有 12 孔，器型最小；另一件仅残存吹管。曾侯乙墓 18 簧笙是目前所知制作最精良且保存最好的一件。此器的斗与嘴均髹以黑漆为底，用红黄色彩绘几何纹图案。虽笙管残损严重，但从其残存部分依然可以获取许多重要的历史信息。笙管由管径约 1 厘米的单节或双节芦竹制成，多数为单节，较长者用双节，长度适宜，其上下管口平齐，竹节被打通，下端略经削刮变细，略呈锥形，便于安插于笙斗；上端开有呈等边三角形或者亚腰长方形音窗，贴近笙斗的部分开有圆形或方形的指孔，下端开有长方形簧槽，内置芦竹制成的簧片。值得一提的是，此器残存有 10 簧。

天星观 1 号墓出土有 2 件采用此法制

图 4-96 曾侯乙墓 18 簧笙线图

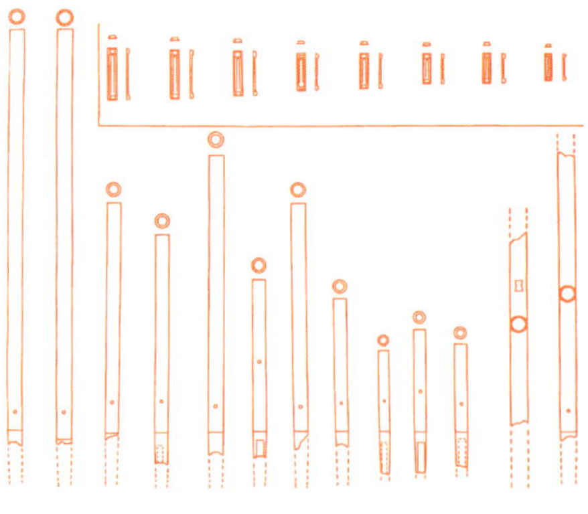

图 4-97 曾侯乙墓部分笙管与笙簧线图

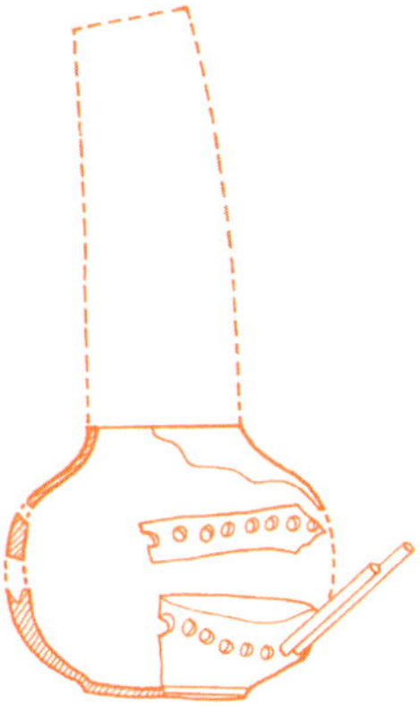

图 4-98　老河口安岗 1 号墓笙 M1:61 线图

作的笙。标本 115，斗与嘴整匏制成，斗上分列 2 行数量相等的孔，共 14 孔，斗径 8 厘米，吹嘴长 14 厘米。

天星观 2 号墓出土 2 件笙，均残，皆出自东室。标本 M2:47 较大，斗与嘴整套制成，残留 14 根长短不一的笙管，最长 33 厘米，最短 15 厘米，圆形直径 0.8 厘米，中空 0.4 厘米。通体皆髹黑漆，无彩绘。M2:58 笙斗较小，残损至无法复原。

Ⅱ式：笙斗与笙嘴插接而成。笙斗多为匏制，笙嘴多为木制。吹嘴多以圆木人工旋制而成，中空，插嵌于匏斗的榫眼中。

天星观 1 号墓出土有 4 件采用此法制作的笙。标本 145，笙斗径 5.1 厘米，吹嘴长 4.8 厘米。通体髹黑漆。

Ⅲ式：笙斗与笙嘴插接而成，笙斗由两个半副凹弧体对接黏接而成，或木制，或匏制，吹嘴为木制。

老河口安岗 1 号墓笙 M1:61，出自头厢中东部，出土时已散开。此笙由斗和笙管组成。斗为木制，通过斫削、掏挖形成口腹部，与底部黏接而成，口呈短筒形，下部略向外弧

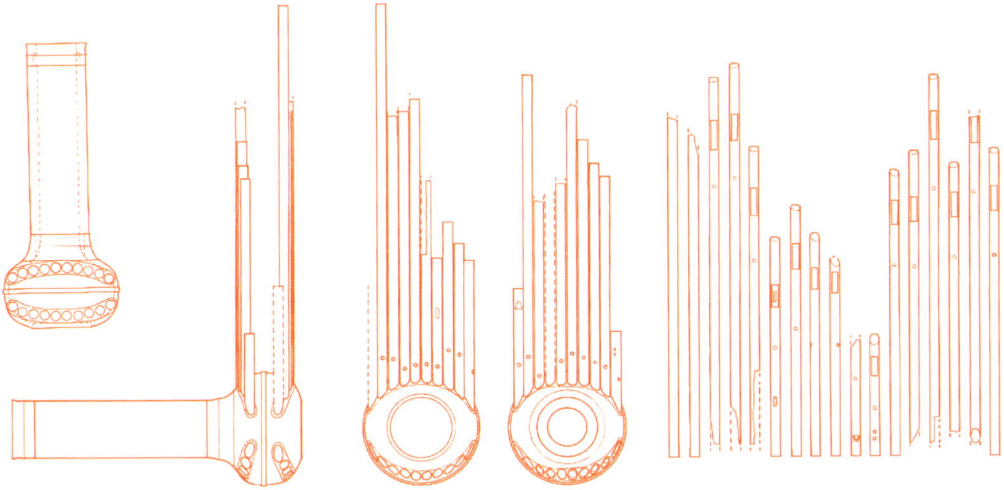

图 4-99　九连墩 2 号墓笙 M2:349 线图

扩与腹部连为一体，上套吹管。斗腹由两侧各半副凹弧体对接，每半副腹壁上下两排各残存 8 个圆孔（复原后应为 10 个），弧体对接后形成前后透穿整个腹部的 20 根苗管插孔，两排圆孔分别呈上下弧形排列。吹管已失。笙管仅残存 2 根，折断严重，芦竹制，中空。笙簧不明。斗体复原高 9 厘米，口径 4.6 厘米，腹径 10.4 厘米，底径 5.2 厘米。

九连墩 2 号墓出土 4 件笙，保存相对较好。笙斗形似葫芦，腹扁圆，中空。其中，斗体由口腹部与底部黏接而成。腹部或为匏制，或为木制，由上下或左右各半副凹弧体对接，弧体对接后形成前后透穿整个腹部的笙管插孔，两排圆孔分呈上下弧形排列。底部为匏制，圆饼状，中部略外弧，周壁略斜，正好嵌入腹部底面的圆孔内。吹嘴为木制，直筒形，下端开榫头嵌入斗体口内。笙管芦苇制，中空，部分近上端口开圆形或椭圆形或拱形音窗，个别笙管上开两个上下紧邻的音窗，近下端口均开长方形嵌簧孔，或 20 根，或 14 根，长短不一，少量残。笙管分前后两排并列（朝向吹奏者为前排，下同），两侧短，中间长。嵌簧孔设在两排笙管的内侧下端，处于笙斗腹腔内，音窗均开在苗管内侧上部，两侧笙管的指孔多偏向外侧面，中部笙管指孔除前排并连 2 根开在内侧外，其余均在外侧，每排捆扎箍已不存。嵌簧孔上部不远处开圆形小指孔。簧残缺较多。吹管外壁髹黑漆，斗体两排圆孔壁及外周边髹一条黑漆带。标本 M2：349 出土时 8 根苗管仍插在斗内。斗体口外壁中部起一道凸棱；腹部由上、下两半对接，对接处外侧加一道匏制箍，两半前后各横列 10 个透穿的圆孔；吹管上、下端各出榫头，上端榫头套一角质箍，下端榫头嵌入斗体口内。笙管存 18 根，现存最短者长 10.2 厘米，最长者长 38.8 厘米，直径 0.8 厘米。簧残存 6 片，仅 1 片出土时嵌于后排一根苗管上，其余均脱离原位。簧框长 2 厘米至 3 厘米，宽 1 厘米。笙复原通高 23.7 厘米。

九连墩 1 号墓中也出土 2 件笙，其整体形态和制作方法与九连墩 2 号墓笙基本一致，仅体量有所差别。

从保存较好的楚笙实物来看，自春秋晚期到战国中晚期之间，楚笙的整体形态相对稳定，但笙斗的取材与制作发生较大变化，大致可划分为三个阶段。

第一阶段约为春秋晚期至战国早期。通过范模干预，人为控制匏的自然生长，使其形成斗体与吹嘴一体的形态。

第二阶段为战国中期。斗体与吹嘴分开单独制作，且材质不一，其中，吹嘴材质以木代匏，人工旋制成后，插接到自然生长的球形匏制斗体上。

第三阶段为战国中晚期。斗体采用两半凹弧体对接黏接固定，后插接直筒形吹嘴，黏接的斗体有匏制，也有木制，吹嘴均为木制。

上述每个阶段之间并非一刀切似的割裂，而存在一定的过渡与重合。在此演变过程中，楚笙吹嘴材质的改变和单独制作是最重要的环节，是楚笙制作中人为控制因素的一次深化，也正因为如此，古人才会探索出之后笙斗也采用木制，甚至采用两半凹弧体黏接而成的更为灵活自主的制作。楚笙制作的变化过程显示出，笙斗制作和取材更加容易，人为控制的成分逐渐增多，从而有效缩短了楚笙的制作周期，也使楚笙整体形态更为规范化，与此同时，以木代匏的做法也能在一定程度上改善楚笙的音响。

考古出土实物还表明，第三阶段楚笙笙斗的制作方法一直延续至汉代。湖南长沙马王堆 1 号墓出土 1 件西汉早期的竽。此器的斗由 2 块木头拼制而成，吹嘴为木制，圆管形，首端有角制箍，斗与吹嘴均未掏空。斗上钻有两排孔，每排 11 个，且通至斗底，两排管孔的内侧有 2 个大小圆孔，没有通底，未插竽管。竽管由细竹管制成，中间较长，两边较短，笙管未开气孔，未见簧。综合判断，这应是一件明器。此后，马王堆 3 号墓出土了与此完全相同的竽，为实用器，保存状况略差。其斗也由 2 块木头拼制而成，吹嘴为木制圆管形，斗的截面为椭圆形。显然，战国中晚期时，楚笙的笙斗与吹嘴采用多个部分黏接合并的制作方法已十分成熟，并被后世沿用。此外，还需注意到的是，所见战国中期以后的笙，其体量较此前的笙差别较大，且与所发现的汉代竽较为接近。

二、楚笙笙管数

笙为一管一簧，管数与簧数相同。笙簧数可直接显示笙的音位数。现有资料表明，出土楚笙的簧数不一，有 8 簧、12 簧、14 簧、18 簧、20 簧不等，均为偶数。与之完全相悖的是，文献中记载笙的簧数则全为奇数，有 13 簧、17 簧、19 簧。今日民间所用笙的簧数与文献记载一致，也是奇数。有研究表明，笙之簧数的奇偶取决于笙斗的形状，而笙斗的形状与其制作材质的改进又有着直接关联[①]。目

① 张振涛 . 和、巢、竽、笙辨（上）——关于簧管类乐器发展史的若干思考 [J] 黄钟，1996（4）：19-20.

前所见先秦时期的楚笙，其笙斗虽然是葫芦状，但底座截面多为椭圆形，笙管孔在这一形状上的最佳排列方式是两两对仗，因此，笙管数自然是偶数。随着笙斗制作方法的演进和笙斗材料的改变，人工制作的木制笙斗开始出现，这使得圆形笙斗的使用成为可能。圆形底座笙斗的最佳笙管排列和数量一定是奇数，也就是在两排对仗的笙管中再增加一孔。可以说，战国中晚期楚笙中木制笙斗的出现，为后世笙的簧数定制为奇数奠定了物质基础。

三、笙簧与点簧技术

笙簧是笙发声和调音的重要部位，目前留存于今的先秦笙簧实物资料屈指可数，保存相对较好的是曾侯乙墓笙和九连墩 2 号墓笙的笙簧，二者均为竹制，且形制也基本相同。此笙簧为自由簧，分簧框、簧舌两部分，呈长方形，簧舌的一侧窄边与簧框相连，其余三面与簧框之间有十分细密、如发丝般的间隙，通过吹吸产生气流，由此激发簧片自由往返运动。

曾侯乙墓残存有 10 件笙簧，簧框四周高出成框，上下高于两边，中部为极薄的条形簧舌，其中最大者，框长 3.5 厘米、宽 0.62 厘米，边厚 0.13 厘米，舌长 2.55 厘米、宽 0.22 厘米、厚 0.06 厘米；最小者，框长 1.52 厘米、宽 0.5 厘米，边厚 0.1 厘米，舌长 1.2 厘米、宽 0.14 厘米、厚 0.04 厘米。九连墩 2 号墓残存 6 件笙簧，仅 1 件出土时仍嵌于簧框上，其余均脱离原位。笙簧横断面呈弧形，两端较厚，自两端往内侧斜削，两侧较薄，并向外尖突，簧框长 2 厘米至 3 厘米，宽 1 厘米。九连墩 1 号墓中也清理出 11 件簧片，最短者 2.05 厘米，最长者 2.9 厘米，宽 0.5 厘米至 0.6 厘米之间。经鉴定，目前所知楚笙笙簧均为芦竹所制，其中曾侯乙墓笙的笙簧取于芦竹竿下部，切为较厚的长方形竹竿片，再雕琢而成。[①] 在曾侯乙墓笙的笙簧上还发现有为调节音高所用的蜡状物，可见，先秦时期楚笙的点簧调音技术已十分成熟且被广泛使用。九连墩 1 号墓中的 2 件簧舌前端残存一层银灰色或黄色粉状物，也可能为调音所用。

① 王树芝 . 古代乐器的材质——湖北枣阳九连墩出土木材分析（二）[J] 中国文物报，2012（6）

四、笙乎？竽乎？

传世文献中有将“笙”与“竽”并提的记载。《周礼·春官·笙师》记录：“笙师掌教歈竽、笙、埙、籥、箫、篪、篴、管、舂牍、应、雅，以教祴乐。”《礼记·月令第六之二》记载：“命乐师……调竽、笙、篪、簧……”，《礼记·乐记第十九之二》中记有：“君子听竽、笙、箫、管之声，则思畜聚之臣。”《淮南子》中的多个篇章也都提到“吹竽笙”。出土文献中也将“笙”“竽”并提。前文提到，河南信阳长台关 1 号墓遣册明确记录随葬有“二笙，一籥竽”。显然，二者应是十分相似但又有所不同的两种乐器。

对于笙和竽的区别，古代文献中已有所阐述，当今学界也多有讨论，大多认为竽比笙器形大，竽管较之笙管的数量更多、更长，以 36 簧居多，同时认为竽管的数量到西汉早期有逐步减少的趋势，且奇偶不定。目前，有笙、竽考古实物出土，同时墓中遣册也有记录的，仅一例，即西汉早期长沙马王堆 1 号墓。该墓出土了 1 件笙竽类乐器的明器，同出遣册中明确记写为“竽”，因此，这件器物可以确定为竽。虽然此器为明器，但如前文所述，在马王堆 3 号墓中出土了与之基本相同的实用器，可见，这件明器的外形完全以实用器为据，仅仅是没有制作用于发声的结构罢了。从这个角度来说，这件器物便可以作为考察竽的基本特点的实物标本。此竽的斗体上有 24 孔，其中 22 孔插有竽管，另外 2 孔未通底且不插竽管。竽通体 78 厘米，竽斗最大径 10 厘米；吹嘴长 28 厘米，径 3.5 厘米；竽管最长者 78 厘米，最短者 14 厘米。反观此前楚墓中出土的此类乐器实物，此竽的簧数与之基本相当，且同为偶数，仅管的长度相差一倍之多。但是，九连墩 1 号墓 2 件笙之一——M1:677-1，似乎能够为我们提供一些新的启示。

九连墩 1 号墓 M1:677-1 笙出土时装于一木盒（M1:677-2）内。此笙的匏斗由口腹部和底部以漆黏合而成，吹嘴为木制直筒形，笙管为芦竹制，长短不一，分 2 排，共 20 根，此笙管数在战国时期楚笙中并不少见。考古人员对这件笙进行了复原，复原后的通高为 68.2 厘米，是目前所知体量最大的先秦笙的实物，并且，此通高与马王堆 1 号墓出土汉代竽的通高非常接近。由于笙管较长，这件笙的笙管也采用了与马王堆 1 号墓竽相同的捆扎方式，即用芦条捆扎成箍，其中，靠近吹嘴的一排扎 4 道，另一排扎 3 道。

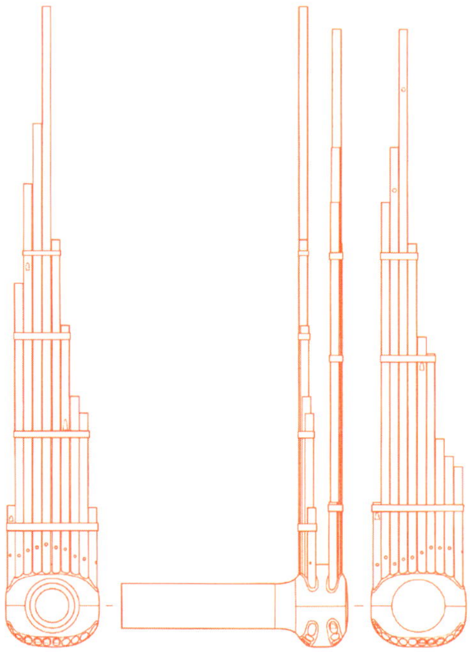

图 4-100 九连墩 1 号墓笙 M1:677-1 线图

图 4-101 长沙马王堆 1 号墓西汉早期竽线图

综合可见，九连墩 1 号墓笙无论是笙管数量还是长度，与马王堆 1 号墓竽都十分接近。虽然此为孤例，但也使我们对此前部分学者以簧数和笙管长度来区分笙、竽的观点产生了质疑。

《七国考·楚音乐》引《阙子》中记载“楚笙冠中国”，表明古人对楚笙的赞誉，显示楚笙在当时极具代表性，也反映了笙在楚国使用广泛，制作水平高。然而，令人不解的是，楚文学作品的代表《楚辞》中只字未见笙，而是多次提到了竽，反而是具有先秦各地域特色的诗歌总集《诗经》屡屡提及笙。[①] 杨荫浏先生在《笙—竽考》一文中认为，先秦两汉时期，笙与竽曾同时流行，它们略有差别，也各有自己的名称，但笙又是概括笙和竽的总名称，即将笙和竽通称为笙，也就是说，

① 《诗经·小雅·鹿鸣》：“呦呦鹿鸣，食野之苹。我有嘉宾，鼓瑟吹笙。吹笙鼓簧，承筐是将。人之好我，示我周行。”《诗经·小雅·宾之初筵》：“籥舞笙鼓，乐既和奏。烝衎烈祖，以洽百礼。”《诗经·小雅·鼓钟》：“鼓钟钦钦，鼓瑟鼓琴，笙磬同音，以雅以南，以籥不僭。”

我们会看到称竽为竽，称笙为笙以外，将竽称为笙的多种情形。[①] 大概正因为如此，传世文献中对笙的描述和阐释才更多些。

第七节 楚篪、楚排箫

一、楚篪

文献中对篪的记载不多。《诗经 · 小雅 · 何人斯》记载："仲氏吹篪。"注："竹曰篪，长尺四寸，围三寸；七孔，一孔上出，径五分；横吹之。"《尔雅 · 释乐》记有"大篪谓之沂"。郭注："篪，以竹为之，长尺四寸，围三寸。一孔上出，寸三分，名翘，横吹之，小者尺二寸。"可见，篪是一种横吹竹管乐器，共 7 孔，有大小之分。20 世纪 70 年代之前，学术界未见过篪的实物，对篪并无更多了解。曾侯乙墓的发现，使学界对篪这种乐器有了进一步的认识。黄翔鹏在《先秦音乐文化的光辉创造——曾侯乙墓的古乐器》[②] 一文中首次对曾侯乙墓中出土的 2 件横吹竹管乐器进行考释，认为它们可能是文献中所记载的篪，所引陈旸《乐书》中"篪之为器，有底之笛也"的记述，后来被用以概括篪的主要形制特点和篪笛之别。但是，学界一直有不同观点。九连墩楚墓中篪的发现解决了部分学者的质疑，进一步证实了考古发现的先秦横吹竹管乐器就是篪。

目前已发现先秦时期篪的实物共 6 件，其中 2 件出自曾侯乙墓。

曾侯乙墓篪均由苦竹竹竿制成，为单节竹管。其中一件管端闭口，一端以自然竹节封底，另一端以物填塞，质料不详。通长 29.3 厘米，首端径 1.9 厘米，尾部径 1.75 厘米，填塞物厚 0.3 厘米。管端一侧近两端处各开一椭圆孔，位置对称且在同一水平线上，长径与管端平行，近首端为吹孔，近尾端为出音孔。与吹孔呈 90 度关系的管身另一侧有一经刮削而成的条形平面，长 12.5 厘米，宽 0.7 厘米，其上并列 5 个按音孔。通体髹漆彩绘。黑漆为底，用朱黄二色彩绘几何形纹，其

① 杨荫浏 . 笙 – 竽考 [J]. 乐器科技通讯，1974（3）：22.
② 黄翔鹏 . 先秦音乐文化的光辉创造——曾侯乙墓的古乐器 [J]. 文物，1979（7）：32-39.

中开有指孔的条形平面以朱弦框之。另一件与之器型纹饰相同，仅局部和规格大小不同。首端以物填塞闭口，尾端竹节呈圆孔透空，孔沿下凹处有孔壁上的黑漆，据此判断，此孔乃人为所致。通长 30.2 厘米，首端径 1.7 厘米，尾部径 1.54 厘米，填塞物厚 0.3 厘米。

另 4 件先秦时期的篪出自九连墩 2 号墓，多收缩变形，仅 1 件保存较为完整。九连墩楚墓出土篪亦为竹制，以一节竹管制成，首端以自然竹节封底，尾端有口。管身一侧于首端开一椭圆形或圆形吹孔，侧壁中部开一圆形出音孔，出音孔正对另一侧壁尾端开 5 个圆形指孔。标本 M2:422，首端封底，外壁红漆填实。通体朱漆彩绘几何纹。此器通长 25 厘米，径 2.2 厘米。

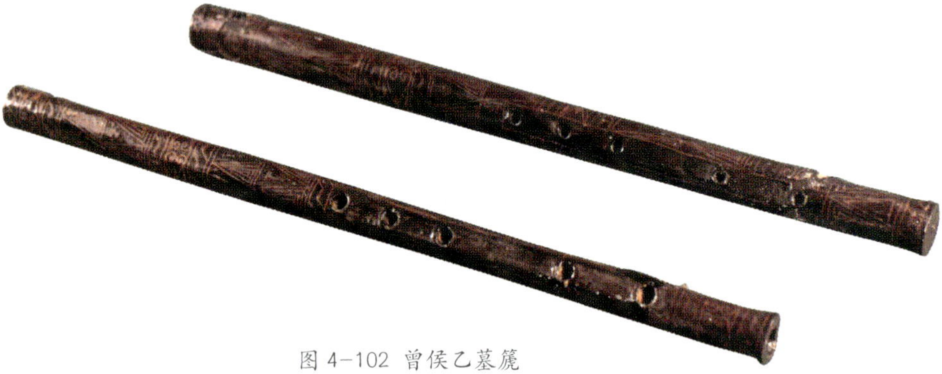

图 4-102 曾侯乙墓篪

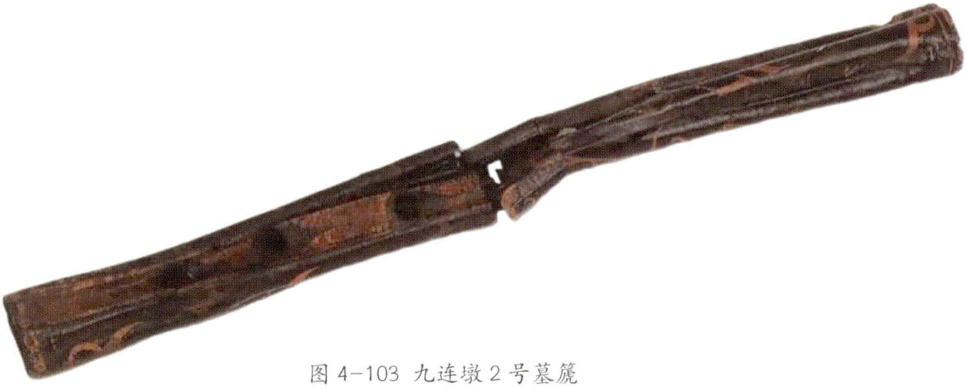

图 4-103 九连墩 2 号墓篪

结合考古出土实物与文献记载可知，篪为竹制，多利用单节竹管制成，一端大多以自然竹节封底，另一端以物填塞。篪上共有 7 孔，分别是 1 个吹孔、1 个出音孔和 5 个指孔。指孔与出音孔平行，二者与吹孔形成 90 度角距，指孔与吹孔的角距设计决定了其手持方式、演奏方法与后世之笛的不同。所见篪的长度多在 25 厘米至 30 厘米，直径约在 2 厘米。笔者曾亲测曾侯乙墓篪的复制品，由于篪的两端封底，使其音色与笛有很大不同，更加柔和温润，内敛悠扬，虽音量不大，但极具穿透力。

上述先秦时期篪的实物均发现于楚墓，其中，九连墩楚墓 4 件篪的出土表明，篪应是古代楚人音乐生活中十分常见的乐器。

二、楚排箫

“箫韶九成，凤凰来仪”是《尚书 · 益稷》中对虞舜时音乐的描述。显然，箫是一种十分古老的乐器。与后世的洞箫不同，文献记载的箫多指排箫，是一种编管乐器，由多根箫管编联而成[①]，箫管的长度不一，参差不齐，编联后的形状像凤鸟的翅膀[②]，因此，文献中也有直接称其为参差的。[③] 对于箫管数量，文献中也有所记录，并根据数量的多寡将其分为大、小两种。[④]

目前所知先秦楚排箫共有 4 批，不足 10 件。其中 3 批为竹制排箫，1 批为石制排箫。

河南光山黄君墓出土有数支春秋早期竹排箫。出土时，箫管散落于泥土中，残损较为严重，复原可知约 44 支，分 4 组，每组 11 支。[⑤]

曾侯乙墓出土有 2 件竹排箫。其中一件 C·28 器形完整，呈单翼片状，上沿齐平，下沿参差，13 根长短相次的箫管并列，用 3 个竹夹固定，其间以细索缠缚而成。箫管由单节细竹制成，多以细端作为吹口，口沿处稍经刮削，下端以

① 《诗经 · 有瞽》注：“箫，编小竹管为之。”
② 《风俗通义》载：“舜作箫，其形参差，以象凤翼。”
③ 《楚辞 · 九歌 · 湘君》：“吹参差兮谁思。”
④ 《尔雅 · 释乐》：“大箫谓之言”，“小者谓之筊”。注：“大者编二十三管，长尺四寸，无底；小者十六管，长尺二寸，无底。”
⑤ 河南省信阳地区文管会等 . 春秋早期黄君夫妇墓发掘简报 [J] 考古，1984（4）：328.

自然竹节封底。竹夹用 3 个，以单节细竹刮削制成。上部宽 11.7 厘米，下端宽 0.85 厘米，左边长 22.5 厘米，右边长 5.01 厘米，厚约 1 厘米。箫管通长从 22.5 厘米到 5.1 厘米不等，口径从 0.65 厘米到 0.4 厘米不等。通体以黑漆为底，以朱色线描几何纹。另一件 C·85 与 C·28 器型纹饰相同，规格大小也基本一致，但保存状况较差，部分已残断。上部宽 12.4 厘米，下端宽 1.3 厘米，左边长 22.8 厘米，右边长 5.4 厘米，厚 1.5 厘米。箫管通长从 22.8 厘米到 5.4 厘米不等，口径从 0.9 厘米到 0.55 厘米不等。

九连墩 2 号墓出土 2 件竹排箫，原均为竹制管状，各 13 根。单管形制基本相同，大小相次，粗细基本一致。整器未髹漆，编连物不存。标本 M2:278，存 11 根箫管，单管较粗，下端缘一周斜削。现存单管长 11.8 厘米至 49.4 厘米，管径 1.7 厘米，壁厚 0.25 厘米。

河南淅川下寺 1 号墓出土的石排箫是目前所知唯一一件石制排箫，属春秋晚期。此器由整块石片制作而成，较竹制排箫略小，其形与竹制排箫相同，呈凤翼状，且制作有仿编管缠缚的横带。箫管上端吹口处平齐，钻有 13 孔，有底未通，箫管下端长短次第。箫管通长从 15 厘米到 3.1 厘米不等，口径从 0.8 厘米到 0.45 厘米不等，管孔深度与其外部管长并不一致。管与管之间壁厚不足 0.1 厘米。

图 4-104 曾侯乙墓竹排箫

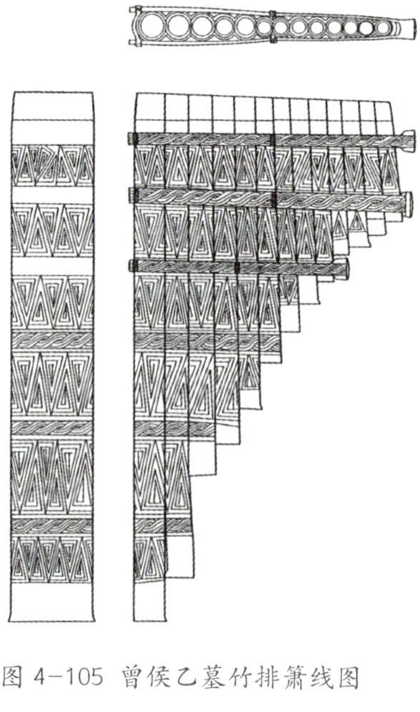
图 4-105 曾侯乙墓竹排箫线图

图 4-106 九连墩 2 号墓竹排箫

表 4-10　淅川下寺 1 号墓石排箫 M1:17 测音数据表

单位：音分

箫管序号（由长到短）	第一遍测音	第二遍测音	备注
1	/	/	未吹出
2	/	/	未吹出
3	/	/	未吹出
4	c^3-34	c^3-43	
5	$^\#d^3$-22	$^\#d^3$-13	
6	f^3-10	f^3-2	
7	f^3+7	/	
8	$^\#a^3$+47	$^\#a^3$+45	
9	b^3-19	b^3-12	
10	e^4-44	e^4-28	
11	$^\#d^4$+22	$^\#d^4$+38	
12	$^\#f^4$-28	$^\#f^4$-47	
13	/	/	修补

注：此表转自《中国音乐文物大系·河南卷》第 303 页附表 2。

从表 4-10 测音数据可以看出，这件石排箫各箫管音高有序，音域超过一个八度，可见，虽然其仿竹制排箫之形而制，但却是一件音乐性能良好的实用乐器。在箫管间不足 1 毫米的管壁差、不足 1 厘米的管径、箫管长度固定不通的多个条件下，要保证基本音高的准确，其背后所需要的基本理论知识、实践经验以及制作技艺是令今人难以想象的，并且，要获得如此精准的制作，利用现代技术和设备也很难达到。毋庸讳言，古代楚乐师的音乐理论、音乐实践和乐器制作技艺在先秦时期应是出类拔萃的。笔者曾亲测石排箫的复制品，其音色清越，较竹排箫更为明亮，更具穿透力。

图 4-107 淅川下寺 1 号墓石排箫

综合现有楚排箫的考古资料可知，先秦时期楚排箫多为13管，大致有两种规格：大者的最长箫管接近50厘米，口径约1.7厘米；小者的最长箫管22厘米左右，口径约0.9厘米。可见，大者是小者的近一倍。气柱的长短粗细决定了箫管的音高，即箫管越长越粗，其音越低，反之则越高。箫管长度粗细近一倍的差距使其音高也相去甚远。据此可以推测，此时的楚排箫似有高音排箫和低音排箫之分，但这一推断尚需更多考古实物予以证明。

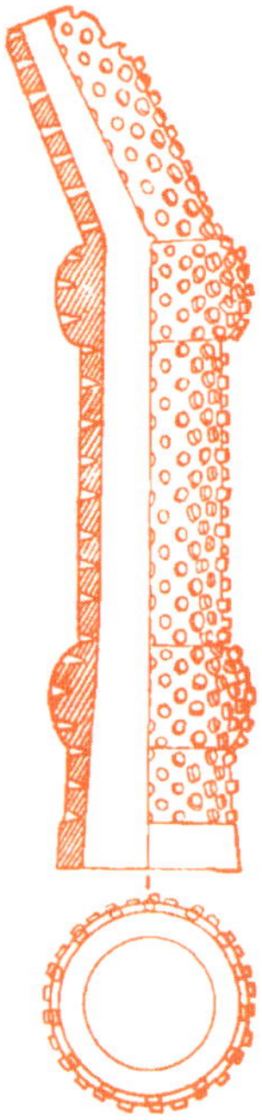

图 4-108 天星观1号墓雅标本94线图

第八节 几种节奏乐器

前文所述，从乐器种类上来看，文献记载的内容与所发现的实物并不能完全一一对应。文献中没有明确记载的，我们可能会在考古发现中看到实物；文献中有所记载的，我们可能因种种原因难以看到其物质形态，或者无法与之对应。本节所阐述的三种乐器便属于后一种情况。

一、角形器是雅

楚墓中出土有一种号角形的器物，常与乐器同出。长久以来，因不明该器的具体性质与用途，考古报告多根据其基本形态，称其为“角形器”或“角状器”。《中国上古出土乐器综论》将其归入“管乐器”中的“角”，与号角同论，但未能对其性质和用途予以阐释。《中国音乐文物大系》未收录此器。

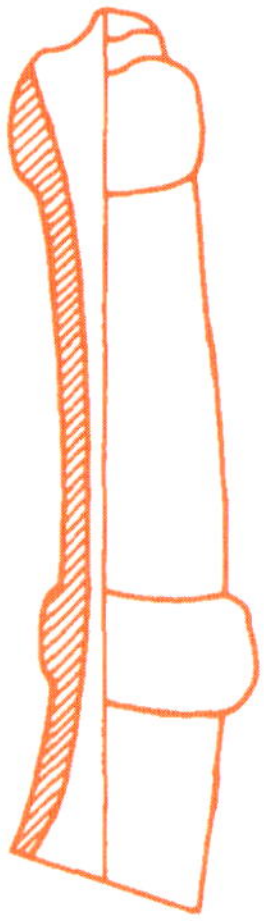

图 4-109 望山1号墓雅WM1:B118线图

已知考古发现的角形器多为木制，基本形制为：弯角形，直端粗，弯端细，中空透穿，内有多根长短不一的细竹竿或小木棍，中部两侧加两道凸箍。器身多由整木挖成，也有由两半合成者。根据现有资料，可将其大致分为三种类型。

第一类为通体小孔，内插小竹签或小木棍。

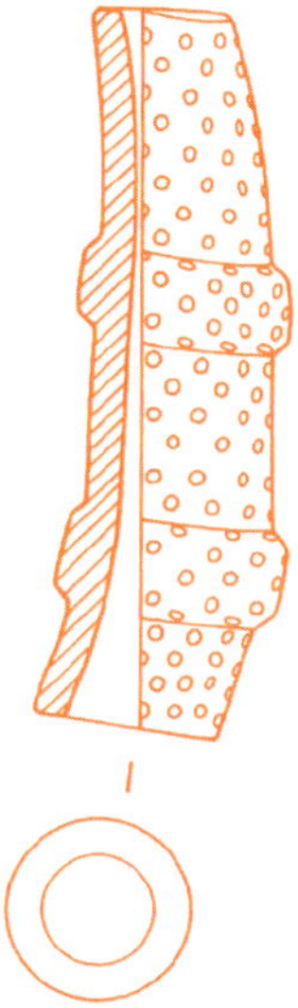

图 4-110 九连墩 1 号墓 M1:415 线图

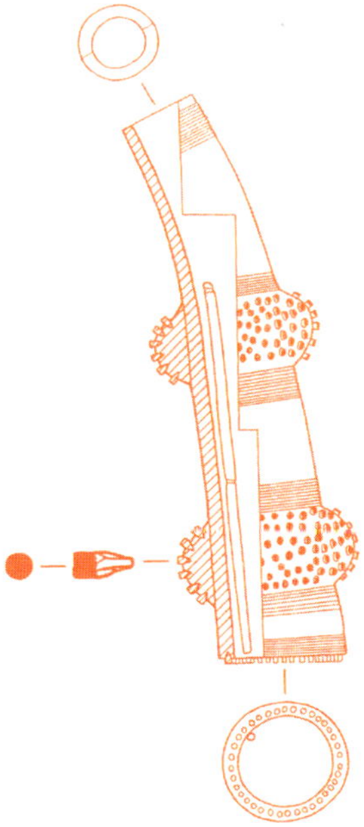

图 4-111 塌冢楚墓雅线图

天星观 1 号墓出土 2 件，与编钟、编磬同出于墓葬南室。两器均残，均为木胎，形似牛角，中空，两端有圆形凸棱，通体凿数排小孔，内插竹签。髹黑漆。标本 94，残长 24.1 厘米。

望山一号墓 WM1:B118，为木制，由两半合成，形似兽角，中空，有 2 个凸棱，通体有许多小圆孔，内插小木棍。髹黑漆，素面。通长 15.5 厘米，头径 3.3 厘米，尾径 2.3 厘米。

九连墩 1 号墓南室中出土了 3 件雅，为整木凿制而成。整器呈弯角形筒状，中空，横截面呈圆环形。其一端稍粗，一端略细，粗端略弯，器表有两道凸箍。整器外壁满凿密集的圆形小孔，孔内插木签。通体髹黑漆。标本 M1:415 长 21 厘米，直径 4 厘米至 5.2 厘米。

第二类为凸出箍上密密有孔，内插小竹签或小木棍，器身其他部位未见小孔。

沙洋塌冢楚墓 T:21，木制，中空，由两个半圆形挖制合成，上下两端加套一圆弧形圈，形成两道圆弧形凸箍，凸箍与尾部口处上有许多小木钉。器表涂有一层漆，有丝线通体缠绕，然后涂上一层漆，等漆干后，再在凸箍尾部口喙处钻若干小圆孔，将外平内尖的小木钉插入孔内即成。通体涂黑漆，素面，小木钉上涂红彩。此器通长 29.3 厘米，首端径 4 厘米，尾端径 6.6 厘米，壁厚 0.6 厘米。器内有 3 根长 19.2 厘米的两节细竹棍。

第三类为通体未见小孔者。

九连墩 M2:421，由整木挖成，弯角形，直端粗，弯端细，中空透穿，内有多根长短不一的细竹竿。中部两侧加两道凸箍。粗端外壁口沿一周有多个销钉孔，似为蒙皮所用，皮已不存。通体髹黑漆底，两端及两凸箍外侧各以红粉彩绘一周弦纹，器体被凸箍分成三段的两横弦纹间绘四分直弦纹；凸箍上红粉彩绘圆圈，圆圈内心加黄粉彩点。此器保存较好，略收缩变形。

图 4-112 九连墩 2 号墓雅标本 M2:421

通长 50.7 厘米，直径 5.4 厘米至 8.6 厘米，凸箍径 10.8 厘米，凸箍分别宽 6.4 厘米、7.2 厘米。

老河口安岗 1 号墓 M1:105，整木挖制，弯角形，直端粗，弯端细，中空透穿，截面呈扁圆形。两端及中部各有凹槽，两端凹槽内侧各有一凸箍，中部凸箍缺失。通长 26 厘米，粗径 4.2 厘米，细径 3.4 厘米。

长沙浏城桥出土角形器，木制，形似弯牛角形。呈深黄色。长约 24.3 厘米，径 3.8 厘米。内中空，其径 1.2 厘米至 1.8 厘米，其外部近两端处有两个凸箍。

《周礼·春官·笙师》记载："笙师掌教龡竽、笙、埙、籥、箫、篪、篴、管，舂牍、应、雅，以教祴乐。"郑玄注："郑司农云：'雅，状如漆筩而弇口，大二围，长五尺六寸，以羊韦鞔之，有两纽，疏画。'"九连墩 2 号墓关于出土乐器清理简报中对这段话进行了详细分析。文献中所言"筩"可理解为圆形器物，但不一定粗大；器物"弇口"的特征是一端大一端小；"以羊韦鞔之"，表示蒙以加工处理过的羊皮；"纽"，为束；"疏画"，指的是器物上绘有少量纹饰[①]。显然，

① 湖北省文物考古研究所，襄阳市文物考古研究所．湖北枣阳九连墩 M2 乐器清理简报 [J].2018（2）：29-30.

出土角形器的整体形制特征与这段文献中所解释的“雅”非常接近，可据此将此器拟定为“雅”。反过来，目前所发现保存最好的雅之具体形制，也可以对文献记载的相关内容予以补充。

目前所知保存最好的2件雅分别出自沙洋塌冢楚墓和九连墩2号墓。二者除具备上述共同特征以外，还存在一些共同的或者看似不同、实则一致的特点。雅的粗端都有用于蒙皮的穿钉留存，演奏时应是细端朝上，粗端在下。蒙皮，一方面是为了防止内腔的小竹签或者小木棍漏出，另一方面也使其形成了一个共鸣腔。塌冢楚墓出土雅的器身外缠绕丝线，而九连墩2号墓的雅则没有。与九连墩2号墓雅由整木挖成不同的是，塌冢楚墓雅由两半挖制而成，通体绕线和多次上漆应是为了让器身的两个部分黏合，加以固定。塌冢楚墓雅的凸箍上凿有密密小孔，并以木钉插严，九连墩2号墓雅的凸箍上虽未见小孔，却绘有似小孔状的圆圈形纹饰。腔内所置为木棍或小竹签，均能摇奏或舂地发声，并不影响其“击节”的基本性能。

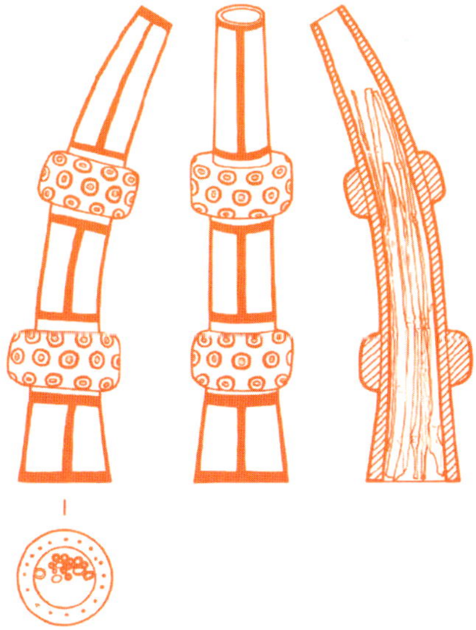

图4-113 九连墩2号墓雅线图

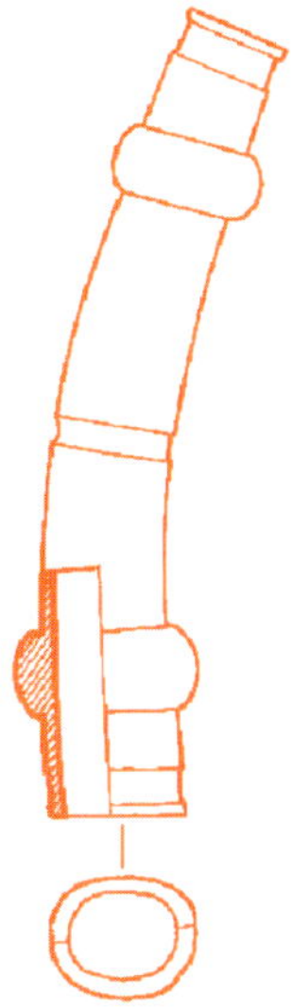

图4-114 老河口安岗1号墓雅M1:105线图

二、舂牍

舂牍是一种见于文献记载的乐器。上文所引《周礼·春官》记载的笙师掌教乐器中即列举有舂牍。这段文献的注对舂牍给予了较为具体的描述，即“舂牍，以竹大五六寸，长七尺，短者一二尺，其端有两空，髹画，以两手筑地”。其中提供了有关舂牍的5个方面的信息。第一，舂牍为竹制；第二，舂牍的规格；第三，舂牍的基本形态；第四，舂牍多有彩绘；第五，其演奏方法为双手握之舂地以发声。尽管文献对其记述详细，但长久以来并没有发现乐器实物。九连墩楚墓中出土的2件器物与文献描述舂牍之信息极为符合、贴切，应为舂牍实物。

九连墩1号墓出土一件舂牍，仅残存一小段。从残存部位上可以看到，竹竿经修削而成，为长筒形，中空。残存部分可见2个竹节，竹节同一侧分别用红漆彩绘有一周纹饰。其残长36.2厘米，直径4.8厘米。九连墩2号墓出土了一件保存相对完好的舂牍（M2:371）。该器为长筒形，中空，残长达226厘米，断为多节。整器以竹竿修削而成，可见7个竹节，保存较好的一端为竹节外侧砍断。此器中部，相当于5个竹节处绘制有纹饰，竹竿两边以朱漆绘制连续对称的斜角卷云纹，竹竿中间用朱漆填满。

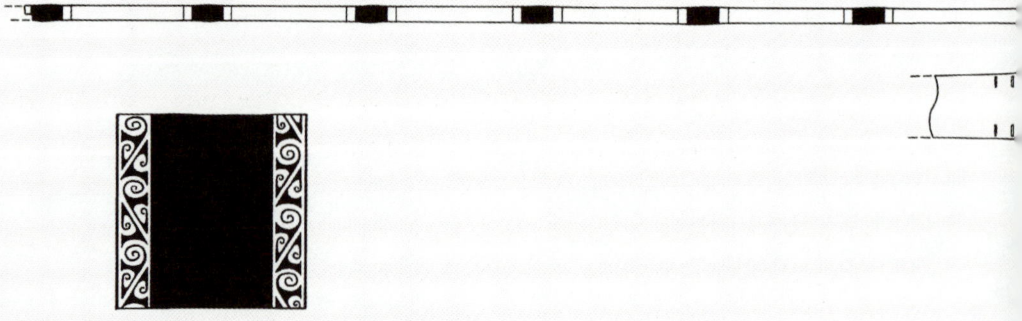

图4-115 九连墩2号墓舂牍线图

三、柷

古代文献中对柷这一乐器也多有提及。《礼记·王制》中提到了柷[①]，郑玄注中说到柷的音乐功能[②]，即“以节乐”，孔颖达疏对“柷”的形态进行了描述，即“柷状如漆筩，中有锥，将作乐，先击之”。此外，《诗经·有瞽》《尔雅·释乐》等文献[③]中也对柷的基本形态、规格大小、演奏方法等进行了说明。但是，此前我们所见到的最早的柷的实物为清代中和韶乐中的彩绘柷。九连墩2号墓中出土的一件乐器，与清代中和韶乐中的柷有许多相似之处，成为我们认识先秦时期柷的重要且唯一的实物史料。

此器（标本M2:10）保存完好，分为体和锥两个部分。其体由整木挖成，方形帽状。顶面中部有裂纹，已经加固。锥为棒形，两端均有铜套。体口面有摩擦痕迹，底部有裂缝，由此推测，演奏时，体口朝下扣于地，底朝上，用锥敲击体底以发声节乐。其通高18.2厘米，口长30厘米，口宽29.2厘米。此器的形态、规格等与文献中对柷的描述基本一致，可确认为柷。

图4-116　九连墩2号墓柷

楚墓出土的雅、舂牍和柷均为目前所仅见。其中，雅的确认丰富了我们对先秦乐器种类的认识，九连墩2号墓出土的舂牍和柷是目前所知这两种乐器的最早甚至是唯一的实物例证，填补了楚音乐实物史料乃至先秦音乐实物史料的空白。

① 《礼记·王制》：“天子赐诸侯乐，则以柷将之。”
② 《礼记·王制》郑玄注：“柷鼗皆所以节乐。”
③ 《诗经·有瞽》“鼗磬柷圉。”注：“柷，状如漆筩，以木为之，中有椎，连底挏之，令左右击，以起乐者也。”《尚书·益稷》注中引郭璞云：“柷，状如漆桶，方二尺四寸，深一尺八寸，中有椎柄，连底挏之，令左右击。”《尔雅·释乐》：“所以鼓柷谓之止。”郭璞注：“柷如漆桶，方二尺四寸，深一尺八寸，中有椎，柄，连底挏之，令左右击止者其椎名。”

第五章

楚乐器的纹饰与造型

第一节 楚乐器的纹饰与造型概况

楚乐器纹饰是楚乐器表面的平面或半立体浮雕装饰，其内容丰富，意涵深刻，风格繁缛富丽、抽象飘逸。楚乐器造型与前文中所分析的各类乐器形制不同，更多是指为增加乐器美感的外部形态，与古代楚人的审美直接相关，蕴含并折射古代楚人深层的精神文化内涵。

一、楚乐器纹饰的基本形式

楚乐器纹饰大致有三种存在形式。第一种是铸造于楚青铜乐器上的纹样。青铜乐器上的纹饰是在其制作之初便已设计好，与青铜乐器一同铸造而成。就楚乐器而言，这种形式主要体现在楚钟上。第二种是雕刻装饰于竹木类乐器上的浮雕纹饰。这是在竹木类乐器已制作成半成品或已完全成型后，在不影响乐器音乐性能的部位精细地雕刻图案，再对浮雕图案进行髹漆彩绘。这种形式更多出现于楚瑟和楚琴的一端或无涉演奏的部分面板上。第三种是在石制或竹木制乐器表面髹漆彩绘纹样，石制乐器大多直接彩绘，竹木类乐器通常先髹黑漆为底，后在黑漆上用红、金、黄等多种色彩彩绘纹样。

二、两种造型独特的楚乐器

在品类繁多的楚乐器中，有两种造型独特且不见于先秦时期其他先秦文化区域的乐器，一是虎座鸟架鼓，二是木鹿鼓。

关于虎座鸟架鼓，历史典籍中并无记载，此名是考古界根据它的基本造型厘定而来。虎座鸟架鼓的基本形制为：双虎相背为座，双鸟相背立于虎上为架，以悬鼓。这一极富艺术感的独特造型，使它成为先秦悬鼓乃至楚文化的代表。前文已专设章节对迄今所出土的虎座鸟架鼓进行了较为全面的分析与阐述。大量的出土实物表明，虎座鸟架鼓是一种深受楚人喜爱并且常用的实用乐器。学术界对虎座鸟架鼓的造型给予了较多关注。战国时期楚墓中常出土一种丧葬用器——虎座飞鸟，由虎座、凤身、鹿角三部分套榫相接而成。其中，伏虎座敦实威武，立鸟

图 5-1 天星观 2 号墓虎座飞鸟

气宇轩昂，鹿角纤长锐利，这种别致的造型与虎座鸟架鼓如出一辙。

木鹿鼓同样不见于文献记载，此名称也是考古界依其基本造型厘定而成。木鹿鼓的基本形制为一木鹿伏身，腿部蜷曲，鹿首侧视，双目直视，鹿首上多插有鹿角，鹿臀部榫接一实心小圆鼓。楚墓中出土一种形态与木鹿鼓几乎完全一致的丧葬用器，即木卧鹿，二者的区别仅仅是是否榫接实心小木鼓。前文有关木鹿鼓的分析中已对此做了初步考察。

目前，这两种乐器都只见于楚墓中，具有鲜明的楚文化特征，虎座鸟架鼓现已成为楚艺术的代表和楚文化的标志。

第二节 楚乐器纹饰的时代特征

楚乐器纹饰的形态及风格的变化，反映了在一定社会历史环境下礼乐功能重心的转移。目前所知楚乐器中，楚钟历时最长，其纹饰内容和形式最为丰富，也在不断发生变化，具有较为突出的时代特征，因此，有关楚乐器纹饰的时代特征将以楚钟纹饰为例证进行分析概括。

一、楚钟纹饰

（一）楚钟各部位纹饰

1. 鼓部纹饰

（1）正鼓部纹饰

乐钟的正鼓部是最醒目的部位，此处的纹饰最能反映其主体内容。目前所见，早期楚钟的正鼓部饰有雷纹、窃曲纹和卷云纹。

雷纹与云纹因形态极为相似，而多被统称为云雷纹，二者区别甚微，仅有边角的圆方之别。郭沫若认为：“雷纹者，余意盖脱胎于指纹。古者陶器以手制，其上多印有指纹，其后仿刻之而成雷纹也。彝器之古者，多施雷纹，即其脱胎于陶器之一证。”[1] 或许雷纹的产生最初确是受指纹的启发，这可能正是雷纹为什

---

① 郭沫若．彝器形象学试探[M]// 青铜时代．北京：中国人民大学出版社，2005：242.

图 5-2 出土楚公冢钟正鼓部云雷纹

图 5-3 传世楚公冢钟正鼓部云雷纹

图 5-4 万福垴编钟 TN03E20:1 正鼓部纹饰

么是青铜器纹饰中最基本的几何图案结构的原因所在。雷纹的形态多样，多为不同的几何形组合。西周晚期到春秋中叶，雷纹几近绝迹，早期楚钟正鼓部饰以雷纹，可能也是这一纹样的最后遗绪。

窃曲纹是周代青铜器上的一种常见纹样，脱胎于龙纹、鸟纹等动物纹样。《吕氏春秋·离俗览·适威》中记载："周鼎有窃曲，状甚长，上下皆曲，以见极之败也。"如是所言，窃曲纹整体如横置的"S"，上曲下弯。这种纹饰具有较强的适应性，所以，除了出现在青铜编钟的正鼓部上，也会在编钟的篆带处出现。

在楚钟的正鼓部纹饰中，龙类纹饰占有极大比例，无论数量、形态，还是表现手法等均各有不同。龙是古代器物上最具普遍性和广泛性的装饰题材，也是春秋战国之际青铜器上的主体纹饰。宋人罗愿在《尔雅翼》中认为，龙集九种动物特征于一身："角似鹿、头似驼、眼似鬼、项似蛇、腹似蜃、鳞似鱼、爪似鹰、掌似虎、耳似牛。"[1] 闻一多又认为，龙是一种由许多不同的图腾糅合成的一种综合体图腾，在这种混合式或化合式的图腾中，总有一种主要的生物作为它的基本的中心单位，龙以蛇为主体形态，并"接受了兽类的四脚，马的毛，鬣的尾，

① 罗愿．尔雅翼：卷二十八 [M]．北京：中华书局，1985：297.

鹿的角，狗的爪，鱼的鳞和须……”[①] 总体而言，龙是在蛇的基础上增补而成，同时被赋予了更多具有强大生命力的元素，增加了奇幻、诡异、神妙之感，因此龙纹与蛇纹同属一大类别。古人对龙的存在形态做了理想化、神秘化的描述，所以龙纹是一种非现实性的、极具幻想性的动物形象，它比以往的同类纹饰更富于想象力。自古以来，龙被赋予丰富的人文阐释和观念寄托，最终成为中华民族文化的象征符号。《礼记·玉藻》记载：“龙卷以祭”，孔颖达曰：“龙卷，画此龙形卷曲于衣……又身服龙卷之衣而祭天也。”[②] 在楚钟纹饰中，卷曲的龙类纹饰在不同时期、不同部位呈现出不同的形态。春秋中期以前，楚钟的龙纹形象较为具体，数量不多。春秋中期以后，每组龙纹中龙的数量增多，相互环绕，形象趋向于抽象化。战国时期，每组龙纹均由繁多的龙纠结盘绕在一起。

图 5-5 商铙上的饕餮纹

图 5-6 𦉜篙钟正鼓部纹饰

战国时期楚钟的正鼓部还饰有饕餮面。饕餮一名本于《吕氏春秋》的记载，《先识览》篇中说：“周鼎著饕餮，有首无身，食人未咽，害及其身，以言报更也。”[③] 自宋代以来，饕餮面与兽面纹曾被混为一谈，它也一度被认为是兽面纹的旧称，但事实上，二者并非一物，意义也不完全相同，相比而言，兽面纹涵盖得更多。

图 5-7 天星观 1 号墓钟正鼓部纹饰

① 闻一多．伏羲考 [M]// 闻一多全集：第三集．武汉：湖北人民出版社，1993：78 - 80.
② 孙希旦．礼记集解：卷二十九 [M]. 北京：中华书局，1989：774、776.
③ 吕不韦辑，毕沅辑校．吕氏春秋 [M]. 影印本．北京：中华书局，1991：423.

饕餮面一度是商代较有代表性的纹饰之一，西周晚期到春秋中叶，饕餮已渐失权威而缩小到附庸地位，而战国时期楚钟上却多次发现饕餮面纹饰。这种看似“过时”的纹饰频繁出现在战国时期楚钟的主体部位正鼓部上，其中所折射出的深邃铸造心理和深层文化内涵值得探究。实际上，楚钟上的饕餮纹与商代的饕餮面大有不同，它是由诸多细小的龙纹和几何纹饰组合而成，所能体现饕餮面的最大特征就是突出双目。饕餮纹在战国楚钟上得以“复兴”，秉承商之遗风，但是这种“复古”又是某种意义上的创新，是为适应当时社会意识形态和审美观念，在商传统的基础上改良而成的。这种改良使得楚钟及其上的饕餮纹饰脱去了神话传统之束缚，而具有自由奔放之精神。

在擂鼓墩 M2 出土的 36 件编钟中，4 件大型钟的鼓部纹饰极为罕见和奇妙。在这几件编钟正鼓部纹样的轴线上，浮雕着操蛇神人跨龙的形象，其中，神人高鼻深目，嘴巴微闭，上身赤裸，系有腰带，两臂向上曲伸，双手各执一卷曲蛇体，下肢跨乘龙躯，神人旁边都盘结着抽象的龙躯图案。[①] 这是迄今所见楚系钟乃至先秦编钟中以神人作为正鼓部纹饰的唯一例证。在迄今所见的楚系乐器中，还有 2 件器物饰以神人或神人与龙蛇的交结图案，其一是曾侯乙墓出土均钟的背部图案，其二是信阳长台关 1 号楚墓出土漆瑟上的彩绘图案。有研究认为均钟背面所绘神人为夏后启，表现的是夏后启上天得乐的内容。[②] 也有学者通过对图像的分析和对文献的考证后提出，均钟背面所绘的神并非同一人，也不是夏后启，而是一男一女，即伏羲和女娲。[③] 漆瑟上彩绘图案中的神人，报告中称其为巫师[④]，但有研究认为是夏后启[⑤]。无论楚乐器上所绘的神人是夏后启、伏羲，还是女娲，他们都与音乐有着密切的联系，所表现的或许是神人乘龙升天、乘乐升天的内容。

楚钟正鼓部纹饰所占鼓部面积不等。有的正鼓部纹饰贴近钲部下边，因此，纹饰离于口处尚有一段空白地，便于敲击演奏，有的正鼓部纹饰则占据了钲下边至于口处的部位，但也无碍于演奏。这种差异不具时代特征，当为钟师的个人考虑。

① 中国音乐文物大系总编辑部．中国音乐文物大系·湖北卷 [M]. 郑州：大象出版社，1996：31.
② 冯光生．珍奇的夏后启得乐图 [J]. 江汉考古，1983（1）：78 – 80.
③ 郭德维．曾侯乙墓五弦琴上伏羲和女娲图像考释 [J]. 江汉考古，2000（1）：63 – 68.
④ 河南省文物研究所．信阳楚墓 [M]. 北京：文物出版社，1986.
⑤ 院文清，院琨．信阳长台关一号楚墓出土漆瑟图案新释 [M]// 楚文化研究会．楚文化研究论集：第七集．长沙：岳麓书社，2007：576 – 588.

正鼓部纹饰的外沿形状与乐钟鼓部的形状大体协调，略呈梯形。纹饰下沿均与于口弧度相依成形，特别是纹饰下沿的左右两角也如铣角般下垂，显示出楚钟纹饰外形与所饰部位的协调一致。

（2）侧鼓部纹饰

图 5-8 万福垴甬钟 TN03E20:2 右鼓部凤鸟纹

青铜甬钟的侧鼓部纹饰大约出现于西周中期，春秋早期几近消失。在目前所见中原青铜甬钟右鼓部纹饰中，鸟纹占有极大比例。青铜器上的鸟纹自商代晚期开始流行，而小鸟纹是最早出现的鸟类纹饰，多作为辅助纹样。[①] 目前所见西周时期楚钟的右侧鼓部均饰以写实的动物纹样，凤鸟纹出现居多，并且这些凤鸟纹的形态、朝向等都有所不同。

与中原地区西周时期甬钟右侧鼓部鸟纹的勾喙垂尾状形态不同的是，目前已知西周时期楚钟右鼓部的凤鸟纹虽然形象、线条不完全一致，但整体形态特征却基本相同，尾部均上翘。

周原出土楚公冢钟右侧鼓部的鸟纹较为特别。在传世楚公冢钟中，有两件右侧鼓部鸟纹即属此类，与之比较，新出楚公冢钟右侧鼓部的鸟纹就显得尤为特别。报告中称此鸟纹的“鸟嘴呈扁圆状，似鸭嘴，不类周器（尖状嘴）”[②]，这种尖喙翘尾的鸟形纹饰与中原甬钟右侧鼓部上勾喙垂尾的鸟纹不同，由此被认为是自西周中晚期以来，鸟纹在南北地域形成的差异，即：尖喙翘尾是当时南方鸟形纹饰的突出特点，而勾喙垂尾则是中原地区鸟纹的传统，鸟纹形态的差异反映了早期楚人与中原地区人们的审美取向不同。[③] 但万福垴遗址出土 3 件甬钟右侧鼓部凤鸟纹虽亦为翘尾，却都是勾喙，这是否可以看作是早期楚钟纹饰上所体现出的南北文化的融合。万福垴遗址中有 1 件甬钟的凤鸟纹朝向极为少见，背对正鼓部，

① 陈公柔，张长寿．殷周青铜容器上鸟纹的断代研究 [J]. 考古学报，1984（3）：267.
② 罗西章．陕西周原新出土的青铜器 [J]. 考古，1999（5）：20.
③ 袁艳玲．楚公冢钟侧鼓鸟纹研究——兼及商周时期的鸟纹和鸟形饰 [J]. 中原文物，2006（3）：80－87.

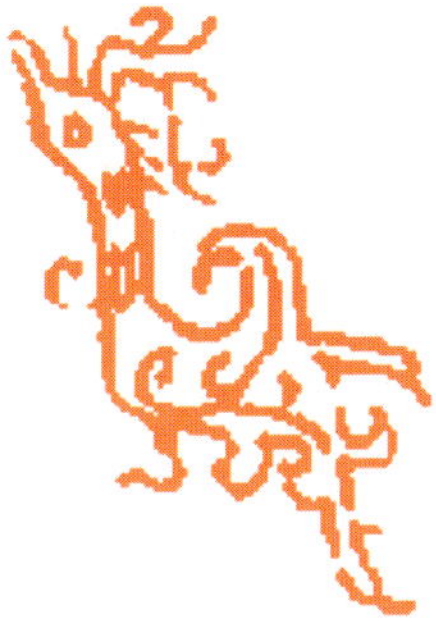

图 5-9 楚公冢钟右鼓部鸟纹

图 5-10 出土楚公冢钟右鼓部鸟纹

图 5-11 楚公逆编钟右鼓部鳞类兽形纹

不排除这是古代工匠在制作模范时将其方向左右反置所致。

就目前有限的资料来说，我们尚难解释为什么同为楚公冢钟，同属一套编钟，各件钟右侧鼓部的纹饰会兼采同类纹饰的南北不同风格，但整体而言，西周中晚期楚钟上显现的某些个性化和地域性的文化因素特征已不可否认。

此外，早期楚钟右侧鼓部纹饰内容也较为丰富，除上述与中原所用同类别的鸟纹外，还有象纹、鳞类兽形纹等其他动物图形，由此更突出了早期楚钟不类中原的文化特征。

2. 钲部纹饰

钲部是乐钟钟体的最大部位，它包括篆间、枚、钲部界格及两栾等。其中，两栾和钲部界格均较少有纹饰。就已知楚钟而言，两栾纹饰偶现于战国时期，钲部界格亦然。楚公逆编钟上钲部界格所用的乳刺在中原西周时期编钟上较为常见。

（1）篆部纹饰

篆部呈带状，又称篆带。篆部纹饰也以动物纹居多，但仍不乏几何纹的出现。目前所知，西周中晚期至春秋晚期楚钟的篆部纹饰，无论其主题为何，多以三角纹样的大框架隐性划分界格，以一组或多组几何框架填以动物纹，进入战国时期后，此处纹饰较为自由细密，无任何界格与框架。

（2）枚

前文曾专门就枚的作用进行了梳理与阐述，认为枚兼备两种功能，即改善音响和修饰钟体。从目前楚钟上枚的资料来看，枚的形制有几种，装饰也各有千秋，印证了枚的装饰性功能。其中，甬钟的枚以二层柱状形居多，钮钟的枚则以螺旋形和涡形为主，或在此基础上再以圆点等进行加花。其中，涡形纹饰被认为与古人的龙蛇图腾有关，仿其盘旋状。[①] 螺旋形纹饰由来已久，石兴邦认为“螺旋形纹饰是由鸟纹变化而来的”[②]，螺旋形枚最早出现于商代南方大铙上，它在某种程度上折射了古代南方生态环境的某些情形。螺旋形枚被用于甬钟和钮钟上也在很大程度上显示了地域文化因素逐步在编钟上的显现。叶县4号墓钟的所有钟型均统一采用了螺旋形枚的设计，这是目前甬钟使用螺旋形枚的最早、也是唯一的例证，集中体现了这批编钟的文化属性。王子初就此提出，中国青铜乐钟上螺旋形枚的源头在越，正式成为编钟的枚形规范，则是在进入春秋中期以后的楚所完成。

3. 舞部纹饰

舞部纹饰以动物纹为主，多对称规整。楚公逆编钟的舞部为阴线云纹。云纹在古代器物上应用广泛，多与其他纹饰组合使用，也常作为主体纹饰的衬托或者在一些过渡或连接部位出现。这些祥云的出现，为充满灵性的动物纹饰增添了几分神性和飘逸感。由于乐钟舞部周边圆弧，而云纹边线较为平直，因此饰于楚公逆编钟舞部边缘的云纹略向内缩，这不仅保证了图形的完整性，也使纹饰在平面

图 5-12 王孙诰钟柱状枚

图 5-13 曾侯乙甬钟柱状枚

① 本刊通讯员．江南地区印纹陶问题学术讨论会纪要[J]．文物，1979（1）：55.
② 石兴邦．有关马家窑文化的一些问题[J]．考古，1962（6）：320.

图 5-14 敬事天王钟螺旋形枚

图 5-15 叶县旧县 4 号墓甬钟螺旋形枚

上意外呈现出些许立体感。天星观 2 号墓钟的情况较为特别，其舞部纹饰与正鼓部纹饰为两种龙纹的互换。两种龙纹均突出双目，给人以饕餮面感，颇为神奇。此外，有些楚钟的舞部纹饰出现了错位或散乱的情况，徐家岭 3 号墓钟的舞部纹饰较乱且不对称，天星观 2 号墓部分小型钟的舞部纹饰出现错位、散乱或不完整，这些应是铸范的问题所导致[①]。

4. 悬挂部位纹饰

（1）甬部修饰（表 5-1）

从上文分析中可以看到，楚钟的甬部截面呈多种形态，甬钟的装饰花纹也不相同。早期楚钟的甬部大多光素质朴，偶有纹饰装饰。进入东周时期，楚钟甬钟开始频繁饰以花纹，旧县 M4 甬钟的甬部饰有楚器中不多见的蝉纹，体现出一定的中原文化特色。自春秋晚期，楚钟甬部开始被饰以繁复细小的纹饰，满布甬体。此外，从钟的正面看，在斡两边各有一突出的圆块，与斡相结合好似一兽面的鼻及突出的双目。曾侯乙甬钟甬部的斡上设计了 12 种不同类型的头像，显示了设计铸造者的独具匠心。

（2）钮部纹饰（表 5-2）

楚钟钮部大多饰几何形纹样，其中云纹类使用较多，有时与三角形纹结合使用，此外，还有绹纹，似绳索系悬编钟于架上。以动物纹饰钟纽的情况也有，但较为少见。

① 湖北省荆州博物馆 . 荆州天星观二号楚墓 [M]. 北京：文物出版社，2003：69.

表 5-1　楚甬钟纹饰统计表

钟名	甬部截面	舞部	篆部	正鼓部	右侧鼓	枚
万福垴甬钟 1 号	圆形		窃曲纹	连体 T 形窃曲纹		平顶，较粗
万福垴甬钟 2 号			窃曲纹	连体 T 形窃曲纹	右侧立凤鸟纹	
万福垴甬钟 3 号			窃曲纹	连体 T 形窃曲纹	右侧立凤鸟纹	
万福垴甬钟 4 号			窃曲纹	连体 T 形窃曲纹	两侧饰凤鸟纹	
万福垴甬钟 5 号			卷云纹	素面		
万福垴甬钟 6 号			卷云纹	4 组卷云纹		
万福垴甬钟 7 号	圆形		三角云纹	4 组卷云纹		
万福垴甬钟 8 号			卷云纹	4 组卷云纹		
万福垴甬钟 9 号	弧边长方形		卷云纹	4 组卷云纹		平顶，较粗
万福垴甬钟 10 号	近椭圆形		变形窃曲纹	4 组卷云纹		弧顶，较细
万福垴甬钟 11 号			素面	4 组卷云纹		
万福垴甬钟 12 号				4 组卷云纹		
楚公豪钟 Ⅰ	圆形		云纹	雷纹	凤鸟纹	二层柱状
楚公豪钟 Ⅱ	圆形		斜角龙纹	雷纹	象纹	二层柱状
楚公豪钟（周原）		交替式雷纹	双头龙纹	交替式雷纹	扁圆状鸭嘴鸟饰	二层柱状

续表

钟名	甬部截面	舞部	篆部	正鼓部	右侧鼓	枚
楚公逆编钟（曲沃）	圆角方形	阴线卷云纹	蝉纹（乳刺）	龙、凤、虎纹	鳞类兽形纹	二层柱状
旧县 M4 钟	圆形	夔龙纹	斜角龙纹（S 形斜角云纹）	两组对称的 C 形夔龙纹	无	螺旋形
王孙诰钟	八棱体	蟠虺纹	蟠虺纹	两组对称变形蟠螭纹	无	二层柱状
曾侯乙钟（甬钟）	八棱体	浮雕盘绕的龙纹	浮雕盘绕的龙纹	浮雕盘绕的龙纹	无	无
曾侯乙钟（甬钟）	八棱体	浮雕盘绕的龙纹	浮雕盘绕的龙纹	浮雕盘绕的龙纹	无	螺蛳形小圆枚
曾侯乙钟（甬钟）	八棱体	浮雕盘绕的龙纹	浮雕盘绕的龙纹	浮雕盘绕的龙纹	无	二层柱状
擂鼓墩 M2 钟	八棱体	变形蟠螭纹	变形蟠螭纹	神人操蛇图 / 兽面纹	无	变形蟠螭纹
九连墩 M1 钟	八棱体 圆柱体	勾连云纹 组合兽面纹	组合兽面纹	兽面纹	无	二层柱状
秦王卑命钟	圆形	以蟠螭为主，间以乳丁纹、雷纹、谷纹、绹纹、贝纹等			无	涡纹

表 5-2　楚钮钟纹饰统计表

钟名	钮部	舞部	篆部	正鼓部	枚	备注
楚王领钟	三角夔龙纹		三角夔龙纹	顾夔纹	螺旋状	
旧县 M4 钟	细雷纹	蟠螭纹	斜角夔龙纹	蟠螭纹	螺旋状	
敬事天王钟	蟠螭纹	蟠螭纹	蟠螭纹	四个相对的蟠螭纹	螺旋状	

续表

钟名	钮部	舞部	篆部	正鼓部	枚	备注
𪉱钟	三角云纹	蟠螭纹	蟠螭纹	四条对称夔龙纹		
伽子受钟	连云纹 卷云纹	蟠螭纹	三角形纹填以云纹	蟠龙纹（侧身、躯体大）	三个圆点旋涡纹组成	
徐家岭 M3 钟	S 纹	夔纹	三角纹、云纹	蟠龙纹（侧身、躯体大）	螺旋状	
徐家岭 M10 钟	S 纹 涡纹	夔纹	蟠龙纹	蟠龙纹	螺旋状	
鄦子成周钟	三角纹 涡纹	变形蟠螭纹	云雷纹	夔龙纹	螺旋状乳钉	
蔡侯钟	涡云纹	蟠螭纹	蟠螭纹	蟠螭纹	涡云纹	
纸背村钟	云雷纹	蟠螭纹	蟠螭纹	蟠螭纹	乳钉状	
旧县 M1 钟	蟠螭纹	变形龙纹	蟠螭纹（S 纹、涡纹、三角纹等）	变形龙纹	旋转纹	主地纹结合
曾侯乙编钟（钮钟）	一组无枚二、三组为绹纹	无	无	无	无	
𨰻篙钟	三角纹 雷纹	变形饕餮纹（绳纹、雷纹、颗粒纹、三角纹等）	蟠虺纹	饕餮面	乳钉状	主地纹结合
上蔡钟	变形龙纹（阴线）	蟠螭纹		蟠螭纹		
天星观 M1 钟	三角云纹、涡纹、绹纹		无	变形饕餮面	无	
天星观 M2 钟	勾连云纹	龙形纹	变形龙纹	龙形纹	涡状	主地纹结合

续表

钟名	钮部	舞部	篆部	正鼓部	枚	备注
九连墩 M1 钟	卷云纹	勾连云纹	菱形纹 绹纹	兽面纹	乳钉状	几何纹组合
新蔡钟	无	无	无	无	无	

（二）甬钟与钮钟的纹饰差别

“从工艺美术的观点来看，纹饰和器形是不能分离的，因为纹饰结构的处理使之与器物有良好的适应性，正是青铜艺术的一个优点。”[①] 这也是自商代以来，青铜器的突出特点之一。特定的纹饰内容、风格、表现手法等都与其所依附的相应器物或器物的相应部位密切相关，意味着装饰器物的纹样并非随意使用，而是有目的、有意识选择的结果。这个“目的”就是为了使纹饰与器物之间能够完美契合，相互烘托，具有良好的“适应性”。曾侯乙墓出土均钟背面所绘神人图像以及两侧面板上所绘制的十余只凤鸟都体现了其与均钟的音乐性能密切相关。纹样装饰与器物的关联由此可见一斑。

乐钟各部位的纹饰有所不同，不同形制乐钟上的纹饰也不同，这主要表现在纹饰内容、处理手法、体量大小以及功能等方面。就楚钟而言，处于相同历史时期的甬钟和钮钟的纹饰就存在一定差异。

从纹饰内容和主题上看，尽管动物纹样是楚甬钟和钮钟共有的主体纹饰，但动物纹样几乎成为甬钟纹饰的全部内容。钮钟上动物纹样所占比例极大，但在某些狭小部位仍采用几何纹饰进行填充修饰。

从纹饰风格上看，楚甬钟的纹饰多华丽精致且大器，到目前为止还未见如战国楚钮钟般光素无纹的楚甬钟，或者纹饰潦草敷衍的楚甬钟。我们知道，纹饰与器物的大小、体量等密切相关。楚钮钟一般体量较小，故其纹饰以精巧为主，战国时期出现了素面或局部饰纹之类的以简约化风格为突出特色的楚钮钟。

从纹饰的处理手法上看，除西周时期楚甬钟的纹饰多为阴线以外，自春秋中

① 马承源．商周青铜器纹饰综述 [M]// 上海博物馆青铜器研究组．商周青铜器纹饰．北京：文物出版社，1984：2.

晚期开始，楚甬钟纹饰开始采用阳纹的方式予以表达，并且凹凸明显，具有较强的立体感。钮钟上半立体阳纹的出现比甬钟稍晚。可见，甬钟纹饰的某些意味较钮钟更加浓重。

与钮钟一出现便表现出较好的音乐性能不同，甬钟早于钮钟出现，成为被最早纳入乐悬的青铜乐器，所蕴含的礼乐意义和所反映的社会意识都极为深远，作为礼乐制度之外化物的特征也十分明显。这也许就是甬钟与钮钟纹饰有别的主要原因。

二、虎座鸟架鼓髹饰

虎座鸟架鼓的纹饰大多与其造型的动物原型直接相关。鸟架的鸟身常彩绘鸟类羽毛状的纹样，虎座上多彩绘虎斑纹状的纹饰，悬鼓上则彩绘几何纹或者形似几何纹的变形动物纹。虎座鸟架鼓通体髹以黑漆为底，其上彩绘纹饰，以红色和黄色两种颜色为主，间以其他色彩。但是，不同时期虎座鸟架鼓的纹饰略有差异，以下试以保存较好的几件实物例证予以具体说明。

战国早期，虎座鸟架鼓上饰有以红黄为主的彩绘，如信阳长台关 1 号墓残存虎座及鸟身残件，其中虎身以黄红褐色绘以鳞纹，虎首以红黄两色绘卷云纹，从鸟身残件可以看出，其原本绘有红黄相间的鳞纹。这一时期的虎座鸟架鼓上也有用银灰色彩绘纹样，如信阳长台关 2 号墓虎座鸟架鼓，在黑漆上以银灰色漆绘纹饰，鸟首绘以卷云纹，鸟颈绘以鳞纹，鸟背绘以变形三角纹，鸟尾和鸟翅则是在浮雕的羽毛上绘出纤细的绒毛，虎身云纹也用银灰色绘成。

进入战国中期，虎座鸟架鼓的纹饰内容、颜色与之前大体一致，同时也出现了一些新元素。彩绘用色依旧以红、黄为主，但穿插使用的其他颜色有所不同，包括金、蓝、灰、赭等。纹饰布局和纹样内容也呈现出一些个性化元素，如：望山 1 号墓虎座鸟架鼓以黑漆为底，虎与凤用红、蓝色漆彩绘虎斑纹和鸟羽纹，鼓框以红色绘菱形纹；天星观 1 号墓虎座鸟架鼓以黑漆为底，用红、黄、金色彩绘虎斑纹和鸟羽纹，鼓框也采用这三种颜色绘菱形纹；江陵雨台山楚墓虎座鸟架鼓以黑漆为底，用红、黄、蓝色彩绘虎斑纹和鸟羽纹，鼓面绘有红色花瓣纹、蝶状卷云纹和凤头纹，鼓框绘斜三角纹；长沙茅亭子楚墓虎座鸟架鼓通体黑漆为底，红色彩绘平行直条纹和“3”字形纹，以赭色绘波浪纹表示羽毛；长沙马益顺巷 1 号楚墓虎座鸟架鼓通体黑漆为底，用红、黄色在不同部位绘鸟羽纹、鳞纹、卷云纹、圆点纹，等等。此时，一些高级别楚墓中出土的虎座鸟架鼓更呈现出繁缛华丽、细密精致的纹饰特点。天星观 2 号墓虎座鸟架鼓以黑漆为底，通体以红、黄、灰等色彩绘纹饰。鼓框上彩绘变形凤鸟纹、勾连云纹和卷云纹，鸟身绘有鸟羽纹饰，鸟翅外前侧各绘有一只双翅翱翔、长尾下垂弯卷的小凤鸟。九连墩 2 号墓虎座鸟架鼓的装饰更加繁复精致，其底板面浮雕六条蛇，其中四条大蛇单独雕刻并盘曲于一侧各半边，前后、左右对称，两侧相对的两大蛇尾部各盘绕一小蛇。底板通体髹黑漆底，周边红漆绘菱形纹，板面红漆外填绘、内线绘对称卷云纹，蛇脊自前向后刻浅槽，填红漆，蛇身除虎爪浅槽仅黑底漆外，满以红漆加红、黄粉彩绘眼眶、眼珠、鳞片等；卧虎通体髹黑漆底，红漆加红、黄粉彩装饰虎身各部位；立鸟通体髹黑漆底，红漆及红、黄粉彩纹装饰鸟的各个部位，鸟翅前部至背脊各浮雕一鸟衔蛇图案。

5-16 天星观 2 号墓虎座鸟架鼓 M2:23 悬鼓局部

图 5-17 九连墩 2 号墓虎座鸟架鼓

三、楚瑟髹饰

（一）瑟体髹饰

从外部装饰的角度来看，楚瑟大致可分为木瑟与漆瑟。

木瑟，指未髹漆的原木瑟。未髹漆，不代表不装饰。出土楚瑟中有未髹漆但雕刻纹饰的例证，例如：湖北当阳曹家岗 5 号墓出土木瑟，其周身未髹漆，但瑟尾浮雕有精致且充满神性的纹样，档面雕有一饕餮纹，左右各 7 条呈经纬勾连的喙式龙。内、外两侧各四条龙，呈方圈连环形蜷曲，由右向左延至尾档。

漆瑟，指彩绘装饰的瑟。楚漆瑟的装饰情况大致包括三种。

第一种为彩雕与彩绘结合，多见于高级别楚墓。如，当阳曹家岗 5 号墓漆瑟尾部浮雕繁复精美的动物纹饰，附以朱黑漆彩绘，面板等处彩绘纹样。再如，在九连墩 1 号墓出土的 10 件瑟中，6 件于北室出土的瑟，其面板、侧尾板处均浮雕谷纹，侧板以黑漆为底，以红漆绘制勾连“T”纹。

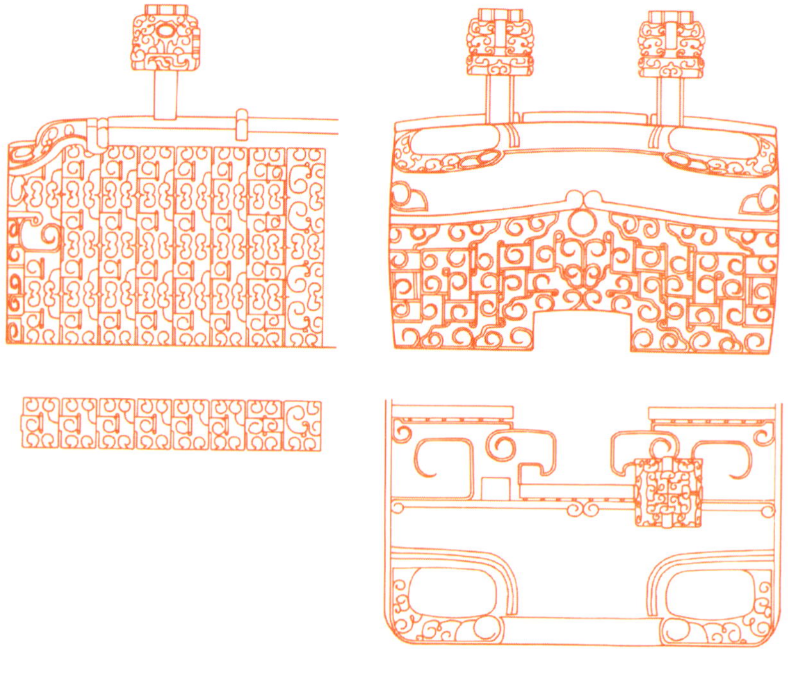

图 5-18 当阳曹家岗 5 号墓木瑟尾部浮雕图案线图

图 5-19 当阳曹家岗5号墓漆瑟尾部浮雕图案线图

第二种为彩绘。即未在瑟体上浮雕，而是先髹黑漆后进行彩绘。如：江陵雨台山楚墓群 89 号墓瑟，其面板髹黑漆绘几何云纹；嵠峨山 27 号楚墓瑟面板绘有棕色菱形纹；包山 1 号墓瑟通体涂墨，其上三色彩绘卷云纹和变形绹纹。

第三种为黑漆。这类朴素的装饰在楚瑟中最为常见，有的楚瑟尾部雕有兽面，然而，更多楚瑟为首尾髹黑漆，隐间未髹漆。

图 5-20 江陵雨台山楚墓群 89 号墓瑟面板纹饰

图 5-21 天星观 1 号墓瑟 M1:139

图 5-22 江陵马山 2 号墓瑟

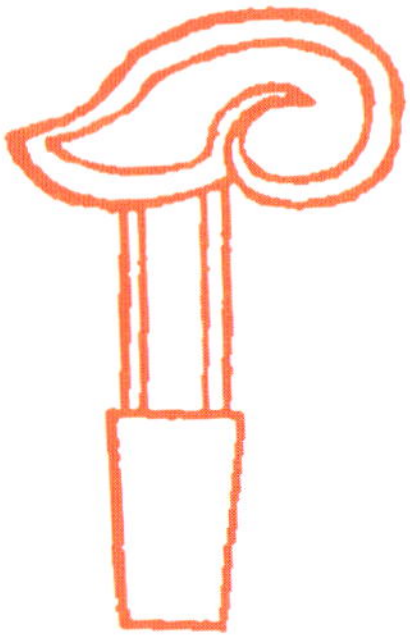

图 5-23 当阳曹家岗 5 号墓瑟瑟枘（禽喙状）

（二）瑟枘形态

纵观存见楚瑟，早期瑟枘不但数量不等，形态也丰富多样，如，当阳曹家岗5号墓瑟瑟枘为禽喙状，侯古堆1号墓瑟瑟枘为兽形头，此外，还有矩形、六方形等。战国早期以后，瑟枘形态多为蘑菇状，其上多以涡纹或涡纹和柿蒂纹浮雕装饰。

如果说，青铜乐器的件数和制作精良程度与墓主人的等级高低相关，那么，楚瑟装饰之精细程度也折射出墓主人的社会地位和等级，同时也具有一定的时代特征。浮雕类和彩绘装饰的瑟多为先秦瑟的早期制品，此后逐步减少，自战国中期开始，楚瑟基本为首尾髹黑漆的素面，尤其值得注意的是演奏时会触及的隐间部分多未髹漆。战国时期，瑟枘的数量和形态已趋于统一，表现楚瑟的形态已规范而成熟。这些变化充分体现出瑟的礼仪功能在逐步弱化，实用功能已十分突出。

四、楚乐器纹饰风格及处理手法的时代特征

分析表明，西周时期楚钟以几何纹饰为主，但到西周晚期已开始使用动物纹。这些动物纹饰的形象大多具象写实，龙虎皆作张口咆哮状，略显狰狞、凶恶，纹饰线条粗犷有力，营造出一种凝重、威严、神秘和阴森压抑的氛围，与西周时期礼制的森严配合得当，由此体现出在特殊历史背景下，被纳入乐悬并且作为礼乐重器之一的编钟偏重礼的功能。

伴随历史的演变，楚钟纹饰不断发生变化，动物纹成为核心，其线条逐渐蜕

变得细腻、繁缛，原来具象的动物纹逐步被抽象化，美化、装饰性的图案逐渐增多。在商周青铜器纹样中，常会出现一种被变形处理或移植组合而成的奇异构图，它们大多为现实世界中不存在的神话动物形象，有学者称其为商周时期青铜器纹饰中的“幻想动物纹”。[①] 这种“幻想动物纹”被认为是我国青铜时代政治、宗教与艺术的重要结合点。善于创新的古代楚人以其独特的手法赋予了原有纹饰一种新的风格，也极具“幻想”特点。他们把具有威慑感、压抑感且带有神秘色彩的饕餮纹、龙类纹饰进行变形或解体，将它分化为多种互不相属又密切联系的几何纹，使其具有怪异之状而无狰狞之态，增加了虬曲回旋的美感和流线感，呈现出富丽、活泼、浪漫的风格，从而达到纹饰之美与音乐之美相映成趣的效果。

事实上，“宗庙重器上铸以变形的抽象装饰显然是非同一般的改革，它大胆地打破了数百年陈陈相因的传统。如果不是整个社会的趋势、一种无法阻挡的思潮，青铜器纹饰的转变是不可能实现的。”[②] 楚钟纹饰风格转变折射出的功能重心转移，是在楚国国力日渐强大、“礼崩乐坏”的过程中逐步发生的。

在楚钟的发展中，纹饰迈向了繁缛化和简约化这两条完全不同的发展道路。走向繁缛化的楚钟，其艺术装饰性极为突出，无论是纹饰的多样性、构图的灵活性还是图案的复杂性，无不显示出古人对纹饰设计“精、新、美”的追求和对精深铸造技艺的探索，充分体现了工艺技术与文化精神的互动；而纹饰趋于简约化的楚钟，并未显示出堕落的迹象，因为这类钟的音响性能丝毫不亚于繁缛化的楚钟。可见，这种以朴素为核心的纹饰风格取向并不意味其走向衰退，“大概这时艺术品和实用器已分途发展，艺术品不厌其美，实用器只求合用而已。”[③] 可见，此时楚钟纹饰的“象物”功能以及助巫沟通三界的作用逐步被削弱，它可能仅是一种象征性的遗存了。

总体而言，以楚钟为代表的楚乐器纹饰的演变大致可以分为三个阶段。

第一阶段：西周时期至春秋早期

西周时期以几何纹为主。由于几何图形在人们的日常生活中最容易接触、捕

① 段勇．商周青铜器幻想动物纹研究 [M]. 上海：上海古籍出版社，2003.
② 马承源．商周青铜器纹饰综述 [M]// 上海博物馆青铜器研究组．商周青铜器纹饰．北京：文物出版社，1984：32.
③ 郭宝钧．商周铜器群综合研究 [M]. 北京：文物出版社，1981：157.

捉和掌握，因此，几何纹饰成为了青铜器最早的纹饰，一直留存于青铜器的装饰上，并逐步从纹饰的主体向陪衬转变。楚钟上的几何纹也具有同样的发展路线。早期楚钟的最醒目部位——正鼓部上以几何纹饰之，无疑这时的几何纹被作为主体纹饰予以呈现，但不久后便被动物纹样所替代。

动物纹在早期楚钟纹饰中使用较少。楚公逆编钟当为西周楚钟纹饰之特例，其正鼓部饰以动物纹组合，右鼓部和篆间也饰以小型动物纹饰，可视为楚钟纹饰内容转变的先声。尽管此时的动物纹饰使用不多，但内容丰富且形态各异，如龙凤虎组合纹、凤鸟纹、象纹、扁圆状鸭嘴鸟饰、鳞类兽形纹以及蝉纹等，其中出现于右侧鼓部的鳞类兽形纹和扁圆状鸭嘴鸟饰较为独特。它们多具象写实，形态清晰可辨。这类“写实性动物纹虽然种类多，但出现在青铜器上的数量相对较少、各自流行时代较短”[①]，同样未见于此后的楚钟上。

此时楚乐器纹饰的线条感较强，纹路粗犷平直，显得敦厚而深沉，甚至带有些许诡异。这一阶段楚钟的纹饰多采用阴线手法予以表达，偶有阳纹也较浅。这些特点大致延续到春秋早期结束之时。

第二阶段：春秋中期至春秋战国之交

从楚乐器纹饰的内容、运用、处理上看，此阶段似为第一阶段向第三阶段的转变过渡期。

进入春秋中期，楚钟纹饰以动物纹饰为主，这不仅体现在乐钟的醒目部位，而且在一些不太显眼的部位，如舞部、篆间、两栾等，也饰以动物纹。

此期的纹饰风格呈现出一定的动态发展：从最初强调纹饰的线条感，逐步显现出以线性为棱的颗粒状修饰；从最初的流畅舒展，逐步转而虬曲回旋；从此前多以阴线表达纹饰的美，转向以阳纹作半立体化的呈现，追求纹饰的华丽精致之趋向明显。如果说，春秋中期的楚钟纹饰仍承续西周之遗风而略显凝重的话，那么春秋中期以后楚钟的纹饰已昭示了新风格的来临。这种环绕盘旋的纹饰线条、华丽精致的纹饰风格以及半立体化的浮雕状纹饰也出现于部分春秋中晚期的竹木类乐器上。

---

① 段勇．商周青铜器幻想动物纹研究 [M]. 上海：上海古籍出版社，2003：1.

春秋中期至春秋晚期正是青铜器工艺复兴的时期，此时青铜器绽放的奇光异彩不但是社会生产力发展的伟大成果，同时也是社会思想进步的具体表现。在“礼崩乐坏”的历史背景下，各个社会阶层及其社会意识也出现了翻天覆地的变化。人们的思想在刚刚“挣脱”了几百年礼制的“束缚”后朝向“自由”发展，旧的、墨守成规的艺术表现已不再适应新的生活方式、新的思想观念、新的审美意识的需求，一套全新的艺术表现手法和审美态度被倡导并得以流行。“追求青铜器图案的精美华丽，是当时艺术欣赏的一个主要倾向……不仅青铜工艺，玉雕、髹漆等工艺也是如此，这是一时的风气。”①

第三阶段：战国早期至战国晚期

战国时期楚乐器的外部装饰呈现出两条完全不同的发展路线：一是繁缛化，二是简约化。

楚钟纹饰更为复杂，出现了主、底纹结合的复合型纹饰。以动物纹饰为主纹的突出显现与以几何纹为底纹的隐形衬托相契合，使得纹饰从整体上看主次分明，互渗有加，繁缛不失条理，华丽不失清新。这类图案的构成单位越来越小，使其纹饰结构呈现出微型化趋势，线条纤细密集，同时还在某些部位增加了如 S 纹等具有流畅感的几何纹，整体纹饰线条也都似“S”状般虬曲回旋，整体感观精美华丽且自由奔放。此时楚钟纹饰多倾向于阳纹的使用，并且加强了半立体化效果，为其追求的精致华丽风格增色。

春秋晚期至战国早期，各类龙纹、凤鸟纹开始被大量使用。其中，楚青铜乐器上的龙纹由于其构成单位开始逐渐缩小，因此个体图案也走向细密化。楚竹木类乐器上的凤鸟纹饰开始出现拆分重组，形成更为飘逸和抽象的形态风格。战国中晚期，有的动物纹饰原型被逐步解构，却由诸多新的抽象化的几何形图案来重构呈现。细看这类纹饰的线条与构成，似乎为多种变形的几何纹样，但其整体展示的依然是动物纹样的主题，可谓是动物纹的几何化趋向。这种拆分重组的处理手法衍生出了更为繁缛华贵的纹饰风格，而这种繁缛与商代青铜器纹饰的繁缛不

① 马承源．商周青铜器纹饰综述 [M]// 上海博物馆青铜器研究组．商周青铜器纹饰．北京：文物出版社，1984：26.

同，它不具有信仰崇拜的意味，而更多是由于装饰构图、纹饰结构以及精密铸造而造成的效果。[①]

自战国早期至战国中晚期，以虎座鸟架鼓为代表的彩绘类乐器，纹饰用色更加丰富，纹饰内容更为多样，纹饰风格愈加精致、繁缛、华美。

就在楚乐器纹饰走向精致化的同时，与之截然相反的一种纹饰简约、甚至光素无纹的楚乐器跃然显现。就楚钟而言，纹饰简约者并非其纹饰本体的简化，而是略去了钟体某些部位的纹饰，呈现出质朴清新而精巧的气息，比如天星观 1 号墓出土钮钟。素面无纹的楚钟则钟体外表简洁光素，例如新蔡出土的平夜君成钮钟。以楚瑟为代表的竹木类楚乐器则多髹黑漆，而不再以此为底彩绘纹样。

两种极端反向的纹饰风格的出现都是在“礼崩乐坏”的影响下产生的结果。

第三节 楚乐器纹饰与造型的礼乐功能

纹饰被认为是古代器物的“语言”，纹饰研究也是古代器物研究的重要一项。就青铜器纹饰而言，李学勤指出：“在青铜器的各种因素中，纹饰的时代性、地域性最为鲜明，流迁变化最是敏感，就像服装的时尚一样。因此，我常说纹饰可称作青铜器的‘语言’，能告诉人们许许多多的信息。”[②] 高明通过对中原东周青铜礼器的综合研究后提出：“花纹的变化比器型缓慢得多，时间幅度很宽……根据不同时期的花纹相互交错而又彼此组合的情况，分析某一时期的花纹特点，具有一定的参考意义。”[③] 纹饰母题、内容和风格在不同的时代以及不同的地域有所不同，纹饰的时代性及地域性也由此体现出来。

纹饰是否蕴含一定的意义或者指向某种思想观念，学术界对此看法不一。岳洪彬总结了学术界有关商周动物纹饰含义讨论的二十多种观点，并将其划分为两类：第一类“认为其代表一定的含义”，但各家对其含义的阐释不尽相同，包括

① 马承源．商周青铜器纹饰综述 [M]// 上海博物馆青铜器研究组．商周青铜器纹饰．北京：文物出版社，1984：33.
② 段勇．商周青铜器幻想动物纹研究 [M]. 上海：上海古籍出版社，2003.
③ 高明．中原地区东周时代青铜礼器研究（下）[J]. 考古与文物，1981（4）：88.

图腾说、神话动物说、天神沟通工具说、暗示神力说等；第二类“认为其没有什么特定的社会内涵”，这一看法主要来自西方美术史学界。① 罗森也将近几十年来学术界对纹饰母题讨论的观点归结为两个学派，即：隐喻学派和风格学派。② 隐喻学派认为青铜器的纹饰与某种独立于青铜礼器而存在的信仰体系有关，其中，商代青铜器的动物纹母题与祖先崇拜有关，其纹饰造型也是由商代的“神话性”思维模式所决定的。罗森的看法与隐喻学派大相径庭，她提出：“纹饰的最重要的目的似乎在于使一件礼仪容器变得醒目……它促使人们对器型即礼器种类的注意……在特定的器物类型中，纹饰还表示等级，而在等级中，还表示器物所属关系……中国青铜器的复杂纹饰不是一种特别的思维模式或信仰体系的产物，而是提供一个复杂社会实用的复杂工艺的产物。”③

既然如罗森所言，纹饰与等级、与器型、与礼仪均有关系，那么纹饰就不仅仅是一种工艺的产物，至少已经具有了一定的礼仪文化和等级制度文化的内涵。同时，她在论述饕餮纹时认为，饕餮的最大特点就是它变化的多样性，但是其基本图案却惊人的稳定。如果说，饕餮形式变化的多样性可以如罗森所解释的那样，“铸造不同形式的青铜礼器时在装饰主题要求产生发展变化而产生”④，那么在漫长的历史进程中，饕餮图案的稳定性就可能具有某种特别的意旨了。此外，倘若纹饰仅仅是为了引起人们的注意，从而使得所饰器物变得醒目的话，那么选择这种或那种纹饰的原因也无法获得合理的解释。与此同时，隐喻学派似乎又将青铜器纹饰与信仰体系的关系过于夸大化。情况或许大体如此，即：某种纹饰的最初纹样和内容可能具有某种特殊的意义和象征，但其演化的不同形式可能与所处的特定的地域、特定的时代以及特定的社会状况密切相关。在商周这一特殊的历史时期，青铜礼乐器的功能具有多重性，它们的诸多要素均与其功能紧密相连，器表纹饰也不例外，因此，先秦楚乐器上的纹饰，尤其是繁复交错的动物纹样，已绝不仅仅是作为一种单纯的装饰艺术，更有着重要而独特的功能和丰富而特殊的文化内涵，是我们走进楚人精神世界的重要途径。

① 参见岳洪彬．殷墟青铜礼器研究 [M]. 北京：中国社会科学出版社，2006：240 – 241.
② 罗森．晚商青铜器设计的意义与目的 [M]// 中国古代的艺术与文化．北京：北京大学出版社，2002：92.
③ 罗森．晚商青铜器设计的意义与目的 [M]// 中国古代的艺术与文化．北京：北京大学出版社，2002：112.
④ 罗森．晚商青铜器设计的意义与目的 [M]// 中国古代的艺术与文化．北京：北京大学出版社，2002：99.

一、声形合一

在亘古先民的思想中，音乐常与大自然中的珍禽鸟兽直接联系在一起，并具有听觉效果与视觉效果统一的特点。

《周礼·考工记·梓人》中记载："厚唇弇口，出目短耳，大胸燿后，大体短脰，若是者谓之裸属，恒有力而不能走，其声大而宏。有力而不能走，则于任重宜；大声而宏，则于钟宜。若是者以为钟虡，是故击其所悬，而由其虡鸣。"[①] 这一篇目首次论述了工艺装饰的基本原则，所遵循的是编钟用途、器形和装饰三者之间的适应性原则，即编钟外部装饰与其声、其形合一的特点。曾侯乙编钟、钟体纹饰及其簨虡、挂钩，曾侯乙编磬磬架等装置都突出印证了这段文献的记述。大钟浑厚的音响，小钟悠扬的乐音，钟体盘旋环绕的细密龙纹，以及具象写实的爬虎形挂钩，无不凸显出"击其所悬，而由其虡鸣"的效果。虎座鸟架鼓虽然不是《周礼·考工记·梓人》篇中所言之青铜乐器，但也是有架之器，其虎其凤似应是为呼应鼓乐鼓声而制作，以达到声形合一的效果。

马承源认为，《考工记》所记录的这一装饰原则"丝毫没有涉及宗教意识问题"，这在森严的社会制度下难以实现，也"只有在摆脱奴隶主旧的思想束缚的条件之下才能产生，因为它没有宗教意识的考虑"。[②] 随着时代的发展和社会意识的转变，工艺制作指导思想也愈益进步，人们的宗教意识呈削弱之势，在艺术创作和制作当中必然更加注重实用性能的好坏，更多关注装饰艺术的审美。然而，细查《考工记》之性质以及篇章由来则会对此结论萌发质疑。《考工记》是目前所见年代最早的"一部有关手工业技术规范的汇集"[③]，原是单本著作，西汉时，由于《周礼·冬官》篇章的阙如，河间献王刘德以《考工记》补入。一本专讲工艺技术的论"器"之著成为论"道"之儒家经典的一篇，也幸得《周礼》及儒家皈依，才能使这"奇器淫巧"之著得以留存至今。如果说《考工记》是单纯地就器论器，那么其中无涉宗教意识也理所应当，但却并不能因此证明当时人们的思想已完全"摆

① 孙诒让．周礼正义 [M]. 北京：中华书局，1987：3379.
② 马承源．商周青铜器纹饰综述 [M]// 上海博物馆青铜器研究组．商周青铜器纹饰．上海：文物出版社，1984：33.
③ 杜石然．中国科学技术史稿 [M]. 北京：科学出版社，1982：108.

图 5-24 曾侯乙编钟悬钟爬虎套环

图 5-25 曾侯乙编磬磬架怪兽

脱奴隶主旧的思想束缚”。然而,《考工记》的语言和内容却显示出“官书特征”,它所记录的是“齐国政府制定的一套指导、监督和评价官府手工业生产工作的技术制度”,并且,“在具官书性质的《考工记》中,不同等级所用的器物规格也都给以明确规定,诸如尺寸、重量、弧度、颜色等,打上了鲜明的社会、文化烙印”。[1]

① 戴吾三,高厚.《考工记》的文化内涵 [J]. 清华大学学报:哲学社会科学版,1997(2):7、10.

图 5-26 曾侯乙甬钟斡部兽面

可见，当时的工艺技术并未脱离周代繁复礼制的窠臼，因此，艺术创作和工艺装饰就必有所指、必有其意，那么先秦乐器上的纹样除了装饰器表之外，便不可回避其所具有的深意了。这些纹饰或多或少都与乐器的礼乐功能相互适应，与楚人的思想观念相互渗透。

二、标记功能

从商代的铙到西周的钟，与音乐有关的纹饰中最重要的演变，体现在钟体右侧鼓部——标志古人认识、使用乃至调试侧鼓音的纹饰的出现。

研究表明，中国古代乐钟的合瓦形钟体本身就具有双音性能，在相当长的历史阶段，它未被发现和认识。随着古代科学技术的不断发展，古人发现并认识了合瓦形乐钟的双音现象，并且逐步摸索、掌握了一套铸造和调试双音钟的技术，由此开始主观地设计和把握编钟的双音关系及其整体音乐性能。侧鼓部纹饰的出现就是古人对乐钟双音现象认识和使用的人为标识，是“一钟双音”现象从客观存在到人为设计转变的界标。而当乐钟侧鼓音现象及其铸造调试技术被广泛认识和使用之后，侧鼓部纹饰标识便逐步退出了历史舞台。显然，古代编钟的侧鼓部纹饰与侧鼓音的发现和使用直接相关，是这一实用功能的具体体现。

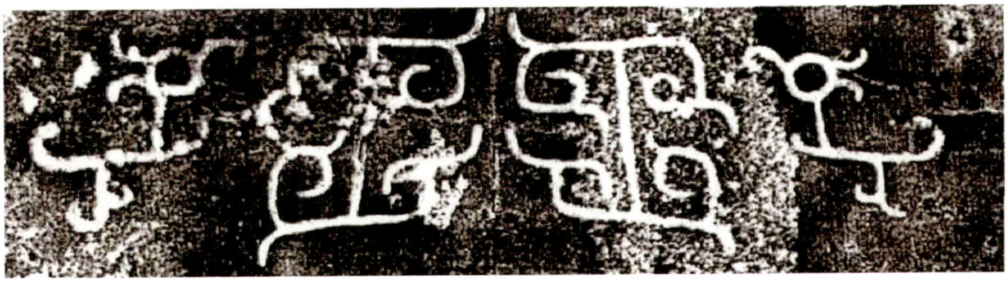

图 5-27 万福垴遗址甬钟 2012YWTN03E20:4 左右侧鼓部纹饰

众所周知，纹饰的主要功能是对器物外表的装饰和美化，那么编钟的侧鼓部纹饰是否也具有一定修饰钟体的功用呢？商周时期青铜器纹饰的最大特点是对称，这一观点已被学术界广泛认同。如按此理，乐钟右侧鼓部的纹样当在其左侧鼓部也对称饰之，然而事实却并非如此。目前所见绝大部分西周乐钟的左侧鼓部未见有纹饰标记，早期楚钟中仅有万福垴遗址出土甬钟的左右侧鼓部同饰以凤鸟纹[①]。如此少的例证说明，这一现象在当时并不普遍，可能是青铜钟双音被发现和使用初期的阶段性、个体性产物，主要目的是为强调左右侧鼓部都能敲击发出第二基音，让这一功能的标志更加明显和醒目，其中可能存在的古人对对称美的追求则位居其次了。

西周乐钟右侧鼓部纹饰的主要功用不在于装饰而更多属于实用功能标记。这也是迄今仅见的以标记器物实用功能为主要目的的纹饰。

西周乐钟侧鼓部纹饰的内容丰富，大多饰以凤鸟纹和象纹。早期楚钟侧鼓部不但有同类纹样，还饰有少见的鳞类兽形纹。同一功能系统下的不同内容纹饰当蕴藏有不同的文化内涵。

凤鸟纹是西周乐钟右侧鼓部使用最多的纹饰之一，楚钟亦然。凤鸟与音乐的关系之密切堪称于“史”有证！

《说文》：“鸾，赤神灵之精也。赤色五彩，鸡形，鸣中五音，颂声作则至。”[②]

① 目前所见西周时期青铜乐钟中，罕见几例钟的左、右侧鼓部同时饰以纹样，新出西周时期楚钟——万福垴编钟中即有一例——笔者注。

② 段玉裁．说文解字注 [M]. 上海：上海古籍出版社，1981：148.

《尚书·益稷》：“《箫韶》九成，凤凰来仪。”[①]

《吕氏春秋·古乐篇》：“昔黄帝令伶伦作为律。……听凤皇之鸣，以别十二律。其雄鸣为六，雌鸣亦六，以比黄钟之宫，适合。”[②]

从出土实物来看，先秦排箫之形也被美誉为象凤之翼。西周中晚期，鸟纹虽已不再普遍流行，但它们依然被铸刻于青铜乐钟的侧鼓部，显然与音乐有关。[③]多种证据都表明，在古人的思想观念中，凤鸟与音乐的渊源之深，被视为音乐之源、音律之源。

象纹在商周时期青铜器上并不鲜见，其祥瑞之意见诸文献，如《吕氏春秋·审分览》所载“周鼎著象，为其理之通也。理通，君道也”。[④]笔者于2002年5月在湖北省宜城市[⑤]参加“楚国历史文化研讨会”考察时得知，当地有一民俗，即每逢盛大节日，民间流行跳一种“象舞”。据当地人介绍，舞者一般身着大象形的服装，挨家挨户用“象鼻”洒水，象征风调雨顺，吉祥如意。可见，象不但被赋予某种哲理，还被认为是一种能寄托祝福的祥物，乐钟侧鼓部的象纹当为象征吉祥如意、富于哲理内涵的纹饰符号。

楚钟的右侧鼓部还有鲜见于其他地域的尖喙翘尾形鸟饰和鳞类兽形纹。尖喙翘尾形鸟饰也是凤鸟纹的一种类型，前文已对其做了相关分析，这种特殊鸟形纹饰的祖型为雉鸡，源于楚人对雉鸡的喜爱和推崇[⑥]。

此类特殊纹饰都是象征吉祥之物，它们表现了早期楚钟的文化特色，显示了楚人乐于开拓、敢于创新的艺术精神，也在一定程度上折射出西周时期楚人生活区域中地理生态环境的某些特征。

① 尚书正义：卷五[M]. 十三经注疏. 北京：中华书局，1980：144.
② 吕不韦辑，毕沅辑校. 吕氏春秋[M]. 影印本. 北京：中华书局，1991：148－150.
③ 马承源. 商周青铜器纹饰综述[M]// 上海博物馆青铜器研究组. 商周青铜器纹饰. 北京：文物出版社，1984：13.
④ 吕不韦辑，毕沅辑校. 吕氏春秋[M]. 影印本. 北京：中华书局，1991：490.
⑤ 今湖北宜城市，古时曾为楚都之一——笔者注。
⑥ 袁艳玲. 楚公冢钟侧鼓鸟纹研究——兼及商周时期的鸟纹和鸟形饰[J]. 中原文物，2006（3）：83.

三、象征隐喻

（一）动物纹样的象征意义及作用

李泽厚在论述仰韶时期的几何纹样时认为，它们是“动物形象的写实而逐渐变为抽象化、符号化的。由再现（模拟）到表现（抽象），由写实到符号化，这正是一个由内容到形式的积淀过程”，即“内容积淀为形式，想象、观念积淀为感受”。[①]

从新石器时代陶器的纹样到战国时期的青铜器纹饰，经过了由具象到抽象，后到具象，再抽象化的循环反复过程，这与当今流行时尚常常会出现所谓的“反流行”或“复古”十分相似。楚钟纹饰的演变经历了其中第二次由具象渐变为抽象的过程，这种符号的抽象化过程折射出从具体的观念意识到抽象的整体感受之间的转变。

对于商周青铜器上的动物纹样，张光直也曾指出：“在古代的中国，作为与死去的祖先之沟通的占卜术，是靠动物骨骼的助力而施行的。礼乐铜器在当时显然用于祖先崇拜的仪式，而且与死后去参加祖先的行列的人一起埋葬。因此，这些铜器上铸刻着作为人的世界与祖先及神的世界之沟通的媒介的神话性的动物花纹，毋宁说是很不难理解的现象……商周青铜礼器是为通民神，亦即通天地之用的，而使用它们的是巫觋……商周青铜器上动物纹样乃是助理巫觋通天地工作的各种动物在青铜彝器上的形象。”[②]这一观点在学术界获得了较大认同。从楚文化的特质及历史发展来看，楚钟纹饰中的动物纹样也具有相同的意义与特点。

文献记载，楚人好巫，楚巫觋通常以歌舞饮宴为手段来沟通人神。[③]楚钟是楚巫觋沟通人神时歌舞的器具之一，钟上的动物纹样也相应带有助巫觋通天地人神的作用。除楚钟以外，其他楚乐器上也不同程度地装饰有动物纹样，如：石磬上彩绘凤鸟纹；建鼓座上透雕的龙蛇；瑟座上平雕和透雕的龙、蛇、凤、蛙等。

① 李泽厚．美的历程［M］．北京：中国社会科学出版社，1984：22.
② 张光直．中国青铜时代［M］．上海：三联书店，1999：421、433、435.
③ “昔楚南郢之邑，沅湘之间，其俗信鬼而好祀，其祀必使巫觋作乐歌舞以娱神。”（朱熹集注，李庆甲校点．楚辞集注［M］．上海：上海古籍出版社，1979：29.）

图 5-28 九连墩 1 号墓瑟座 M1:915-2 平雕纹饰线图

《说文》中对龙的解释提到了它具有升天入地的功能。[①] 在古代楚人的思想观念中，龙是能帮助沟通人神的灵物之一，因此，龙纹不但一直贯穿于楚钟上，也出现在其他楚乐器或者乐器附件上。如前文所述，擂鼓墩 2 号墓甬钟的正鼓部纹饰中有十分清晰的神人操龙蛇图像，这一纹饰主题和内容也见于其他楚乐器。曾侯乙墓均钟尾部背面有两幅连续的人之胯下双龙的图像，被认为是夏后启上天得乐图。信阳长台关 1 号墓彩绘漆瑟上也有多幅人驭龙神的图案。这几件楚乐器上的纹饰都表现了极为相似的内容。1973 年，长沙子弹库楚墓清理出一幅“人物御龙帛画”，画中有一男子驾一巨龙，龙头高昂，龙尾翘起，其意被认为是乘龙升天。《楚辞》中有关乘龙升天神游的记载也比比皆是。

《离骚》：“驾八龙之婉婉兮，载云旗之委蛇”[②]；

《九歌·湘君》：“驾飞龙兮北征”[③]；

《九歌·大司命》：“乘龙兮辚辚，高驰兮冲天”[④]；

…………

① 《说文》：“龙，鳞虫之长，能幽能明，能细能巨，能短能长，春分而登天，秋分而潜渊。”段玉裁．说文解字注 [M]. 上海：上海古籍出版社，1981：582.
② 金开诚．屈原集校注 [M]. 北京：中华书局，1996：160.
③ 金开诚．屈原集校注 [M]. 北京：中华书局，1996：206.
④ 金开诚．屈原集校注 [M]. 北京：中华书局，1996：243.

图 5-29 擂鼓墩 2 号墓甬钟正鼓部纹饰中的神人操龙蛇图像

图 5-30 信阳长台关 1 号墓彩绘漆瑟纹饰神人操龙蛇图像之一

图 5-31 信阳长台关 1 号墓彩绘漆瑟纹饰神人操龙蛇图像之二

图 5-32 曾侯乙墓均钟尾部背面彩绘纹饰

凤鸟纹与音乐的关系之密切，前文已略有阐述。在古代楚人心目中，凤鸟又有着更加重要的地位，几乎是楚器装饰的永恒主题。楚人与凤鸟似乎有着极为深厚的渊源。考古证据表明，多处石家河文化遗址中都发现有不同类型的凤形玉饰，此前考古发现的第一枚真凤玉饰——商代妇好玉凤，也被认为是石家河文化的遗物。“凤诞石家河”[①]的观点逐渐明晰。距今4000多年的石家河文化，分布在今湖北、河南和湖南部分地区，数千年后，同样是在这片丰饶辽阔的土地上，生发出了瑰丽神秘的楚文化。我们难以确认凤鸟在这两种文化之间是否建立了某种联系，但是凤诞石家河的事实，为同地孕育的楚文化对凤的偏爱做出了历史的铺垫。

凤鸟是楚人的精神崇拜，在古代楚人的生活中几乎无所不在。古代楚人对凤鸟进行了各种极具想象力的艺术化处理，使其尽显神秘与飘逸，这从楚文化考古发现中可见一斑。楚乐器中也多有凤鸟纹样或造型的使用，如纪南城彩绘石编磬表面彩绘了被艺术分解后的凤鸟纹饰、虎座鸟架鼓之凤鸟架、曾侯乙墓出土均钟上彩绘的凤鸟纹样等，无不体现出楚人对凤鸟的虔诚尊崇以及随乐乘凤升天的文化心理和精神内涵。

图5-33 曾侯乙墓均钟侧面纹饰

① 王仁湘．凡世与神界——中国早期信仰的考古学观察[M]．上海：上海古籍出版社，2018：198—201.

图 5-34 曾侯乙墓瑟侧面纹饰

出土楚器中常出现的另一种动物形态是鹿，如楚墓中的一种丧葬用器木卧鹿和楚乐器木鹿鼓，此外，常用的楚丧葬用器——虎座凤鸟的翅膀处大多插入真鹿角，当阳赵巷 4 号墓随葬漆俎上所绘神兽的形态也酷似鹿。文献中记载有一则“群鹿救楚王”的故事，由此可推测，楚人之所以喜爱鹿，其原因不但是鹿常见于古代楚地，或许与这则故事所讲述的内容分不开。鹿，于楚人，为祥瑞之兽，在楚人的礼仪系统里，鹿是极为重要的。从这一点上来说，楚器中真鹿角的频繁使用、目前仅见于楚墓的木卧鹿和卧鹿鼓似乎都能得到相应的解释。

传世文献中没有留下任何有关楚人崇拜的资料，有学者根据所发表的楚简帛资料对楚人的崇拜体系进行了分析考察。研究表明，楚人崇拜的对象“按其司职可分为天神、地祇和人鬼三类，若按其属性，则应划分为自然神灵与人类鬼神二类”。[①] 楚乐器上的部分纹饰内容体现了其在楚巫活动中的地位和意义、楚巫与

① 胡雅丽.尊龙尚凤——楚人的信仰礼俗 [M].武汉：湖北教育出版社，2003：1.

乐的密切关系，更显示了潜藏于楚人精神世界中试图通过这些能够飞翔和飞跃的祥鸟瑞兽，为其带来好运，引其升天，从而沟通三界神灵的思想观念。

图 5-35 曾侯乙墓漆木鹿

（二）楚乐器纹饰体现的巫官文化

范文澜曾在《中国通史》中提出史官文化与巫官文化的概念，用以阐释中原传统文化和楚国传统文化的区别。

史官文化与巫官文化之间存在密切的联系。史官源于巫①，史官文化也脱胎于巫官文化，因此，从严格意义上说，二者同源。但自西周以来，由于历史、地理、人文等多方面的原因，史官文化与巫官文化逐步分野，它们的区别也愈加明显，这在先秦文学上表现得尤为突出。作为史官文化的文学作品代表，《诗经》表现出了强烈的现实主义思潮，直接传达和描写了现实之人事；与之不同的是，代表着巫官文化的《楚辞》，则显示出积极的浪漫主义色彩，借用奇妙诡异的神话传说进行了充满想象力的艺术创造。

在所见为数不多的涉及楚国的历史文献当中，大多会提到来自楚地、楚人的一个重要文化特点，那就是无论楚宫廷，还是楚国民间，信巫之风倡炽。②《吕

① “由巫而史，而为王者的行政官吏；王者自己虽为政治领袖，同时仍为群巫之长。”（陈梦家．商代的神话与巫术[J]．燕京学报：第二十期，1936：535.）

② 《吕氏春秋·异宝篇》：“荆人畏鬼而越人信禨。”朱熹《楚辞集注》：“昔楚国南郢之邑，沅湘之间，其俗信鬼而好祀。其祀必作歌乐鼓舞以乐诸神。”桓谭《新论·言体》：“昔楚灵王骄逸，轻下简贤，务鬼，信巫祝之道。斋戒洁鲜，以祀上帝。礼群神，躬执羽绂，起舞坛前。吴人来攻，其国人告急，而灵王鼓舞自若，顾应之曰：‘寡人方祭上帝，乐明神，当蒙福佑焉。’不敢赴救，而吴兵遂至，俘获其太子及后姬以下，甚可伤。”

氏春秋·侈乐篇》中更将楚国的衰落归咎于巫风巫音的盛行。[①] 显然，巫官文化是楚文化的传统，楚文化的音乐也属于巫官文化。对于楚乐器而言，我们很难从形制和音乐性能上判断它的巫史文化因素。楚乐器上保存的音列也只可以提供所能演奏音乐的最大可能性，而不能呈现或还原古人演奏的实际音调和乐曲，因此我们不能武断地认定哪种形制具有史官文化特点，哪种有着巫官文化特色，也难以说出哪个音级、哪种音阶或音调为巫官文化的音乐所采用。但是，楚乐器纹饰、造型以及相关音乐图像却可以对当时的文化传统有所体现。在擂鼓墩 M2 大型钟正鼓部饰有的操蛇神人跨龙图、信阳长台关 M1 彩绘漆瑟上的神人挥舞龙蛇图、曾侯乙墓均钟的背部图案，以及曾侯乙墓鸳鸯漆盒两侧腹所绘制的神人演奏钟鼓的图像中，无论所绘形象是夏后启、伏羲、女娲，还是巫师，或是怪兽，他们都与音乐紧密相连，所表现的乘龙升天、乘乐升天等内容充满了丰富而奇妙的艺术想象力。此外，在楚钟的簨虡及相关配件的形象上也能看到许多充满灵性、诡异和神秘色彩的设计。这些都充分显示了来自巫官文化传统的浪漫主义精神和自由奔放的个性。

附：楚公逆编钟的纹饰组合特点

在目前所见单件商周青铜乐钟的纹饰中，较为常见的是采用动物纹，或动物纹与几何纹饰组合。其中主体部位大多饰以龙或兽面为母题的动物纹，其他部位配以小型动物纹饰或几何纹样。楚公逆编钟的纹饰即表现出极大特色[②]，其纹饰组合不仅在商周青铜器纹饰组合中极具特点，而且也是所见楚钟，乃至先秦乐钟之特例。

在此钟的所有纹饰中，最特别的当为鼓部纹饰。鼓部又分正鼓部和侧鼓部。正鼓部由对称的两组动物纹组合构成，分别有龙、凤鸟、虎等图形。其中，凤鸟

① 《吕氏春秋·侈乐篇》："楚之衰也，作为巫音。"（吕不韦辑，毕沅辑校．吕氏春秋 [M]. 影印本．北京：中华书局，1991：142.）

② Shao Xiaojie.A Musicological Study of Unearthed Chu Gong Ni Bells[J].Orient Archaeology(Band 27)，2012：83-87；高至喜．晋侯墓出土楚公逆编钟的几个问题 [M]// 上海博物馆．晋侯墓地出土青铜器国际学术研讨会论文集．上海：上海书画出版社，2002：346 - 354.

作顾首翘尾状在下，鸟首上的羽毛又伸出一鸟首类物；龙曲身在上，头倒立朝下；虎立伏于侧，勾尾勾爪，尤显苍劲，虎首上又生出一个鱼类小兽，很是奇妙。侧鼓部纹饰清晰，为一小型动物，短耳短尾，有脚有鳞，简报称其为“穿山甲纹”[①]，李学勤称其为“长耳生鳞兽形”[②]。尽管目前此类纹饰鲜见，但从这一纹饰的实际形象来看，表面明显有片状鳞，故定其为鳞类兽形纹应当无误。

此钟与其他楚钟不同的还有：每个篆间各横置一只头尾俱备的蝉纹。蝉纹始于殷中期，盛行于殷末周初，在西周晚期楚钟上却出现此纹饰，尤见楚承商周之遗风。蝉，又名复育，《论衡·无形篇》中写道：“蛴螬化为复育，复育转而为蝉”[③]，蝉纹可能象征死而复生。又由于蝉多居高食露，故隐有高贵精洁之喻。该钟的舞部纹饰，前文已有所述。

综上，楚公逆编钟的纹饰可归纳出以下特点：

1. 现实动物纹与幻想动物纹结合；

2. 动物纹与几何纹结合；

3. 动物纹种类多达 5 种；

4. 动物纹种类较为鲜见。

由此可见，这件楚钟的纹饰是动物纹的集中体现，这些动物纹均被古人赋予了深刻的人文内涵，它们是古代楚人“观念意识物态化活动的符号和标记”[④]。《礼记·礼运》载：“麟凤龟龙谓之四灵。”[⑤]楚公逆编钟集灵物于一身，成为多重象征符号的集合体，最终使它也具有了某种灵性，体现出古代楚人浓厚的精神文化沉淀。

① 山西省考古研究所，北京大学考古系．天马——曲村遗址北赵晋侯墓地第四次发掘[J]. 文物，1994（8）：10.
② 李学勤．试论楚公逆编钟[J]. 文物，1995（2）：69.
③ 王充．论衡（卷二）[M]. 北京：中华书局，1985：14.
④ 李泽厚．美的历程[M]. 北京：中国社会科学出版社，1984：13.
⑤ 孙希旦．礼记集解：卷二十二[M]. 北京：中华书局，1989：614.

第六章

楚音乐形态及其发展——以青铜楚钟为例

音乐音响是乐器类音乐实物史料优于其他音乐史料的最大特征。迄今所发现的古乐器实物种类不在少数，但可以留存音响的不多。当然，古乐器能否被保存至今，能否演奏并发出乐音，不仅取决于乐器自身的材质，还有赖于乐器保存的地理和墓葬环境。青铜乐钟、石磬、陶埙、骨笛等是迄今罕见的留有音响的古乐器实物。在目前所发现的楚乐器中，只有青铜乐钟保留了相对完整的音响资料，并且这些音响已构成了基本的年代序列，成为我们探索楚音乐形态及其发展的唯一例证。

编钟是一种固定音高乐器，各钟之间的音程关系相对固定，并且在大多数情况下也能基本保持稳定。黄翔鹏曾非常贴切地将古代铸钟、调钟的过程比拟为古代的录音技术，也客观地指出这些古代编钟所保存音响的局限性，即它们只能反映当时音乐技术层面的一些问题，并不能呈现和代表古代音乐的原型或原貌。[①]这正是本章楚音乐形态分析研究所秉承的学术宗旨。

本章将以楚钟的设计音列、调高及其特点为主要切入点，通过对单批楚钟的分析来爬梳楚钟音乐性能的演进过程，充分把握其时代特征，力图寻绎楚钟音乐性能的核心要素，由此获得对楚音乐形态及其发展的基本认识。

由于几批重要且保存较好的楚附庸国的青铜乐钟对楚音乐性能的考察大有裨益，故也被列为本章的重点研究对象。需要说明的是，由于出土编钟的测音以及相关资料公布的情况较为复杂，因此，笔者对各批钟测音资料的来源予以说明，并对相关测音数据进行了校勘（详见《附录一　楚钟测音资料的校勘与说明》）。

① “古代的良工巧匠，付出多少劳动才做到把符合人们审美要求的音响烧结在成型的陶土中；镂孔、刻削、把一定的音高赋予石片；通过繁难而难于预料结果的制模、浇铸工艺，再经锉磨调整，使青铜铸入了音阶序列，让它们得以跨越数千年的历史重新再为人耳识别。在这个意义上，烧结、镂刻、熔铸可看作古代的录音技术。不过，它们所能保存的音响只是古代音乐的有关技术性的一个侧面。当然，这也是足够宝贵的，它们毕竟是目前条件下仅能获得的实物材料，而给我们的研究工作提供了现实的依据。”（黄翔鹏．新石器和青铜时代的已知音响资料与我国音阶发展史问题[M]// 溯流探源——中国传统音乐研究．北京：人民音乐出版社，1993：5.）

第一节　部分楚钟编组分析及实用性考证

一、万福垴编钟的编组及实用性分析

湖北宜昌万福垴遗址出土的12件编钟是目前所知年代最早的楚钟出土实物，均为甬钟，形制大体相似，即钟体为合瓦形，甬与钟体相通，斡、旋齐备，钲部界隔有枚区，内有36枚。万福垴编钟的情况较为复杂，发掘简报根据钟上的信息判断，钟上的铭文应是编钟在被铸造使用了一段时间之后再进行錾刻的，并且这些编钟的年代各异，可能是从它处携带而来。① 综合万福垴编钟钟体特点以及相关出土信息可知，这12件青铜编钟原并非编组成套，而是后期拼组在一起，大致原因有以下三点:

第一，万福垴遗址所发现12件钟的纹饰不一致，每件钟各部位纹饰的内容和形式的差别十分明显（表6-1）。发掘简报和相关研究报告根据钟体纹饰的区别，将其分为三型，分别是细乳钉纹界钟、圆圈点纹界格钟和宽阴线界格钟，这三型钟的制作年代各不相同，处于西周中期早段至西周中期晚段之间。②

第二，万福垴遗址所出12件钟的体量并不似成编成组编钟一般大小相次呈序列，而是基本相当，其形制数据表（表6-2）直观显示出这一点，由此可推测，其音高也难成序列。

第三，万福垴编钟的出土地是为配合市政施工而发现的一处西周时期遗址，考古人员在此处发掘清理了一批灰坑、灰沟、窑座和洞坑遗迹。万福垴编钟为施工所出，因此，出土时已丧失原始埋藏环境，出土单位也已无法确认，与万福垴编钟同出的还有1件铜鼎。

鉴于此，万福垴编钟的编组情况和整体音乐性能难以体现西周时期楚钟音乐状况，也无法作为研究西周时期楚音乐形态研究的标本。

---

① 湖北省文物考古研究所，武汉大学历史学院考古系，宜昌博物馆.湖北宜昌万福垴遗址发掘简报[J]，江汉考古.2016（4）：33.

② 黄文新，赵芳超.湖北宜昌万福垴遗址出土甬钟年代及相关问题研究[J]，江汉考古.2016（4）：64-70.

表 6-1 万福垴编钟纹饰表

编号	甬截面	甬饰	斡	钲部	篆饰	枚	正鼓部	侧鼓部	备注
1	圆形		索斡	11 字铭文	窃曲纹	平顶较粗	连体 T 形窃曲纹		
2			索斡		窃曲纹		连体 T 形窃曲纹	右侧立凤鸟纹	
3					窃曲纹		连体 T 形窃曲纹	右侧立凤鸟纹	
4					窃曲纹		连体 T 形窃曲纹	两侧饰凤鸟纹	甬不存
5			桥斡		卷云纹		素面		
6					卷云纹		4 组卷云纹		
7	圆形	三角形蕉叶纹	龙斡		三角云纹		4 组卷云纹		
8		三角形蕉叶纹	桥斡		卷云纹		4 组卷云纹		
9	弧边长方形			素面	卷云纹	平顶较粗	4 组卷云纹		
10	近椭圆形		桥斡	素面	变形窃曲纹	弧顶较细	4 组卷云纹		
11			桥斡		素面		4 组卷云纹		
12		三角云纹					4 组卷云纹		甬不存

注：此表根据发掘简报及相关论文的信息综合整理而成。

表 6-2 万福垴编钟形制数据表

单位：厘米

编号	通高	甬			舞修	舞广	中长	铣长	铣间	鼓间	枚长	壁厚	备注
		长	上径	下径									
1	48	15	5.1	6	23.2	17.2	27.3	33	28	19.2	2.8	1.2-1.4	
2	45.6	13.7	4.7	5.6	21.5	16	26	31.9	25	20	2.5	1.5	
3	43.4	13.4	4.5	6	22.5	16.3	26.5	30	23.5	27.6	3.1	1	
4	31.2	/	/	/	22	16.5	26.7	31.2	27.1	18.9	2.5	1.4	残
5	44.8	14	4.6	5.5	20.6	18.1	25.5	30.6	26.5	21.5	2.9	0.7	
6	50	16.5	5.7	7.4	23.1	18.6	29	35	28.4	22.6	3.2	0.9	
7	47	15.8	4.7	6.1	20.6	19	26.2	31.2	26.2	22.4	2.9	0.7	
8	53.1	19.3	4.8	6.4	23.1	18.2	28.6	33.8	28.2	21.8	3.4	0.9	
9	47.8	14.8	5	6	21.6	17.4	28.2	33	21.7	18.4	2.8	0.9	
10	42.7	14	4.6	5.3	21.4	16	24	28.7	25.1	17.2	2.3	1	
11	42.8	14.8	4.6	5.6	20.9	16.4	24	28	27.6	24.3	2.5	0.9-1.3	
12	30.8	/	/	/	20	16.7	25.5	27.3	26.2	24	2.1	0.7	残

二、楚公逆编钟的编组分析

晋侯墓地出土的 8 件编钟均为甬钟，形制大体相似，钟体均呈合瓦形，甬为圆角方形，甬上斡、旋俱备，钟体钲部界格有枚区，上有 36 个两截圆柱状枚。钟上均有铭文。笔者曾于 2007 年对这组编钟进行了实地考察，根据考察的实际情况和实测数据来看，这 8 件钟可能并非属于原套，其中，较大的 6 件（编号为 M64:92 至 97）为原组合中的钟，最小的 2 件钟（编号为 M64:98 至 99）疑为后期补入。

从形制上看，尽管8件钟的形制大体相同，但某些细部却存在差异，如：前6件钟的甬未封衡，甬端处多见泥芯，甬的最顶端铸有对称的4个凹口，后2件钟的甬端均封衡，此外，从各件钟的体量上也可略见一斑（表6-3）。

表6-3 楚公逆编钟形制数据表[①]

编号	通高	甬			舞修（厘米）	舞广（厘米）	中长（厘米）	铣长（厘米）	铣间（厘米）	鼓间（厘米）	枚长（厘米）	壁厚		重（
		长（厘米）	上径（厘米）	下径（厘米）								正（厘米）	侧（厘米）	
92	54.0	18.8	4.9	6.4	24.0	19.5	29.8	35.4	30.9	21.0	3.0	1.1	1.1	16
93	50.6	17.3	4.5	5.9	22.7	18.2	28.4	33.5	27.8	20.3	3.0	1.1	1.2	1
94	50.9	18.9	4.9	6.8	24.0	18.0	27.0	32.3	28.9	20.2	2.9	1.3	1.2	1
95	47.6	16.9	5.1	6.4	22.8	17.2	25.4	30.8	27.1	18.9	2.8	1.2	1.2	2
96	35.7	13.1	3.5	4.4	15.3	12.9	18.6	22.5	19.5	14.5	1.7	1.2	0.9	8
97	31.4	12.5	3.1	4.1	14.8	11.7	16.1	19.4	17.2	12.5	1.5	1.0	1.0	
98	24.0	8.1	2.3	3.0	10.7	7.9	13.0	15.5	12.8	9.1	1.1	0.9	0.8	
99	22.3	7.7	2.2	2.9	10.1	7.5	11.3	13.9	12.0	8.5	1.0	0.9	1.0	2

从纹饰上看，前6件钟（92至97号）的纹饰基本统一，即舞部饰以云纹，旋带饰云纹和4枚乳钉，篆间饰有蝉纹，鼓部为龙、凤、虎纹，正面右侧鼓部饰有鳞类兽形纹；所不同的是92至93号钟的枚、钲、篆间以圈带纹界隔，94至97号钟的钲、篆、枚、鼓间以双阴线间以犬牙状乳钉纹界隔。后2件钟的纹饰与

① 本书中有关楚公逆编钟的所有数据（包括形制数据和测音数据）为笔者与王子初于2007年6月赴山西考察检测所得。在此，特向该墓地的主要发掘者北京大学考古文博学院李伯谦和刘绪两位先生表示深深的谢意——笔者注。

前 6 件钟的差别较大，其枚、篆、钲间以阴线界隔，鼓部、篆间、舞部均饰以云纹，正面右侧鼓部饰以西周甬钟上较为常见的凤鸟纹。

从铭文上看，92 至 97 号钟上均有铭文 68 字，各器铭文内容几乎完全相同，记录了楚公逆为祭祀而出征寻找四方首级，胜利后获得进献的大量铜，用以铸造了大量青铜钟。其中，体大者，铭文分布于钲间和左侧鼓部；体小者，铭文分布于钲间、左侧鼓部、篆顶及栾边。98 至 99 号钟上仅有 8 字铭文，分布于正面钲间以及左侧鼓处，其内容与楚公逆毫无关联。

由此可见，这 8 件钟中仅有前 6 件为楚公逆编钟，后 2 件无疑是有意拼合成编，从而使整套编钟符合西周晚期至春秋早期中原编钟以 8 件成编的定制（表 6-4），而这种定制正是当时诸侯级墓随葬编钟的习用之数。据研究考证，楚公逆即熊咢[①]，其时代约在西周晚期宣王之世，故这组编钟的年代应属于西周晚期。

表 6-4 存见两周之际 8 件成组编钟一览表

序号	名称	时代	出土地	件数
1	中义钟	西周晚期	陕西	8
2	柞钟	西周晚期	陕西	8
3	晋侯苏编钟	西周晚期	山西	8 + 8
4	楚公逆编钟	西周晚期	山西	8
5	晋侯墓地 M93 编钟	春秋早期	山西	8 + 8
6	虢季编钟	春秋早期	河南	8
7	虢仲编钟	春秋早期	河南	8

① 孙诒让．古籀拾遗 [M]. 北京：中华书局，1989：20.（孙诒让最早考证得出楚公逆乃楚之熊咢，之后这一结论得到了王国维等学者的赞同和肯定——笔者注。）

三、王孙诰钟编组的初步认定

在淅川下寺2号楚墓中，与王孙诰钟同出的乐器多存放于墓葬南室。对于这26件甬钟的存放情况，考古报告和相关研究报告中的记录详略不一。考古发掘报告记载："甬钟26个，紧靠椁室南壁作一字排列。大者在下，由西及东依次排列，小者在上。有的小钟则落在大钟的中间。"[①]赵世纲在《淅川楚墓王孙诰钟的分析》中叙述编钟出土情况时写道，"它的钟架已朽，26枚钟散乱地堆在墓底。从出土情况看，第1钟位于最西端，立放。第2—8钟大致呈一字排列，钟甬向北，钟斡亦向上倒于墓底。第9钟位于最东端，钟甬向南，钟斡亦向上倒于墓底。第10—12钟落于第7—8钟之上。第15、16两钟则压在第4钟之上。第17—20钟是压在第2、3两钟之上。第23—26钟落在第1钟与木椁的间隙之间。在这些钟体上，还散落有钟系多条。"[②]按资料的等级性来说，考古发掘报告所提供的资料应该是研究论文的资料基础，其所提供的信息也应当最为全面和丰富，但上述情况却恰好相反。由于这些资料涉及本文的具体分析，故而，笔者带着这一疑问查阅了考古发掘报告的《编后记》，发现《淅川楚墓王孙诰钟的分析》一文的作者不但是该考古发掘报告的主要编写者，更是报告中M2内容的执笔者。既然这些资料均出自一人之手，那么笔者便可在下文的分析中对这些资料进行综合运用。

王孙诰钟出土时并未悬于钟架，编组方式不清晰。从各件钟散乱的基本位置可以看出，这套编钟应分两层悬挂，下层为8件形体较大的钟，上层为18件形体略小的钟，且上层钟与下层钟的大小次序正好相反，由此推知，它们的斜悬方向也正好相反，敲击者应当并非一人，可能是分立于钟架两面的2至3人。此外，虽然下层8件钟的次序清楚，但上层18件钟的编组及次序仍较为混乱，按出土编号进行顺次显然不符合其历史原貌。赵世纲曾对这套编钟的编悬问题进行了多次分析和研究，他认为上层钟以铭文次序编排的可能性最大，同时也不排除另一

---

① 河南省文物研究所，河南省丹江库区考古发掘队，淅川县博物馆．淅川下寺春秋楚墓[M]. 北京：文物出版社，1991：104.

② 赵世纲．淅川楚墓王孙诰钟的分析[J]. 江汉考古 .1986（3）：45.

种可能，那就是上层编钟为分别以大小为序的两组。[①]《河南淅川下寺 2 号楚墓王孙诰编钟乐律学分析》对这套编钟进行了乐律学分析，该文根据所推定的各钟音高，按音高次序排序列表，从结论和存疑问题中可以看到，作者没有将这 26 件钟的分组问题纳入分析当中，而是将它们作为一组钟来看待的。[②]

目前所见先秦大型编钟大多分组编悬，各组钟的形制纹饰、音乐性能等均能有机统一。王孙诰钟是目前所见规模较大的单一钟型（甬钟）组合的编钟。根据出土情况可以基本确定下层为 1 组共 8 件大钟，而上层的 18 件钟或为 1 组，或分为 2 组，但是，目前还未见先秦编钟有 18 件成组者，因此这 18 件钟可能为 2 组各 9 件。对这套编钟具体分组情况的进一步分析，将有助于我们更为客观、深入地认识其音乐性能。通常，编钟的形制纹饰、体量大小、铸刻铭文、音高序列等都是考察其编次的要素。

从钟铭来看，这套编钟的钟铭铸在每件钟的钲部及左、右鼓上。大型钟钲部和鼓部的面积较大，仅在正面铸有铭文，中型钟则正、背两面均铸铭文。每篇铭文均相同。M2:1 至 12 上各有一篇全铭。其他有 2 件合一篇全铭者，如 M2:13、14，M2:17、19；有 3 件合一篇全铭者，如 M2:18、15、20，M2:16、22、21；还有 4 件合一篇全铭者，如 M2:26、23、24、25。笔者用原出土编号依据铭文的组合情况，将 26 件钟的次序排列如下，其中方框标记指几件合铸 1 篇铭文，加粗者为下层钟。

铭文序：**1-2-3-4-5-6-7-8**-9-10-11-12-[13-14]-[17-19]-[18-15-20]-[16-22-21]-[26-23-24-25]

从形制纹饰上看，这套编钟的形制基本相同，但纹饰和各部位比例却略有差异，“M2:17、M2:19；M2:18、M2:15、M2:20；M2:26、M2:23、M2:24、M2:25 三组九钟，其钟甬较长，甬的顶端与根部直径相差不多，钟身的钲部所占比例较大，而鼓部所占比例较小，隧部的蟠螭纹较为简化”，此外，“钟口内唇

① 赵世纲．淅川下寺春秋楚墓出土编钟的音高与音律 [M]// 河南省文物研究所，河南省丹江库区考古发掘队，淅川县博物馆．淅川下寺春秋楚墓．北京：文物出版社，1991：4. 赵世纲．淅川楚墓王孙诰钟的分析 [J]. 江汉考古，1986（3）：50.

② 郑祖襄．河南淅川下寺 2 号楚墓王孙诰编钟乐律学分析 [J]. 音乐艺术，2005（2）：50.

及钟攠，均没有进行调音的锉磨痕迹”，因此，“这套编钟可能不是一次设计和铸造的。”[①]这 3 组共 9 件钟与其他 9 件钟在形制纹饰以及调音上均有着较大的差别，结合铭文的组合情况，这 3 组钟中每一组的铭文恰好能组合成篇，据此可试作如下编组排序，其中方框标记指几件合铸 1 篇铭文，加粗者为下层钟，加粗方框者为形制纹饰略有差异的 3 组 9 件钟。

分组排序：**1-2-3-4-5-6-7-8**-9-10-11-12-13-14-16-22-21-17-19-18-15-20-**26-23-24-25**

从各件编钟出土时的位置来看，这种排序似有不解之处，如 15、16 钟原一同压在第 4 件钟上，但在此编序中却相隔较远，22、21 钟也离原位置较远，等等。但是，造成编钟出土时散乱的原因较为复杂，即使如资料中所说是因钟架朽蚀而导致钟塌下，这些小型钟落下的位置和情况也始料不及，况且上述钟位置的偏离至多是 4 到 5 钟，它们落下时相互碰撞、滚落、推移等都可能导致位置偏离较大。鉴于此，笔者以上文分析所得分组排序为基础，将编钟通高和正鼓音音高的数据加入，查其是否具有一定的逻辑性。

表 6-5 统计显示，这种排序和编组使得上层 18 件钟被分成 2 组，每组均由形体从大到小、音高由高到低顺次排列的 9 件钟组成，呈现出一定的规律性和合理性，因而可初步确定：王孙诰钟分两层悬挂，下层为 8 件大钟，上层为 2 组各 9 件略小的钟，其中上层一组钟曾经过调音，上层二组钟则未经调试。事实上，这种编组在春秋时期楚编钟中也有参照例证，即春秋时期楚编钟中常见 8 件镈与 9 件钮钟的配合。尽管其器型与王孙诰钟大不相同，但其 8 件主导节奏功能的低音钟与 9 件主导旋律功能的高音钟相互协调配合的情形却大体相一致，王孙诰钟不过是在下葬前又在上层增铸并补入了一组 9 件高音钟，从而使其外观和规模更为宏大，编悬和摆列也更为协调。

① 河南省文物研究所，河南省丹江库区考古发掘队，淅川县博物馆.淅川下寺春秋楚墓[M].北京：文物出版社，1991：140.

表 6-5 王孙诰钟编组分析表

层 / 组		序号	次序	铭文组合	通高（厘米）	正鼓音音高（音分）	形制纹饰
下层		1	M2:1	1	120.4	$G-48$	甬呈八棱体，上细下粗；鼓部较大，正鼓部由两组对称的蟠螭纹组成；钟内壁均有调音锉磨遗痕，经调音
		2	M2:2	1	111.5	$^{\#}A-4$	
		3	M2:3	1	103.9	$d-48$	
		4	M2:4	1	94.0	$^{\#}d+7$	
		5	M2:5	1	86.8	$^{\#}f+24$	
		6	M2:6	1	79.7	$^{\#}a-28$	
		7	M2:7	1	74.0	$c^{1}+17$	
		8	M2:8	1	66.0	$^{\#}d^{1}+8$	
上层	一组	9	M2:9	1	60.0	$^{\#}c^{1}-21$	
		10	M2:10	1	58.2	$e^{1}+40$	
		11	M2:11	1	53.7	$^{\#}f^{1}-49$	
		12	M2:12	1	50.5	$^{\#}g^{1}-15$	
		13	M2:13	合 1	47.2	$^{\#}a^{1}-48$	
		14	M2:14		44.6	$^{\#}d^{2}-37$	
		15	M2:16	合 1	38.6	$^{\#}g^{2}-37$	
		16	M2:22		35.6	$a^{2}+45$	
		17	M2:21		33.7	$e^{3}-22$	
	二组	18	M2:17	合 1	46.2	$b^{1}+46$	甬较长，顶端与根部直径相近；钲部较大，鼓部较小，正鼓部蟠螭纹简化；无调音锉磨痕
		19	M2:19		45.6	$^{\#}c^{2}+3$	
		20	M2:18	合 1	40.9	$b^{1}-16$	
		21	M2:15		39.4	$e^{2}-18$	
		22	M2:20		33.65	$^{\#}f^{2}-40$	
		23	M2:26	合 1	33.65	$d^{3}+49$	
		24	M2:23		27.5	$a^{2}+45$	
		25	M2:24	合 1	25.0	$^{\#}f^{3}-33$	
		26	M2:25		23.35	$g^{3}-17$	

四、徐家岭 M3 钟镈的拼合状况

徐家岭 3 号墓出土镈的形制纹饰基本相同，即：镂空夔龙组成的钮，钮上饰卷云纹，舞部饰变形蟠虺纹，篆带饰三角卷云纹或卷云纹，鼓部饰有 4 个对称的蟠龙纹。而所出 9 件钟的纹饰却存在一定差异（表 6-6）。由表可见，其中 5 件钟的纹饰大体相同，即 HXXM3:9、HXXM3:8、HXXM3:7、HXXM3:6、HXXM3:2，也与镈的纹饰基本一致，其余 4 件钟各个部位纹饰又各有不同。

表 6-6　徐家岭 M3 钟各部位纹饰表

编号	钮部	舞部	篆部	鼓部	备注
HXXM3:9	卷云纹	变形蟠虺纹	三角卷云纹	四条蟠龙纹	
HXXM3:8	卷云纹	变形蟠虺纹	三角卷云纹	四条蟠龙纹	
HXXM3:7	卷云纹	变形蟠虺纹	三角卷云纹	对称的变形蟠虺纹	
HXXM3:6	卷云纹	变形蟠虺纹	三角卷云纹	四条蟠龙纹	
HXXM3:5	卷云纹	盘龙纹	三角卷云纹	对称的变形蟠虺纹	
HXXM3:4	勾连纹	素面	勾连纹	对称的变形蟠虺纹	
HXXM3:3	卷云纹	卷云纹	—	对称的变形蟠虺纹	篆部纹饰漫漶不清
HXXM3:2	卷云纹	变形蟠虺纹	三角卷云纹	对称的变形蟠虺纹	
HXXM3:1	勾连纹	网纹、卷云纹	圆点纹、卷云纹	四条蟠龙纹	

有学者取编钟铸造的角度，从 9 个方面论述了 3 号墓乃至整个墓地出土的各套编钟“不全是一次铸成的，也不是一个铸钟技师设计铸造的”。① 这 9 个方面分别是芯撑孔、擿隧（笔者注：所指为调音槽等锉磨遗痕）、浇道、钲部与鼓部的大小、钟钮厚度、于口部浇口与合范缝、钟枚大小、花纹、铜制，通过研究得出 M3 钟

① 黄克映，李应华．淅川和尚岭、徐家岭楚墓青铜器铸造技术 [M]// 淅川和尚岭与徐家岭楚墓．郑州：大象出版社，2004：383.

中 HXXM3:3、HXXM3:4、HXXM3:6、HXXM3:8 可能为后配的补缺钟[①]。这一结论与前文纹饰分析结果出现了矛盾。事实上，作为判断依据的 9 个因素，虽然与铸造密切相关，却并非判断编钟是否同套的主要依据。

为隔开钟模与钟范之间的空隙以控制钟壁厚度，古代钟师铸钟时通常会根据预设钟体的大小在钲篆部和舞部使用若干芯撑，铸造完成后可能会留下的细小长条形孔隙，就是芯撑孔。因此，芯撑孔的大小与多少依预设钟体的大小而定，一般钟体较大者所留芯撑孔多，钟体较小者所留芯撑孔少。显然，同套钟的大小不一，各件钟芯撑孔的位置和数量也不一样，此外，有些铸造较好的钟，芯撑未透且不留孔隙，从外观上不见芯撑孔，所以，根据芯撑孔的数量和位置无法判断编钟是否同套。擁隧应指调音遗痕，春秋时期编钟的钟体内壁已有较为完备的调音设施，即预设厚度以备调试的音梁。钟铸造完成后，如果音高出现偏差，钟师便会根据实际情况对钟体的 8 个部位进行有针对性的锉磨，若铸造完成后的音高符合最初的设计，那么调试这一步骤便可省略了。所以，同套各件钟铸后音高的准确度不同，其内壁调试的情况也各有不同，故而依靠调音遗痕来判断编钟是否同套是不可行的。浇道是铜液流进范腔的通道，为使铜液能够快速流入并充满范腔以避免出现气孔等铸造缺陷，浇道便逐步设计为钟体最宽厚的部位，在钟体口部至内壁延伸形成了 4 条条状凸起。古代钟师有时会将浇道与预设厚度的音梁设计安排到同一部位，这不但满足了浇道所需的宽口径，而且为铸后的音高调试预留了厚度，这无疑是一石二鸟的聪明之举。这种钟体内壁的条状凸起，从铸造的角度可称其为浇道，而从音乐学的角度则应称其为音梁。根据各件钟的设计不同，浇道或音梁的情况也不尽相同，因此这也并非判断同套编钟的主要因素。钲与鼓部的大小与钟体大小相协调。一般来说，钟体渐次变小，其钲与鼓部也渐次缩小，所以如果拼合入编的钟在形制大小上与原钟成序列，其钲与鼓部也大体呈序列，那么这两个部位就不宜作为判断拼合情况的重要依据。钟钮是钟体上用于悬挂的部分，它与编钟发声的关系不大。钟钮的大小厚薄通常与钟体的大小成正比，有些铸造不精的钟，其钟钮也未必一定呈序列大小而偶尔会出现不规律的现象，故依靠钟

① 黄克映，李应华．淅川和尚岭、徐家岭楚墓青铜器铸造技术 [M]// 淅川和尚岭与徐家岭楚墓．郑州：大象出版社，2004：386.

钮的大小与厚薄并不能判断编钟是否同套。钟枚的大小通常与钟体大小成正比，但某些铸造不够精良的钟的钟枚也会出现一些例外，但这并不能决定其是否同套。浇口与合范缝可能在铸造时被进行一些灵活的处理，它们并不能反映编钟同套与否。铜质包含有原料、冶炼和铸造等多方面的质量，有些拼合的编钟也会与原套钟一样具备良好的铜质，所以也不宜以此判断编钟的同套或拼合。

与上述多种情况相比，纹饰可能是较为有力的依据。通常来说，原设计的成套编钟，其形制应大小次第，纹饰也应风格内容统一，手法相同。当纹饰内容或者形式出现较大差别时，就应对其是否同套进行考虑了，当然还应结合形制、大小、调音遗痕、音律等进行综合判断。上文对这组编钟各部位纹饰的统计已剔出了 4 件纹饰相异的钟，结合这组钟的内部调音状况可以发现，5 件纹饰接近的钟中多数经调音，仅 1 件例外未调，而 4 件纹饰不同的钟均未经过调音。因此，编号为 HXXM3:1、HXXM3:3、HXXM3:4、HXXM3:5 的 4 件钟可能是后期补入。

五、鄱子成周钟镈的拼合状况

8 件鄱子成周镈的形制相同，大小次第，其钲部及左右鼓部均铸有铭文，正背面连读共有 46 字。除 M1P∶4 铭文全部被刮去以外，其余镈的铭文内容相同，但铭文中的人名均被铲掉。考古报告中所记镈铭内容如下：

> 惟正月初吉，丁亥，□□择其吉金，自作龢钟，□仓仓；嘉乎方桒，子乐父兄，万年元朝，□□参寿，其永鼓之，百岁外□之剨。[1]

发掘简报中所记镈铭的个别句读和字与此略有不同，简报所见镈铭如下：

> 惟正月初吉丁亥，□□择其吉金，自作龢钟，□仓仓，嘉乎方桒，子乐父兄，万年无期，□□参寿，其永鼓之，百岁外□之剨。[2]

但是，报告附录中所记镈铭与上述二者也不同，记录如下：

---

① 河南省文物考古研究所．固始侯古堆一号墓 [M]. 郑州：大象出版社，2004：49.
② 固始侯古堆一号墓发掘组．河南固始侯古堆一号墓发掘简报 [J]. 文物，1981（1）：4.

惟正月初吉丁亥，□□择其吉金，自作龢钟，肄肄仓仓，嘉平元贲，孔乐父兄，万年无期，□□参寿，其永鼓之，百岁外，遂以止音。[①]

现有资料中关于镈铭的记录不清，3 处所记铭文相互校对亦未能明辨，但从中可看出考古报告中所录镈铭有误，附录中所记镈铭与前二者的差别较大，也可能出现疏漏，而发掘简报中的镈铭却可与钟铭的相关内容对应。

9 件钟形制相同，大小次第，钲部及鼓部均铸有铭文，但铭文的位置、字数和内容各不相同，大致情况如下表（表 6-7）。

表 6-7　鄱子成周钟钟铭概况表（一）

编号	字数	内容	备注
M1P:9 M1P:10	16	惟正月初吉，丁亥，鄱子成周，择其吉金，永	
M1P:11 M1P:12	35	正：惟正月初吉，丁亥，鄱子成周，余出自丞，山□□□，□父子孙，保此钟鼓 背：与楚自作龢钟□以	正背面均有铭文，“鄱子成周”为铲掉原铭文后刻上的
M1P:13	26	惟正月初吉，丁亥，□□□，择其吉金，自作龢钟，其眉寿无期，永保鼓	人名三字被铲掉
M1P:14	14	龢钟，眉寿无期，子子孙孙，永保鼓之	
M1P:15	23	正：钟□□□，嘉乎方□（桼），子乐父兄，万年无 背：諆（期）□□□，寿諆（期）永鼓	正背面均有铭文，钲部铭文多被铲掉
M1P:16	4	□（百）岁外□	正背面铭文均被铲掉
M1P:17			铭文全部被铲掉

报告附录根据钟铭的内容研究认为，17 件鄱子成周钟、镈分属于 4 组不同的编钟：M1P：9、10、14 同属一组，M1P：9、10 和 M1P：14 为全铭的前后半

① 赵世纲．固始侯古堆出土乐器研究 [M]// 河南省文物考古研究所．固始侯古堆一号墓．郑州：大象出版社，2004：125.

段，其中 M1P：9 上“鄱子成周”是铸造而成，可见这组钟的所有者为鄱子成周；M1P：11、13 的铭文基本相同，其上的“鄱子成周”四字是在铲掉原铭文后刻上去的，说明这 2 件钟是后来归属于鄱子成周；M1P：12 上有全铭，但人名被刮去；M1P：15 至 17 与镈的后半段铭文相同，当与镈同组。[①] 这一结论与上引考古报告中的铭文材料并不完全一致。经查核发现，附录研究所用钟铭的材料与上表所引考古报告所提供的资料有较大不同。附录中钟铭的记录情况见下表（表 6-8）。

表 6-8 鄱子成周钟钟铭概况表（二）

编号	字数	内容	备注
M1P:9	16	惟正月初吉丁亥，鄱子成周，择其吉金，自	下接 M1P:10
M1P:10	15	作龢钟，眉寿无期，子子孙孙，永保鼓之	
M1P:11	35	惟正月初吉丁亥，鄱子成周与楚，自作龢钟，□以兄父子孙，保此钟鼓，余出自山山，余城□。	“鄱子成周”为铲掉原三字铭文后刻上
M1P:12	25	□□□初□□亥，□□，择其□□，自作和钟，其眉寿无期，永保鼓。	背面无铭
M1P:13	26	惟正月初吉丁亥，鄱子成周与楚，自作龢钟，□以兄父子□，保此钟鼓，余出自山山，□城□。	“鄱子成周”为铲掉原三字铭文后刻上
M1P:14	14	龢钟，眉寿无□，子子孙孙，永保鼓之	
M1P:15	23	钟，肄肄仓仓，嘉平元贲，孔乐父兄，□□□，□□参寿，其永鼓	
M1P:16	4	□岁外，遂以	
M1P:17		之音	

尽管两处钟铭记录的差别较大，但它们都显示出这 17 件钟镈是由 4 组乃至 4 组以上的编钟拼合而成，其中有多件钟镈原先并不属于墓主人，正因为如此，钟

① 赵世纲．固始侯古堆出土乐器研究 [M]// 河南省文物考古研究所．固始侯古堆一号墓．郑州：大象出版社，2004：125 － 127.

铭中的人名才大多被铲掉或再刻墓主名。

在这组钟镈如此复杂的拼合情况下，鉴于 8 件镈和 9 件钟均经过调音，且音高呈序列，故可进一步分析其音乐性能。

六、䣄篙钟编制的确认

（一）关于䣄篙钟编制的争议

这组编钟为 13 件钮钟，其中 6 件于 1956 年春被人取出，其余 7 件于 1957 年被清理出来，出土时并列挂在一个倾倒的彩绘木质钟架上，且保存完好。䣄篙钟是截止到当时“出土编钟中最完整的一套”，因其保存了较为完好的外部形态及音乐音响性能而被认为是“研究古代乐器及乐律最理想的材料”。① 自出土以来，学术界对此钟给予了较多关注，进行了多方面的研究，其中涉及件数与编制的讨论。迄今为止，关于䣄篙钟的件数问题，学术界曾出现过三种观点。

其一，不止 13 件说。这一看法仅在 1958 年《信阳战国楚墓出土乐器初步调查记》（后简称《调查记》）一文中有所提及。该文根据第 12 钟与第 13 钟的通高、音分值两组数据存在较大差距，提出“会不会在这两钟之间原来还有钟”，同时也表明“仅凭这些现象作为论据，进而推断这套编钟原来不止十三个是远远不够的”，其目的是“提出来供研究者参考”。② 此后，随着古代编钟实物资料的日益丰富，学术界对先秦编钟的认识也不断加深，黄翔鹏在全面分析先秦编钟音阶的基础上认为，䣄篙钟的第 13 件钟与前 12 件钟在构成连续的音阶关系时，“完全符合先秦钟音阶规律的角一徵、羽一宫结构”③。故，这两件钟之间原并无钟。

其二，13 件说。杨荫浏是最早对䣄篙钟的音阶等音乐性能进行研究的学者，他的分析基于此钟为 13 件套④，此后，缪天瑞也以此钟为 13 件套进行了音乐性能分析。⑤

① 中央音乐学院民族音乐研究所调查组．信阳战国楚墓出土乐器初步调查记 [M]. 文物参考资料，1958（1）：23.
② 中央音乐学院民族音乐研究所调查组．信阳战国楚墓出土乐器初步调查记 [M]. 文物参考资料，1958（1）：15 － 23.
③ 黄翔鹏．“䣄篙”钟每钟两音音名与音位的乐律学分析 [M]// 溯流探源——中国传统音乐研究．北京：人民音乐出版社，1993：93.
④ 杨荫浏．信阳出土春秋编钟的音律 [J]. 音乐研究，1959（1）：77 － 80.
⑤ 缪天瑞．律学 [M]. 北京：人民音乐出版社，1996：107.

其三，12 件说。根据发掘报告所提供的材料，出土 13 件编钟的大小和重量依次递减，形制和纹饰也大体相似，但首钟（编号为 1 — 119）与其他 12 件钟略有差异。主要表现为三个方面：首先，首钟与第 2 件钟（编号为 1 — 120）的通高差较为显著，为 3.2 厘米，其余各件相邻钟的通高差为 1 至 1.87 厘米；其次，首钟纹饰较为特殊，与其他 12 件钟略有不同，其中首钟的钮部纹饰为雷纹和三角纹，舞部以变形饕餮纹作主纹，以绳纹、雷纹、三角纹和颗粒纹为底纹，而其余 12 件钟的钮部为变形“S”纹，钟身主纹为蟠虺纹，底纹为“S”纹、雷纹和三角纹；再次，首钟剔槽[①]的数目及位置与其他 12 件钟有所不同，它不仅舞内有 3 个剔槽，钟身两边也各有 3 个剔槽，且位置较低，其余 12 件钟的舞内仅 1 个槽，多居中。[②]考古界学者根据上述差异判断它们并非一套钟。[③]黄翔鹏研究认为，“首钟纹饰和音准情况与全套不合，从音阶规律的承先启后发展过程来看，这个首钟也和前后联系不上。因此，它是勉强配套而外加的，这一套编钟的原有件数应该是 12 件。”[④]

（二）䣄篙钟编制的初步判定

如前文所述，䣄篙钟的首钟与其余 12 件钟在通高、纹饰以及芯撑孔的数量和位置等方面均存在一定的差异，通过这些现象不难看出，首钟与其余 12 件钟并非为同一次或同批铸造而成。从出土情况来看，13 件钟出于墓葬的同一墓室，即前室，虽有 6 件被人取走，但其余 7 件钟出土时均并列挂在一个倾倒的彩绘木质钟架上，可以推测，这 13 件钟在下葬时可能同时悬挂在这一钟架上。除此之外，另有两条信息可为我们探讨此钟的编制和件数提供有力的佐证。

该墓葬前室的东部和左后室中共发掘出土了 148 根竹简，其中有 2 组为遣册简。在标本 2 — 018 简上记有“乐人之器：一槃坙（桯）首钟，少（小）大十又（有）三……”[⑤]。可见，遣册简中所记编钟的数目与出土编钟的实际件数完全吻合，

① “剔槽”即芯撑孔，均外小内大，为铸钟时所遗留——笔者注。
② 中国社会科学院考古研究所．信阳楚墓 [M]. 北京：文物出版社，1986.
③ 刘彬徽．楚系青铜器研究 [M]. 武汉：湖北教育出版社，1995：236.
④ 黄翔鹏．用乐音系列记录下来的历史阶段——先秦编钟音阶结构的断代研究 [M]// 溯流探源——中国传统音乐研究．北京：人民音乐出版社，1993：103.
⑤ 中国社会科学院考古研究所．信阳楚墓 [M]. 北京：文物出版社，1986：129. 释文见 134.

均为 13 件，由此我们可以判定，这批编钟下葬时当为 13 件。

值得注意的是，信阳长台关 1 号墓发掘后的次年（即 1958 年），在距 1 号墓仅约 10 米处又发掘了长台关 2 号楚墓，这座墓葬中出土了 13 件木制编钟。2 号墓出土木制编钟的形制与 1 号墓出土青铜编钟相类似，各钟大小次第。每件木钟的内壁均被凿空约三分之一。木钟的表面被凿出棱线作为篆部的边沿，除较大四件钟素面无纹外，其余各木钟均设有乳钉 36 枚，发掘时多半已脱落。[①] 此外，2 号墓中还同出了 1 件木制钟架和 2 件木制钟槌。考古资料表明，1 号墓与 2 号墓的墓葬形制相同，规模相当。其中，2 号墓的地势、墓向及出土器物的粗糙简陋显示出其墓主人的辈分略低于 1 号墓，下葬时间也略晚于 1 号墓，但总体而言，两墓的墓主人同为大夫级。[②] 一般来说，在同一文化区域、时代相近、等级相当的墓葬中，随葬编钟的数量应相同。准此，2 号墓出土的 13 件木制编钟可以作为 1 号墓青铜编钟为 13 件编制的又一力证。

通过以上分析得出，𨚕篙钟当为 13 件编制，其中，首钟与其余 12 件钟并非同批铸造，应为后期加入，且与其余 12 件钟拼合成编。事实上，首钟的补入具有多方面的意义，后文将对此做更进一步的分析。

七、擂鼓墩 M2 编钟实用可能性的探讨

表 6-9 擂鼓墩 M2 编钟音高重复统计表

出土号	正鼓音（音分）	侧鼓音（音分）	通高（厘米）	备注
第一组				
111	$^{b}b^{2}-47$	$^{b}d^{3}-29$	42.6	小
85	$^{b}b^{2}-25$	$^{b}d^{3}+9$	42.6	小
88	$^{b}b^{2}-31$	$^{b}d^{3}-12$	42.7	小

① 中国社会科学院考古研究所 . 信阳楚墓 [M]. 北京：文物出版社，1986：86.
② 中国社会科学院考古研究所 . 信阳楚墓 [M]. 北京：文物出版社，1986：121 – 122.

续表

出土号	正鼓音（音分）	侧鼓音（音分）	通高（厘米）	备注
第二组				
104	$^{b}d^{3}-5$	$e^{3}-41$	38.2	小
97	$^{b}d^{3}-23$	$f^{3}+10$	38.9	小
116	$^{b}d^{3}-12$	$f^{3}+4$	38.2	小
108	$^{b}d^{3}+29$	$^{b}e^{3}+39$	38.6	小
第三组				
114	$f^{3}-20$	$a^{3}-35$	37.2	小
86	$f^{3}+42$	$a^{3}+35$	36	小
87	$f^{3}+20$	$a^{3}+32$	35.5	小
95	$f^{3}-55$	$^{b}g^{3}+33$	36.5	小
第四组				
100	$^{b}b^{3}+8$	$d^{4}-10$	35.8	小
83	$^{b}b^{3}+28$	$^{b}d^{4}+37$	35.8	小
101	$^{b}b^{3}+30$	$^{b}d^{4}-55$	33.3	小

擂鼓墩 2 号墓的考古资料以简报形式发表，其中有关出土编钟的介绍较为简略，仅对钟体大小及其纹饰进行了描述。此后，测音小组的报告介绍了这批编钟的音律情况，并判定它们“不是明器，而是可供演奏的乐器”，与此同时，报告中还说，“如果加以调整音高使之标准，肯定能发出漂亮的声音……36 件钟均可发出不同的两个音，多数是比较明显的三度音，少数不太明显，但由于敲击的部位不同，出音也就不太明显。”① 可见，这套编钟是否具备铸调良好且可供演奏

① 许定慧．擂鼓墩二号墓编钟及其音律测试 [J]. 黄钟，1988（4）：11 － 12.

的音列，还需再一次进行分析和确认。

从测音资料中可以发现，编钟音高出现了大量的重复现象，大致情况统计如表 6-9。表中所列有 3 件至 3 件以上的音高重复者，均为小件钟，并且这些相同或相近音高钟的通高也大体相当，因此，无论从编钟的大小序列还是音高序列，它们均难以达到“大小次第”“音高有序”。那么，是不是这些音高相同的钟属于不同的钟组呢？资料显示：编钟出土时多大小相套横置于椁底；椁室西壁共放置 7 件，其中 2 件大钟竖置，5 件小钟套放于大钟之间；椁室南壁横置两列，一列有大钟 6 件、小钟 7 件，另一列为 16 件小钟。大钟与小钟的体量差别较大，故 8 件成组的大钟已可确认，然而其他 28 件小钟是否分组或分为几组则需另作考虑。结合表中的统计，无论是不分组，还是分组，如此之多的音高重复现象均难以符合编钟音列设计的客观实际。再者，实测音高在各八度组的分布情况也可粗略地反映出编钟音列的基本布局（表 6-10）。

表 6-10 擂鼓墩 M2编钟各八度组音高分布

八度组	C	♯C	D	♯D	E	F	♯F	G	♯G	A	♯A	B
小字 5 组	3			1								
小字 4 组		2	2	1	1	1		1	6	2		1
小字 3 组	1	6		2	2	6	2	1	1	4	3	1
小字 2 组			2							1	3	
小字 1 组	1			1	1	4	1	1	2	1		2

统计表明，这套编钟的音高分布与先秦编钟音高分布“中间密，两边疏”的情况略有不同，它不仅在总音域之中间区域的音高分布密集，而且位于最低一个八度的音高分布也较多，导致编钟音高分布较散且规律性不强。

有关这套编钟铸造工艺水平和调音情况的细致描述，《中国音乐文物大系·湖北卷》中提供了更多可资参考的信息。① 就铸造水平而言，大型钟的总体铸造工艺较之小型钟略为精良。大型钟的表面及内腔多处经磨砺和处理，而多数小型钟

① 中国音乐文物大系总编辑部．中国音乐文物大系·湖北卷 [M]. 郑州：大象出版社，1996：31 － 32.

的内腔都极为粗糙，较小的几件钟的内腔几近未磨，口沿上也还遗有浇口残痕、溶渣和似为抹刷糊状物形成的条带纹路，同时，小型钟有多处缺肉、多肉、错范，此外，还在甬与钟体铸接处出现了甬根部侈露或偏离轴线等较为严重的铸造缺陷。大型钟的正鼓部纹饰也反映出铸造不精的情况，如钟体主纹（正鼓部纹饰）多采用了印模或嵌模法，但由于 4 件正鼓部同为操蛇神人纹的大型钟使用了同一尺寸的纹样模具，导致了大小不同的钟体上装饰处与空白处的比例不等。从调音设施和锉磨情况来看，虽然这 36 件钟钟体内壁均铸有 4 条基本对称的、高耸的音梁，但这些音梁却未经锉磨，编钟的音高又显得无序，可见，没有锉磨并不代表编钟的音高符合设计而不用调试，而是未经过调音。

综上可知，这套编钟并非实用器，可能不为演奏音乐所用。

八、天星观 M2 钟实用性能与功能的推断

这套编钟的钟壁内部大多设有音梁，且多有调音凹槽，可能经过调音，因此可尝试性地对其音列作基本推定。

首先，对各音高在各八度组中出现的次数进行统计，以提炼出其中最重要的音级。

表 6-11 天星观 M2 钟各八度组中音高出现次数统计表

八度组	C	$^{\#}$C	D	$^{\#}$D	E	F	$^{\#}$F	G	$^{\#}$G	A	$^{\#}$A	B
小字 4 组	1	1	2	2	1	2	2	1	2			1
小字 3 组	2	2	2		3	1	1	2			2	1
小字 2 组	1	2	1	2	3		6		2	2	1	1
小字 1 组	1	2		2		1		1	1	1	1	2
总计	5	7	5	6	7	4	9	4	5	3	4	5

由表 6-11 可见，$^{\#}$F 出现得最为频繁，达 9 次之多，其中有 5 次都出现于正鼓部；$^{\#}$C、E 均出现了 7 次，其中 $^{\#}$C 有 5 次出现于正鼓部，而 E 仅有 3 次出现于正鼓部；

$^{\#}$D 共出现了 6 次，其中 4 次都出现在正鼓部，因此，$^{\#}$F、$^{\#}$C、$^{\#}$D 可能是这套编钟音列中最核心的 3 个音级，它们可以构成一种五正声音列。

音名	$^{\#}$F	$^{\#}$G	$^{\#}$A	$^{\#}$C	$^{\#}$D
阶名	宫	商	角	徵	羽

以下将以此五正声音列为基础，对整套编钟的音列进行理论推定。

M2:42 —（25）钟的侧鼓音 f^1 + 38，从其正鼓音为羽（$^{\#}d^1$ + 11）来看，此音应改写为 $^{\#}f^1$ − 62 为宜，记写为↓宫。

M2:42 —（23）钟的正鼓音已初步确定为商角，但该钟的侧鼓音与正鼓音的音程间距过窄。结合整套编钟中正鼓音为商角的音列状况以及曾侯乙编钟钟铭，正鼓音为商角钟的侧鼓音多为商曾，故该钟的侧鼓音音位可能原设计为商曾，实测音高偏低较大，此处暂记写为 e^1 − 272，即↓商曾。同理，M2:42 —（18）的侧鼓音也应改记为偏低较多的商曾 e^4 − 192。

根据编钟音列横向设置的基本规律以及正、侧鼓音的基本关系，推定 M2:42 —（26）钟的正鼓音可能原设计为宫，但实际音高偏高较多，为 $^{\#}f^1$ + 145。

通观 M2:42 —（28）钟的双音及其与前后钟的关系，其正、侧鼓音应分别改写为 $^{\#}a^1$ + 79 和 $^{\#}c^2$ − 70，记写为↑角和↓徵。

M2:42 —（04）钟的侧鼓音 a^2 + 19，根据其正鼓音为宫（$^{\#}f^2$ − 24）来看，此音当改写为 $^{\#}a^2$ − 81，记为↓角。

M2:42 —（05）钟的侧鼓音 $^{\#}g^2$ + 50 应作同音转换为 a^2 − 50，为偏低的徵曾，与该钟正鼓音略低的宫形成了小三度的音程间距。

从实测数据来看，M2:42 —（10）的正、侧鼓音也略显异常。通观全套编钟可以初步推断，该钟的正鼓音可能是偏高较多的商曾，即 e^4 + 60，以商曾为正鼓音的钟在全套编钟中有 3 件，它们的侧鼓音设置有宫、商两种，与这件钟侧鼓音实测数据最为接近的是商，此处偏低较多，记写为 $^{\#}g^4$ − 94。

M2:42 —（13）钟的正鼓音为 a^2 − 3，这件钟的侧鼓音音位已基本确定为商角，通观整套编钟，商—商角的正、侧鼓音设置出现的次数较多，因此这件钟的正鼓音当改写为 $^{\#}g^2$ + 97，记为↑商。

以徵—商曾为正、侧鼓音的基本设置在全套编钟中出现较多，故 M2:42 —（14）钟的正、侧鼓音应改写为 $^{\#}c^3$ + 80 和 e^3 + 56，分别记写为↑徵和↑商曾。

M2:42 —（15）钟的侧鼓音 g^3 + 48，查该钟的正鼓音为商曾，因此其侧鼓音当改写成 $^{\#}g^3$ — 52 为宜，记为↓商。

在 M2:42 —（16）钟的侧鼓音为角的情况下，其正鼓音 g^3 — 48 应为 $^{\#}f^3$ + 52，记写为↑宫更为合理。

按音高序列，M2:42 —（19）应在 M2:42 —（21）和 M2:42 —（22）之间，表 6-12 已做调整。

结合这套编钟的实测数据以及音列的理论推定结果来看，编钟音高出现了较大偏差，不仅如此，多方面的证据都显示出这套编钟是先秦楚钟中的“遗憾之作”。

其一，从编钟铸造方面看。这套编钟钟体内腔和钟体外部没有纹饰的地方多较为光洁，铸造痕迹也大多经过处理，但是仍有少数钮钟钟体内腔顶部残留有些许范芯泥，此外，有的钮侧面也可看到铸造留下的范线，这些范线有的未予处理，较为明显。但体现在编钟铸造上的最大问题可能是，全套 32 件钟中有十余件钟的舞部纹饰都因铸范的原因而出现了散乱、粗糙、不完整甚至错位。虽然先秦编钟中也不乏铸造粗糙的例证，它们有的铸疣尚存，有的砂眼较多，但纹饰错乱的现象却不多见，可见，铸造这套编钟的钟师大有敷衍了事之嫌。

其二，从调音遗痕方面看。上文所列测音数据表已对编钟调音的基本情况予以呈现，这套编钟多设有音梁，并残留有调音锉磨痕迹，显然它们的音高经过了铸后调试，但是从资料所显示的调音手法来看，却多有可圈点之处。

表 6-12 天星观 M2 钟音列推定表

单位：音分

序号	编号	正鼓音		侧鼓音	
		音高	音位	音高	音位
10 件镈					
1	M2:42 －（23）	c^1 + 16	商角	e^1 － 272	商曾
2	M2:42 －（24）	$^{\#}c^1$ + 18	徵	$^{\#}d^1$	羽

续表

序号	编号	正鼓音		侧鼓音	
		音高	音位	音高	音位
3	M2:42－(25)	$^{\#}d^{1}+11$	羽	$^{\#}f^{1}-62$	宫
4	M2:42－(26)	$^{\#}f^{1}+145$	宫	$a^{1}-25$	徵曾
5	M2:42－(27)	$^{\#}g^{1}+5$	商	$^{\#}a^{1}+44$	角
6	M2:42－(28)	$^{\#}a^{1}+79$	角	$^{\#}c^{2}-70$	徵
7	M2:42－(29)	$b^{1}+3$	羽曾	$d^{2}+6$	宫曾
8	M2:42－(30)	$^{\#}c^{2}$	徵	$e^{2}-50$	商曾
9	M2:42－(31)	$^{\#}d^{2}+5$	羽	$^{\#}f^{2}-10$	宫
10	M2:42－(32)	$^{\#}f^{2}+48$	宫	$^{\#}g^{2}+5$	商
钮钟一组					
1	M2:42－(01)	$^{\#}c^{2}+3$	徵	$e^{2}-40$	商曾
2	M2:42－(02)	$^{\#}d^{2}+16$	羽	$^{\#}f^{2}+50$	宫
3	M2:42－(03)	$e^{2}-45$	商曾	$^{\#}f^{2}+5$	宫
4	M2:42－(04)	$^{\#}f^{2}-24$	宫	$^{\#}a^{2}-81$	角
5	M2:42－(05)	$^{\#}f^{2}-16$	宫	$a^{2}-50$	徵曾
6	M2:42－(06)	$c^{3}-40$	商角	$e^{3}-5$	商曾
7	M2:42 (07)	$b^{2}-20$	羽曾	$d^{3}+5$	宫曾
8	M2:42－(08)	$^{\#}c^{3}-29$	徵	$e^{3}+20$	商曾
9	M2:42－(09)	$^{\#}f^{3}+50$	宫	$^{\#}a^{3}+12$	角
10	M2:42－(10)	$e^{4}+60$	商曾	$^{\#}g^{4}-94$	商
11	M2:42－(11)	$^{\#}f^{4}-48$	宫	$^{\#}g^{4}+8$	商

续表

序号	编号	正鼓音		侧鼓音	
		音高	音位	音高	音位
钮钟二组					
1	M2:42 －（13）	$^{\#}g^{2}$ ＋ 97	商	c^{3} ＋ 9	商角
2	M2:42 －（12）	$^{\#}a^{2}$ － 24	角	$^{\#}c^{3}$ － 3	徵
3	M2:42 －（14）	$^{\#}c^{3}$ ＋ 80	徵	e^{3} ＋ 56	商曾
4	M2:42 －（15）	e^{3} － 5	商曾	$^{\#}g^{3}$ － 52	商
5	M2:42 －（16）	$^{\#}f^{3}$ ＋ 52	宫	$^{\#}a^{3}$ － 35	角
6	M2:42 －（17）	b^{3} － 6	羽曾	d^{4} ＋ 24	宫曾
7	M2:42 －（18）	c^{4} － 35	商角	e^{4} － 192	商曾
8	M2:42 －（20）	$^{\#}c^{4}$ － 16	徵	$^{\#}d^{4}$ ＋ 50	羽
9	M2:42 －（21）	$^{\#}d^{4}$ ＋ 20	羽	f^{4} － 6	徵角
10	M2:42 －（19）	e^{4} ＋ 19	商曾	$^{\#}f^{4}$ － 16	宫
11	M2:42 －（22）	$^{\#}g^{4}$ － 50	商	b^{4} － 48	羽曾

通过对大量先秦编钟资料的研究表明，编钟调音的第一部位是两铣角内和两正鼓部内，其目的是有效调整正、侧鼓音的节线，以使编钟的双音更具独立性，同时获得良好的音色和音量，此后，调音部位便转向编钟的四侧鼓部内，以此来调节正、侧鼓部的音高并把握二者的相互关系。因此，一般来说，编钟调音涉及钟体内壁的 8 个部位，只有当编钟长调不准的时候，才会出现超过 8 处乃至更多的调音锉磨痕迹。天星观 2 号墓钟内壁“四条凸带之间密布锉磨的凹槽”或“不见凸带，却满布锉磨的凹槽”[①]（笔者注：凸带指的是音梁），这一现象表明这些钟可能经过了艰难的调音过程，也许并未达到良好的效果。

① 湖北省荆州博物馆．荆州天星观二号楚墓 [M]. 北京：文物出版社，2003：70.

图 6-1 天星观 2 号墓钟 M2:42 -（9）锉磨痕迹剖面

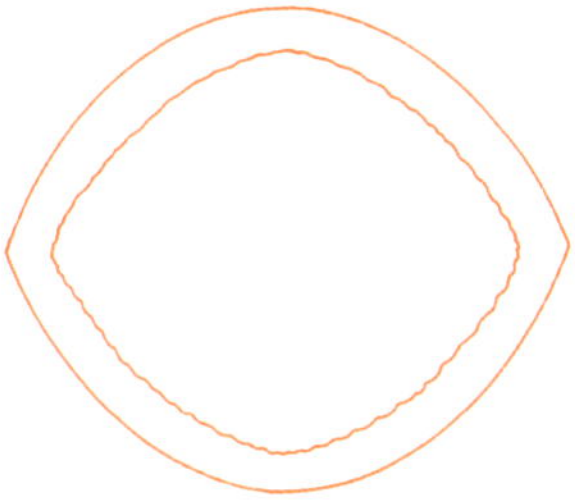

图 6-2 天星观 2 号墓钟 M2:42 -（9）截面图

图 6-3 天星观 2 号墓钟 M2:42 -（9）舞部纹饰

战国时期的编钟在铸造之初多预设有音梁，以备铸后调音之用。这套编钟钟体内壁也设有音梁，但其中 5 条音梁和 2 条音梁者，与战国编钟钟体内壁多为 4 条音梁的通例不合，此外，还有几件钟的内壁没有音梁，却满布着锉磨的凹槽。一般情况下，不设音梁而通过锉磨内壁成凹槽来调节音高的方法多见于西周时期的编钟上，也被称为“挖隧”，其锉磨的凹槽数最多也不过 8 条。这套编钟出现了倒退于当时常用的调试手法，同时其锉磨的凹槽也遍布钟体内，无疑是编钟音高长调不准所致。

以上现象充分说明，铸调这套编钟的钟师并未掌握娴熟的编钟调律之法，调钟技术尚显生疏。

其三，从正、侧鼓音音程间距设置来看。这套编钟的正、侧鼓音音程间距并不像曾侯乙编钟那样均统一在大、小三度的范围内，而显得较为复杂，特别是相同正鼓音的钟，其侧鼓音并不相同并且常常存在多种情况，初步统计如下：

从表 6-13 的统计可以看到，这套编钟正、侧鼓音音程间距大致有三种，分别是大二度、小三度、大三度，其中大二度有 8 件，小三度有 15 件，大三度有 9 件。尽管其双音设置仍以三度关系为主，但大二度的比例也不在少数。此外，正鼓音相同的钟，其侧鼓音可能出现两到三种不同的设置情况。从曾侯乙钟铭可以看到，先秦编钟的双音设置以大、小三度为基本规范，较少出现二度的双音音程间距设计，可见，这套编钟双音调试的结果并不十分理想。

表 6-13 天星观 M2 钟双音音程间距统计表

序号	正、侧鼓音	音程间距	出现次数
1	宫－角	大三度	3
	宫－徵曾	小三度	2
	宫－商	大二度	2
2	商－角	大二度	1
	商－商角	大三度	1
	商－羽曾	小三度	1
3	角－徵	小三度	2
4	羽曾－宫曾	小三度	3
5	商角－商曾	大三度	3
6	徵－羽	大二度	2
	徵－商曾	小三度	4
7	羽－宫	小三度	3
	羽－徵角	大二度	1
8	商曾－宫	大二度	2
	商曾－商	大三度	2

其四，从音高偏差来看。这套编钟的音高偏差主要体现在两个方面：一是相对音程间距的偏差，即相同性质的双音音程间距，其实测数据却差别较大；其二是前后钟的相对音高关系存在着较大偏差。这从上文所列编钟音列推定表中即可看出。

其五，从音列布局来看。根据上文对编钟音列的理论推定结果，将其各八度组音列的布局情况分析列表如下（表 6-14）：

表 6-14 天星观 M2 钟各八度组音列布局

八度组	宫	商	徵曾	角	羽曾	商角	徵	羽	宫曾	商曾	徵角
小字 1 组	☆☆	☆	☆	☆☆	☆	☆	☆	☆☆		☆	
小字 2 组	☆☆☆ ☆☆☆	☆☆	☆	☆☆	☆		☆☆☆	☆☆	☆	☆☆☆	
小字 3 组	☆☆	☆		☆☆	☆	☆☆	☆☆☆		☆	☆☆☆☆	
小字 4 组	☆☆	☆☆☆			☆	☆	☆	☆☆	☆	☆☆☆	☆

整套编钟的音域有 4 个八度，并且每个八度的音列设置密度相当，多能奏出完整的七声音阶。先秦时期与此规模相当的编钟音域通常有着略为宽广的音域，它们大多在小字 1 组和小字 2 组的音列设置更为密集，而其他八度组的音列设置稍微疏朗些。天星观 2 号墓钟的音列设置显然不同于先秦编钟的一般规律和特点。其中，2 组钮钟的音列布局又可以反映出另外的一些情况。

表 6-15 天星观 M2 钟钮钟一组各八度组音列布局

八度组	宫	商	徵曾	角	羽曾	商角	徵	羽	宫曾	商曾	徵角
小字 2 组	☆☆ ☆☆		☆	☆	☆		☆	☆		☆☆	
小字 3 组	☆			☆		☆	☆		☆	☆☆	
小字 4 组	☆	☆☆								☆	

表 6-16 天星观 M2 钟钮钟二组各八度组音列布局

八度组	宫	商	徵曾	角	羽曾	商角	徵	羽	宫曾	商曾	徵角
小字 2 组		☆		☆		☆					
小字 3 组	☆	☆		☆	☆		☆ ☆			☆ ☆	
小字 4 组	☆	☆			☆	☆	☆	☆ ☆	☆	☆ ☆	☆

从表 6-15、表 6-16 可以看出，2 组钮钟的音列布局并不相同。钮钟一组在小字 2 组的音列设置略为密集，而在小字 3 组和小字 4 组的音列布局较散，在钮钟一组音列所涉及的三个八度组中均不能构成五正声音列。钮钟二组与之不同，其在小字 2 组和小字 3 组的音列设置比较疏朗，而在小字 4 组的音列设置略显密集，这组钟在所涉及的三个八度内也都不能构成五正声音列。而当 2 组钮钟音列被合并之后，钮钟二组便可对钮钟一组的音域有所延伸，并在每个八度之内都可以获得更多的音，使得音列更显丰富，但是五正声依然不齐。2 组钮钟的音列虽然在一定程度上体现了互补性，却依旧未能从整体上获得更完善的音乐性能，这种情况依然不利于音乐实践。

一般来说，大型编钟中的钮钟多用来演奏旋律，其音列设置会更为有序，各钮钟正鼓音之间的音程间距也不会太大。但从天星观 2 号墓钮钟的正鼓音排列可以看到，不但两钟正鼓音出现了连续重复，还有相邻两音之间的音程距离过大或过小的情况。此外，从音列和音阶角度来看，其中的缺失音级也较多。

钮钟一组正鼓音音列：

徵—羽—商曾—宫—宫—商角—羽曾—徵—宫—商曾—宫

钮钟二组正鼓音音列：

商—角—徵—商曾—宫—羽曾—商角—商曾—徵—羽—宫

相对于钮钟的音列而言，下层编镈的音列却显得较为有序，体现了编钟的先期设计。

结合随葬的编钟装置我们还可以做出一些推断。据考古报告[1]介绍，天星观2号墓钮钟的悬挂方式是将钮钟上部的长方形钮插入钟架上层横梁底部的长方形孔内，横梁正面及背面与长方形孔相应的位置有一小方形穿孔，穿孔内插入插销以套入钮钟的长方形钟钮内，从而将钮钟悬挂于钟架横梁之下。从出土时的情况来看，钮钟出土时有几件仍悬挂在钟架上，所用插销为竹制方形小木棍，其余的钮钟都没有悬挂在钟架上，而是堆放在东室南部，这些钮钟的钟钮内也残留有竹制方形小木棍状的插销，这说明钮钟下葬时都使用了这种竹制方形的小木棍插销。20世纪70年代末期，考古工作者曾在距离天星观2号墓不远处发掘了天星观1号墓，墓中也出土青铜编钟，但由于该墓被盗严重，仅残留4件完好的钮钟。出土迹象表明，天星观1号墓钮钟的悬挂方式与天星观2号墓钮钟的悬挂方式完全相同，所不同的是，1号墓编钟的插销为青铜制，插销插入横梁后显示于横梁侧面的是一精致的饕餮面，但2号墓编钟的插销却为竹制小棍。毫无疑问，从悬挂编钟的稳固性、安全性和持久性来说，青铜插销显然要优于竹制插销，其实用价值也要高于竹制插销。况且，天星观2号墓的多数钮钟之所以被搁置堆放在墓室而仅有几件小型钮钟悬挂于钟架之上，很可能也是担心和顾虑竹制小棍插销因无法长期承重而断裂，从而导致钮钟脱落损坏。既然如此，它们被长期悬挂起来用于演奏的可能性就更小了。然而，编钟钟架横梁底部的悬挂位置多处可见凹陷的钮钟舞部痕迹，经考古人员对比，它们大多与相应悬挂位置的钮钟舞部相吻合，由此可证，这些编钟曾经在一段时间内被悬挂过。

综合以上分析，从编钟舞部纹饰的错、散、乱、混可以想见钟师铸钟时的马虎态度；从调音遗痕和音高的偏差可以看到钟师的调钟水平并不娴熟和高超；从编钟音列的基本情况可以看到其整体设计并不十分合理，也不利于音乐实践，这些都显示了这套编钟在音乐性能上的鄙陋和钟师铸调编钟的某些情况。在此基础上，结合竹制插销以及出土时的具体情况可以初步判断，这套编钟在铸造之初曾经过设计，但钟师在铸造之时和铸造之后都未对其作精心的处理，因此，这套编钟在当时可能更多被作为礼器来使用。

① 荆州博物馆.荆州天星观二号楚墓[M].北京：文物出版社，2003：66－69.

第二节 楚钟的音列与调高

本书附录中所列的测音数据是根据世界通行的国际标准音高（a^1 = 440Hz）对编钟加以实测的音高结果。要获得当时编钟制作者设计时所采用的音律标准，还必须对测音数据加以分析。具体方法是：首先分析各钟音高所出现的次数，借用统计学的方法找出最能反映其音高本质属性的音，并推定出当时所采用的音律标准；之后以实测数据为主要依据，取正鼓音音分补正数的平均值进行换算，以换算后的宫音为标准，获得大体符合音乐听觉的音分值，并结合“一钟双音”的基本规律和前后钟的音律关系对所有音位进行推定，以此分析编钟的音列布局；在此基础上，通过计算各主要音位转换后数据的平均值来考察各套编钟的基本调高。

一、楚公逆编钟的音列与调高

（一）音列推定

从前文所列楚公逆编钟测音资料中的正鼓音数据来看，#d 与 #g 在 3 个八度内连续出现，表现出较强的规律性，二者呈四度结构，可构成两种五正声音列，即：

Ⅰ	宫	商	角	徵	羽	Ⅱ	宫	商	角	徵	羽
	b	#c	#d	#f	#g		#c	#d	#e	#g	#a

可见，#d 和 #g 要么分别是角、羽，要么分别是商、徵，但迄今所知，西周时期编钟音列中，尤其是正鼓音音列中均不使用商，故暂推定 #d 和 #g 为角、羽，由此，这 8 件钟的正鼓音音列为：（羽）—宫—角—羽—角—羽—角—羽。笔者搜集了迄今所见保存较为完整的两周之际 8 件成组 / 套编钟的音列（表 6-17），通过比较发现，楚公逆编钟的正鼓音音列与这一时期中原 8 件组 / 套编钟的正鼓音音列相吻合。

表 6-17　两周之际 8 件成组 / 套编钟音列简表①

柞钟	西周晚期	正	羽	宫	角	羽	角	羽	角	羽
		侧	?	?	徵	宫	徵	宫	徵	宫
中义钟	西周晚期	正	羽	宫	角	羽	角	羽	角	羽
		侧	羽	宫	徵	宫	徵	宫	徵	宫
晋侯苏编钟	西周晚期	正	羽	宫	角	羽	角	羽	角	羽
		侧	宫	角	徵	宫	徵	宫	徵	宫
虢季编钟	春秋早期	正	（羽）	宫	角	羽	角	羽	角	羽
		侧	?	角	徵	宫	徵	宫	徵	宫
虢仲编钟	春秋早期	正	羽	（宫）	角	羽	角	羽	角	羽
		侧	?	?	徵	宫	徵	宫	徵	宫

注：晋侯苏编钟共 2 组 16 件，每 8 件 1 组，2 组钟的音列基本相同，如表中所列。

然而，若以 $^{\#}$d 和 $^{\#}$g 为角、羽的标准，又根据侧鼓音的实测数据来判断这组编钟的侧鼓音音列，所得结果较为无序，因此，笔者以两周之际 8 件组 / 套编钟的音列为主要参照，同时观照一钟双音的基本规律，再结合这组编钟的实际情况，对这 8 件钟的侧鼓音及其音位进行了推断。7 件可测钟的正鼓音音分补正数平均值为＋ 15 音分，以＋ 15 音分的 ±0 为标准，换算及推定结果见下表（表 6-18）。

从表中可以看出，其中几件钟的侧鼓音似乎偏离较大，如：M64:95 钟的侧鼓音、M64:96 钟的侧鼓音、M64:97 钟的侧鼓音，但结合它们所在钟的正鼓音来看，其正、侧鼓音的音程间距均能基本控制在较宽的小三度。此外，M64:99 钟的侧鼓音似乎偏低较多，目前所知先秦编钟的高音钟大多偏高，这件钟侧鼓音的偏低并非普遍现象。如前文所述，最后 2 件钟与前 6 件钟并非属于原套，为后期补入，

① 表中音列结果参见黄翔鹏．新石器和青铜时代的已知音响资料与我国音阶发展史问题 [M]// 溯流探源——中国传统音乐研究．北京：人民音乐出版社，1993：1 － 58. 王子初．晋侯苏编钟的音乐学研究 [J]. 文物 1998（5）：23 － 30. 孔义龙．两周编钟音列研究 [D]. 北京：中国艺术研究院，2005.

因而可以推测，M64:99 钟的侧鼓音偏离较大并导致正、侧鼓音音程间距较窄的原因可能是二次调音锉磨过甚从而使得音偏低。

表 6-18 楚公逆编钟音列推定表

单位：音分

序号	编号	正鼓音		侧鼓音		正、侧鼓音音程间距
		音高	音位	音高	音位	
1	M64:92	不测	（羽）	不测	（宫）	/
2	M64:93	b+22	宫	$^{\#}d^{1}$+38	角	宽大三度
3	M64:94	$^{\#}d^{1}$ − 58	角	$^{\#}f^{1}$+12	徵	宽小三度
4	M64:95	$^{\#}g^{1}$+35	羽	b^{1}+99	宫	宽小三度
5	M64:96	$^{\#}d^{2}$ − 9	角	$^{\#}f^{2}$+63	徵	宽小三度
6	M64:97	$^{\#}g^{2}$+9	羽	b^{2}+79	宫	宽小三度
7	M64:98	$^{\#}d^{3}$+15	角	$^{\#}f^{3}$+32	徵	小三度
8	M64:99	$^{\#}g^{3}$ − 13	羽	b^{3} − 110	宫	窄小三度

注：表中“（ ）”中的音位是对原实测数据缺失或音高偏离过大的推定结果。下同。

（二）音列布局及调高

根据上文对其音列分析推定的结果，通过对主要音位的音分补正数进行统计，可获得对这组编钟调高的总体认识（表 6-19）。

表 6-19 楚公逆编钟各八度组音列布局及音分补正数统计表

单位：音分

音位	八度组	宫	商	角	徵	羽
音高	小字组	b + 22				
	小字 1 组	b^{1} + 99		$^{\#}d^{1}$ + 38 $^{\#}d^{1}$ − 58	$^{\#}f^{1}$ + 12	$^{\#}g^{1}$ + 35

续表

音位	八度组	宫	商	角	徵	羽
音高	小字 2 组	b^2+79		$^\#d^2-9$	$^\#f^2+63$	$^\#g^2+9$
	小字 3 组	b^3-110		$^\#d^3+15$	$^\#f^3+32$	$^\#g^3-13$
平均值		B + 23		$^\#$D − 3	$^\#$F + 36	$^\#$G + 10

表中数据显示出如下几点：

1. 从“平均值”一栏看出，角、徵、羽与宫之间的音分差最大为 26 音分，最小为 13 音分，尽管此差值为人耳所能分辨，但并不十分明显，因此，这组编钟为 B 宫的结论大体符合客观实际。据研究统计，两周之际中原 8 件组编钟的宫位均在 B 至 $^\#$C 之间[①]，楚公逆编钟的宫位也在这一范围之内。

2. 分析所得这组编钟的调高为 B+23，因此，上文中所推定的几件钟的侧鼓音音分值偏高较多的现象便可以获得更为合理的解释，即：若将那几件钟的侧鼓音数据放在整组编钟中来看待，其结果便是，相对于整组编钟宫位偏高的情况而言，那几件钟的侧鼓音并未偏离较大，只是略有偏高。与此同时，M64:93 钟的正鼓音 b+22 与所得调高仅 1 音分之差，进一步表明了这件钟的正鼓音作为宫音的标准性和相对准确性。

3. 从各八度组的音列布局来看，这组编钟的音域横跨 4 个八度，但音列设置较为疏朗，在小字 1 组、小字 2 组和小字 3 组均仅有宫、角、徵、羽四声，且整组编钟的音列中均缺商。这与西周时期中原编钟音列中五声缺商的现象相一致。

通过以上分析可以看出，后 2 件钟虽然为后期补入，但其与前 6 件钟在音乐性能上能够相互协调和契合，从而使得 8 件钟在音乐性能上构成一个有机的统一体。因此，补入后 2 件钟的意图十分明显，一是使整组编钟的编组之数符合周制，二是在音乐性能上与前 6 件寻求有机统一，整体音列设计亦从周制。

（三）晋侯墓地出土楚公逆编钟的性质及其与宋代出土楚公逆钟的关系

对于楚公逆编钟出土于晋侯墓地的问题，发掘简报中称它们“至少将晋楚交

① 中义钟－b 宫；柞钟－c 宫；晋侯苏编钟－b 宫；虢季编钟－$^\#$c 宫；虢仲编钟－$^\#$c 宫。（参见孔义龙．两周编钟音列研究 [D]. 北京：中国艺术研究院，2005.）——笔者注。

往史提早到西周晚期”[①]，李学勤认为它们“可能是当时馈赠，也可能是战事所得”[②]。早在清代，经学大家阮元就对商周青铜器有所详论，其中在谈到钟鼎彝器的来源和性质时写道：“三代时鼎钟为最重之器，故有立国以鼎彝为分器者……有诸侯大夫朝享而赐以重器者……有以小事大而赂以重器者……有以大伐小而取为重器者……有为述德儆身之铭以为重器者……有为自矜之铭以为重器者……有铸政令之于鼎彝以为重器者……有王纲废坠之时，以天子之社稷而与鼎器共存亡轻重者……此周以前之说也。”[③]

根据前文对楚公逆编钟音乐性能的分析可知，这组编钟的组合件数和音列设置虽均合周制，但却是在 6 件楚公逆编钟的基础上补入 2 件其他钟而成，并且这 6 件楚公逆编钟的音列并不具备一定的独立性，这表明 6 件楚公逆编钟为一套编钟中的几件。按常理，任何人无论在任何情况下都不会将残套的编钟作为珍贵的馈赠品，因此，如将其视为战争的孑遗似乎更合情合理，因为在战争的纷乱和掠夺中，成套编钟的散佚应当是极易发生的事。

晋侯墓地出土楚公逆编钟与宋代出土楚公逆钟均自铭为楚公逆，显然，二者的器主相同。楚公逆编钟的铭文说道，楚公逆将入贡的九万钧铜铸造了百组精美的编钟，那么，宋代出土的楚公逆钟是否与楚公逆编钟同套、同批铸造或用同一批铜料铸造而成？在宋代出土实物已佚的情况下，我们无法从形制、纹饰的角度观察它们是否具有较为明显的共同特征，也无法从音乐性能的角度考察它们是否协调统一，还难以对二者的铅同位素作相关检测从而考察其铜料来源。根据目前所掌握的资料，二者的铭文字数和内容截然不同。宋代出土楚公逆钟的铭文共 36 字，其内容与大多数同时期青铜编钟的铭文相同，为某年某时，某人自作某钟，子孙万年永保云云；晋侯墓地出土楚公逆编钟的铭文则长达 68 字，讲述了楚公逆祭祀先祖的一系列事迹。据此可以判断，二者属于同套的可能性较小。柯鹤立在二者铭文的基础上推断，宋代楚公逆钟与晋侯墓地楚公逆编钟分属于用于不同礼仪的两套钟，前者可能用于“享”，或保存于家庙中，后者可能用于“祀”，

---

① 山西省考古研究所，北京大学考古系．天马——曲村遗址北赵晋侯墓地第四次发掘 [M]. 文物，1994（8）：21.

② 李学勤．试论楚公逆编钟 [J]. 文物，1995（2）：71.

③ 阮元．商周铜器说（下）[M]// 揅经室集：三集，卷三．北京：中华书局，1993：633 – 634.

或保存于宗庙中。[①] 可暂备此说。

二、叶县旧县 M4 编钟的音列及调高

虽然这批编钟的文化属性是以中原文化为主体，但由于其中包含有不可忽略的楚文化特质，故也应将其作为重要的旁证纳入分析。这批编钟的编组较为复杂，以下有关其音乐性能的分析，将在观照全部编钟性能的同时，按器型分别进行叙述。

（一）甬钟的音列及调高分析

叶县编钟中的 20 件甬钟分为甲、乙 2 组，每组各 10 件。各组甬钟的形制、纹饰相同，大小相次。钟体厚实，铸造精良，且保存完好。需要注意的是，甬钟于口多有三棱状内唇，内腔上部基本平整，大多数钟的内腔下部四侧鼓处铸有音梁，且多有调音痕迹。实地考察的耳测结果和表 6-20 的测量结果表明，编钟音色较佳，绝大部分钟的音高较为明确，可基本确定为当时的实用乐器。

1. 甬钟的基本音列分析

对编钟各音高所出现次数的统计能够反映其最核心、最常用的音级甚至音列，表 6-20 即显示了 2 组甬钟音高在各八度组中出现的次数。

表 6-20　2 组甬钟各八度组中音高出现次数统计表

八度组	C	#C	D	#D	E	F	#F	G	#G	A	#A	B
小字 4 组	2		2									
小字 3 组		1	2			1		2		1	1	1
小字 2 组		1	2		1		3			3		2
小字 1 组		2	1		1	2	1	1		3		2

① 柯鹤立．试论晋侯邦父墓中的楚公逆编钟 [M]// 上海博物馆．晋侯墓地出土青铜器国际学术研讨会论文集．上海：上海书画出版社，2002：355.

续表

八度组	C	#C	D	#D	E	F	#F	G	#G	A	#A	B
小字组												2
次数总计	2	4	7	0	2	3	4	3	0	7	1	7

由表 6-20 可见，2 组甬钟的所有音高中出现次数较为频繁的是 D、A、B 三音，它们在不同八度组出现的次数均达 7 次之多。一般来说，宫、商、角、徵、羽五正声在音列中占据着核心单位，故编钟音列中使用较频繁的多为五正声。D、A、B3 个音级可能形成的五正声音列有两种。

Ⅰ	D	E	#F	A	B	Ⅱ	G	A	B	D	E
	宫	商	角	徵	羽		宫	商	角	徵	羽

两种五正声音列中均有 D、E、A、B，仅有一个音级不同，即一组里为 #F，另一组中为 G。表 6-20 显示，#F 共出现 4 次，G 共出现 3 次。细察测音数据表又可发现，4 次 #F 均出现在重要的正鼓部位置，而 G 则出现在音律不甚稳定的高音钟正鼓部或侧鼓部。由此可以初步判断，以 D 为宫的五正声音列最有可能是 2 组甬钟的核心音列，亦即当时编钟的制作者设计时所采用的标准音阶。甬钟各正鼓音音分补正数的平均值为－5 音分，以－5 音分的 ±0 为标准，对所有实测数据进行调整，从而获得更符合实际音乐听觉的音分值，同时根据上述核心音列对全部甬钟的所有音级进行推定。

根据编钟的形制纹饰以及墓葬的相关情况，已可初步确定墓葬的时代为春秋中晚期。但依笔者看来，2 组甬钟纹饰的局部内容和特征还略带西周遗风，如：甬钟上所饰的蝉纹多见于商周时期的青铜器上；甬钟鼓部所饰两组对称相背的“C”形夔龙纹，在西周晚期至春秋早期的编钟上较为常见；篆部饰以“S”形斜角云纹也是西周时期编钟的常用手法。那么 2 组甬钟的音列是否与西周时期 8 件套（组）编钟的音列存在一定的继承关系？

目前所知，两周之际 8 件套编钟的音列设计有着较强的稳定性和规范性（表

6-17），其主要特点为：正鼓部音列均为“羽－宫－角－羽－角－羽－角－羽”；以角为正鼓音钟的侧鼓音为徵，以羽为正鼓音钟的侧鼓音为宫；正、侧鼓部的音程间距统一为小三度；音列为宫、角、徵、羽，五声缺商；最低音为羽，最高音为宫；前2件钟的侧鼓音不稳定。2组甬钟的基本音列表现出明显的两周之际编钟的一些音列特征，譬如：2组甬钟的最低音均为羽，最高音均为宫；宫、角、徵、羽四声占有主要地位；正鼓部音列中角、羽出现频繁等。显然，2组甬钟的音列在一定程度上继承了两周编钟音列的传统。然而另一方面，其中出现的新因素亦十分明显，最为突出的是商音的出现。商音于编钟的正、侧鼓部均有运用，是春秋时期编钟区别于西周及两周之际编钟的重要特征之一。因此，对2组甬钟的缺失音位进行理论推定，不仅可将两周之际典型8件套编钟的音列作为参照和旁证，还应考虑到春秋时期编钟音列的某些特征和新因素。有鉴于此，便可对一些尚存疑问的音级作更为具体的分析。

首先，关于$^{\#}$c音。$^{\#}$c在测音数据表中先后出现4次：1次为正鼓音，3次为侧鼓音。其中，有2次出现于侧鼓音时的$^{\#}$c，其正鼓音均为徵（M4－甲7·33钟和M4－乙5·45钟）；此外，这2处$^{\#}$c的音分补正数（可看作为误差）都较小。因此，它们的音高离当时的设计音高较为接近，其音级可厘定为变宫。另一处$^{\#}$c出现于M4－乙1·48钟的侧鼓部，其正鼓音为羽。根据一钟双音音程间距多为三度关系，并结合当时音列的基本规律，该音应被判定为偏低的宫音为宜，同时，这件钟的正鼓音也偏低较多，因而其正、侧鼓音小三度的关系相对稳定，此亦可为其旁证。此外，还有一处$^{\#}$c出现于M4－甲2·26钟的正鼓部，若照前理将其定为变宫似有不妥，这是由于春秋早中期的编钟还少有将变音作为正鼓音使用的惯例。但更为重要的原因是，在它之前的钟的正鼓音为羽，之后的钟的正鼓音为角，根据当时编钟音列的一般规律，此处所缺的应是宫音，故判定其为偏低的宫更加合理。

其次，有疑问的是f音。f音在测音数据表中也出现了3次：2次于正鼓部，1次在侧鼓部。出现于正鼓部的两个f，其对应的侧鼓音均为徵（M4－乙3·34钟和M4－乙8·38钟），且它们的音分补正数均较大。根据当时一钟双音之音程间距以小三度为主的现象，并参照西周8件套编钟的正鼓部音列设计惯例，可以推知 M4 —乙 3·34 号钟的正鼓音 f^1 + 55，当改记成 $^{\#}f^1$ − 45，厘定为偏低的角。M4 —乙 8·38 号钟上的 f，虽然其音分补正数不大；但若将其定为变角，亦不符合这一时期编钟少用变音作为正鼓音的基本规律，何况是如变角之类七声音阶以外的变音，因此，也应被推定为偏低较多的角，记写为 $^{\#}f^3$ − 131。另一处 f 为 M4 —甲 2·26 钟的侧鼓音。前文已将该钟的正鼓音推定为偏低的宫，那么此音更应该被看作为偏低的角，即 $^{\#}f^1$ − 101。如此记写，其音分补正数确实较大，但早期成套甬钟中，前 2 件钟侧鼓音不稳定的情形十分常见，这很可能是因首二钟的侧鼓音不用而不作调音所致。尽管这 2 组甬钟的年代略晚一些，但是西周编钟的某些传统可能仍有余绪，这再一次从已知 2 组甬钟前 2 件钟正、侧鼓音较为随意的情况中得到体现。

表 6-21 叶县旧县 M4 甬钟音列推定表

单位：音分

序号	编号	正鼓音		侧鼓音	
		音高	音位	音高	音位
甲组甬钟					
1	M4 − 甲 1・36	b − 37	羽	e^1 + 33	商
2	M4 − 甲 2・26	d^1 − 55	↓宫	$^{\#}f^1$ − 101	↓角
3	M4 − 甲 3・42	$^{\#}f^1$ − 14	角	a^1 + 10	徵
4	M4 − 甲 4・20	b^1 + 16	羽	d^2 + 53	宫
5	M4 − 甲 5・39	e^2 + 46	商	$^{\#}f^2$ + 26	角
6	M4 − 甲 6・37	$^{\#}f^2$ − 1	角	a^2 + 44	徵
7	M4 − 甲 7・33	a^2 + 34	徵	$^{\#}c^3$ − 2	徵角
8	M4 − 甲 8・30	b^2 − 22	羽	d^3 − 4	宫
9	M4 − 甲 9・25	g^3 + 53	羽曾	b^3 − 4	羽
10	M4 − 甲 10・27	b^3 + 103	↑羽	d^4 + 34	宫

续表

序号	编号	正鼓音		侧鼓音	
		音高	音位	音高	音位
乙组甬钟					
1	M4－乙1·48	b－37	羽	d^1－54	↓宫
2	M4－乙2·29	d^1－43	宫	g^1＋37	羽曾
3	M4－乙3·34	$^{\#}f^1$－45	↓角	a^1－8	徵
4	M4－乙5·45	a^1－8	徵	$^{\#}c^2$－9	徵角
5	M4－乙4·44	b^1－12	羽	d^2＋28	宫
6	M4－乙6·46	$^{\#}f^2$－14	角	a^2＋27	徵
7	M4－乙7·43	b^2＋14	羽	d^3＋14	宫
8	M4－乙8·38	$^{\#}f^3$－131	↓角	a^3＋38	徵
9	M4－乙9·40	g^3－20	羽曾	b^3－96	↓羽
10	M4－乙10·35	b^3＋73	↑羽	d^4＋8	宫

再次，是g音。g在2组甬钟的音列中也出现了3次:2次在正鼓部，1次在侧鼓部。g位于正鼓部的两钟在2组甬钟中均排序第9，其原设计的正、侧鼓音音程间距也应相同。参照甲组中M4－甲9·25钟侧鼓音已确定的羽，乙组M4－乙9·40钟的侧鼓音当与其对应，应记写为b^3－96，可看作偏低较多的羽。同时，两钟正鼓音g的音位也应相同，可能同为羽曾。自春秋中期开始，编钟音列中的新因素不断出现，不但逐渐具备了七声，而且七声之外的一些变音也逐步被设计为正鼓音。因此，g的音级属性被初步推定为羽曾，可视为一种新因素的体现。至于位于钟M4－乙2·29侧鼓部的g，考虑到双音音程间距所常见的三度关系，应推定其为偏高较多的角。

最后，是关于c音。c分别出现于2组甬钟最小一件钟的正鼓部，两钟的侧鼓音均为宫。结合两周之际编钟正鼓音音列的基本特征和双音音程间距规律，初步推定M4－甲10·27钟的正鼓音当记写为b^3＋103，为偏高的羽；M4－乙

10·35 钟的正鼓音记写为 b^3+73，为偏高的羽。

从表 6-21 所推定的基本数据和阶名可以看出，2 组甬钟的低音区和高音区各钟的音分补正数普遍较大，这种现象在先秦编钟中较为常见。一般来说，先秦低音钟（尤其是低音钟的侧鼓部）和高音钟在铸成后，因其音高相对远离人耳的中音敏感区，往往出现钟匠调音马虎甚至不调的现象。这是先秦编钟在铸造与调试中存在的实际情况。

2. 甬钟的调高分析

上文已确定了 2 组甬钟的基本音列，表 6-22 将对推定的核心音列的音分补正数予以统计，以此来分析 2 组甬钟的调高。

表 6-22 叶县旧县 M4 甬钟核心音列之音分补正数统计表

单位：音分

音位	宫	商	角	徵	羽
音高	d^1-55	e^1+33	$^{\#}f^1-101$	a^1+10	$b-37$
	d^2+53	e^2+46	$^{\#}f^1-14$	a^2+44	b^1+16
	d^3-4		$^{\#}f^2+26$	a^2+34	b^2-22
	d^4+34		$^{\#}f^2-1$	a^1-8	b^3-4
	d^1-44		$^{\#}f^1-45$	a^1-8	b^3+103
	d^1-55		$^{\#}f^2-14$	a^2+27	$b-37$
	d^2+28		$^{\#}f^3-131$	a^3+38	b^1-12
	d^3+14				b^2+14
	d^4+8				b^3-96
					b^3+73
平均值	$d-2$	$e+40$	$^{\#}f-40$	$a+20$	$b\pm0$

从上表的统计可以看到，除出现次数较少的商以外，角、徵、羽与宫音 D 之

间的音分差均不超过 25 音分，尤其是出现次数最接近于宫的羽，它与宫之间的音分差更为接近，仅为 2 音分，这已是人耳几乎无法分辨的音分差值阈。由此得出，2 组甬钟的调高标准接近于今日的“D 宫”。单纯从理论上讲，在同均三宫的统率框架之下，它们还可奏出 A 宫、G 宫。

3. 甬钟的音列设置特点

现将 2 组甬钟各八度组的音列布局归纳并列表如下（表 6-23、表 6-24）：

表 6-23 甲组甬钟各八度组音列布局

八度组	宫	商	角	羽曾	徵	羽	徵角
小字组						☆	
小字 1 组	☆	☆	☆☆	☆	☆	☆	
小字 2 组	☆	☆	☆☆		☆☆	☆	
小字 3 组	☆			☆		☆☆	☆
小字 4 组	☆						

注：每个“☆”表示出现一次，下同。

表 6-24 乙组甬钟各八度组音列布局

八度组	宫	商	角	羽曾	徵	羽	徵角
小字组						☆	
小字 1 组	☆☆		☆	☆	☆☆	☆	
小字 2 组	☆		☆		☆	☆	☆
小字 3 组	☆		☆	☆	☆	☆☆	
小字 4 组	☆						

从以上两表中，不难看出 2 组甬钟的音域较为宽广，均从小字组到小字 4 组，横跨 5 个八度，但其间的音位设置却较为疏朗。表中显示，2 组甬钟在各八度组

内大多只能奏出五声音阶，仅甲组甬钟的小字 1 组例外，能构成六声音列。若将 2 组甬钟在同一八度组内的音位相结合，则均能形成六声音列，包括有 2 种形态，分别是：宫—商—角—徵—羽—变宫；宫—商—角—羽曾—徵—羽，体现了甲、乙 2 组甬钟在音列设置上的互补性。再若打破八度组，乙组甬钟仍只能奏出六声音列，而甲组甬钟则可奏出完整的七声音列，其形态为：宫—商—角—羽曾—徵—羽—变宫，这显然已是我们所熟知的下徵音阶了。

编钟音列中“羽”音的大量出现和频繁运用，使史载“钟尚羽”[①]的说法得到了生动的体现。在这 2 组甬钟音列中，“商”音仅出现 2 次，并且乙组甬钟音列的所有八度组中均缺“商”，说明尽管自春秋以来，西周编钟音列中戒用“商”音的传统已被打破，但“商”音仍未成为这 2 组甬钟音列的主干。

与西周编钟的比较研究表明，甲、乙 2 组甬钟的音列是在两周之际 8 件套编钟正、侧鼓音音列的基础上增铸而成的。甲组甬钟在前者的第 4、5 钟间增铸了“商—角”钟，在第 5、6 钟间增铸了“徵—变宫”钟；并改铸第 7 件钟的“角—羽”为“羽曾—羽”；乙组甬钟在西周 8 件套编钟的第 3、4 件钟间增铸“徵—变宫”钟，改铸第 7 钟的“角—羽”为“羽曾—羽”。通过编钟件数的增加和音列的设计，增加了“商”“徵”“羽曾”“变宫”4 个音位，不仅使 2 组甬钟的正鼓音列五声齐备，还使其正、侧鼓音列达到了七声。因此，这种做法不仅丰富和充实了编钟音列，使其初步完善了演奏旋律的音乐功能，同时也获得了演奏更多乐曲的可能性。事实上，这种编钟音列丰富的规律和现象在先秦编钟音列结构发展序列中较为常见，与春秋早期至中期编钟对西周编钟音列丰富的情况也基本吻合[②]。2 组甬钟的音列，继承了中原西周编钟典型的“角—徵”“羽—宫”特点，并且“宫”“羽”在 2 组甬钟音列的 4 个八度组中反复出现，以至于 2 组甬钟的最低音至最高音的间距也都一致采用了“羽”到“宫”。显然“羽—宫”结构，是这 2 组甬钟音列的内核所在。综上可见，2 组甬钟具有较强的中原文化特征，并带有明显西周编钟音列的遗风。

---

① 韦昭注．国语・周语下：卷三 [M]. 北京：中华书局，1985：43.

② 参见黄翔鹏．用乐音系列记录下来的历史阶段——先秦编钟音阶结构的断代研究 [M]// 溯流探源——中国传统音乐研究．北京：人民音乐出版社，1993：101 – 102.

表 6-25 2 组甬钟与春秋时期 10 件套钮钟的正鼓音音列对比表[①]

名称	1	2	3	4	5	6	7	8	9	10
叶县旧县 4 号墓甲组甬钟	羽	宫	角	羽	商	角	徵	羽	羽曾	羽
叶县旧县 4 号墓乙组甬钟	羽	宫	角	徵	羽	角	羽	角	羽曾	羽
新郑中行 4 号坑钮钟 A 组	角	徵	羽	宫	商	角	羽	商	角	羽
新郑中行 4 号坑钮钟 B 组	角	徵	羽	宫	商	角	羽	商	角	羽
新郑城市信用社钮钟 A 组	角	徵	羽	宫	商	角	羽	商	角	羽
新郑城市信用社钮钟 B 组	角	徵	羽	宫	商	角	羽	商	角	羽
新郑金城路 2 号窖藏坑钮钟 A 组	角	徵	羽	宫	商	角	羽	商	角	羽
新郑金城路 2 号窖藏坑钮钟 B 组	角	徵	羽	宫	商	角	羽	商	角	羽
新郑螭凤纹编钟	角	徵	羽	宫	商	角	羽	商	角	羽

10 件套（组）编制是先秦编钟的一种编列定制，主要见诸钮钟，甬钟则很少采用。同为 10 件成编的钮钟，其音列与叶县甬钟的音列是否有所关联？笔者搜集了保存较好的春秋时期 10 件套编钮钟的基本材料。资料显示，存见的 10 件套编钮钟多属于郑国遗物，与判断为许国遗物[②]的叶县旧县 4 号墓编钟同属于中原文化系统。然而从基本音列的角度来看，二者的差异较为明显，也并无明显的共

① 表中部分音列分析结果参见王子初．郑国祭祀遗址出土编钟的考察与研究 [M]// 河南省文物考古研究所．新郑郑国祭祀遗址．郑州：大象出版社，2006：951 － 994；孔义龙．两周编钟音列研究 [D]．北京：中国艺术研究院，2005.

② 平顶山市文物管理局，叶县文化馆．河南叶县旧县四号春秋墓发掘简报 [J]．文物，2007（9）：33 － 34.

同之处（表 6-25）。显然，作为春秋初期出现的一种新型编钟，钮钟具有不同的音乐性能和社会功能，在音乐表演中可能承担着不同的角色。

总之，2 组甬钟音列的基本特征，不但为整批编钟相对年代的判断提供了新的证据和角度，其所蕴涵的中原文化因素也有着 10 件套编甬钟的独特显现。此外，还应看到的是，不同钟型的编钟可能具有各自不同的音列扩展系统，在利用先秦编钟音列发展的标尺来进行断代时，理应做多方位的考虑。

（二）钮钟的音列及调高分析

叶县编钟中的 9 件钮钟形制纹饰相同，大小相次。铜胎厚实，质地精良。钮钟于口弧曲上凹，内有三棱状内唇，内唇上多有调音锉磨遗痕，内腔设置有或短小或稍窄高的音梁，应为经久使用的实用乐器。

1. 钮钟的音列推定与调高判断

这组钮钟保存基本完整，但锈蚀稍重，其音响性能的保存情况不如甬钟：有 3 件以上出现破、哑或发音不清晰的情况。以下将根据测音数据对这组钮钟的基本音乐性能予以分析。

一般来说，同套中各组编钟的宫位应当相同。前文分析得知，2 组甬钟同为 D 宫。有趣的是，就现有数据而言，若以甬钟 D 宫的调高为准，这组钮钟音列的正鼓音却多成为变音。这种情况鲜见于此时期的实用编钟音列中。因此，钮钟的宫位需做进一步考察。

由于 9 件钟中有 2 件不测，故正鼓音音分补正数的平均值仅取其余 7 件的数据，计算所得平均值为－ 1 音分，以－ 1 音分的 ±0 为标准对全部钮钟的实测数据进行换算分析。

钮钟 9 件成套（组），在西周末期至春秋晚期是极为常见的规范。主要出现于中原和楚文化区域，并且有着较为固定的音列设计模式[①]。其中正鼓部的音列模式显得更为稳定，即：“徵－羽－宫－商－角－羽－商－角－羽”（表 6 － 26），堪为 9 件套（组）编钮钟的基本音列规范。叶县旧县 4 号墓出土的钮钟与

① 自春秋中晚期开始，一些 9 件套钮钟的音列开始出现变化，有些依然保持着早期 9 件套钮钟的音列特点——笔者注。

之时代相近，并具有相同的 9 件成组编列特征；编钟的纹饰，如鼓部的蟠螭纹等，也有着鲜明的春秋时期特征。因此，对叶县旧县 4 号墓钮钟的音列推定及调高分析，可根据实测数据，参酌同时期 9 件套编钮钟的音列，不难得到比较可信的结论。

表 6-26 西周至春秋时期 9 件套钮钟正鼓音音列简表[①]

名称	1	2	3	4	5	6	7	8	9
闻喜上郭 M210 钮钟	徵	羽	宫	商	角	羽	商	角	羽
闻喜上郭 M211 钮钟	徵	羽	宫	商	角	羽	商	角	羽
长清仙人台 M6 钮钟	徵	羽	宫	商	角	羽	商	角	羽
临沂凤凰岭钮钟	徵	羽	宫	商	角	羽	商	角	羽
平陆尧店夔龙钮钟	徵	羽	宫	商	角	羽	商	角	羽
长清仙人台 M5 钮钟	徵	羽	宫	商	角	羽	商	角	羽
六合程桥 M1 钮钟	徵	羽	宫	商	角	羽	商	角	羽

钮钟的首钟 M4 － n1·12 和第 3 件钟 M4 － n3·14，应为“徵－宫”关系，似乎由此不难推断其宫音为 $^{\#}$c。首钟的正、侧鼓音分别为徵、商曾，第 3 件钟的侧鼓音为角。M4 － n5·21 钟是 9 件钮钟中排序第 5 的钟，根据西周末期至春秋晚期 9 件套（组）钮钟的音列基本规范，该钟的正鼓音音位应是角，但其实测数据与宫 $^{\#}$c 的间距为窄小三度，不足为据，故此音更可能是 $^{\#}d^2$ ＋ 78，为偏高较多的商，由于耳测该钟的双音间距为明确的小三度，因此其侧鼓音也应记写为 $^{\#}f^2$ ＋ 114，为偏高较多的羽曾。正因为这件钟的正、侧鼓音均偏高较多，二者的相对音程间距依然保持，这才使其耳测实感依然是较为明确的小三度。第 4 件钟由于破裂而未测，但由于第 3 件钟与第 5 件钟的正鼓音为“宫－商”，那么处于二者之间的第 4 件钟的音位就难以推断了。这些编钟在出土时处于堆放状态，显然并非按其实际编列下葬。现有顺序是笔者结合实测所得形制和音高数据依次排列。

① 表中音阶结果参见孔义龙．两周编钟音列研究 [D]．北京：中国艺术研究院，2005.

但根据音列的基本顺序推断，第 5 钟 M4 — n5·21 与第 4 钟 M4 — n4·15 明显发生了错位。因此，第 4 件钟的正、侧鼓音应分别被推定为角、徵。

M4 — n6·22 钟的正鼓音为羽，耳测其双音间距为小三度，因此其侧鼓音应被记写为 $^{\#}c^{3}$ + 59，为偏高的宫音。参照前文所述 9 件套（组）钮钟的音列规范，M4 — n8·38 钟的正、侧鼓音应为角—徵，故正鼓音应转换记写为 $^{\#}e^{3}$ + 56，为偏高的角，侧鼓音也应记写为 $^{\#}g^{3}$ + 117，为偏高较多的徵音；同理，M4 — n9·40 钟的正、侧鼓音也应分别被记为 $^{\#}a^{3}$ + 101、$^{\#}c^{4}$ + 170，为偏高较多的羽和宫。

综上，叶县旧县 9 件钮钟的分析数据及音列推定归纳如表 6-27。

表 6-27 叶县旧县 M4 钮钟（9 件）音位推定表

单位：音分

序号	编号	正鼓音		侧鼓音	
		音高	音位	音高	音位
1	M4 — n1 • 12	$^{\#}g^{1}$ − 12	徵	b^{1} − 5	商曾
2	M4 — n2 • 13	g^{1} − 20	（羽）	哑	（宫）
3	M4 — n3 • 14	$^{\#}c^{2}$ + 18	宫	$^{\#}e^{2}$ + 4	角
5	M4 — n5 • 21	$^{\#}d^{2}$ + 78	↑商	$^{\#}f^{2}$ + 114	↑羽曾
4	M4 — n4 • 15	未测	（角）	未测	（徵）
6	M4 — n6 • 22	$^{\#}a^{2}$ + 40	↑羽	$^{\#}c^{3}$ + 59	↑宫
7	M4 — n7 • 43	$^{\#}d^{3}$ + 20	商	$^{\#}f^{3}$ + 43	羽曾
8	M4 — n8 • 38	$^{\#}e^{3}$ + 56	↑角	$^{\#}g^{3}$ + 117	↑徵
9	M4 — n9 • 40	$^{\#}a^{3}$ + 101	↑羽	$^{\#}c^{4}$ + 170	↑宫

以下将统计所推定钮钟核心音列的音分补正数，以进一步分析和衡量其调高。（表 6-28）

表 6-28 叶县旧县 M4 钮钟核心音列之音分补正数统计表

单位：音分

音位	宫	商	角	徵	羽
音高	$^{\#}c^{2}+18$	$^{\#}d^{2}+78$	$^{\#}e^{2}+4$	$^{\#}g^{1}-12$	$^{\#}a^{2}+40$
	$^{\#}c^{3}+59$	$^{\#}d^{3}+20$	$^{\#}e^{3}+56$	$^{\#}g^{3}+117$	$^{\#}a^{3}+101$
	$^{\#}c^{4}+170$				
平均值	$^{\#}c+83$	$^{\#}d+49$	$^{\#}e+30$	$^{\#}g+53$	$^{\#}a+71$

注：表中缺 4 音的实际音高，分别为 M4 － n2・13 和 M4 － n4・15 的正、侧鼓音。

除角以外，商、徵、羽与宫音 $^{\#}$C 之间的音分差均不超过 35 音分，因此，根据现有数据的初步分析，推测钮钟的调高为 $^{\#}$C 宫。但从表中统计来看，所有核心音位的音分补正数平均值均偏高较多，最少的有 30 音分，最多的竟达到了 83 音分。这应是一个不容忽视的现象！如考虑到前文所述，叶县 2 组甬钟的调高为 D 宫，且略偏低 2 音分（即 D － 2），那么钮钟分析所得的调高 $^{\#}$C ＋ 83 与之仅相差 15 音分！此音分差值已为人耳所难以分辨，即甬钟的宫音标准 D － 2，从听觉感受上已可等同于钮钟的宫音标准 $^{\#}$C ＋ 83，这一点在笔者和王子初老师对这批编钟进行考察和测音的过程中已亲身感受和证明。因而，从实践和理论两方面来看，将钮钟的宫音标准定为 $^{\#}$C 宫都是不合情理的。何况这 3 组钟是同时出土的同套编钟的组成部分，在当时应该能够同时演奏使用，也理应同宫同调高。由此可以确定，叶县旧县 4 号墓出土 9 件钮钟的调高略有偏离，其原设计调高应与甬钟相同，也为 D 宫。

钮钟部分音高的偏离，既可能与编钟的锈蚀程度有关，又可能是当时钟匠的调音误差过大所致。但是，钮钟实物的内壁调音设置和相关情况表明，钮钟的音高在铸后都经过了相应的调试。此外，耳测结果显示，除少数破裂的钟之外，其余各件钟正、侧鼓音的三度关系明显而清晰，这进一步说明钮钟音高的调试并不粗糙。从编钟调音的一般规律来说，编钟的音高调试应该是由高向低进行锉磨调节。如果说这 9 件钮钟的音高调试还未完成的话，那么其音调必定有所偏高，而不是偏低，但目前钮钟的调高恰恰是偏低。既然钮钟音高的调试已经完成，也不乏精细，导致这 9 件钮钟调高偏差的主要原因，则最有可能与其保存状况有关了。

2. 钮钟的音列设置特点

现将钮钟各八度组的音列布局归纳列表如下（表 6-29）：

表 6-29 叶县旧县 M4 钮钟各八度组音列布局

八度组	宫	商	角	羽曾	徵	羽	商曾
小字 1 组					☆	☆	☆
小字 2 组	☆☆	☆	☆☆	☆	☆	☆	
小字 3 组	☆	☆	☆	☆	☆	☆	
小字 4 组	☆						

钮钟的音域跨 4 个八度，核心音域内的音位设置较为严密；其中，小字 2 组和小字 3 组均可奏出六声音列。结合前文对 2 组甬钟各八度组音列的布局分析，可以看出 2 组甬钟在小字 1 组的音列设置较为密集；而在小字 2 组和小字 3 组的音位却有所缺失。钮钟的音列设置恰好在这 2 个八度组对其进行了弥补，使得整套编钟在中心音域的各个八度组均达到六声齐备。可见，尽管钮钟与甬钟的音域有所重合，但在音列设置和布局上却体现了重要的互补性。

（三）编镈的音乐性能

叶县旧县 4 号墓出土了 2 组形制不同的编镈。4 件有脊镈形制相同，大小次第，腔体厚重，铜胎保存较好。镈体断面呈椭圆形，正视略近正梯形。镈体两铣上部置有扉棱，两侧对称。腔面正中上部另置与扉棱相近的中脊，扉棱和中脊的长度约占腔体的三分之二。舞平，上置蟠龙形扁体繁钮，繁钮与两侧扉棱相连。4 件无脊镈形制相同，大小次第；但胎体较轻薄，锈蚀较轻。腔体呈典型的合瓦形。编镈的铸造工艺精湛。舞面纵向置复式透雕繁钮。

一般而言，大钟音较低，小钟音较高，编钟体量在由大到小的排列下，音高呈现出由低到高的序列。叶县出土2组编镈的测音数据和形制数据与此完全相反，即：镈由大到小，其音反而由高到低，甚至序列不清。此外，2组编镈的音高均含混不清，同编各镈的正鼓音音高之间无规律可循。结合实测数据以及耳测的实际情况可看出，各镈的正、侧鼓音音程间距也没有规律性，有二度、三度、五度等。显然，2组编镈的音乐性能不佳。

反观2组编镈的铜胎质地以及于口内部的情况发现，有脊镈的腔体厚重，锈蚀较轻，铜胎保存较好。无脊镈的胎体较为轻薄，通体覆盖绿锈。二者虽然胎体轻薄不同，但均设有调音设施，并存留有大量调音锉磨的痕迹。根据这些迹象，可以认为2组编镈均原设计为实用器，也曾经过精密的铸造和调试，造成音乐性能不佳的原因，当与镈这种乐器本身的结构有关。

尽管如此，从现有编镈的测音数据中，仍可窥见其原设计音律的大略情况。如2组编镈的音高正好相衔接，音域达2个八度；并且其音域的高区正好与甬钟音域的低区相衔接，从而扩大了全套编钟的总体音域。据此初步判断，原设计2组编镈的音乐性能具有一定的互补关系，构成了整套编钟的低音区，并能与2组甬钟和1组钮钟的音乐性能有机结合。

镈以4件成组者，多出现于春秋中期至战国时期之间，且多为无脊镈。有脊镈以4件成编者唯此叶县镈一例。此外，4件成组的编镈多出现于古代的中原地区，这进一步体现了叶县旧县4号墓编钟的中原文化属性。但同套编钟中配有8件组编镈的例证，也常见于楚系钟。

目前所见保存较好的几例4件成组的编镈，如新郑金城路编镈、新郑城市信用社编镈和滕州庄里西村编镈等，其正鼓音音列均为“羽—宫—角—徵”[①]。前文分析可知，叶县旧县4号墓的2组编镈与同时出土的2组甬钟、1组钮钟在音乐性能上具有一定关联，由此大致推测它们的宫位也相同，即：2组编镈也可能为D宫。结合相近时期同形式编镈的正鼓部音列设置规律，尝试性地对这2组编镈的正鼓部音列做出如下推断（表6-30、表6-31）：

---

① 参见孔义龙．两周编钟音列研究[D].北京：中国艺术研究院，2005：134－137.

表 6-30 叶县旧县 M4 有脊镈正鼓音音列推定表

单位：音分

序号	编号	音高	音位
1	M4 － b1 • 10	e^1 ＋ 26	商
2	M4 － b2 • 11	$^{\#}f^1$ ＋ 115	角？
3	M4 － b3 • 16	$^{\#}f$ － 44	角
4	M4 － b4 • 17	a － 75	徵

表 6-31 叶县旧县 M4 无脊镈正鼓音音列推定表

单位：音分

序号	编号	音高	音位
1	M4 － b5 • 5	a － 80	徵
2	M4 － b6 • 8	未测	（宫）
3	M4 － b7 • 9	$^{\#}f$ － 103	角
4	M4 － b8 • 7	B ＋ 50/a^1 － 99	羽 / 徵

尽管以上两表所推断出的编镈音列不甚清晰，且偏离较大，但可看出角、徵是编镈正鼓音音列中的核心。同其他编镈一样，叶县出土 2 组编镈在音乐演奏中以节奏功能为主，与同套编钟中用以演奏旋律的 2 组甬钟和 1 组钮钟相互配合，使全套编钟的音乐性能得到了有效的提升。

三、敬事天王钟的音列与调高

（一）音列推定

现将这套编钟所有音高在各八度组出现的次数统计如下（表 6-32）。

表 6-32 敬事天王钟各八度组中音高出现次数统计表

八度组	C	♯C	D	♯D	E	F	♯F	G	♯G	A	♯A	B
小字 4 组		1		1	1		1					
小字 3 组		1	1		1			1		1		1
小字 2 组				1	1		1	2		1		2
次数总计		2	1	2	3		2	3		2		3

其中出现次数超过 3 次的是 E、G、B，它们仅能构成一种五声音列，即：

G	A	B	D	E
宫	商	角	徵	羽

这 9 件钟的正鼓音音分补正数的平均值为＋ 19 音分，以＋ 19 音分的 ±0 为标准，对实测数据进行调整，同时根据五声核心音列对这组编钟的基本音列做出判断推定（表 6-33），其中仅 M1:27 和 M1:28 两钟的侧鼓音需做判断说明。两钟均为高音钟，高音钟的音高及调音出现偏差在编钟中较为常见，结合正、侧鼓音的基本规律及其在这组编钟中出现的频率，可以初步推断 M1:27 的侧鼓音应为徵，记写为 d^4 ＋ 93，M1:28 的侧鼓音应为宫，记写为 g^4 － 138。

表 6-33 敬事天王钟音位推定表

单位：音分

序号	器物编号	正鼓音		侧鼓音	
		音高	音位	音高	音位
1	M1:20	d^2+8	徵	$^\#f^2+12$	徵角
2	M1:21	e^2-7	羽	g^2+10	宫
3	M1:22	g^2-15	宫	b^2-22	角
4	M1:23	a^2-14	商	$^\#c^3-50$	商角
5	M1:24	b^2-28	角	d^3+3	徵
6	M1:25	e^3-24	羽	g^3+19	宫
7	M1:26	a^3+39	商	$^\#c^4+2$	商角
8	M1:27	b^3+27	角	d^4+93	徵
9	M1:28	e^4+16	羽	g^4-138	宫

（二）音列布局

根据以上音位推定结果，可对其在各八度组的音列布局做一归纳（表 6-34）。这组编钟的音域达3个八度，各八度组最多能奏出两种六声音列，分别是：宫—商—角—徵—羽—徵角；宫—商—角—商角—徵—羽。

表 6-34 敬事天王钟各八度组音列布局

八度组	宫	商	角	商角	徵	羽	徵角
小字 2 组	☆☆	☆	☆☆		☆	☆	☆
小字 3 组	☆	☆	☆	☆	☆	☆	
小字 4 组	☆			☆	☆	☆	

（三）调高分析

表 6-35 敬事天王钟核心音列音分补正数统计表

单位：音分

音位	宫	商	角	徵	羽
音高	g^2+10	a^2-14	b^2-22	d^2+8	e^2-7
音高	g^2-15	a^3+39	b^2-28	d^3+3	e^3-24
	g^3+19		b^3+27	[d^4+93]	e^4+16
	[g^4-138]				
平均值 I	G − 31	A + 13	B − 8	D + 35	E − 5
平均值 II	G + 5			D + 6	

由于 M1:27 和 M1:28 的侧鼓音（分别是 d^4+93、g^4-138）（表 6-33）均偏差过大，同时此二音用于音乐实践的可能性也较小，故表 6-35 中列有两组平均值，二者的区别仅在于平均值 I 加入了 M1:27 和 M1:28 侧鼓音的数据，而平均值 II 未加入。结果显示：平均值 I 所得宫与其他各音之间的音分差值过大，最小差值也有 23 音分；而平均值 II 所得宫与其他各音之间的音分差值则较小，最大差值不过 13 音分，最小差值仅 1 音分，这组编钟的调高应距离 G + 5 不远。同时，这一结果也进一步说明 M1:27 和 M1:28 钟的侧鼓音可能未被用于编钟音乐实践。

四、黝钟黝镈的音列与调高

以下列出这组钟镈各八度组中音高出现次数的统计结果（表 6-36）：

表 6-36 黝钟黝镈各八度组中音高出现次数统计

八度组	C	#C	D	#D	E	F	#F	G	#G	A	#A	B
小字 4 组	1	1		1		2			2		1	

续表

八度组	C	#C	D	#D	E	F	#F	G	#G	A	#A	B
小字 3 组		1	1	1		1			1			
小字 2 组		1		1	1		4	1			3	1
小字 1 组			2				2		1		1	2
小字组											1	
总计	1	3	3	3	1	3	6	1	4	0	6	3

统计显示，出现次数较多的是 #F、#G、#A。#F 共出现 6 次，有 4 次都出现在正鼓部；#A 出现了 6 次，但只有 2 次在正鼓部；#G 虽出现次数少于 #F 和 #A，仅 4 次，但有 3 次都出现于正鼓部。而 #C 虽然出现次数不多，仅 3 次，但全部在正鼓部。可见，#C、#F、#G 是这套钟镈音列中的重要音级，它们可构成两种五正声音列。

I	#F	#G	#A	#C	#D	II	B	#C	#D	#F	#G
	宫	商	角	徵	羽		宫	商	角	徵	羽

显然，这两种五声音列在我国传统乐学理论范畴内属于同一均，那么这套钟镈的最常用宫位在 #F 还是在 B？常用音列为何？以下将分别以这两种五正声音列为基础进行比较。

比较之前，先对实测数据进行适当调整以便于分析。17 件钟镈的正鼓音音分补正数的平均值为－2 音分，以－2 音分的 ±0 为标准可获得符合音乐听觉的音分值。

首先，以 #F 为宫进行音列推断。根据五声基本音列和编钟双音性能的基本规律，并结合实测数据，可对这组钟镈的相关音级做适当调整。

参照 M10:67 钟的正侧鼓音为角—羽，正鼓音同样为角的 M10:73 镈，其侧鼓音音位可能也为羽，可转换为 #d^{1} － 88，但此音偏低较多。M10:74 镈的侧鼓音为宫，实测数据所显示的正鼓音为七声之外的偏音，这与当时编钟正鼓部音位设置的基本规律不符，故此音可能为偏低较多的羽，记写为 $^{\#}d^{1}-111$。以上两件镈是整套钟镈中最大的两件，处于最低音区，音高偏低较多并非异常。

M10:77 钟的正鼓音为羽曾，其侧鼓音可转换为 $^{\#}d^{2}+92$，为偏高较多的羽。M10:78 镈的正鼓音为徵，其侧鼓音可转换为 $^{\#}e^{2}+60$，为偏高的徵角。

从实测数据上看，M10:68 钟的正、侧鼓音音程间距近八度关系，其正鼓音却接近于羽，但偏低较多，为 $^{\#}d^{3}-82$。显然这件钟的铸调出现了较大误差，根据先秦编钟的一般规律推断，其正、侧鼓音可能原设计为羽—宫。

M10:71 和 M10:84 钟的正鼓音同为商，它们的侧鼓音应同为羽曾，分别记写为 $b^{4}+63$ 和 $b^{4}-24$。

从表中看到，B 的实际音高大多偏低，显示出较强的倾向性。B 在理论上应有两个律高：一个是钟律音系网中基列 498 音分，曾侯乙钟铭谓之“龢”；另一个是高列 520 音分，谓之“羽曾”。我们可以根据 $^{\#}F$（即宫音）与 B 之间的四度关系来推断它倾向于哪一个理论律高。在这套钟镈中，B 出现 5 次，1 次为正鼓音，4 次为侧鼓音。因此，$^{\#}F$ 与 B 之间的四度关系共有 5 组数据。$^{\#}F$ 作为宫音出现的次数最多，故这里将选取 $^{\#}F$ 的音分补正数平均值来作为与 B 计算四度关系的宫音数据。6 次 $^{\#}F$ 的平均值为 $^{\#}F-22$，B 与 $^{\#}F$ 之间四度关系数据及相关分析见下表（表 6-37）：

表 6-37　鄦钟鄦镈中 $^{\#}F$ 与 B 四度关系分析表

单位：音分

$^{\#}F$ 与 B 四组数据	578/1091	578/1087	578/1033	578/1163	578/1076
音分值差	513	509	455	585	498
与”龢”（498）的间距	− 15	11	+ 43	− 87	0
与“羽曾”（520）的间距	+ 7	+ 11	+ 65	− 65	+ 22

显然，$^{\#}F$ 与 B 之间的四度关系略微接近于宫与龢之间的理论数据，尽管如此，其音位还应暂以羽曾为宜。综上，这组钟镈 $^{\#}F$ 宫的音列暂推定如下（表 6-38）：

表 6-38 黝钟黝镈 $^{\#}F$ 宫音位推定表

单位：音分

序号	编号	正鼓音		侧鼓音		调音
		音高	音位	音高	音位	
8 件镈						
1	M10:73	$^{\#}a-27$	角	$^{\#}d^{1}-88$	羽	调
2	M10:74	$^{\#}d^{1}-111$	羽	$^{\#}f^{1}-27$	宫	调
3	M10:75	$^{\#}f^{1}-12$	宫	$^{\#}a^{1}+15$	角	调
4	M10:76	$^{\#}g^{1}-48$	商	$b^{1}-9$	羽曾	调
5	M10:77	$b^{1}-13$	羽曾	$^{\#}d^{2}+90$	羽	调
6	M10:78	$^{\#}c^{2}-8$	徵	$^{\#}e^{2}+58$	徵角	调
7	M10:79	$^{\#}d^{2}\pm0$	羽	$^{\#}f^{2}\pm0$	宫	调
8	M10:80	$^{\#}f^{2}+1$	宫	$^{\#}a^{2}+42$	角	调
9 件钟						
1	M10:66	$^{\#}f^{2}-45$	宫	$^{\#}a^{2}-27$	角	调
2	M10:70	$^{\#}g^{2}-80$	商	$b^{2}-67$	羽曾	调
3	M10:67	$^{\#}a^{2}+11$	角	$^{\#}d^{3}+3$	羽	调
4	M10:69	$^{\#}c^{3}-7$	徵	$^{\#}e^{3}+11$	徵角	调
5	M10:68	$^{\#}d^{3}-82$	羽	$^{\#}d^{4}-12$	（宫）	调
6	M10:71	$^{\#}g^{3}-24$	商	$b^{4}+63$	羽曾	调
7	M10:72	$^{\#}c^{4}+18$	徵	$^{\#}e^{4}+15$	徵角	调
8	M10:83	$^{\#}f^{4}-49$	宫	$^{\#}g^{4}+14$	商	未调
9	M10:84	$^{\#}g^{4}+58$	商	$b^{4}-24$	羽曾	未调

显然，上表所推定的音列设置与春秋时期 9 件套编钟的基本音列不相吻合，所能构成的是以 $^{\#}$F 为宫的下徵音阶。

下面，将对以 B 为宫的音列进行推定。

众所周知，春秋时期编钟少有将七声之外变音作为正鼓音的例证，因此 M10:73 镈的正、侧鼓音可能为偏低较多的宫和角，即 b − 127、$^{\#}d^1$ − 88。也正因为两音均偏低较多，其三度关系的音程间距才能够相对保持。M10:74 的正鼓音角偏低得更多一些，为 $^{\#}d^1$ − 111，如上所述，这两件最大的镈的音偏低较多，当为铸调编钟中较为常见的实际情况。

在 M10:77 镈的正鼓音为宫的情况下，其侧鼓音当记写为 $^{\#}d^2$ + 90，为偏高较多的角。

M10:78 镈的侧鼓音作同音转换为 $^{\#}e^2$ + 58，其音位为商角。

“羽一宫”的正、侧鼓音结构在先秦编钟中最为常见，因此，M10:70 的正鼓音和 M10:71 的侧鼓音为偏低较多的羽（$^{\#}g^2$ − 80）和偏高的宫（b^3 + 63），形体最小的 M10:84 钟的侧鼓音也为偏低的宫（b^4 − 24）。

结合前后钟正鼓音的关系，M10:67 的正鼓音当为偏低较多的宫，记为 b^2 − 89，M10:83 钟的正鼓音可转换为 $^{\#}f^4$ − 49，为偏低的徵。

如前所述，M10:68 钟可能调音不善，其正、侧鼓音可能原设计为角一徵，但正鼓音偏低较多。现将以上分析归纳为下表（表 6-39）。

表 6-39　黝钟黝镈 B 宫音位推定表

单位：音分

序号	编号	正鼓音		侧鼓音		调音
		音高	音位	音高	音位	
8 件镈						
1	M10:73	b − 127	宫	$^{\#}d^1$ − 88	角	调
2	M10:74	$^{\#}d^1$ − 111	角	$^{\#}f^1$ − 27	徵	调
3	M10:75	$^{\#}f^1$ − 12	徵	$^{\#}a^1$ + 15	徵角	调
4	M10:76	$^{\#}g^1$ − 48	羽	b^1 − 9	宫	调

续表

序号	编号	正鼓音		侧鼓音		调音
		音高	音位	音高	音位	
5	M10:77	b^1-13	宫	$^\#d^2+88$	角	调
6	M10:78	$^\#c^2-8$	商	$^\#e^2+60$	商角	调
7	M10:79	$^\#d^2\pm0$	角	$^\#f^2\pm0$	徵	调
8	M10:80	$^\#f^2+1$	徵	$^\#a^2+38$	徵角	调
9 件钟						
1	M10:66	$^\#f^2-45$	徵	$^\#a^2-27$	徵角	调
2	M10:70	$^\#g^2-80$	羽	b^2-67	宫	调
3	M10:67	b^2-89	宫	$^\#d^3+3$	角	调
4	M10:69	$^\#c^3-7$	商	$^\#e^3+11$	商角	调
5	M10:68	$^\#d^3-82$	角	$^\#d^4-12$	（徵）	调
6	M10:71	$^\#g^3-24$	羽	b^3+63	宫	调
7	M10:72	$^\#c^4+18$	商	$^\#e^4+15$	商角	调
8	M10:83	$^\#f^4-49$	徵	$^\#g^4+14$	羽	未调
9	M10:84	$^\#g^4+58$	羽	b^4-24	宫	未调

从上表的结果可以看出，以 B 为宫可以获得与当时 9 件套编钟相符的基本音列规范，为以 B 为宫的正声音阶。

那么，这组钟镈到底是以 $^\#$F 宫下徵音阶还是 B 宫正声音阶为主？我们还可以通过以下三个方面的分析予以比较说明。

首先，从上文音列推定的情况来考察。B 是 $^\#$F 宫七声下徵音阶中的一个重要音级——羽曾，以羽曾为宫所构成的实际是与原七声音阶结构相同、但宫位不同的正声音阶。尽管从音位上来看，$^\#$F 宫所构成的编钟音列与 B 宫所构成的编钟音列并不能完全一一对应，但编钟是一种律位一旦确定就不能随意改变的有限品位乐器，加之人耳对音高音准具备相当的宽容度，因此，上表中各钟音高的记写方式和由此而及的音位的细微差异均没有从实质上影响编钟的音列。B 宫的情况能够使整套编钟的推定音列符合春秋时期 9 件套编钟音列的基本规范，而 #F 宫的编钟音列也井然有序，其带有羽曾的六声音列位列于镈的正鼓部，充分显示了羽曾以及这一音列的核心作用。

其次，可以通过对上述两种情况在各八度组的音列布局来看其是否具有一定的合理性。统计表明，B 宫音列在各八度组的设置较为稀疏，其中仅小字 2 组可奏出完整的七声音阶，其余各八度组多不存在完整的五正声音列，最多也只能奏出不规则的五声音列；相比之下，#F 宫音列在各八度组的设置显得更为合理，它和同时期的编钟音列一样，在中音区小字 1 组和小字 2 组的音列设置比较密集，其中小字 2 组可以奏出完整的七声音阶，小字 1 组也可奏出六声音列（表 6-40、表 6-41）。

表 6-40 黝钟黝镈 #F 宫音列的各八度组音列布局

八度组	宫	商	角	羽曾	徵	羽	徵角
小字组			☆				
小字 1 组	☆☆	☆	☆	☆☆		☆☆	
小字 2 组	☆☆☆	☆	☆☆☆	☆	☆	☆☆	☆
小字 3 组	★	☆			☆	☆☆	☆
小字 4 组	☆	☆☆		☆☆	☆		☆

注：表中“★”表示对音高偏差过大音高所推定的音位。下同。

表 6-41 黝钟黝镈 B 宫音列的各八度组音列布局

八度组	宫	商	角	商角	徵	羽	徵角
小字组	☆						

续表

八度组	宫	商	角	商角	徵	羽	徵角
小字1组	☆☆		☆☆		☆☆	☆	☆
小字2组	☆☆	☆	☆☆	☆	☆☆☆	☆	☆☆
小字3组	☆	☆	☆☆	☆	★	☆	
小字4组	☆	☆		☆	☆	☆☆	

再次，通过 #F 宫和 B 宫音列的调高分析来衡量其合理性。根据表 6-42 和表 6-43 的统计：#F 宫核心音列中宫的音分补正数的平均值与商、角、龢、徵、羽之间的差值分别为 6 音分、25 音分、12 音分、23 音分、9 音分，其中最大差值为 25 音分，最小差值仅为 6 音分，均是人耳可以宽容甚至较难分辨的音分差值阈；B 宫核心音列中宫的音分补正数的平均值与商、角、商角、徵、羽之间的差值分别为 39 音分、7 音分、67 音分、16 音分、22 音分，其中最大差值竟达到了 67 音分，已超过半音，其最小差值为 7 音分，此外，最大和最小差值间的音分差值阈也过大。可见，这组钟镈的调高为 #F 的结果似乎更有说服力。

表 6-42 𪓔钟𪓔镈 #F 宫核心音列音分补正数统计表

单位：音分

音位	宫	商	角	羽曾	徵	羽
音高	$^{\#}f^1-27$	$^{\#}g^1-48$	$^{\#}a-27$	b^1-9	$^{\#}c^2-8$	$^{\#}d^1-88$
	$^{\#}f^1-12$	$^{\#}g^2-80$	$^{\#}a^1+15$	b^1-13	$^{\#}c^3-7$	$^{\#}d^1-111$
	$^{\#}f^2\pm0$	$^{\#}g^3-24$	$^{\#}a^2+42$	b^2-67	$^{\#}c^4+18$	$^{\#}d^2+92$
	$^{\#}f^2+1$	$^{\#}g^4+14$	$^{\#}a^2-27$	b^4+63		$^{\#}d^2\pm0$
	$^{\#}f^2-45$	$^{\#}g^4+58$	$^{\#}a^2+11$	b^4-24		$^{\#}d^3+3$
	$^{\#}f^4-49$					$^{\#}d^3-82$
平均值	$^{\#}F-22$	$^{\#}G-20$	$^{\#}A+3$	$B-10$	$^{\#}C+1$	$^{\#}D-31$

表 6-43　𪑮钟𪑮镈 B 宫核心音列音分补正数统计表

单位：音分

音位	宫	商	角	商角	徵	羽
音高	b － 127	$^{\#}c^2$ － 8	$^{\#}d^1$ － 88	$^{\#}e^2$ ＋ 60	$^{\#}f^1$ － 27	$^{\#}g^1$ － 48
	b^1 － 9	$^{\#}c^3$ － 7	$^{\#}d^1$ － 111	$^{\#}e^3$ ＋ 11	$^{\#}f^1$ － 12	$^{\#}g^2$ － 80
	b^1 － 13	$^{\#}c^4$ ＋ 18	$^{\#}d^2$ ＋ 92	$^{\#}e^4$ ＋ 15	$^{\#}f^2$ ±0	$^{\#}g^3$ － 24
	b^2 － 67		$^{\#}d^2$ ±0		$^{\#}f^2$ ＋ 1	$^{\#}g^4$ ＋ 14
	b^2 － 89		$^{\#}d^3$ ＋ 3		$^{\#}f^2$ － 45	$^{\#}g^4$ ＋ 58
	b^3 ＋ 63		$^{\#}d^3$ － 82		$^{\#}f^4$ － 49	
	b^4 － 24					
平均值	B － 38	$^{\#}$C ＋ 1	$^{\#}$D － 31	$^{\#}$E ＋ 29	$^{\#}$F － 22	$^{\#}$G － 16

分析得出，以 $^{\#}$F 为宫的音列可能更加符合当时的编钟音乐实践，它既可能是这组钟镈的原始设计音列，也可能是最常使用的编钟音列。然而，与它同属一均的 B 宫音列也具有一定的合理性，它具有同时期、同类编钟音列的时代特征，因此亦不能排除其被使用的可能性。有鉴于此，我们初步判断，在一定的礼乐规定之下，这组钟镈从理论上也设置了正声音阶为主干，但与正声音阶同均的下徵音阶可能在音乐实践中发挥了更大的作用，占有更为重要的地位。

五、王孙诰钟的音列与调高

在 26 件王孙诰钟中，有 1 件因有裂纹而音高偏离，故以其余 25 件钟的正鼓音音分补正数据求得其平均值，其结果为－ 10 音分，以－ 10 音分的 ±0 为标准，对现有数据进行转换，同时，结合前文分析得出的编组排序情形，重新列表如下（表 6-44）：

表 6-44 王孙诰钟测音数据编组表

单位：音分

序号	器物编号	正鼓音	侧鼓音	调音	备注
下层大钟					
1	M2:1	G − 38	−	调	甬断，已修复
2	M2:2	$^{\#}$A + 6	−	调	
3	M2:3	d − 38	−	未调	
4	M2:4	$^{\#}$d + 17	−	调	
5	M2:5	$^{\#}$f + 34	−	调	
6	M2:6	$^{\#}$a − 18	$^{\#}c^1$ − 27	调	
7	M2:7	c^1 + 27	$^{\#}d^1$ + 55	调	
8	M2:8	$^{\#}d^1$ + 18	$^{\#}f^1$ + 60	调	
上层一组					
9	M2:9	$^{\#}c^1$ − 11	f^1 − 24	调	
10	M2:10	e^1 + 50	$^{\#}g^1$ + 51	调	
11	M2:11	$^{\#}f^1$ − 39	a^1 + 16	调	
12	M2:12	$^{\#}g^1$ − 5	b^1 − 26	调	
13	M2:13	$^{\#}a^1$ − 38	$^{\#}c^2$ − 22	调	
14	M2:14	$^{\#}d^2$ − 27	$^{\#}f^2$ − 22	调	
15	M2:16	$^{\#}g^2$ − 27	b^2 − 18	调	
16	M2:22	a^2 + 55	d^3 − 1	调	
17	M2:21	e^3 − 12	g^3 − 18	调	

续表

序号	器物编号	正鼓音	侧鼓音	调音	备注
上层二组					
18	M2:17	b^1+56	$^{\#}d^2+40$	未调	甬断，已修复
19	M2:19	$^{\#}c^2+13$	f^2-37	未调	甬断，已修复
20	M2:18	b^1-6	$^{\#}c^2+23$	未调	右鼓有裂纹
21	M2:15	e^2-8	$^{\#}g^2-39$	未调	
22	M2:20	$^{\#}f^2-30$	$^{\#}a^2-3$	未调	
23	M2:26	d^3+59	f^3+33	未调	
24	M2:23	$^{\#}f^3-23$	$^{\#}a^3-2$	未调	
25	M2:24	g^3-7	b^3+25	未调	
26	M2:25	$^{\#}g^3-4$	c^4+9	未调	

（一）音列判断及推定

表 6-45 显示了王孙诰钟各音高在各八度组中出现的次数，其中 M2:18 由于右侧鼓部有裂纹，且没有修复，因此其音高出现较大偏离，故表中暂不列入。

表 6-45　王孙诰钟各八度组中音高出现次数统计表

八度组	C	#C	D	#D	E	F	#F	G	#G	A	#A	B
小字 4 组	1											
小字 3 组			2		1	1	1	2	1		1	1
小字 2 组		2		2	1	1	2		2	1	1	1
小字 1 组	1	2		2	1	1	2		2	1	1	2
小字组			1	1			1				1	

续表

八度组	C	#C	D	#D	E	F	#F	G	#G	A	#A	B
大字组								1			1	
总计	2	4	3	5	3	3	6	3	5	2	5	4

在王孙诰钟的所有音高中，出现次数较多的是#C、#D、#F、#G、#A、B，它们均出现在4次以上。这6个音级可以构成如下基本音列。以下将以此基本六声音列为基础，对王孙诰钟的所有音高及其音位做相关判断和推定。

#F	#G	#A	B	#C	#D
宫	商	角	羽曾	徵	羽

一般来说，下层大钟多以旋律功能为主，因此其正鼓音多为整套编钟中的核心音级或音列。根据这一原则，结合正、侧鼓音三度关系的基本规律，同时观照正、侧鼓音关系在全套编钟中的重复率，对其中若干音级做出判断，即：M2:1的正鼓音G－38应记写为#F＋62，为宫，侧鼓音推定为角；M2:2的侧鼓音推定为徵；M2:3的正鼓音d－38应记写#c＋62，为徵，侧鼓音为宫；M2:4的侧鼓音推定为宫；M2:5的侧鼓音推定为角。

根据正、侧鼓音的基本规律及在编钟中出现的频率，M2:11的侧鼓音a^1＋16似应记写为#a^1－84，为角。此音似乎偏低较多，但结合其正鼓音#f^1－39也偏低较多来看，其双音间距相对稳定，故判断其为偏低的角较为合理。

M2:22和M2:21为上层一组中最小的2件钟，也是这组钟中的高音钟。高音钟的调音常偏离较大是调音工作中难以避免的现象，这2件钟的测音结果也反映了这一点。根据现有数据，并结合音列结构以及正、侧鼓音双音等的基本规律，M2:22的正、侧鼓音a^2＋55和d^3－1可分别被记写为#a^2－45和#c^3＋99，为角－徵，M2:21的正、侧鼓音e^3－12和g^3－18可分别被记写为#d^3＋88和#f^3＋82，为羽－宫。

M2:18由于右侧鼓部有裂纹，且未经修复，因此测音结果所显示的音高出现了较大偏离，结合其前后音高关系以及正、侧鼓音的基本规律，推定其正、侧鼓音为羽—宫。

M2:26 的正、侧鼓音 d^3+59 和 f^3+33 似应记写为 $^{\#}d^3-41$ 和 $^{\#}f^3-67$，为偏高的羽和偏高的宫，由于正、侧鼓音均偏低较多，故双音间距基本稳定。

从测音结果上看，M2:24 和 M2:25 两钟的音高与前后钟的关系不呈规律，加之这组钟均未被调音，故结合其前后钟音高之间的基本关系和音列、双音的基本规律，将 M2:24 的正鼓音 g^3-7 记写为 $^{\#}g^3-107$，为偏低较多的商，将 M2:25 的正、侧鼓音 $^{\#}g^3-4$ 和 c^4+9 记写为 $^{\#}a^3-204$ 和 $^{\#}c^4-91$，为偏低较多的角和徵。

此外，在核心音列中所见 B 在理论上应有两个律高：一个是钟律音系网中基列 498 音分，曾侯乙钟铭谓之“龢”；另一个是高列 520 音分，谓之“羽曾”。我们可以根据 $^{\#}$F（即宫音）与 B 之间的四度关系来推定它倾向于哪一个理论律高，由此判断其音位。需要说明的是，暂不将上层二组未调音钟的数据纳入此分析。在下层钟和上层一组钟中，B 出现 2 次，均在侧鼓音。因此，$^{\#}$F 与 B 之间的四度关系共有 2 组数据。$^{\#}$F 作为宫音出现的次数最多，故这里将选取 $^{\#}$F 的音分补正数平均值来作为与 B 计算四度关系的宫音数据。在下层钟和上层一组钟中，$^{\#}$F 共出现 6 次，平均值为 $^{\#}$F + 30，它与 B 之间四度关系的分析见下表（表 6-46）。

表 6-46　王孙诰钟 $^{\#}$F 与 B 四度关系分析表

单位：音分

$^{\#}$F 与 B 四组数据	630/1074	630/1082
音分值差	434	452
与”龢”（498）的间距	− 64	− 46
与“羽曾”（520）的间距	− 86	− 68

显然，$^{\#}$F 与 B 之间的四度关系更倾向于宫与龢之间的理论数据，但其音位仍称羽曾为宜。综上，可将所推定的王孙诰钟的全部音高和音位列表如下（表 6-47）：

表 6-47 王孙诰钟音位推定表

单位：音分

序号	器物编号	正鼓音		侧鼓音		调音
		音高	音位	音高	音位	
下层大钟						
1	M2:1	$^{\#}F+62$	宫	–	（角）	调
2	M2:2	$^{\#}A+6$	角	–	（徵）	调
3	M2:3	$^{\#}c+62$	徵	–	（徵角）	未调
4	M2:4	$^{\#}d+17$	羽	–	（宫）	调
5	M2:5	$^{\#}f+34$	宫	–	（角）	调
6	M2:6	$^{\#}a-18$	角	$^{\#}c^{1}-27$	徵	调
7	M2:7	$^{\#}b^{1}+27$	商角	$^{\#}d^{1}+55$	羽	调
8	M2:8	$^{\#}d^{1}+18$	羽	$^{\#}f^{1}+60$	宫	调
上层一组						
9	M2:9	$^{\#}c^{1}-11$	徵	$f^{1}-24$	徵角	调
10	M2:10	$e^{1}+50$	商曾	$^{\#}g^{1}+51$	商	调
11	M2:11	$^{\#}f^{1}-39$	宫	$^{\#}a^{1}-84$	角	调
12	M2:12	$^{\#}g^{1}-5$	商	$b^{1}-26$	羽曾	调
13	M2:13	$^{\#}a^{1}-38$	角	$^{\#}c^{2}-22$	徵	调
14	M2:14	$^{\#}d^{2}-27$	羽	$^{\#}f^{2}-22$	宫	调
15	M2:16	$^{\#}g^{2}-27$	商	$b^{2}-18$	羽曾	调
16	M2:22	$^{\#}a^{2}-45$	角	$^{\#}c^{3}+99$	徵	调
17	M2:21	$^{\#}d^{3}+88$	羽	$^{\#}f^{3}+82$	宫	调

续表

序号	器物编号	正鼓音		侧鼓音		调音
		音高	音位	音高	音位	
上层二组						
18	M2:17	b^1+56	羽曾	$^\#d^2+40$	羽	未调
19	M2:19	$^\#c^2+13$	徵	f^2-37	徵角	未调
20	M2:18	b^1-6	（羽）	$^\#c^2+23$	（宫）	未调，并有裂纹
21	M2:15	e^2-8	商曾	$^\#g^2-39$	商	未调
22	M2:20	$^\#f^2-30$	宫	$^\#a^2-3$	角	未调
23	M2:26	$^\#d^3-41$	羽	$^\#f^3-67$	宫	未调
24	M2:23	$^\#f^3-23$	宫	$^\#a^3-2$	角	未调
25	M2:24	$^\#g^3-107$	商	b^3+25	羽曾	未调
26	M2:25	$^\#a^3-204$	角	$^\#c^4-91$	徵	未调

注：对于原钟缺音或因钟体残损不测者，其推测音位均加括号。

分析显示，下层大钟和上层一组钟均经过调音，音列较为稳定，呈现出一定的规律；上层二组钟未经调音锉磨，音律偏差较大。结合上层二组钟与上层一组钟在形制纹饰上的差异，有研究认为这 9 件钟可能未曾在音乐实践中使用过，而是下葬时补入。[①] 但是，从上表却可发现，尽管上层二组钟在补入时均未经过调试，但也并非随意加入，因为上层二组钟的高音部分在上层一组的基础上又增扩了半个八度的音域，从而使全套编钟的音域达到了四个半八度。可见，乐工在补铸这 9 件钟时，不但保证了钟铭的完整，还兼顾到整套编钟的音域。

① 郑祖襄．河南淅川下寺 2 号楚墓王孙诰编钟乐律学分析 [J]. 音乐艺术，2005（2）：51.

（二）音列布局

王孙诰钟在各八度组的音列布局情况可归纳统计为下表（表 6-48）。

表 6-48 王孙诰钟各八度组音列布局

八度组	宫	商	角	羽曾	商角	徵	羽	商曾	徵角
大字组	☆		☆						
小字组	☆		☆			☆			
小字 1 组	☆☆	☆☆	☆☆	☆☆	☆	☆☆	☆☆	☆	☆
小字 2 组	☆☆	☆☆	☆☆	☆		☆☆	☆☆	☆	☆
小字 3 组	☆☆☆	☆	☆☆	☆		☆	☆☆		
小字 4 组						☆			

王孙诰钟的音域较宽，横跨近 5 个八度。这套编钟在低音区和高音区的音列设置较为疏朗，小字 1 组至小字 3 组的音列设置较为密集。其中小字 3 组可以奏出六声音列；小字 2 组可以奏出两种七声音阶，分别是：宫－商－角－羽曾－徵－羽－徵角；宫－商－角－羽曾－徵－羽－商曾，当为我们所熟悉的下徵音阶和清商音阶；小字 1 组则能在同宫的情况下奏出 3 种七声音阶，成为这套编钟中音列设置最为密集、更能服务于旋律演奏的八度组。显然，下徵音阶和清商音阶在两个八度组中重复出现，“宫－商－角－羽曾－徵－羽”的六声音列在这套编钟的音列中起到了主导与核心作用。

（三）调高分析

由于上层二组钟未经调音，可能未进入音乐实践，将其数据作为调高分析的依据难以符合当时王孙诰钟的音乐实践，故在调高分析中暂不使用与上层二组钟相关的数据，而仅将下层大钟和上层一组钟各音高的音分补正数统计为下表（表 6-49）。

表 6-49　王孙诰钟核心音列音分补正数统计表

单位：音分

音位	宫	商	角	徵	羽
音高	#F + 62	#g^{1} + 51	#A + 6	#c + 62	#d + 17
	#f + 34	#g^{1} − 5	#a − 18	#c^{1} − 27	#d^{1} + 55
	#f^{1} + 60	#g^{2} − 27	#a^{1} − 84	#c^{1} − 11	#d^{1} + 18
	#f^{1} − 39		#a^{1} − 38	#c^{2} − 22	#d^{2} − 27
	#f^{2} − 22		#a^{2} − 45	#c^{3} + 99	#d^{3} + 88
	#f^{3} + 82				
平均值	#F + 30	#G + 6	#A − 36	#C + 20	#D + 30

除角与宫的音分差值较大以外，其余与宫之间的差值都不大，均处于人耳难以分辨的音分差值阈，即使商与宫之间相差 24 音分，也处于音乐家辨别音分差值的个体差异极端值中较为中庸的位置。① 因此，这套编钟调高应当距离 #F + 30 不远。

六、鄀子成周钟镈的音列推定

这组钟镈各八度组中音高出现次数的统计结果如下（表 6-50）：

表 6-50　鄀子成周钟镈各八度组中音高出现次数统计表

八度组	C	#C	D	#D	E	F	#F	G	#G	A	#A	B
小字 4 组		1		1	1		1				1	
小字 3 组				2			1			1	2	

① 参见韩宝强．音乐家的音准感——与律学有关的听觉心理研究 [J]. 中国音乐学，1992（3）：7 – 21、147.

续表

八度组	C	#C	D	#D	E	F	#F	G	#G	A	#A	B
小字 2 组	2		1	3		1		2	2		1	2
小字 1 组	1			2				2	1			1
小字组									1			1
次数总计	3	1	1	8	1	1	2	4	4	1	4	4

其中出现次数较多的是 #D、G、#G、#A、B，它们在各八度组中出现的次数均在 4 次以上。#D 出现次数最多，达 8 次，其中 3 次出现于正鼓部；G、#G、#A、B 均出现了 4 次，但 #G、#A 有 3 次出现于正鼓部，1 次出现于侧鼓部，而 G 和 B 则仅有 1 次出现于正鼓部，3 次都出现于侧鼓部。显然，#D、#G、#A 是这组编钟音列中较为重要的音级，它们可以构成一种五正声音列，即：

#G	#A	#B（C）	#D	#E（F）
宫	商	角	徵	羽

以下将据此对钟镈音列进行推定（表 6-51）。将原测音数据中所有的 C 均改标记为 #B，以示角；将原测音数据中所有的 F 改标记为 #E，以示羽。

由于这组钟镈的正鼓音音分补正数的平均值为 ±0，因此下文的分析数据与实测数据相同。

在 M1P:1 的正鼓音为 #g±0（宫）的情况下，其侧鼓音 b+17 可转换为 #b－83，当记写为↓角。以商—徵为基本结构的正、侧鼓音设置在这组钟镈音列中较为常见，故 M1P:7 的侧鼓音 d^2＋16 可转换为 $^\#d^2$－84，记写为↓徵。M1P:12 钟的侧鼓音为徵（$^\#d^3$－11），其正鼓音 b^2＋69 应转换为 $^\#b^2$－31，记写为角。M1P:14 钟的正鼓音音高 $^\#f^3$－47 当转换为 $^\#e^3$＋53，记写为↑羽，其侧鼓音 a^3－14 应转换为 $^\#g^3$＋86，记写为↑宫。M1P:16 钟的正鼓音 $^\#c^4$－34 当转换为 $^\#b^3$＋66，记写为↑角，其侧鼓音 $^\#f^4$＋27 可转换为 $^\#e^4$＋127，记写为↑羽。M1P:17 钟的正鼓音 e^4＋18 可转换为 $^\#e^4$－82，记写为↓羽。

表 6-51 鄀子成周钟镈音列推定表

单位：音分

序号	编号	正鼓音		侧鼓音		调音
		音高	音位	音高	音位	
8 件镈						
1	M1P:1	$^{\#}g\pm0$	宫	$^{\#}b-83$	角	调
2	M1P:2	$^{\#}b-28$	角	$^{\#}d^{1}-18$	徵	调
3	M1P:3	$^{\#}d^{1}+17$	徵	$g^{1}+4$	徵角	调
4	M1P:4	$^{\#}e^{1}+184$	羽	$^{\#}g^{1}+270$	宫	调
5	M1P:5	$^{\#}g^{1}+6$	宫	$^{\#}b^{1}-10$	角	调
6	M1P:7	$^{\#}a^{1}-5$	商	$^{\#}d^{2}-84$	徵	调
7	M1P:6	$^{\#}b^{1}+4$	角	$^{\#}d^{2}+35$	徵	调
8	M1P:8	$^{\#}d^{2}+19$	徵	$g^{2}+20$	徵角	调
9 件钟						
1	M1P:9	$^{\#}d^{2}+11$	徵	$g^{2}-4$	徵角	调
2	M1P:10	$^{\#}e^{2}+15$	羽	$^{\#}g^{2}+29$	宫	调
3	M1P:11	$^{\#}g^{2}-36$	宫	$^{\#}b^{2}$—131	角	调
5	M1P:13	$^{\#}a^{2}-45$	商	$^{\#}d^{3}-16$	徵	调
4	M1P:12	$^{\#}b^{2}-31$	角	$^{\#}d^{3}$ 11	徵	调
6	M1P:14	$^{\#}e^{3}+53$	羽	$^{\#}g^{3}+86$	宫	调
7	M1P:15	$^{\#}a^{3}+47$	商	$^{\#}d^{4}+9$	徵	调
8	M1P:16	$^{\#}b^{3}+66$	角	$^{\#}e^{4}+127$	羽	调
9	M1P:17	$^{\#}e^{4}-82$	羽	$^{\#}a^{4}+45$	商	未调

此外，M1P:4 钟的侧鼓音 b^1-30 和 M1P:11 的侧鼓音 b^2-31 似为七声之外的变声——徵曾，但二者的所出音位可能并非如此。根据不同时期编钟音列设计的基本规律，同时观照前后钟的音位，M1P:4 钟的正鼓音极有可能出现偏高较多的现象，其侧鼓音偏离也就在情理之中了，该钟的正、侧鼓音可能分别为：$^{\#}e^1+184$，记写为↑羽；$^{\#}g^1+270$，记写为↑宫。M1P:11 钟的侧鼓音 b^2-31，在其正鼓音为宫的情况下，参照前后钟的音位以及正、侧鼓音音程的基本设置和规律，此音应为 $^{\#}b^2$—131，记写为↓角为宜。

上文分析已知，这 17 件钟镈是由多组编钟拼凑而成，并且多数钟镈的内唇和音梁均锉磨十分严重，有的甚至近平。而分析所得这些钟镈的音列却具有一定的规律和序列，显然，古人在进行重组拼凑时也十分重视原属于不同编组钟镈在音乐性能方面的契合，钟镈内部锉磨严重极有可能是重新组合成套后经过二次调音的结果。现代科学研究证明，对编钟进行二次调音的难度很大，对钟镈内壁进行锉磨调试无疑可以调节音高，但同时也容易影响到编钟的音色，因此在调试编钟尤其是二次调试时，要保持其音高和音色的完美并达到设计要求是极为困难的。因此，这 17 件钟镈的音列虽然总体上呈序列，并与同时代编钟音列基本吻合，但其音高均偏离较大，这很可能是在钟镈重组拼凑的二次调试中为保持音色而降低对音高要求的不得已的做法。

现将这组钟镈的音列布局状况列表如下（表 6-52）：

表 6-52 鄀子成周钟镈各八度组音列布局

八度组	宫	商	角	徵	羽	徵角
小字组	☆		☆☆			
小字 1 组	☆☆	☆	☆☆	☆☆	☆	☆
小字 2 组	☆☆	☆	☆☆	☆☆☆☆	☆	☆☆
小字 3 组	☆	☆	☆	☆☆	☆	
小字 4 组		☆		☆	☆☆	

这组钟镈的总音域横跨 5 个八度，其中小字 1 组和小字 2 组的音列设置较为密集，且均能奏出带有徵角的六声音列，小字 3 组可奏出五正声音列。

尽管这 17 件钟镈在拼凑重组时注重了音乐性能的谐和，并可能经过了二次调音，但各钟以及各钟之间的音高偏差依然较大。有研究认为，这组钟镈可能是吴国伐楚时的战利品，由于吴国夫人季子随军驻守时去世，这些乐器战利品便作为随葬品埋葬于季子的陪葬坑中。[①] 正因为这些钟镈可能是战利品，所以才显得如此零散，同时不但被铲去了钟上所铸的原器主名，还被有机重组以符合当时相应的等级规范，此外，也不排除经过二次调音的可能性。综上，这些钟镈可能仅仅作为随葬品，而没有用于实际的音乐演奏，加之音高偏离幅度过大，故对其做进一步分析的意义不大，于此从略。但从以上分析情况来看，其调高可能为 $^{\#}$G 宫。

七、徐家岭 M3 钟镈的音列

统观前文所列这组钟镈的测音结果，侧鼓音自身及其与正鼓音之间的关系略显无序，故以下将就正鼓音的音级在各八度组中出现的次数来梳理核心音列（表 6-53）。

表 6-53 徐家岭 M3 钟镈正鼓音在各八度组中出现次数统计表

八度组	C	#C	D	#D	E	F	#F	G	#G	A	#A	B
小字 4 组		1	1				1					
小字 3 组	1					1						
小字 2 组	1			2	1				1		1	
小字 1 组	1		1			1			1		1	
小字组									1			
总计	3	1	2	2	1	2	1	0	3		2	0

① 参见赵世纲．固始侯古堆出土乐器研究 [M]// 河南省文物考古研究所．固始侯古堆一号墓．郑州：大象出版社，2004：131．徐少华．固始侯古堆一号墓的年代及其相关问题 [M]// 楚文化研究会．楚文化研究论集：第七集．长沙：岳麓书社，2007：306 － 319．高成林．关于固始侯古堆一号墓的几个问题 [M]// 楚文化研究会．楚文化研究论集：第七集．长沙：岳麓书社，2007：320 － 326．

C和$^{\#}$G是正鼓音中出现次数最多的两个音级，它们可以构成一种五正声音列，即：

$^{\#}$G	$^{\#}$A	$^{\#}$B（C）	$^{\#}$D	$^{\#}$E（F）
宫	商	角	徵	羽

17件钟镈的正鼓音音分补正数之平均值为－11音分，以－11音分的±0对全部测音数据进行调整转换，以获得符合音乐听觉的音分值。

结合前后钟的音列排序，HXXM3:17号钟的正鼓音d^1＋60可转换为$^{\#}d^1$－40，即偏低的徵；而以徵为正鼓音的钟在全套钟镈中有3件，另2件的侧鼓音均设置为商曾，HXXM3:14号钟的侧鼓音可转换为$^{\#}f^1$＋79，即偏高的商曾。

全套钟镈中以商为正鼓音的钟有2件，分别为HXXM3:14和HXXM3:6。它们的侧鼓音音高相同，可见其原设计音位也应相同。结合实测音高数据以及双音设置规律，这2件钟的侧鼓音可一并推定为偏高较多的羽曾，其音高可分别转换为$^{\#}c^2$＋110和$^{\#}c^2$＋84。

HXXM3:16和HXXM3:4钟的正、侧鼓音均设置为羽－羽角，据此并结合HXXM3:8钟的实测数据，可将其正鼓音转换为$^{\#}e^2$－67，为偏高较多的羽，侧鼓音也为羽角。同理，根据HXXM3:1钟的实测音高，其正鼓音接近于五正声中的羽，可转换为偏高的羽$^{\#}e^4$＋62，侧鼓音为羽角。

实测数据显示，HXXM3:15钟的正鼓音确定为宫，但侧鼓音与其音程间距过大，可能是由于编钟铸调结果不理想而导致侧鼓音偏高太多，根据编钟双音的基本规律推测，该钟的侧鼓音可能原设计为角。

例外的是，编号为HXXM3:3和HXXM3:2的2件钟，它们的正、侧鼓音十分相近，几乎同音，因此不宜根据实测数据进行音位的推定。如参照同时期相同组合形式编钟的音列设置，可将两钟的音位设置分别推定为商－羽曾、角－徵。

全套钟镈的音列推定结果列表如下（表6-54）。

表 6-54 徐家岭 M3 钟镈音列推定表

单位：音分

序号	编号	正鼓音		侧鼓音	
		音高	音位	音高	音位
8 件镈					
1	HXXM3:19	$^{\#}g-35$	宫	$b+4$	徵曾
2	HXXM3:18	$^{\#}b-15$	角	$^{\#}e^{1}-31$	羽
3	HXXM3:17	$^{\#}d^{1}-40$	徵	$^{\#}f^{1}+79$	商曾
4	HXXM3:16	$^{\#}e^{1}-22$	羽	$^{\times}g^{1}+30$	羽角
5	HXXM3:15	$^{\#}g^{1}-17$	宫	$^{\#}b^{1}+182$	（角）
6	HXXM3:14	$^{\#}a^{1}+1$	商	$^{\#}c^{2}+110$	羽曾
7	HXXM3:13	$^{\#}b^{1}-21$	角	$^{\#}d^{2}-13$	徵
8	HXXM3:12	$^{\#}d^{2}+32$	徵	$^{\#}f^{2}+50$	商曾
9 件钟					
1	HXXM3:9	$^{\#}d^{2}-25$	徵	$^{\#}f^{2}+10$	商曾
2	HXXM3:8	$^{\#}e^{2}-67$	羽	$^{\times}g^{2}-18$	羽角
3	HXXM3:7	$^{\#}g^{2}-15$	宫	$^{\#}b^{2}+6$	角
4	HXXM3:6	$^{\#}a^{2}+6$	商	$^{\#}c^{2}+84$	羽曾
5	HXXM3:5	$^{\#}b^{3}-5$	角	$^{\#}d^{3}+8$	徵
6	HXXM3:4	$^{\#}e^{3}+40$	羽	$^{\times}g^{3}+7$	羽角
7	HXXM3:3	$d^{4}-26$	（商）	$e^{4}-33$	（羽曾）
8	HXXM3:2	$^{\#}c^{4}+35$	（角）	$e^{4}+60$	（徵）
9	HXXM3:1	$^{\#}e^{4}+62$	羽	$^{\times}g^{4}+12$	羽角

8 件镈均属于原套，不但形制纹饰相同，音列设置也较为有序，而 9 件编钟有拼合现象，编钟音列的高音部分较为无序。总体而言，后期补入钟时考虑到了与原套钟音律的配合，以及同当时编钟编列和音列规范的统一。钟镈在各八度组的音列布局也体现了这一点（表 6-55）。

表 6-55 徐家岭 M3 钟镈各八度组音列布局

八度组	宫	羽角	商	徵曾	角	羽曾	徵	羽	商曾
小字组	☆			☆	☆				
小字 1 组	☆	☆	☆		☆★		☆	☆☆	☆
小字 2 组	☆	☆	☆		☆	☆☆	☆☆☆	☆	☆☆
小字 3 组		☆			☆		☆	☆	
小字 4 组		☆	★		★	★	★	☆	

注：表中★代表因测音数据偏离较大而推定的音位。

这组钟镈的总音域达 5 个八度，中音区的音列设置较为密集，高、低音区的音列疏朗。其中，仅小字 2 组能奏出七声清商音阶，小字 1 组能奏出五正声音列。由于高音钟偏离较大，难以做进一步的分析，但可根据以上分析情况将其调高初步定在 $^{\#}$G 宫。

八、曾侯乙编钟的音乐分析

（一）曾侯乙编钟钟铭国别的统计分析

曾侯乙编钟共 65 件，包括 3 种器型。其中镈 1 件，甬钟 5 组共 45 件，钮钟 3 组共 19 件。由于上层钮钟是曾侯探讨乐律问题的专用设备，而甬钟是用于实际演奏[①]，又由于其中唯一一件镈为楚王馈赠，不属于原套设计，因此，有关曾侯乙编钟的音乐分析将着重于甬钟。

① 黄翔鹏. 曾侯乙钟磬铭文乐学体系初探 [M]// 溯流探源——中国传统音乐研究. 北京：人民音乐出版社，1993：130.

曾侯乙编钟钟铭中共涉及当时六个诸侯国的对应律名，分别是曾、楚、周、晋、齐、申，其中楚国律名所占比例最大，且十二律名俱全（表 6-56）。

表 6-56　曾侯乙编钟钟铭律名国别对照表

国别 / 音名	曾	周	楚	晋	齐	申
B			浊姑洗			
#A ≈ bB	太簇　穆音	刺音	穆钟	槃钟		
A			浊穆钟			
#G ≈ bA	黄钟　应音	应音（钟）	兽钟			
G			浊兽钟			
#F ≈ bG	无射　嬴孠		新钟		吕音	
F			浊新钟			
E	韦音		文王			
#D ≈ bE			浊文王			
D	蕤宾		坪皇			夷则
#C ≈ bD			浊坪皇			
C	姑洗　宣钟		姑洗吕钟	六墉		

注：此表主要采自黄翔鹏《曾侯乙钟磬铭文乐学体系初探》一文。原表中“浊姑洗”列在曾国律名下，经研究，“浊姑洗”实为楚律名，“姑洗”为曾、楚的通用律名。（参见崔宪．曾侯乙编钟钟铭校释及其律学研究 [M]. 北京：人民音乐出版社，1997:180 － 181.）

上层钮钟作为曾侯探讨乐律问题的专用设备，其上的律名全部都是曾国律名，凡在用于实际演奏的甬钟上已标明国别的律名，均不见于钮钟铭文中。[1]故，笔者对甬钟乐律铭文及其所属国别进行了统计，以此考察各诸侯国律名及其记写方式在曾侯乙编钟钟铭中的覆盖率。此外，这套编钟中的甬钟主要用于实际演奏，对甬钟钟铭国别的统计还可看到其在音乐实践中的相关情况。其中曾、楚共用律名（如姑洗）和曾、周共用律名（如应音 / 钟），下表均单列（表 6-57）。

表 6-57 曾侯乙编钟甬钟钟铭国别统计表

	曾	楚	曾、楚	曾、周	周	晋	申	齐
中一（短枚 11 件）	0	75	14	1	0	0	0	0
中二（无枚 12 件）	3	81	19	1	1	1	1	1
中三（长枚 10 件）	34	28	18	5	3	7	7	1
下一（长枚 2 件）	7	12	2	0	0	1	2	0
下二（长枚 10 件）	42	47	16	7	6	4	6	1
合计	86	243	69	14	10	13	16	3

从钟铭使用的总量上看，楚律名在甬钟律名中占有相当大的比例，曾律名虽位居其次，但数量却与楚律名相差较多，曾与楚的共用律名在曾侯乙编钟钟铭中也占有一定比重，周、晋、申、齐的律名均出现较少。从各组钟铭的具体情况来看，中层一组的短枚钟和中层二组的无枚钟几乎全部采用了楚律名和曾、楚共用的律名，其他诸侯国的对应律名极少甚至没有，而其他几组钟所用曾律名的比重略大，其他诸侯国的对应律名略多。此外，从各组钟中每件钟的钟铭情况来看，几乎每一件中层一组短枚钟和中层二组无枚钟的钟铭都以楚律名开始，而其余各组则多以曾律名开始。此外，“作为甬钟标音总纲的‘姑洗’律，在中一、二组中处于次要的地位，甚至当音高为‘姑洗均’的‘羽曾’‘徵曾’‘羽角’时，该律被略而不提。”[2]由以上钟铭的基本情况可以看出曾侯乙编钟的文化因素构成和来源，

① 黄翔鹏．曾侯乙钟磬铭文乐学体系初探 [M]// 溯流探源——中国传统音乐研究．北京：人民音乐出版社，1993：130.

② 崔宪．曾侯乙编钟钟铭校释及其律学研究 [M]. 北京：人民音乐出版社，1997：138.

楚文化无疑是其重要的文化因素之一，而中层一组的短枚钟和中层二组的无枚钟更与楚音乐文化有着直接紧密的联系。

（二）曾侯乙编钟各组甬钟的音列布局及其基本特点

曾侯乙编钟钟铭已表明了每钟的设计音位，以下将据此分别对几组甬钟在各八度组的音列布局作统计分析（表 6-58、表 6-59、表 6-60、表 6-61）。

表 6-58　曾侯乙编钟长枚倍（下一）、长枚低（下二）甬钟各八度组音列布局

八度组	宫	羽角	商	徵曾	角	羽曾	商角	徵	宫曾	羽	商曾	徵角
大字组	☆		☆☆	☆	★	☆☆		☆	☆	☆		☆☆
小字组	☆	☆	☆	☆☆	★	☆	☆	☆	☆		☆	☆

注：据崔宪《曾侯乙编钟钟铭校释及其律学研究》的研究，下.2.9 号钟的正鼓音“铂”为角的低八度异名，而下.2.3 号钟的正鼓音“中镈”，其实测音高与“角”基本重合，故表中均以★表示。

排除后期加入的楚王镈不计，现存下层甬钟共 12 件，它们的总体音域达 2 个八度，各八度均能奏出两种完整的七声音阶，分别是：宫—商—角—羽曾—徵—羽—商角；宫—商—角—羽曾—徵—羽—商曾，2 个八度互补则可构成完整的十二半音。这在以节奏功能为主导的下层钟中是极为少见的。

表 6-59　曾侯乙编钟长枚中（中三）10 件甬钟各八度组音列布局

八度组	宫	羽角	商	徵曾	角	羽曾	商角	徵	羽	商曾	徵角
小字组								☆	☆		☆
小字 1 组	☆	☆	☆	☆	☆	☆		☆	☆		
小字 2 组	☆		☆		☆	☆	☆	☆	☆	☆	
小字 3 组	☆										

长枚中（中三）10 件甬钟的音域横跨 4 个八度，即小字组至小字 3 组，其音

列主要集中在小字 1 组和小字 2 组。其中，小字 1 组能奏出六声音列，小字 2 组能奏出七声清商音阶，这 2 个八度组中共有的核心音列为：宫—商—角—羽曾—徵—羽。这组编钟最多能获得 11 个半音。

表 6-60 曾侯乙编钟无枚中（中二）12 件甬钟各八度组音列布局

八度组	宫	羽角	商	徵曾	角	羽曾	商角	徵	宫曾	羽	商曾	徵角
小字 1 组			☆		☆	☆	☆	☆	☆	☆	☆	☆
小字 2 组	☆	☆	☆	☆	☆	☆		☆		☆		
小字 3 组	☆		☆		☆	☆		☆		☆		
小字 4 组	☆											

无枚中（中二）12 件甬钟的音域横跨 4 个八度，即小字 1 组至小字 4 组。其中，小字 2 组和小字 3 组均能演奏结构为宫—商—角—羽曾—徵—羽的六声音列，尽管小字 1 组的音位设置更为密集，但由于缺宫，所以不能构成完整的五声、六声或七声音列。这组编钟的所有音位结合能获得完整的 12 半音。

表 6-61 曾侯乙编钟短枚中（中一）11 件甬钟各八度组音列布局

八度组	宫	羽角	商	徵曾	角	羽曾	徵	宫曾	羽	徵角
小字 1 组			☆		☆	☆	☆	☆	☆	☆
小字 2 组	☆	☆	☆	☆	☆	☆	☆		☆	
小字 3 组	☆		☆		☆	☆	☆		☆	
小字 4 组	☆									

短枚中（中一）11 件甬钟的音域与无枚中（中二）12 件甬钟相同，即从小字 1 组至小字 2 组横跨 4 个八度。其中，小字 2 组和小字 3 组能演奏结构为宫—商—角—羽曾—徵—羽的六声音列。这组编钟的所有音位结合可获得 10 个半音。

分析可见，位列于中层的三组用于实际演奏的甬钟，其核心音列完全相同，均为宫－商－角－羽曾－徵－羽的六声结构。此外，它们的正鼓音基本音列设置都是在春秋以降 9 件套编钟相对固定的正鼓音音列规范的基础上增扩而成，但三者增扩的方式略有不同。

长枚中（中三）正鼓音音列：
徵－羽－宫－商－角－羽－商－角－商角－羽
无枚中（中二）正鼓音音列：
商－宫角－商角－徵－羽－宫－商－角－羽－商－角－羽
短枚中（中一）正鼓音音列：
商－宫角－徵－羽－宫－商－角－羽－商－角－羽

中层二组无枚钟和中层一组短枚钟都是在春秋时期 9 件套编钟音列前加入了 2 至 3 件钟，并且两组钟都以“商”为首钟，使整组钟的正鼓音中“商”出现了 3 次，突出了“商”的骨干音意义。中层三组长枚钟则在春秋时期 9 件套编钟音列中加入了 1 件以“商角”为正鼓音的钟，从而使这组钟的正鼓部音列带有正声音阶特点，体现了中原音乐文化的“正统”因素。显然，“商”在整套曾侯乙编钟中占有突出地位，并且在“曾侯乙钟各组起讫音中，以新音阶的商音占主要地位，是迄今所知的古编钟音阶结构中独一无二的特殊情况”①，此外，“楚商”也是曾国的主要调式结构②。

多种因素表明，曾侯乙编钟受到了楚文化的深刻影响，其各组钟的文化因素成分也略有差异。中层二组无枚钟和中层一组短枚钟无论于音列还是铭文记写方式，都显示出更为明显的楚文化特色。曾侯乙编钟是曾楚文化的融合体，其中，楚文化因素成分占有较大比重。

① 黄翔鹏. 曾侯乙钟磬铭文乐学体系初探 [M]// 溯流探源——中国传统音乐研究 . 北京：人民音乐出版社，1993：139.
② 黄翔鹏. 释“楚商”——从曾侯钟的调式管窥楚文化问题 [M]// 溯流探源——中国传统音乐研究 . 北京：人民音乐出版社，1993：83.

（三）曾侯乙编钟的调高及其调律的稳定性

以下将对各组甬钟核心音列音分补正数进行统计，以考察各组甬钟的实际调高。

表 6-62 曾侯乙编钟长枚倍（下一）、长枚低（下二）甬钟核心音列音分补正数统计表

单位：音分

音位	宫	商	角	羽曾	徵	羽
音高	C − 12	D − 100	E − 48	F − 87	G + 12	A + 95
	c − 21	D + 55	e − 48	#F − 22	g − 26	
		d − 65		f − 9		
平均值	C − 17	D − 37	E − 48	F − 39	G − 7	A + 95

商、角、羽曾、徵与宫的音分补正数差值分别为 20 音分、31 音分、22 音分、10 音分，人耳多可接受和宽容。羽与宫的差值则较大，由于人耳对低音钟的音高敏感度相对较低，大型低音钟的调试也较为困难，况且羽在这组钟中仅出现一次，不足为训。故所得 C − 17 的调高结果尚可（表 6-62）。

表 6-63 曾侯乙编钟长枚中（中三）10 件甬钟核心音列音分补正数统计表

单位：音分

音位	宫	商	角	羽曾	徵	羽
音高	c^1 − 32	d^1 − 50	e^1 − 53	f^1 − 28	g − 35	a − 27
	c^2 − 20	d^2 − 28	e^2 − 43	f^2 − 19	g^1 − 46	a^1 − 46
	c^3 − 41				g^2 − 18	a^2 − 29
平均值	C − 31	D − 39	E − 48	F − 24	G − 33	A − 34

根据（表 6-63）的数据，商、角、羽曾、徵、羽与宫的音分补正数差值较小，分别为 8 音分、17 音分、7 音分、2 音分、3 音分，均处于人耳难以辨别的区域，因此，这组甬钟的调高可初步确定为 C － 31。

表 6-64 曾侯乙编钟无枚中（中二）12 件甬钟核心音列音分补正数统计表

单位：音分

音位	宫	商	角	羽曾	徵	羽
音高	c^2-39	d^1-56	e^1-67	f^1-40	g^1-53	a^1-49
	c^3-41	d^2-45	e^2-60	f^2-29	g^2-38	a^2-53
	c^4-28	d^3-16	e^3-20	f^3-19	g^3-19	a^3-48
平均值	C － 36	D － 39	E － 49	F － 29	G － 37	A － 50

商、角、羽曾、徵、羽与宫的音分补正数差值均较小，分别是 3 音分、13 音分、7 音分、1 音分、14 音分，它们均在人耳难以分辨的音分差值阈内，故这组甬钟的调高可以初步判定为 C － 36（表 6-64）。

表 6-65 曾侯乙编钟短枚中（中一）11 件甬钟核心音列音分补正数统计表

单位：音分

音位	宫	商	角	羽曾	徵	羽
音高	c^2-63	d^1-44	e^1-44	f^1-23	g^1-51	a^1-61
	c^3-17	d^2-54	e^2-63	f^2-12	g^2-40	a^2-31
	c^4+32	d^3-41	e^3+10	f^3-19	g^3-47	a^3+22
平均值	C － 16	D － 46	E － 32	F － 18	G － 46	A － 23

图 6-4 曾侯乙编钟 中.1.6 鼓部铭文

图 6-5 曾侯乙编钟 上.1.1 鼓部铭文

从表 6-65 中的数据可以看到，商、角、羽曾、徵、羽与宫的音分补正数差值分别为 30 音分、16 音分、2 音分、30 音分、7 音分，其中 30 音分的差值略偏大，其余皆为人耳所不能分辨，所以这组甬钟的调高大致可确定为 C − 16。

以上对各组甬钟调高分析的结果较为接近，说明各组甬钟的音高标准较为统一。尽管编钟的实测数据与理论数据还存在一定差距，但其实际调律结果比较稳定，故可取各组甬钟调高的平均值为全套编钟接近的调高，即 C − 25。

九、䣄篙钟的音乐分析

（一）䣄篙钟音乐性能分析小史

䣄篙钟的音乐性能分析始于 20 世纪中叶杨荫浏的研究，由于当时“一钟双音”现象和理论未被发现和认识，所以用于实际研究的编钟测音资料是“残缺不全”的。在获得完整的双音数据之后，黄翔鹏对这组编钟进行了乐律学分析。他认为首钟的“音高在 B_4、C_5 间，按配套的音阶组织，应为第七钟隧音的低八度”（笔者注：“隧，指的是西周乐钟于口因调音锉磨而形成的凹槽。”[①] 此处之隧音指正鼓音），其“音位为羽曾”，“首钟非本套”。[②] 黄翔鹏的研究印证了当时考古学界的普遍结论，也引起了考古界的注意，并被频繁征引。笔者在前文的分析中进一步提出证据对这套编钟的编制进行了确认，研究表明，䣄篙钟的首钟不属于原套，为后期补入，但编钟总体编制可确定为 13 件。

尽管黄翔鹏已明确指出首钟与其他 12 件钟不同套，但他根据“配套的音阶组织”来推定首钟音位的研究思路，已显示出首钟和其他 12 件钟在音乐性能上存在较为明显和严密的逻辑关系。

（二）音列分析

多种迹象表明，䣄篙钟为实用器，可能在墓主人生前被使用过。根据《信阳

① 王子初．中国音乐考古学 [M]. 福州：福建教育出版社，2003：587.
② 黄翔鹏．“䣄篙”钟每钟两音音名与音位的乐律学分析 [M]// 溯流探源——中国传统音乐研究．北京：人民音乐出版社，1993：93.

战国楚墓出土乐器初步调查记》中的描述，“每一个钟身厚薄都不一致，且有显著的磨锉痕迹”①，这说明此钟曾经过调音。从测音结果可以看到，此钟的音律优良，具有良好的乐器性能，应为实用器，而它能被用于演奏乐曲《东方红》，也充分显示出其实用性。此外，在同出钟架的横梁下面还发现有“橄榄形的痕迹”②，这应是悬挂编钟之后，钟的舞部摩擦印出来的轮廓，说明此钟可能在下葬前被悬挂于架上使用过。

现对这组编钟所有音高出现的次数进行统计（表 6-66）。

表 6-66 甾篙钟各八度组中音高出现次数统计表

八度组	C	#C	D	#D	E	F	#F	G	#G	A	#A	B
小字 4 组	1	1	1			1						
小字 3 组	1	1	1	1	1		1	1	2		1	
小字 2 组		1		2	1		2		1	1	1	2
小字 1 组												1
总计	2	3	2	3	2	1	3	1	3	1	2	3

这组编钟各音高的出现次数相当，其中，出现次数略多的音高所处的编钟部位也大多相同，因此，若依照此法难以找到这组编钟的核心音列。但是，这组编钟正鼓音实测音高数据体现了较强的规律性，即第 1 至 6 件钟和第 7 至 12 件钟各六钟的正鼓音同为 B — #C — #D — #F — #G — #A。这六个音级可以构成的基本音列如下：

① 中央音乐学院民族音乐研究所调查组．信阳战国楚墓出土乐器初步调查记 [M]// 文物参考资料，1958（1）：16.
② 中央音乐学院民族音乐研究所调查组．信阳战国楚墓出土乐器初步调查记 [M]// 文物参考资料，1958（1）：17.

Ⅰ	B	$^{\#}$C	$^{\#}$D	$^{\#}$F	$^{\#}$G	$^{\#}$A	Ⅱ	$^{\#}$F	$^{\#}$G	$^{\#}$A	B	$^{\#}$C	$^{\#}$D
	宫	商	角	徵	羽	徵角		宫	商	角	羽曾	徵	羽

结合东周时期编钟音列设置的基本规律，以 $^{\#}$F 为宫构成的编钟音列更符合当时的历史实际。13 件钟的正鼓音音分补正数的平均值为－ 19 音分，以－ 19 音分的 ±0 为标准对测音数据进行调整，同时结合上述核心音列对这组编钟的音列设置作出基本推定（表 6-67）。

由于 1 － 120 号钟的正鼓音为略偏低的徵，故其侧鼓音应改写为 $^{\#}e^{2}$ － 43，为偏低的徵角，该钟正、侧鼓音均偏低，其音程间距相对稳定。按此理，比 1 － 120 钟高八度的 1 － 12 钟，其侧鼓音也可改写为 $^{\#}e^{2}$ － 64，即偏低的徵角。

1 － 14 号钟的正鼓音为宫，其侧鼓音音高为 $^{\#}g^{3}$ － 35，比之低八度的 1 － 122 号钟的侧鼓音为徵曾，据此可将 1 － 14 号钟的侧鼓音改写为 a^{3} － 65，为偏低的徵曾。

1 － 124 号钟的正鼓音为角，侧鼓音音高为 c^{3} ＋ 41，比之高八度的 1 － 16 号钟的正、侧鼓音分别为角－徵，据此可将 1 － 124 号钟的侧鼓音改写为 $^{\#}c^{3}$ － 59，为偏低较多的徵。

1 － 13 号钟的正鼓音为羽，侧鼓音为 g^{3} － 9，尽管比其低八度 1 － 121 钟为羽－宫结构，但结合曾侯乙钟铭可知，以羽为正鼓音钟的侧鼓音也可以设置为羽角，故该钟侧鼓音应定羽角为宜，可改写为 $^{\times}f^{3}$ － 9。

结合全套编钟的音位以及先秦编钟音列的基本情况，1 － 17 号钟的正、侧鼓音均偏低较多，由于高音钟偏差较大是铸钟调钟的实际情况，故这件钟的正、侧鼓音音高可分别改写为 $^{\#}d^{4}$ － 71 和 $^{\#}f^{4}$ － 92。

表 6-67 郘篙钟音列推定表

单位：音分

序号	器物编号	正鼓音		侧鼓音	
		音高	音位	音高	音位
1	1－119	b^1+70	羽曾	$^\#d^2+9$	羽
2	1－120	$^\#c^2-19$	徵	$^\#e^2-43$	徵角
3	1－121	$^\#d^2-21$	羽	$^\#f^2+18$	宫
4	1－122	$^\#f^2-5$	宫	a^2+22	徵曾
5	1－123	$^\#g^2-19$	商	b^2+3	羽曾
6	1－124	$^\#a^2-21$	角	$^\#c^3-59$	徵
7	1－125	b^2+10	羽曾	d^3+2	宫曾
8	1－12	$^\#c^3-7$	徵	$^\#e^3-64$	徵角
9	1－13	$^\#d^3-25$	羽	$^\times f^3-9$	羽角
10	1－14	$^\#f^3+23$	宫	a^3-65	徵曾
11	1－15	$^\#g^3+7$	商	$^\#b^3-22$	商角
12	1－16	$^\#a^3-24$	角	$^\#c^4+62$	徵
13	1－17	$^\#d^4-71$	羽	$^\#f^4-92$	宫

根据以上音列推定的结果，可对编钟各八度组的音列布局列表分析（表6-68）。

表 6-68 郘篙钟各八度组音列布局

八度组	宫	羽角	商	徵曾	角	羽曾	商角	徵	宫曾	羽	变宫
小字 1 组						☆					
小字 2 组	☆☆		☆	☆	☆	☆☆		☆		☆ ☆	☆
小字 3 组	☆	☆	☆	☆	☆		☆	☆☆	☆	☆	☆
小字 4 组	☆							☆		☆	

这套编钟的音域达 4 个八度，绝大多数音位都集中在小字 2 组和小字 3 组，它们在不同的八度组可以构成结构不同的七声音阶。其中，小字 2 组可以奏出七声下徵音阶，小字 3 组可以奏出七声正声音阶。这套编钟的核心音列十分明晰，为“羽曾－徵－羽－宫－商－角”，首钟的正鼓音——羽曾位于骨干音列之中，在编钟整体音列中占有十分重要的地位。

（三）首钟加入的音乐内涵与意义

根据上文的分析可见，首钟虽然与其他 12 件钟并非一次铸造完成，而是后期拼合加入的，但是它与其他 12 件钟在音乐性能上有机联系着。尽管这个音的实测音高相对偏高较多，但我们仍不难从中发现古人加入此钟的音乐意图，那就是充分考虑到音乐性能的逻辑关系和音乐实践的需要，即：合“乐”所用。反过来，首钟的补入也更凸显出其正鼓音“羽曾”在编钟音列中的重要性。

“羽曾”在郘篙钟的音列中先后出现了3次，两次为正鼓音，一次为侧鼓音。“羽曾”作为一个“音位”，在理论上应有两个律高：一个是钟律音系网中基列 498 音分的 F，另一个是高列 520 音分的 F。曾侯乙钟铭中唯一一见的“龢”为前者，后者则为仲吕。[①] 就郘篙钟音列中的“羽曾”而言，我们可以根据“羽曾”与“宫”之间的四度关系来推定此“羽曾”倾向于哪一个理论律高。需要说明的是，由于

① 崔宪．曾侯乙钟铭“龢”字探微 [J]. 中国音乐学，2004（4）：10.

编钟调音中大多会出现误差，因此理论数据的精确性在编钟的实测结果中几乎不可能达到，这在曾侯乙编钟实测数据与钟铭所显示理论数据的差值中已充分显示出来。但同样不可否认的是，实测数据以及实测音响却可以反映出音高的某些倾向，因为在人耳的实际听觉感受中，要获得这种倾向效果的实际数据往往较之理论数据更大，因此我们可以通过实测数据与理论数据差值的倾向性来推断某一音位可能所处的律高及其意义。

取宫音音高的平均值来作为与羽曾关系计算的衡量标准。宫在编钟音列中先后出现了 4 次，但位于 1 — 17 号钟侧鼓部的宫音偏离较大，因而仅取其他 3 处宫音的数据进行分析，这 3 处宫音音分补正数的平均值为 #F ＋ 12，将这一数据与 3 次羽曾音位的实测数据进行音分差值计算，其结果如下（表 6-69）：

表 6-69 𨱑篙钟“羽曾—宫”音分差值计算表

单位：音分

	1	2	3	备注
宫 / 羽曾	#F ＋ 12/B ＋ 70	#F ＋ 12/B ＋ 3	#F ＋ 12/B ＋ 10	因首钟正鼓音B+70偏高较多导致计算结果与理论数据差值过大
音分差值	558	491	498	
与”龢”理论数据 498 音分的差值	＋ 60	－ 7	±0	
与“羽曾”理论数据 520 音分的差值	＋ 38	－ 29	－ 22	

上表的计算结果显示，尽管各组数据的总体差值均较大，且全部小于“龢”和“羽曾”的理论数据，但三组数据所显示出的四度关系却与“龢”的理论数据 498 音分更为接近，表现出较强的倾向性。

（四）调高分析

现将全套编钟核心音列各音高的音分补正数统计列表如下（表 6-70）：

表 6-70 郘篙钟核心音列音分补正数统计表

单位：音分

音位	宫	商	角	羽曾	徵	羽
音高	$^{\#}f^2$ + 18	$^{\#}g^2$ − 19	$^{\#}a^2$ − 21	b^1 + 70	$^{\#}c^2$ − 19	$^{\#}d^2$ + 9
	$^{\#}f^2$ − 5	$^{\#}g^3$ + 7	$^{\#}a^3$ − 24	b^2 + 3	$^{\#}c^3$ − 59	$^{\#}d^2$ − 21
	$^{\#}f^3$ + 23			b^2 + 10	$^{\#}c^3$ − 7	$^{\#}d^3$ − 25
	$^{\#}f^4$ − 92				$^{\#}c^4$ + 62	$^{\#}d^4$ − 71
平均值	$^{\#}$F − 14	$^{\#}$G − 6	$^{\#}$A − 23	B + 28	$^{\#}$C − 10	$^{\#}$D − 27

上表显示，商、角、徵与宫的音分补正数差值均在 10 音分以内，分别为 9 音分、8 音分、5 音分，羽与宫的音分补正数差值为 12 音分，人耳大多难以分辨，仅羽曾与宫的音分补正数较大，为 43 音分。总体而言，这套编钟的调高可能距离 $^{\#}$F − 14 不远。

第三节 楚音乐形态的历史发展

楚音乐形态的历史发展可以从楚钟音乐性能的发展历程中探寻遗痕。随着楚钟件数不断增多、规模不断扩大、音乐内容不断丰富，楚钟的音列设置在发生着微妙的变化。本节拟在上文分析所得结果的基础上，对楚钟音乐性能的发展轨迹予以梳理。

首先，可将有关楚钟音乐性能的相关信息列表如下（表 6-71）：

表 6-71 楚钟音乐性能简表

名称	音域	所有音位	各八度组的音阶、音列构成
楚公逆编钟	小字～小 3	宫、角、徵、羽	小 1 ～小 3：宫－角－徵－羽
叶县旧县 M4 编钟 甬甲	小字～小 4	宫、商、角、羽曾、徵、羽、徵角	小 1：宫－商－角－羽曾－徵－羽 小 2：宫－商－角－徵－羽
叶县旧县 M4 编钟 甬乙	小字～小 4	宫、商、角、羽曾、徵、羽、徵角	因缺“商”而不能构成完整音列
叶县旧县 M4 编钟 钮	小 1 ～小 4	宫、商、角、羽曾、徵、羽、商曾	小 2、小 3：宫－商－角－羽曾－徵－羽
敬事天王钟	小 2 ～小 4	宫、商、角、商角、徵、羽、徵角	小 2：宫－商－角－徵－羽－徵角 小 3：宫－商－角－商角－徵－羽
黝钟	小字～小 4	宫、商、角、商角、徵、羽、徵角	小 2：宫－商－角－商角－徵－羽－徵角 小 3：宫－商－角－商角－徵－羽
王孙诰钟	大字～小 4	宫、商、角、羽曾、商角、徵、羽、商曾、徵角	小 1：宫－商－角－商角－徵－羽－徵角 宫－商－角－羽曾－徵－羽－徵角 宫－商－角－羽曾－徵－羽－商曾 小 2：宫－商－角－羽曾－徵－羽－徵角 宫－商－角－羽曾－徵－羽－商曾 小 3：宫－商－角－羽曾－徵－羽
徐家岭 M3 钟	小字～小 4	宫、羽角、商、徵曾、角、羽曾、徵、羽、商曾	小 1：宫－商－角－徵－羽－商曾 小 2：宫－商－角－羽曾－徵－羽－商曾
鄬子成周钟	小字～小 4	宫、商、角、徵、羽、徵角	小 1：宫－商－角－徵－羽－徵角 小 2：宫－商－角－徵－羽－徵角 小 3：宫－商－角－徵－羽
曾侯乙编钟 长枚下	大字～小字	宫、羽角、商、徵曾、角、羽曾、商角、徵、宫曾、羽、徵、商曾	大字：宫－商－角－羽曾－徵－羽－徵角 小字：宫－商－角－羽曾－徵－徵角 宫－商－角－商角－徵－徵角
曾侯乙编钟 长枚中 10	小字～小 3	宫、羽角、商、徵曾、角、羽曾、商角、徵、羽、商曾、徵角	小 1：宫－商－角－羽曾－徵－羽 小 2：宫－商－角－商角－徵－羽 宫－商－角－羽曾－徵－羽－商曾
曾侯乙编钟 无枚中 12	小 1 ～小 4	宫、羽角、商、徵曾、角、羽曾、商角、徵、宫曾、羽、商曾、徵角	小 2、小 3：宫－商－角－羽曾－徵－羽
曾侯乙编钟 短枚中 11	小 1 ～小 4	宫、羽角、商、徵曾、角、羽曾、徵、宫曾、羽、徵角	小 2、小 3：宫－商－角－羽曾－徵－羽

续表

名称	音域	所有音位	各八度组的音阶、音列构成
㽃篙钟	小 1 ～小 4	宫、商、徵曾、角、羽曾、商角、徵、宫曾、羽、徵角	小 2：宫－商－角－羽曾－徵－羽－徵角 小 3：宫－商－角－商角－徵－羽－徵角

注：为便于列表和排版，表中将小字组简称“小字”，小字 1 组简称为“小 1”，依此类推。

一、楚钟的音域与音列

音域的扩大及变化并不能完全体现编钟的发展。纵观楚钟的发展，其音域变化并不大。早在春秋中期前后，楚钟的最大音域已近 5 个八度，目前所见的实物例证便是近年出土的叶县旧县 4 号墓编钟。总体而言，叶县旧县 4 号墓编钟各组钟镈的音域大致相接合，整体音域达到了 4 个八度又 1 个小三度，下图显示了全套编钟的总体音域、各组钟镈的音域及其相互关系。

叶县旧县 M4 编钟音域概况：

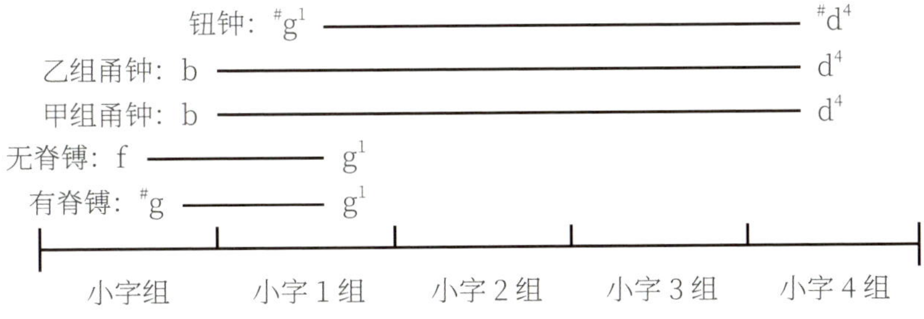

春秋晚期王孙诰钟的音域较之叶县旧县 4 号墓编钟略有扩展，为 4 个八度又 1 个纯四度，各组钟音域接合的情形如下：

王孙诰钟音域概况：

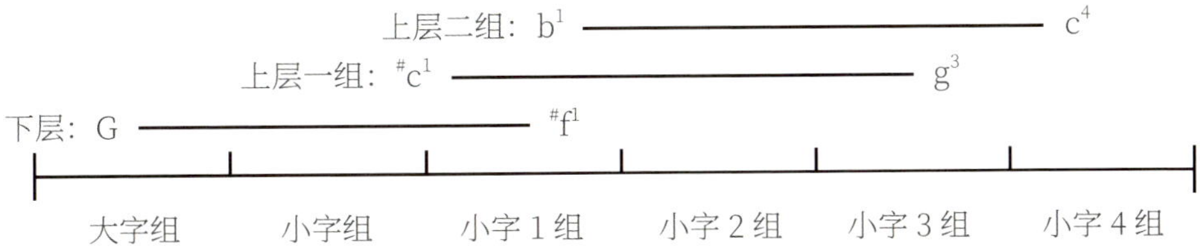

战国早期曾侯乙编钟的音域扩展到了极致，总体音域已超过了 5 个八度，恰好处于人类音乐听觉感知度最为敏感的区域，几乎堪比现代钢琴的音域，其各组钟音域接合情况如下：

曾侯乙编钟音域概况：

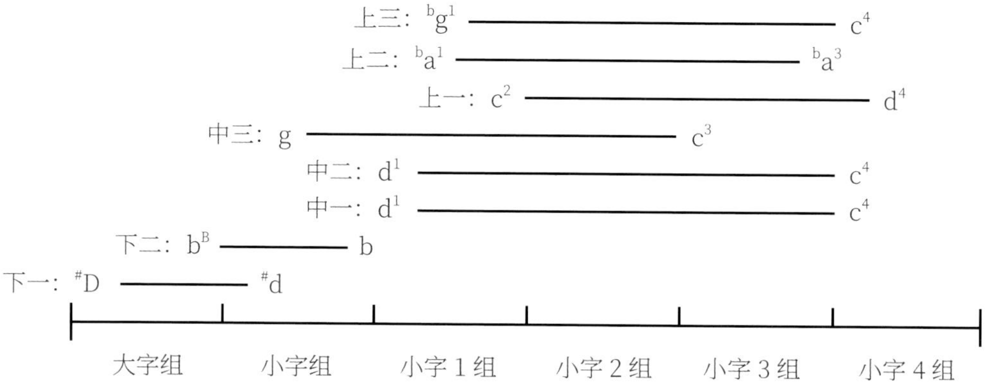

从 3 批大型楚钟的音域以及其中各组钟的音域接合情况来看，叶县 4 号墓编钟和曾侯乙编钟中各组钟的音域存在较多重合现象，而王孙诰钟的各组钟音域重合较少，多为有效音域。由于人耳对音高的感知度存在一定范围，因而这些编钟的音域也无再扩展的必要。目前，有关人耳感知音高的确切范围，还没有一个公认的答案。从心理物理学角度来说，人耳可感音域的标准会因人们的个体差异而不同，要获得一个统一、确定的范围是比较困难的，因而只能以大体的区域来划定，即人耳可感音域大约在 20Hz 到 20000Hz 之间，也就是 $^{\#}D^{2}+49$ 至 $^{\#}d^{7}+8$ 之间。①在这个音高区域内，越靠近区域边界的音高越难以把握，而位于音高区域中段位置的音高成为了人耳最容易辨别和敏感的区域。显然，上述大型楚钟的音域都处于人耳最敏感的音高感知阈。对于一套用于实际演奏、且音乐性能也完全可以满足音乐实践的乐器而言，再扩展音域无疑是狗尾续貂了。此外，从前文分析和对各八度组音列构成基本情况的统计还可以发现，几乎每套编钟都是在小字 1 组、

① 韩宝强．音的历程——现代音乐声学导论 [M]. 北京：中国文联出版社，2003：30 - 32.

小字 2 组或小字 3 组上的音列设置最为密集，并构成了较为完整的音列或音阶，可见，这 3 个八度组是编钟上最常用，也是最核心的音高区域。

结合这些编钟的音列构成情况可以发现，虽然楚钟音域没有发生太大变化，但在相对稳定的音域当中，编钟的音级却渐而多样化，编钟音列的构成也在逐步走向集约化。这一特点不仅在楚钟的历史进程中表现得十分突出，其他先秦编钟也有这一发展过程。

二、编钟双音设置的作用

改变双音设置是使编钟音列集约化的主要手段。从楚钟双音设置简表中可以看到，改变楚钟双音设置的方法主要有如下 3 种。

1. 将原侧鼓音设置为正鼓音

此法是将原侧鼓音中较为重要的音级设计到正鼓音的位置，以突出其重要性，并丰富编钟音列。如：楚公逆编钟上作为“角”之侧鼓音的“徵”，在叶县旧县 4 号墓编钟音列中被设置为正鼓音；敬事天王钟上作为“商”之侧鼓音的“商角”，在王孙诰钟音列中成为了正鼓音；春秋时期编钟上“徵”的侧鼓音“徵角”，在曾侯乙编钟的下层大钟上被设置为正鼓音；等等。

2. 侧鼓音的多样化设计

就现有楚钟资料而言，相同正鼓音钟的侧鼓音设置最多有两种情况，其音程间距为：小三度、大三度、纯四度；大二度、小三度、大三度，但其中二度和四度音程间距的设置现象并不普遍，多为个例。

宫 { 角 / 徵曾 / 羽曾　　商 { 角 / 羽曾 / 商角　　羽 { 宫 / 羽角 / 商

其音程间距多为大、小三度。

角 { 徵 / 宫曾　　徵 { 徵角 / 商曾　　商角 { 羽 / 商曾

此外，还有钟的侧鼓音仅有一种双音设置，如：徵角—徵曾；商曾—商。

显然，无论是规模较小、性能较好的敬事天王钟，还是规模宏大、音域广阔的曾侯乙编钟，它们的正鼓音几乎均未超出七声以外的音，而那些七声以外的变音都是通过侧鼓音的不同设置而展现出来的。

3. 新增正鼓音

此法最为典型的是以商为正鼓音钟的加入。目前所见西周编钟音列中均未见有商音的设置[1]，但自春秋时期以来，编钟音列中便出现了商音，它一出现便在编钟的正鼓部。在楚钟乃至楚乐中，商逐渐成为了不可或缺的重要音级和音调。

随着时代的发展，在编钟件数增加的情况下，原侧鼓音逐渐被设置为正鼓音或者新增正鼓音，侧鼓音设置也逐步由多样化趋向于三度关系的统一了，这与先秦编钟侧鼓音的基本情况相一致[2]。从上述基本情况来看，楚钟双音设置的有效性不断被提高，达到了在件数变化不大或者音域相对稳定的情况下，编钟音列的丰满和充实（表 6-72）。

表 6-72 楚钟双音设置简表

侧	正								
	羽	宫	角	徵	商	羽曾	商曾	商角	徵颠
楚公逆编钟	–宫	–角	–徵						
叶县旧县 M4 钟	–宫	–角 –羽曾	–徵	–徵角 –商曾	–角 –羽曾	–羽			
敬事天王钟	–宫	–角	–徵	–徵角	–商角				
𫹴钟	–宫	–角	–徵	–徵角	–商角				
王孙诰钟	–宫	–角	–徵	–徵角	–羽曾	–羽	–商	–羽	

① 对于周乐戒商的观点历来有多种解释：有学者认为此商指的是商音；有学者认为指的是商调；还有学者认为之所以西周编钟音列中没有商音，是由于编钟的取音在弦，而在弦上取商的难度较大；此不赘述——笔者注。

② 孔义龙．两周编钟音列研究 [D]. 北京：中国艺术研究院，2005：157 – 165.

续表

侧	正								
	羽	宫	角	徵	商	羽曾	商曾	商角	徵颟
郘黛钟	－宫 －羽角	－徵曾	－徵	－徵角	－羽曾 －商角	－羽 －宫曾			

注：表中所列为测音资料完整性与音乐性能较好的楚钟例证。

三、楚音乐基本形态的变化与功能的关系

早在20世纪90年代，黄翔鹏以《用乐音系列记录下来的历史阶段——先秦编钟音阶结构的断代研究》一文开创了以编钟音列结构断代的先河。这一思路的提出，不仅是音乐文物研究对考古研究，尤其是青铜乐器断代研究方面的“小补”，更为当时中国音乐考古学的学科发展指明了目标和方向。与此同时，他也特别在文章末尾处指出了当时资料的局限性，“已经整理出的编钟音阶的规律，还是缺少若干中间环节，材料的本身也还有地域的限制”。[①]“缺少若干中间环节”指的是当时的编钟资料在时间上难成序列，“地域的限制”指的是出土编钟资料分布不广，多集中于某一文化区域。细察发现，文中所涉及的进入春秋时期之后的编钟均为楚钟，所论也俨然是一条楚钟音列发展路线图了。在随后的十余年里，考古工作不断深入，出土编钟的数量和质量也与日俱增，它们的时代渐成序列，分布更为广阔，学术界对于编钟的认识也随之加深。本书对楚钟音列发展的探讨也正是建立在楚钟保存良好的音响、较为完整的时间序列以及丰富的资料的基础之上。

越来越多的资料表明，编钟件数随着时代的变迁在总体增加的趋势之下，也会出现同时期编钟规模件数不同的情况。而在大多数情况下，属于同一历史时期的编钟，规模较大者能够代表当时编钟音乐实践的最高水平和当时音乐形态的整体状况。此外，尽管编钟音列和音位设置的发展有着一定的内在规律，但目前我们依然很难勾勒出一条具体清晰的编钟音列发展序列图谱，而只能在分析了大量

① 黄翔鹏.用乐音系列记录下来的历史阶段——先秦编钟音阶结构的断代研究[M]// 溯流探源——中国传统音乐研究.北京：人民音乐出版社，1993：108.

实物资料后，划分出大略的发展阶段并归纳总结出一些时代特征。

就现有资料而言，各个历史时期或时段都有规模较大的楚钟例证，这些楚钟的音乐性能能够反映出当时楚音乐的基本形态，并且由此可以看到楚钟乃至楚音乐在古代楚人礼乐生活中的功能转变。根据前文的分析，结合楚钟音乐性能简表，可对各时期楚钟音列、音阶设置的时代特征一一概括。

（一）西周时期楚音乐基本形态——楚钟的四声结构

现有西周时期的成套楚钟仅楚公逆编钟一例，从这套编钟基本音列的设置情况来看，无论是正鼓音还是连同侧鼓音在内的所有音级，均仅有四声。这种“五声缺商”的现象在西周中晚期 8 件套编钟中极为常见。

《周礼·春官·大司乐》在记述周代三大祭（祭祀天神、地祇、人鬼）之用乐情况时，也有与此相关的情形。

> 凡乐，圜钟为宫，黄钟为角，太簇为徵，姑洗为羽，雷鼓雷鼗，孤竹之管，云和之琴瑟，云门之舞，冬日至，于地上之圜丘奏之，若乐六变，则天神皆降，可得而礼矣。

> 凡乐，函钟为宫，太簇为角，姑洗为徵，南吕为羽，灵鼓灵鼗，孙竹之管，空桑之琴瑟，咸池之舞，夏日至，于泽中之方丘奏之，若乐八变，则地示皆出，可得而礼矣。

> 凡乐，黄钟为宫，大吕为角，太簇为徵，应钟为羽，路鼓路鼗，阴竹之管，龙门之琴瑟，九德之歌，九磬之舞，于宗庙之中奏之，若乐九变，则人鬼可得而礼矣。[①]

这段文献所记载的是周代重大祭祀活动中的“下神之乐”，在这三种祭祀之乐中都采用了宫、角、徵、羽的乐调，即：“三大祭之乐皆首举四调者，为歌奏之通均也”[②]，宫、角、徵、羽无疑是周代大型祭祀中的重要乐调，显然，“周

① 孙诒让．周礼正义 [M]. 北京：中华书局，1987：1757.
② 孙诒让．周礼正义 [M]. 北京：中华书局，1987：1758.

在礼乐中不用‘商’声”[①]。也许，如有的学者所认为的那样，西周编钟不用商音的根本原因是在弦上获取商音的难度较大[②]，但若将西周编钟仅有宫、角、徵、羽四个音级的现象与上引这段重要的文献相结合来看待的话，便可推断出如下结论：青铜编钟是周代礼仪活动中的一种极为重要的节奏乐器，它所奏出的乐音和乐调是周代重大礼仪用乐中的核心音级或主要乐调，是烘托整个礼仪活动的点睛之笔。可见，西周时期编钟的音乐功能以把握用乐节奏和突出礼仪用乐核心为主导，楚公逆编钟的音列设置显示了与同时期西周编钟相一致的音乐功能和特点。

（二）春秋早中期楚音乐基本形态——楚钟的七声齐全

迄今为止，春秋早期的楚钟资料还未被发现，春秋中期的楚钟资料也较少，属于这一时段规模较大的楚系钟是叶县旧县 4 号墓编钟，这套编钟的音乐性能反映了当时楚编钟音乐的较高水平。根据上文的分析，这套大型编钟中的各组钟均可奏出 7 个七声以内的音级，每组钟几乎都能演奏一种七声音阶，全套编钟的音级总共可以构成两种七声音阶。与此同时期的规模略小的编钟，如敬事天王钟，也能奏出七声音阶。若想最大限度地剖析这一时期楚钟的音乐性能，可借用“同均三宫”[③]的理论总结来进行适当的理论演绎。根据前文楚钟音乐性能简表的统计，叶县旧县 4 号墓编钟中的 2 组甬钟均能奏出下徵音阶，钮钟可奏出清商音阶，与叶县旧县 4 号墓编钟时代相近的敬事天王钟也可奏出正声音阶。可见，自春秋早中期开始，楚钟已具备了演奏七声音阶的音乐性能，从乐学理论上来说，这些楚钟都能在同一套编钟上通过转换宫位来演奏三种形式不同的七声音阶，即每套楚钟至少能构成一均，从而形成三种七声音阶，这对于西周时期楚钟的音乐性能而

---

① 黄翔鹏．中国古代音乐史的分期研究及有关新材料、新问题 [M]// 乐问．北京：中央音乐学院出版社，2000：155.

② 孔义龙．两周编钟音列研究 [D]. 北京：中国艺术研究院，2005：21.

③ “同均三宫”理论于 20 世纪 80 年代由黄翔鹏首次提出，其主要观点为：“在‘五度圈’的连续音高序列中摘取七律（古书中叫作‘以七同其数’），构成音阶（古书中也把七声音阶称作‘七律’），这七个律高所构成的绝对音高位置与各律间相对的音程关系的总和就是‘均’。……均是统帅宫的，三宫就是同属一均的三种音阶，而分属三种调高。”（黄翔鹏．中国传统乐学基本理论的若干简要提示 [J]. 民族民间音乐，1986（3）：12 - 13.）这一理论被提出后获得了广泛的支持，同时也遭到了不少质疑，有学者曾对学术界关于“同均三宫”理论的研讨进行了综述（参见刘勇．何为“同均三宫”——“同均三宫”研究综述 [J]. 音乐研究，2000（3）：71 - 80.）。本文之所以借用“同均三宫”的理论对楚钟的音乐性能进行阐释和演绎，主要鉴于“同均三宫”是作为一种传统乐学理论提出的，对于青铜编钟这种律高一旦确定就不可改变的乐器而言，较为适用——笔者注。

言无疑有了长足的进步。显然，春秋早中期楚钟已逐渐萌发了走向旋律化的倾向。

（三）春秋晚期楚音乐基本形态——楚钟的九声具备

目前所发现的属于春秋晚期的楚钟最多，其中规模最大者要数王孙诰钟。从前文的分析可以看出，王孙诰钟无论是音位还是音列设置，都处于这一时期的最高水平。这套钟的正、侧鼓音共包含了七声以内的 9 个音级，这意味着整套编钟能在同宫的情况下演奏出三种不同形式的音阶，即“同宫三阶”。如果说春秋早中期楚钟的“同均三宫”仅为理论演绎，还不足以说明三种音阶在春秋战国时期已同时存在的话，那么，春秋晚期楚钟上的“同宫三阶”则明确地显示了正声音阶、下徵音阶和清商音阶的同时存在。

研究表明，春秋晚期的楚钟已经具备了较为明显的旋律功能，它们被作为旋律乐器来使用和看待的可能性已不能被排除。此外，结合前文的个例分析也可以看到，春秋晚期楚钟的形式，或为大型钟与小型钟成编组合，或是镈与钮钟组合。随着组合型编钟的大量使用，青铜乐钟钟体大小的不同和钟型的差异使它们的音乐功能逐渐分离，并在组合中形成互补，从而使楚钟趋向于一种节奏功能和旋律功能兼备的乐器。

（四）战国时期楚音乐形态——楚钟的十二半音

处于这一历史时期的楚钟已具备了较强的音乐性能。战国早期的曾侯乙编钟标志着楚钟乃至中国先秦编钟已发展至巅峰。双音设置的细微调整，使这套编钟在几个八度内都获得了完整的十二半音。其中，用于实际演奏的中层和下层大型甬钟均呈现出较好的音乐特性。特别需要说明的是，先秦时期编钟的下层钟大多为控制节奏或强调主干音所用，而曾侯乙编钟的下层大型甬钟却具备了完整的十二半音，尽管这些大型甬钟钟体庞大、余音悠长而不利于演奏旋律，但从音位、音列的设置依然可以看到它们有别于春秋时期楚钟的强大功能。郘篙钟虽然没有达到十二半音齐全，但其音位的设置极为紧凑和有效，仅仅 13 件钟合 26 个乐音，不但音域横跨四个八度，而且在两个八度组分别构成了两种不同的七声音阶，其旋律功能之强由此可见一斑。

楚钟基本音列设置的逐渐丰富反映出楚音乐基本形态的变化，展现了古代楚人音乐理论与音乐实践发展的基本状况。

四、楚钟音列的两种基本架构

通过对楚钟的逐批分析以及对楚钟音乐性能发展历程的梳理可以看到，无论楚钟的规模如何增大、件数如何增多、组合如何多样、音列如何丰富，其音列的继承、变化与发展大体是在以下两种基本架构的基础上进行的。

（一）以西周时期 8 件套甬钟的固定音列为基本架构

目前所知西周时期 8 件套甬钟具有基本固定的音列，它们的正鼓音音列均为羽—宫—角—羽—角—羽—角—羽，迄今所见最早的西周时期楚钟——楚公逆编钟有着与之相统一的正鼓音音列。其后，春秋中期叶县旧县 M4 的 2 组甬钟音列也以此 8 件套甬钟音列为基础。但是，楚公逆编钟和叶县旧县 M4 编钟之间的时代跨度较大，资料出现了断层，二者之间的具体演进方式难以说明，但从它们的音列演变逻辑上依然能够清晰地看到这一历史时段楚钟音列发展的两个端点。

西周时期 8 件套甬钟	羽－宫－角－羽—角—羽－角－羽
楚公逆编钟	羽－宫－角－羽—角—羽－角－羽
叶县旧县 M4 甲组甬钟	羽－宫－角－羽－[商]－角－[徵]－羽－[羽曾]－羽
叶县旧县 M4 乙组甬钟	羽－宫－角－[徵]－羽－角—羽－角－[羽曾]－羽

注：带框音位表示在西周时期 8 件套甬钟音列框架上的新增音位或变化音位。

此外，结合叶县旧县 M4 钮钟的音列可以发现，这套编钟应当处于先秦编钟音列的转制期，是中原文化与楚文化交融的产物。

（二）以春秋时期 9 件套编钟的固定音列为基本架构

存见先秦时期 9 件套编钟的音列大多保持了一种相对固定的框架，即徵—羽—宫—商—角—羽—商—角—羽。自春秋以来的楚钟也延续了这一历史传统，并且这一基本的音列框架在此后楚钟漫长的发展历程中都占有统治地位。

叶县旧县 M4 钮钟	徵－羽－宫－商－角－羽－商－角－羽
敬事天王钟	徵－羽－宫－商－角－羽－商－角－羽
黝钟	徵－羽－宫－商－角－羽－商－角－羽
鄀子成周钟	徵－羽－宫－商－角－羽－商－角－羽
王孙诰钟上层一组	徵－[商曾]－宫－商－角－羽－商－角－羽
曾侯乙编钟长枚甬钟	徵－羽－宫－商－角－羽－商－角－[商角]－羽
曾侯乙编钟无枚甬钟	[商]－[宫角]－[商角]－徵－羽－宫－商－角－羽－商－角－羽
曾侯乙编钟短枚甬钟	[商]－[宫角]－徵－羽－宫－商－角－羽－商－角－羽
𦊓篙钟	[羽曾]－徵－羽－宫－商－角－[羽曾]－[徵]－羽－[宫]－商－角－羽

注：带框音位表示春秋时期 9 件套钮钟音列框架上的新增音位或变化音位。

虽然这两种音列形态出现的时间早晚不同，但它们在两周之际曾一度并置存在，不但是楚钟音列演进发展的基本框架，也是先秦编钟音列形态演变历程中的两个重要基点。此外，这种 8 件或 9 件成套，乃至 8 件与 9 件组合成编的形式也为楚钟所采用，并成为楚钟组合发展的基础。

（三）两种基本音列框架的文化来源

8 件套甬钟是甬钟成熟时期最具代表性的编制，它所构成的音列也具有相当的稳定性和规范性，这类例证多出自中原地区，显示了浓厚的中原音乐文化传统。钮钟于两周之交时一出现便为 9 件套编制。目前所见较早的钮钟实物有出土于河南陕县的虢太子编钟[①]，山西闻喜上郭 M210、M211 编钟[②]等，而它们显然都属于中原文化系统。在此后较长的历史阶段中，钮钟 9 件成套的形式频繁稳定地出现，编钟音列也十分规范，这种组合形式对各类大型组合编钟的形成与发展产生了重

① 中国科学院考古研究所．上村岭虢国墓地 [M]. 北京：科学出版社，1959.
② 山西省考古研究所．太原晋国赵卿墓 [M]. 北京：文物出版社，1996.

大影响。楚钟音列正是以这两种隶属于中原音乐文化传统的编钟音列为发展壮大的重要基础和基本框架，不断赋予、融入楚音乐的地域特色和文化因素而日益丰富的。

五、楚钟的核心音列

楚钟，作为以节奏功能为主的乐器，其核心音列形态应能体现出楚音乐形态的基本特点。根据前文分析的结果，综合音级出现的次数、正鼓音音列设置以及每套编钟各八度组的音列等因素，可对楚钟的核心音列形态进行初步提炼与基本判断（表 6-73）。

表 6-73 楚钟核心音列形态表

<table>
<tr><th>年代</th><th>名称</th><th>核心音列</th></tr>
<tr><td>西周中晚期</td><td>楚公逆编钟</td><td>宫－角－徵－羽</td></tr>
<tr><td>春秋中期</td><td>敬事天王钟</td><td rowspan="5">宫－商－角－徵－羽</td></tr>
<tr><td rowspan="3">春秋晚期</td><td>黝钟</td></tr>
<tr><td>徐家岭 M3 钟</td></tr>
<tr><td>鄬子成周钟</td></tr>
<tr><td>春秋中期</td><td>叶县旧县 M4 编钟</td><td rowspan="4">宫－商－角－羽曾－徵－羽</td></tr>
<tr><td>春秋晚期</td><td>王孙诰钟</td></tr>
<tr><td>战国早期</td><td>曾侯乙编钟</td></tr>
<tr><td>战国中期</td><td>畨篙钟</td></tr>
</table>

在楚钟的发展过程中，大致存在三种核心音列形态（表 6-73），其中历时最长并一直延续的核心结构当为“宫－商－角－羽曾－徵－羽”的六声音列。

这一结构意味着楚钟上所使用的主要音阶并非历史文献上提及最多的、传统意义上认为是“旧”的正声音阶，而是长期以来被视为“新”的、出现较晚的下徵音阶。结合前文所列楚钟各八度组的基本音列构成情况还可以发现，下徵音阶不但伴随着楚钟走过了其发展历史的大半段路程，而且时代越晚，它的地位也越突出。春秋晚期麷钟虽然其音列设置以正声音阶为干，但实测数据的分析显示，这套钟镈可能在音乐实践中更倾向于使用同均中的下徵音阶。战国早期曾侯乙编钟的最高一个八度中没有变化音，“水落石出”般地显露了下徵音阶的六声结构。①战国中期鞑篙钟更是通过增加首钟的“羽曾”而使正鼓音音列最终由 2 组这种下徵音阶的六声结构组成。

“宫、商、角、龢、徵、羽”六声音阶在战国音乐实践中有着重要地位。②这种六声音列不但出现时间早，流行时间长，而且影响也极为广泛。郑祖襄在对新郑城市信用社和金城路两处墓葬出土编钟进行乐律学分析后认为，这两套郑国编钟也具有这样的六声音阶，充分证明了“这行音阶在当时社会的普遍性”。③或许所使用的这种下徵音阶就是当时非正声也不入正统的“郑声”与“南音”的主要元素吧。但是，它在楚音乐理论与实践中显然具有更为突出的地位。

黄翔鹏曾在《释楚商》一文中对楚调、楚商调以及新、旧音阶④的问题做了专门研究。他从七弦琴音乐中代表传统调弦法的“开指”或“调意”之“楚商意”出发，回溯到晚唐陈康士用“楚商”调所做《离骚》一曲⑤，分析了该曲的“凄凉调”调弦法，即在正调的基础上紧二弦和五弦，此定弦所得于正声音阶，为羽调式，于下徵音阶，为商调式，由此，他指出：“七弦琴的传统宫调名称中名之曰商，加上定语是个‘楚’字，说明它是旧音阶以外的另一种商调。事实上，‘楚商’是相对于‘清商’而言的。同样名之曰商，一个是新音阶，一个却是旧音阶，不

① 黄翔鹏. 曾侯乙钟磬铭文乐学体系初探 [M]// 溯流探源——中国传统音乐研究. 北京：人民音乐出版社，1993：139.

② 黄翔鹏. 曾侯乙钟磬铭文乐学体系初探 [M]// 溯流探源——中国传统音乐研究. 北京：人民音乐出版社，1993：133 － 134.

③ 郑祖襄. 两套新郑出土编钟的乐律学分析 [J]. 中国音乐学，2006（2）：98.

④ 黄翔鹏在《中国传统乐学基本理论的若干简要提示（续）》一文中对三种音阶进行了正名，认为正声调、下徵调、俗乐调的称谓有历史根据，也最合理，并主张用今例称之正声音阶、下徵音阶、清商音阶。（黄翔鹏. 中国传统乐学基本理论的若干简要提示（续）[J]. 民族民间音乐，1986（4）：8 － 12）此后，学术界多沿用了此定名——笔者注。

⑤ 他在讲述《中国古代音乐史的分期研究及有关新材料、新问题》时提到，“我不敢说陈康士的《离骚》就是真正的‘楚商’的东西，但材料是有联系的。”（黄翔鹏. 乐问 [M]. 北京：中央音乐学院出版社，2000：164.）

同的定语说明它们有需要加以区别的必要性。”之后，他进一步提出“楚声的商调，即采用新音阶系统的‘楚商调’”。[①]可见，楚声、楚调所采用的都是新音阶系统，即下徵音阶系统。上文对楚钟核心音列的分析，进一步验证了这一结论，也充分肯定了下徵音阶在楚乐中的核心作用。

六、楚钟调高

前文已对逐套楚钟的调高进行了分析，现将分析结果统计如下（表 6-74）：

表 6-74 楚钟调高一览表

年代	名称	调高	墓主人 / 器主
西周晚期	楚公逆编钟	B 宫	晋侯邦父
春秋早中期	叶县旧县 M4 编钟	D 宫	许公宁
春秋中期前段	敬事天王钟	G 宫	令尹子庚正夫人孟縢姬
春秋中晚期	䵼钟	B 宫	吕王之孙
600BC，墓葬年代为春秋晚期	倗子受钟	#F 宫（1）	蒍尹克黄夫人仲姬
552BC 或稍后，春秋晚期前段	王孙诰钟	#F 宫	令尹子庚
530BC 前，墓属春秋末或战国初年	鄱子成周钟	#G 宫	宋景公之妹 吴国夫人季子
春秋晚期	徐家岭 M3 钟	#G 宫	不详（高级贵族）
战国早期	纸背村钟	#F 宫（2）	不详
战国早期，433BC	曾侯乙编钟	C 宫	曾侯乙

① 黄翔鹏．释“楚商”——从曾侯钟的调式研究管窥楚文化问题 [M]// 溯流探源——中国传统音乐研究．北京：人民音乐出版社，1993：75 － 77.

续表

年代	名称	调高	墓主人 / 器主
战国中期	𨟻篙钟	#F 宫	封君
350 ～ 330BC	天星观 M2 钟	#F 宫	封君邸旛君番勳夫人

注：（1）参见本章第四节的分析。
（2）参见本章第四节的分析。

就现有楚钟资料而言，楚钟调高呈现出了一定的时代性和亲疏性。

早期楚钟的调高多样，且不稳定。迄今所知，两周之际中原 8 件组编钟的宫位均在 B 到 #C 之间，即：中义钟— B 宫；柞钟— C 宫；晋侯苏编钟— B 宫；虢季编钟— #C 宫；虢仲编钟— #C 宫。[①] 显然，楚公逆编钟的调高 B 宫与同时期中原 8 件套甬钟的调高基本相同。进入春秋时期，楚钟调高也不统一。自春秋晚期开始，楚钟调高逐步趋向一致，即以 #F 宫为主流，并成为楚钟的特点之一。

综合以上材料来看，排除时代因素和地域因素，春秋时期之后调高不同的编钟大多属于楚附庸国或墓主人来自楚附庸国，它们是叶县旧县 M4 编钟、敬事天王钟、黝钟、鄱子成周钟、徐家岭 M3 钟和曾侯乙编钟。以下将对这几套编钟的相关情况做简要回顾。

叶县旧县 M4 编钟的调高为 D，在所见楚钟中未有同高者。根据墓中出土标本 M4:109 号戈上的铭文“许公宁之用戈”可知，该墓的墓主人为许国的王许公宁，即许灵公，于公元前 592 年继位。许国最初的都城在今河南许昌一带，进入春秋以后，由于频受郑国的欺凌，许无奈请迁于叶从而正式成为楚的附庸。[②] 叶的战略位置十分重要，是楚适诸夏的必经之路，同时也是楚的地方行政区划之一，或被称为“方城之外”。叶受楚文化的影响可想而知。正因为如此，许灵公之墓中兼备中原文化与楚文化的特质便容易获得解释了，而墓中出土编钟多元文化杂糅的明显特征也具备了厚重的历史背景。

① 孔义龙．两周编钟音列研究 [D]. 北京：中国艺术研究院，2005.
② 《左传·成公十五年》载：“许灵公畏逼于郑，请迁于楚。辛丑，楚公子申迁许于叶。”（杨伯峻．春秋左传注 [M]. 北京：中华书局，1990：877.）

敬事天王钟出土于河南淅川下寺楚墓群 1 号墓。1 号墓位于该楚墓群中乙组墓葬的中间位置，也是该墓群中规模较大的墓葬之一。根据墓中所见铜器铭文中的人名以及墓中随葬器物的种类和数量推断，这座墓葬的墓主人是女性，为与其相邻 1 号墓墓主楚令尹子庚的正夫人孟滕姬①。这位夫人来自周姬姓国滕国，其编钟所用的调高 G 宫接近于同时期中原编钟的调高似合乎情理。②

𪒠钟铭文的内容显示，这套钟镈是为吕王之孙𪒠所做，𪒠曾与楚王结盟。尽管出土这套钟镈墓葬的墓主尚不能确知，但确为楚墓无疑，而𪒠钟则可能是在吕③被楚灭后流入楚人手中并被埋入墓中的。④从前文的分析可以看到，这套钟镈的音列设置与同时期、同编制编钟相同，即以正声音阶为主导，而其实测音高却表现出对下徵音阶特征更多的倾向性。虽然𪒠钟无论于形制、纹饰，还是音乐特征等方面都表现出较为明显的楚文化特征，但它可能原非楚器，因而或多或少会带有少许的异质特征。

鄱子成周钟出土于河南固始侯古堆 1 号墓，该墓葬中还出土有其他种类的乐器。有研究认为，鄱子成周钟可能是吴王伐楚时的战利品，因吴国夫人季子在随军途中去世而被埋葬于固始，鄱子成周钟便随葬于季子墓中。⑤在此情况下，我们就不难理解这套编钟明显的拼凑痕迹和所用的不同调高。

徐家岭 3 号墓由于被盗严重，其墓主人已不得而知，根据墓中残存器物及棺椁残迹的基本情况判断墓主人大约为楚高级贵族。

曾侯乙墓的墓主人十分确切，即曾侯乙。出土编钟的钲部均有“曾侯乙作時”5 字铭文，表明这套大型编钟为曾侯乙所有。

综合可见，上述几套钟镈的器主或墓主多来自楚附庸国，似可作为其钟镈调

---

① 孟有大意，滕为国名，姬为姓。滕为姬姓国，其地望在今山东滕县西南。

② 经研究，河南新郑发现的大型郑国祭祀遗址中出土的数 10 套编钟均统一为 D 宫调高。（参见王子初 . 郑国祭祀遗址出土编钟的考察与研究 [M]// 河南省文物考古研究所 . 新郑郑国祭祀遗址 . 郑州：大象出版社，2006：951 － 994.）——笔者注。

③ 吕国姜姓，地望在今河南南阳西，至迟在 584BC 已被楚灭。

④ 河南省文物研究所，河南省丹江库区考古发掘队，淅川县博物馆 . 淅川下寺春秋楚墓 [M]. 北京：文物出版社，1991：327.

⑤ 参见赵世纲 . 固始侯古堆出土乐器研究 [M]. 固始侯古堆一号墓 . 河南省文物考古研究所 . 郑州：大象出版社，2004：131. 徐少华 . 固始侯古堆一号墓的年代及其相关问题 [M]// 楚文化研究会 . 楚文化研究论集（第七集）. 长沙：岳麓书社，2007：306 － 319. 高成林 . 关于固始侯古堆一号墓的几个问题 [C]// 楚文化研究会 . 楚文化研究论集（第七集）. 长沙：岳麓书社，2007：320 － 326.

高有所不同的因素之一。

#F 宫是自春秋晚期以来楚钟最常用、最主要的调高，而这一历史时期正是楚钟最成熟、最繁盛的时期。可以说，#F 是楚宫调系统的起点音。曾侯乙编钟钟铭中的相关内容为我们提供了先秦时期曾、周、楚、申的准确黄钟律高，其中楚黄钟律高为 B，即楚律名系统中的浊姑洗一律。[①] 在楚钟以 #F 为宫的下徵音阶系统中，B 为这一音阶中 #F 宫上方的第四级音——羽曾，曾侯乙钟铭中仅有一见的“穌”与其处于同一音位。羽曾在理论上有两个律高，分别是音系网中基列的 498 音分和一次高列的 520 音分。编钟的实际数据与理论数据之间必定会存在一定的差异，但是这些数据却可以反映出某些音高的倾向性，即它更接近于哪一律。这是因为在人耳的实际听觉感受中，要获得这种倾向效果的实际数据往往较之理论数据更大。参酌前文对单批楚钟的相关分析，通过对“羽曾”与“宫”之间四度关系的计算发现，“羽曾”更倾向于“穌”的理论律高。

以楚黄钟标准音高 B 作为始发律进行五度相生，所获得的正是楚钟音列中最为核心的结构，即：

穌 → 宫 → 徵 → 商 → 羽 → 角

B → #F → #C → #G → #D → #A

显然，楚黄钟 B 的律高与“穌”的律高相符合，其具体乐律对应关系可列表如下（表 6-75）：

表 6-75 相关乐律对应表

音名	穌	宫	徵	商	羽	角
音高	B	#F	#C	#G	#D	#A
律名	黄钟	林钟	太簇	南吕	姑洗	应钟
楚律名	浊姑洗	新钟	浊坪皇	兽钟	浊文王	穆钟
律高	498	0	702	204	906	408

① 崔宪. 曾侯乙编钟钟铭校释及其律学研究 [M]. 北京：人民音乐出版社，1997：147.

由此看来，曾侯乙编钟中之所以用单字“龢”表示，并将其与五正声并列，不但“标志着新音阶第四级作为独立阶名的出现”①，更显示了“龢”为楚乐律系统中的生律之本，及其在楚乐律的生律和定律中的重要意义，与此同时，还意味着这一音级已在楚音乐实践中被长期使用。

第四节　部分楚钟音列的理论推测

一、出土楚公冢钟音列考证

陕西周原出土的一件西周中晚期的楚公冢钟是极为罕见的早期楚钟实物例证之一。此前所知楚公冢钟共 4 件，均有著录，其中 3 件现流散于日本。20 世纪早期，曾有日本学者对这 3 件钟进行测音，鉴于当时对中国古代编钟认识上的局限，测音结果仅为正鼓音音高，分别大约为 b^1、$^{\#}c^1$ 和 d^2。② 有学者对照已有成套编钟的测音资料，认为音高为 $^{\#}c^1$ 和 d^2 的两钟为同套钟中的第 3 件和第 5 件钟，而音高为 b^1 的钟则需另作考虑，显然，它们并非同套，此外，他还根据这 4 件钟右鼓部纹饰标记的不同，判断它们“很可能两套仍均为八件”③。遗憾的是，由于缺乏这几件钟的完整音响材料和形制数据，使得我们难以进一步探究它们的确切编列和性能。前文已述，传世楚公冢钟与周原出土楚公冢钟的右鼓部鸟纹的形态不同，据此可以初步判断它们并非同套，又由于传世楚公冢钟资料的残缺，有关传世器与此出土器之间具体关系的探讨也难以展开。

周原出土的楚公冢钟是唯一一件存见于中国的楚公冢钟实物，该器保存较为完好，体壁厚重均匀，且能敲击发出乐音，钟壁内部未见有调音锉磨的痕迹。有

① 黄翔鹏 . 曾侯乙钟磬铭文乐学体系初探 [M]// 溯流探源——中国传统音乐研究 . 北京：人民音乐出版社，1993：133.
② 滨田耕作 . 陈氏旧藏十钟（泉屋清赏别集）.1922.（转引自王世民 . 西周暨春秋战国时代编钟铭文的排列形式 [M]// 中国考古学研究：2. 北京：科学出版社，1986：106 － 120.）需要说明的是，此测音结果的音高标准为 a1 ＝ 435Hz——笔者注。
③ 王世民 . 西周暨春秋战国时代编钟铭文的排列形式 [M]// 中国考古学研究：2. 北京：科学出版社，1986：113.

关这件钟的科学测音数据发表于 2002 年楚国历史文化研讨会上。① 相关数据抄录如下（表 6-76）：

表 6-76 出土楚公冢钟测音数据表

编号	正鼓音		侧鼓音	
	频率（赫兹）	音高（音分）	频率（赫兹）	音高（音分）
Z98:3009	844.74	$^{\#}g^2+29$	1022.34	c^3-41

利用这件钟的测音数据，并依据同时期中原编钟及出土楚公逆编钟的基本音列和相关信息，可对出土楚公冢钟的原编列及其在编列中可能的位置做出适当的推测。迄今所见西周中晚期的编钟多为 8 件甬钟成套，前文分析得出，出土楚公逆编钟也正是为了达到与中原编钟相同的 8 件套编制才后期补入了所缺的 2 件小钟，显然，西周中晚期楚编钟的基本编制与中原地区基本相同。楚公冢钟出土于西周建筑基址的一个窖藏，"和周原出土的大多数窖藏一样，它们当是在周室东迁或战乱时贵族逃跑前埋入的"②，多方面的信息都表明，出土楚公冢钟是一套编钟中的一件，因此它极有可能原属于 8 件套甬钟中的一件。准此，笔者选取了几例保存较好的西周中晚期编钟及出土楚公逆编钟作为重要参照，通过音高、通高、重量的比对来推断出土楚公冢钟在原 8 件套编钟中的位置、排序及其可能的音位。

经比较发现，这件楚公冢钟正好与同时期 8 件套甬钟中第 6 件钟的音高重合，大小和重量也基本相近，由此可以初步推测，出土楚公冢钟当为原 8 件套甬钟的第 6 件钟，其正、侧鼓部的音位可能是羽—宫。

反观钟体与音高相关的特征，其内壁的均匀表明它未经过调音，然而通过比较分析又发现，这件钟的音高不仅能纳入同时期编钟的编列系统中，而且其正、侧鼓部音程间距也符合先秦编钟多取小三度的基本规律，可见，这件钟在铸造完

① 李幼平．西周楚钟音乐学研究（之一）——周原出土楚公冢钟音响实验简报与相关问题初析.2002 年楚国历史文化研讨会会议论文。（编钟测音由该论文作者采样，中国艺术研究院音乐研究所测定——笔者注。）

② 罗西章．陕西周原新出土的青铜器 [J]. 考古，1999（4）：20.

工后的音高已符合设计要求，再做音高调试恐怕也是“画蛇添足”了。

一般来说，西周时期青铜乐钟上的右鼓部纹饰是中国古代乐钟“一钟双音”现象被发现和应用的最早标识。出土楚公冢钟右侧鼓部的鸟类纹饰表明了这件钟尚处于“一钟双音”现象被认识和应用不太久的历史时段，同时也证明了“一钟双音”的现象、理论与实践已切实存在于楚人的社会当中。

从表 6-77 还可看出，出土楚公冢钟比同时期、同排序、同音高的钟略大、略厚重，由此我们不难想象原套完整的楚公冢钟应该比同时期 8 件套甬钟显得更为宏大壮观，铸造所用铜量也会更多，从这一点来看，西周中晚期的楚已具备了相当的国力。

表 6-77 出土楚公冢钟相关数据比对表

名称	序号		1	2	3	4	5	6	7	8
中义钟	音高（音分）	正	$^{\#}g-23$	$b\pm0$	$^{\#}d^{1}-48$	$^{\#}g^{1}-41$	$^{\#}d^{2}-1$	$^{\#}g^{2}-4$	$^{\#}d^{3}-2$	$^{\#}g^{3}-45$
		侧	–	–	$^{\#}f^{1}-15$	$b^{1}+14$	$^{\#}f^{2}+16$	$b^{2}+31$	$^{\#}f^{3}+6$	$b^{3}-20$
	音位	正	羽	宫	角	羽	角	羽	角	羽
		侧	–	–	徵	宫	徵	宫	徵	宫
	通高（厘米）		49.0	46.0	46.0	43.0	32.0	30.0	24.5	22.5
	重量（千克）		21.0	22.5	19.0	20.0	8.5	6.0	3.1	2.6
晋侯苏钟一组	音高（音分）	正	破裂	$b-33$	$^{\#}d^{1}+5$	$^{\#}g^{1}+35$	$^{\#}d^{2}+80$	$^{\#}g^{2}+111$	$^{\#}d^{3}+99$	$b^{3}+153$
		侧		$^{\#}d^{1}\pm0$	$^{\#}f^{1}+62$	$b^{1}+98$	$^{\#}f^{2}+122$	$b^{2}+139$	$^{\#}f^{3}+141$	$^{\#}g^{3}+136$
	音位	正	破裂	宫	角	羽	角	羽	角	羽
		侧		角	徵	宫	徵	宫	徵	宫
	通高（厘米）		50.1	49.8	49.8	45.1	34.7	30.2	26.2	22.4
	重量（千克）		17.4	19.0	22.1	17.5	9.1	6.5	4.8	3.4

续表

名称	序号		1	2	3	4	5	6	7	8
晋侯苏钟二组	音高（音分）	正	$^{\#}g+3$	$b+76$	$^{\#}d^1-19$	$^{\#}g^1+45$	$^{\#}d^2+34$	$^{\#}g^2+80$	$^{\#}d^3-28$	b^3+46
		侧	$b+45$	$^{\#}d^1+37$	$^{\#}f^1+23$	b^1+109	$^{\#}f^2+71$	b^2+90	$^{\#}f^3+24$	$^{\#}g^3+32$
	音位	正	羽	宫	角	羽	角	羽	角	羽
		侧	宫	角	徵	宫	徵	宫	徵	宫
	通高（厘米）		51.9	50.0	50.4	47.2	34.7	30.6	26.0	22.5
	重量（千克）		20.0	21.4	22.7	21.6	7.5	6.2	–	–
楚公逆编钟	音高（音分）	正	破裂	$b+37$	$^{\#}d^1-43$	$^{\#}g^1+50$	$^{\#}d^2+6$	$^{\#}g^2+24$	$^{\#}d^3+30$	$^{\#}g^3+2$
		侧		$^{\#}d^1+53$	$^{\#}f^1+27$	b^1+114	$^{\#}f^2+78$	b^2+94	$^{\#}f^3+47$	b^3-95
	音位	正	破裂	宫	角	羽	角	羽	角	羽
		侧		角	徵	宫	徵	宫	徵	宫
	通高（厘米）		54.0	50.6	50.9	47.6	35.7	31.4	24.0	22.3
	重量（千克）		16.55	16.7	19.8	21.0	8.83	7.0	2.7	2.54
出土楚公豪钟	音高（音分）	正	–	–	–	–	–	$^{\#}g^2+29$	–	–
		侧	–	–	–	–	–	b^2+59	–	–
	音位	正	–	–	–	–	–	羽	–	–
		侧	–	–	–	–	–	宫	–	–
	通高（厘米）		–	–	–	–	–	33.4	–	–
	重量（千克）		–	–	–	–	–	8.7	–	–

注：表中中义钟和晋侯苏钟的数据分别采自《中国音乐文物大系陕西、天津卷》《中国音乐文物大系·天津
《中国音乐文物大系·山西卷》和《中国音乐文物大系·上海卷》，测音数据经过校对或同音转换。

有研究表明，楚公冡钟的年代约在西周中期之末，即周夷王时期，或厉王早期，“楚公冡就是文献上的楚公熊渠。”[①] 熊渠何人？熊渠时代的楚又是何种景观，以至有如此雄厚的实力铸造大量的青铜编钟？《史记·楚世家》中一段关于熊渠的记载为我们提示了答案。

> 熊渠生子三人。当周夷王之时，王室微，诸侯或不朝，相伐。熊渠甚得江汉间民和，乃兴兵伐庸、杨粤，至于鄂，熊渠曰：“我蛮夷也，不与中国之号谥。”乃立其长子康为句亶王，中子红为鄂王，少子执疵为越章王，皆在江上楚蛮之地。及周厉王之时，暴虐，熊渠畏其伐楚，亦去其王。[②]

据《史记·楚世家》记载，楚国历史上曾有三次自称“蛮夷”，而每一次自称“蛮夷”时都是楚国强盛的时代，熊渠时代便是楚国筚路蓝缕之后的第一次繁盛期。从这段记载中可以看到，熊渠已战“至于鄂”，此鄂当为今湖北鄂州一带，考古发现这里有着当时最大的红铜资源——大冶铜绿山古铜矿[③]，铸造楚钟的铜料很可能来源于此。然而，好景不长，周厉王的继位使得熊渠胆战三分，毕竟周有着漫长的历史，无论于国力还是国势都有更加丰厚的积累和实力，刚刚勃兴不久的楚显然还不敌于周，因此，熊渠不得不去王号以保平安，也正因为如此，熊渠时代铸造的楚编钟流散于中原周地也可以获得一些解释。

二、倗子受钟的音列推测

前文已介绍，这套钟镈出土于河南淅川和尚岭二号墓，该墓地的发掘简报和考古发掘报告均已出版，但二者仅将这组钟镈作为青铜器的一个器类予以介绍，因此，其内容只涉及钟镈形制、纹饰、铭文的总体概况及个体情况，与音乐有关的信息，如钟镈的调音状况、钟镈的音响资料等，几乎没有涉及。《中国音乐文物大系·河南卷》中收录了这组钟镈，对其中与音乐相关的信息进行了科学调查检

---

① 张亚初．论楚公冡钟和楚公逆镈的年代 [J]. 江汉考古，1984（4）：95 － 96.
② 司马迁．史记·楚世家：卷四十 [M]. 北京：中华书局，1982：1692.
③ 黄石市博物馆．铜绿山古矿冶遗址 [M]. 北京：文物出版社，1999.

测，并首次发布。表中的资料即采自《中国音乐文物大系·河南卷》。（表 6-78）[①]

表 6-78 倗子受钟、镈测音数据表

单位：音分

序号	编号	正鼓音	侧鼓音	调音	备注
8 件镈					
1	M2:53	–	–	调	鼓部微裂
2	M2:52	–	–	未调	微裂
3	M2:51	$^{\#}a$ + 50	$^{\#}d$ − 46	未调	完整
4	M2:50	$^{\#}c^{1}$ + 7	e^{1} − 6	调	完整
5	M2:49	f^{1} − 30	a^{1} − 18	调	完整
6	M2:48	–	–	调	钲部微裂
7	M2:47	–	–	未调	钲部有裂缝
8	M2:46	b^{1} − 2	$^{\#}d^{2}$ + 18	未调	钲部有裂缝
9 件钟					
1	M2:45	$^{\#}a^{1}$ − 33	不明确	调	完整
2	M2:44	–	–	调	完整
3	M2:43	–	–	调	舞部有裂缝
4	M2:42	$^{\#}g^{2}$ + 4	c^{3} + 11	调	完整
5	M2:41	d^{3} − 24	$^{\#}f^{3}$ − 23	调	完整
6	M2:40	d^{3} − 6	哑	调	完整
7	M2:39	$^{\#}g^{3}$ + 28	c^{4} + 35	未调	完整
8	M2:38	$^{\#}a^{3}$ − 12	d^{4} − 46	调	完整
9	M2:37	$^{\#}c^{4}$ + 19	e^{4} + 14	未调	完整

① 中国音乐文物大系总编辑部．中国音乐文物大系·河南卷 [M]. 郑州：大象出版社，1996：104—105、122、315、320.（附表 40、56、57）

从考古报告中记录的有关钟铭的组合情况[①]来看，钟镈均为完整的成套编钟，此外，该墓年代属于春秋中晚期。因此，关于这套钟镈的音列推测将以残留的实测数据为基础，参照同时期、同编制的编钟音列的总体规律来进行。

根据前文对楚钟音列的分析，春秋时期编钟的正鼓音多为五正声，因此可在残存编钟的正鼓音中找到音列中的主要音级。在这组钟镈的正鼓音数据中，$^{\#}$c、d、$^{\#}$g、$^{\#}$a 均出现了 2 次，其中 2 次出现 d 前后相邻，且处于同一个八度，音高几乎相同，可能是调音不善或历时久远而导致音高偏离，暂不列入分析，故 $^{\#}$c、$^{\#}$g、$^{\#}$a 可能属于这套钟镈音列中的五正声，三个音级可以构成一种五正声音列。

宫	商	角	徵	羽
$^{\#}$F	$^{\#}$G	$^{\#}$A	$^{\#}$C	$^{\#}$D

据此对钟镈的现有正鼓部音高做出音位判定，并与春秋时期楚编钟中 8 件镈与 9 件钟组合的编钟音列进行比照。

9 件制钮钟正鼓音基本音列：徵—羽—宫—商—角—羽—商—角—羽
伽子受钟残存正鼓音音列：角—？—？—商—？—？—商—角—徵
8 件制镈正鼓音基本音列：宫—角—徵—羽—宫—商—角—徵
伽子受镈残存正鼓音音列：？—？—角—徵—徵角—？—？—羽曾

就现有音列判定的结果表明，伽子受钟镈的音列总体上与当时楚钟的音列相符合，其中出现一些新因素，例如徵角、羽曾可能被作为镈的正鼓音，首件钮钟以角为正鼓音等，虽然这组钟镈有多件没有测定出音高结果，但出现新因素的钟基本保存完好，因此我们不能完全排除这些新因素存在的可能性，无法完全按照当时钟镈的音列情况来判定这套钟镈的完整音列。但是，伽子受钟镈为 $^{\#}$F 宫的结论可以基本认定。

① 全篇钟铭共28字，钮钟由2、3或4件组成一篇铭文，镈有4件为一镈一篇全铭，其余为2件合为一篇。钟镈铭文相同。（详见河南省文物考古研究所，南阳市文物考古研究所，淅川县博物馆．淅川和尚岭与徐家岭楚墓[M]．郑州：大象出版社，2004：47、70.）

三、纸背村编钟的音列推测

这套编钟先后经过两次测音：一次由中国艺术研究院音乐研究所测定，资料刊载于《楚文化的南渐》一书中[①]；另一次由“中国音乐文物大系”编辑部测定，资料刊载于《中国音乐文物大系 · 湖南卷》[②]。两次测音均由专业人员操作，测定结果有效，故以下的分析数据将取两次的平均值。9 件钟中有 4 件残破而不能测音，其余 5 件钟的测音数据如下（表 6-79）：

表 6-79 纸背村编钟测音数据表

单位：音分

序号	藏号	正鼓音			侧鼓音			备注
		Ⅰ	Ⅱ	平均值	Ⅰ	Ⅱ	平均值	
1	1/9	$^{\#}c^{2}-34$	$^{\#}c^{2}-45$	$^{\#}c^{2}-40$	$f^{2}-7$	$f^{2}-6$	$f^{2}-7$	
2	2/9	–	–	–	–	–	–	破
3	3/9	$^{\#}f^{2}-11$	$^{\#}f^{2}-13$	$^{\#}f^{2}-12$	$^{\#}a^{2}-16$	$^{\#}a^{2}-16$	$^{\#}a^{2}-16$	
4	4/9	–	–	–	–	–	–	破
5	5/9	$^{\#}g^{2}+33$	$^{\#}g^{2}+23$	$^{\#}g^{2}+28$	$c^{3}-57$	$b^{2}+40$	$b^{2}+42$	
6	6/9	–	–	–	–	–	–	破
7	7/9	$^{\#}g^{3}-45$	$g^{3}+38$	$^{\#}g^{3}-54$	$^{\#}a^{3}-6$	$^{\#}a^{3}-20$	$^{\#}a^{3}-13$	
8	8/9	$^{\#}g^{3}-41$	$^{\#}g^{3}-40$	$^{\#}g^{3}-41$	$a^{3}-5$	$a^{3}+45$	$a^{3}+20$	
9	9/9	–	–	–	–	–	–	破

注：Ⅰ栏为中国艺术研究院音乐研究所测定数据；Ⅱ栏为《中国音乐文物大系》编辑部测定数据。均转换为音乐学标记。

① 高至喜 . 楚文化的南渐 [M]. 武汉：湖北教育出版社，1995：346.
② 高至喜，熊传薪 . 中国音乐文物大系 · 湖南卷 [M]. 郑州：大象出版社，2006：309.（附表 17）

按照前文倗子受钟镈的分析方法，在残存编钟的正鼓音中找到音列中的主要音级。纸背村钟残留的正鼓音数据中仅有三个音级，分别是 #c、#f、#g，它们可能属于这套钟音列中的五正声，三个音级的关系所属的五正声音列是：

宫	商	角	徵	羽
#F	#G	#A	#C	#D

据此可以初步确认 :1/9 号钟的正、侧鼓音为徵一徵角，3/9 号钟的正、侧鼓音为宫一角。5/9 号钟的正、侧鼓音虽然可以确认为商一羽曾，但由此也发现这件钟的排序似乎存在问题，假如 4/9 号钟能测音的话，便可知道两钟是否被颠倒秩序了。此外，7/9 和 8/9 两件钟的音高几乎相同，参考当时 9 件制钮钟的基本音列可知，第 7 件钟的正鼓音为商，如此说来，可能是 8/9 号钟的音高出现问题了。尽管如此，以上分析依然表明，这套编钟的调高为 #F 宫。

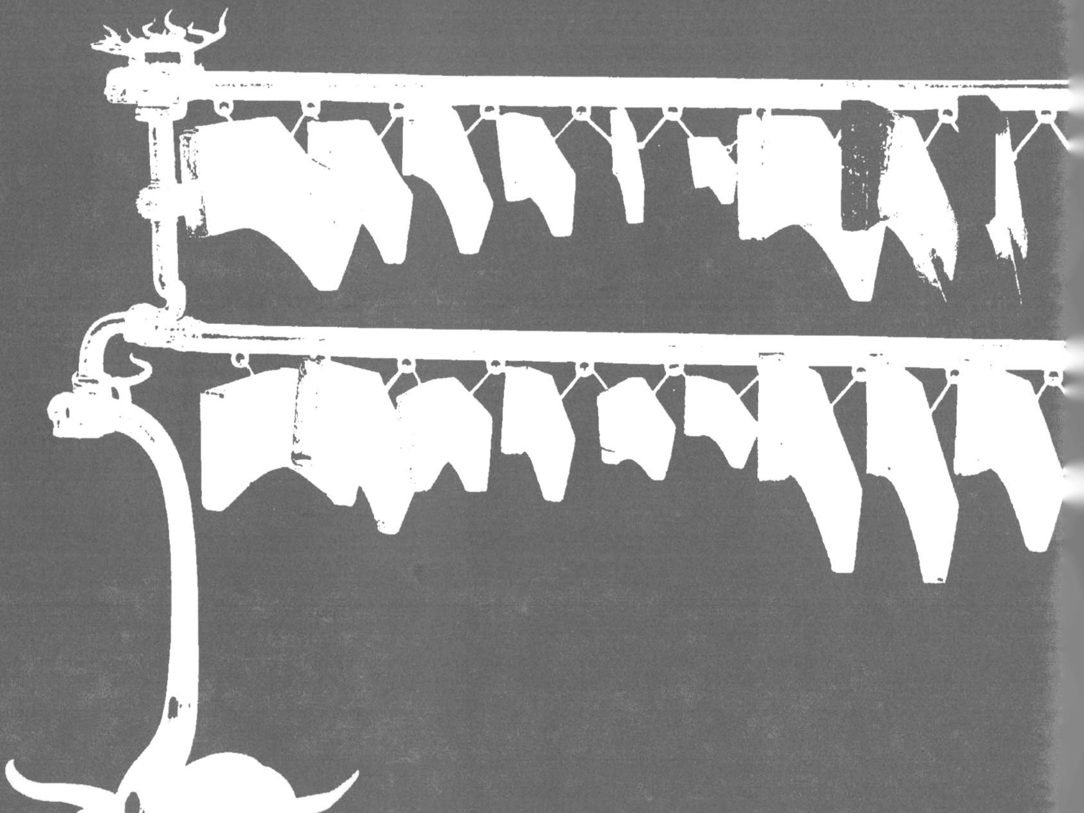

第七章 楚乐器组合

乐器的种类、数量与组合，不但能够反映古代的音乐本体和音乐实践，更是体现古代礼乐制度最重要的方面。

“礼崩乐坏”是伴随周室衰微的文化过程和文化现象，在中国古代，尤其在先秦史上产生了重大的影响。正如“制礼”与“作乐”具有丝缕相扣、相互协调的共生关系一样，“礼崩”与“乐坏”也发生在同一时期，它们相互催生，并愈演愈烈。楚乐器的发生、发展、鼎盛以及消亡始终伴随着这一巨大的历史潮流，并与之形成了一种互为因果的关系。尽管考古发现具有一定的偶然性，所出土的乐器种类、件数、组合未必能够全面完整地还原古代用乐情况，但从总体来看，依然能在一定程度上体现出当时的乐器使用喜好和习惯，以及用乐的基本框架。

从前文的分析整理中不难看出，楚墓中所发现的乐器不但数量大，种类也较多，先秦乐器的“八音”之属均有发现。从楚墓随葬乐器的组合情况来看，不仅有以金石类乐器为主的大型乐队，有以丝竹类乐器为主的小型组合，还不乏随葬有单种乐器的情况。楚钟是楚礼乐重器之代表，乐悬是礼乐制度之核心。楚编钟中钟型的组合方式和数量在不断发生变化，这一变化与楚音乐实践的发展直接相关，也可被视为“礼崩乐坏”过程中的具体事项和物化表现。

需要特别指出的是，由于古代墓葬多有被盗的情况，加之除金、石以外，其他制作材质的乐器难以长期保存，因此，目前所知楚乐器的类别与组合所反映的是当时乐器种类和乐器组合最基本的情况，古代楚人在礼乐生活中的用乐、用器当比我们现在所看到的更加丰富多样。

第一节 楚乐器组合类型

结合文献记载和现有考古发现，楚乐器组合大致分为两种：一种是以钟、磬为主体的大型乐器组合；另一种是以鼓、瑟、笙等为主体的小型乐器组合。

一、大型楚乐器组合

大型乐器组合，指的是以钟、磬类大型乐器为主体的乐器组合。是否随葬有青铜钟或磬，是墓葬等级判定的一个基本衡量标准，即出土这两种大型乐器的墓葬大多级别较高，并且所出钟、磬的体量、件数和编列都与墓葬等级有直接关联。

在楚墓的大型乐器组合中，有仅钟、磬两种大型乐器的组合，有以这两种乐器为基础，组合其他小型乐器构成的规模较大的乐队，还有单独随葬编钟或编磬的情况。

资料显示，目前仅随葬编磬者，唯纪南城彩绘编磬一例。前文综合这组编磬的出土地为祭祀场所、音律难成序列、纹饰同主题而无规律的因素可以推知，江陵纪南城出土彩绘编磬应是先秦时期楚人的祭祀用器。因此，磬除与钟组合下葬外，似乎没有被作为楚墓中独立的礼乐用器。

以钟、磬为主体的大型乐器组合在楚墓中已发现有 30 余例，其中，有 6 座高等级楚墓出土或记录的随葬乐器种类和件数较多，反映了丰富的楚乐器种类，是讨论楚乐器组合的较好例证。笔者对这 6 座楚墓出土乐器的种类和件数进行了统计（表 7-1）。信阳长台关 1 号墓所出遣册，记载了比实际出土乐器数量和器类更多的随葬乐器，有关该墓遣册记录乐器与实际出土乐器的情况对比，前文已有专门的分析。遣册中所记录的乐器更能真实体现当时楚人在丧葬礼仪中用乐用器的喜好或规定，基于此，下表中有关信阳长台关 1 号墓的乐器统计来自该墓出土遣册的相关记载。

表 7-1 6 座高等级楚墓随葬乐器表

名称	钟	磬	鼓	瑟	琴	筑	均钟	笙	竽	篪	排箫	柷	舂牍	雅	备注
长台关1号墓	13	19	2	3		1		2	1				4		据遣册
曾侯乙墓	65	32	3	7	1		1	4		2	2				
天星观1号墓	4	不详	2	5				6							多次被盗
天星观2号墓	32	1	2	5				2							多次被盗

续表

名称	钟	磬	鼓	瑟	琴	筑	均钟	笙	竽	篪	排箫	柷	春牍	雅	备注
九连墩1号墓	34	残9	2	10	3			2				1	1	3	
九连墩2号墓	11	19	2	5				4		4	2	1	1	1	

上表收录整理了目前出土乐器较多的几座楚墓的随葬乐器情况，所涉器类能够反映出楚乐器器类的整体概况。从考古出土实物来看，楚乐器的器类涉及十多种，有的乐器种类包括不同的形制，这些在本书第四章中均有分述。综合乐器材质、地下保护环境以及墓葬的被盗情况等多方面因素来看，出土乐器较多的 6 座楚墓均为战国时期墓葬的现象，并不能说明战国时期楚墓随葬的乐器种类一定较之前多。九连墩 2 号墓出土有 10 种楚乐器，已超越曾侯乙墓，成为目前出土乐器种类最多的楚系墓葬，并且，其出土乐器的数量和种类在先秦各诸侯国墓葬中也首屈一指。

从表中还可以大略看出，在大型楚乐器组合中，最常用的乐器大致有 5 种，分别是钟、磬、鼓、瑟、笙。从功能上来说，金石类“以动之”的乐器与丝竹类“以行之”的乐器一应俱全，节奏乐器与旋律乐器相互配合，可以满足音乐的各方面要求；从演奏形式来看，打击乐器、弹弦乐器和吹管乐器也均有涉及；从音色上考量，隆咚的鼓声，回荡的钟声，清越的磬音，悠柔的瑟吟和舒缓的笙鸣，在音乐中相得益彰。在这几种乐器的基础上，若再加入其他乐器，整个乐队无疑更加丰富饱满。

二、小型楚乐器组合

如上所述，丝竹类小型楚乐器的材质大多难以保存，所以，考古发现的情况只能最低限度体现先秦时期楚墓随葬小型乐器组合的实际情形，我们在考察小型楚乐器组合时，也不宜将个例作为某种单独的类型，而应从乐器组合使用的普遍性考虑，择取出现次数较多的乐器组合来进行探讨。

楚墓发现的小型乐器种类中，鼓和瑟的批次、件数最多，因此，小型楚乐器组合也始终以这两种乐器为主。目前，小型楚乐器组合大致可分为两类。

第一类为两种以上乐器的组合。鼓与瑟的组合最为常见，超过 30 批之多。乐器组合中所用鼓的类型各有不同，有体量较大、需置地演奏的虎座鸟架鼓，也有体量小、可单手握之的手柄鼓，此外，还有两种鼓并存的情形，其中虎座鸟架鼓使用最多。瑟，也并非单件或单种与鼓组合，通常，同一座墓葬中会出土两件及以上不同规格和不同弦数的瑟。

在鼓与瑟组合的基础上，其他小型乐器还会被加入，其中，加入笙的情况较多。除此之外，还偶尔配以节奏乐器——雅。

第二类为仅随葬一种乐器，或为鼓，或为瑟。随葬鼓比随葬瑟更为常见。值得注意的是，江陵雨台山楚墓群中的十多座楚墓都随葬有 1 件鼓，这些鼓均为虎座鸟架鼓，且大多出土于头厢。这一现象充分显示出了虎座鸟架鼓在古代楚人礼乐生活中的重要地位。在楚墓中，常有不同类型鼓的组合，多为大型鼓与小型鼓进行组合，如虎座鸟架鼓与小扁鼓、建鼓与有柄鼓、大扁鼓与小鼓等，类型丰富，形式多样，足见鼓在楚人礼乐生活中的重要地位。如果说，先秦时期“士无故不撤琴瑟”，那么，多种现象表明，在当时的楚国，不撤鼓的历史事实似乎不容忽视。

还需提到的是，楚墓中偶见大型建鼓，大型建鼓多出自高等级墓葬，但目前的资料显示，建鼓不与虎座鸟架鼓同出。九连墩楚墓的 2 座墓葬为夫妻异穴合葬墓，其中 1 号墓出土一件大型建鼓，2 号墓出土一件大型精美的虎座鸟架鼓。显然，同为大型鼓，同一座墓葬多只配有一件，建鼓和虎座鸟架鼓，二者择其一。从九连墩楚墓的实际情况来看，男性墓葬随葬建鼓，而女性墓葬则随葬虎座鸟架鼓。出土大型建鼓的曾侯乙墓，其墓主人也为男性。楚墓墓主人性别是否与随葬大型建鼓有关，尚需更多考古资料予以证明。

综合可见，楚人最常使用的小型乐器是鼓、瑟、笙，并且三者会相互搭配，组合使用，这与前文所整理的楚文献中关于楚乐器的记载情况基本一致。

第二节 楚钟组合

古代青铜乐钟包括三种钟型，分别是钮钟、甬钟和镈，三者或独立成组成编，或相互组合，形式不一，因此，编钟自身的组合似应予以单独分析看待。编钟组合指的是成编青铜乐钟在件数、器型等方面的规律性和规定性，包括编钟器型的搭配类型、成套编钟的固定件数等内容，因此，纳入编钟组合分析的对象必须是成套编钟。所谓成套，可以体现在乐与礼两个方面。此处的乐，指的是成套编钟中各件乐钟之间音乐性能的内在逻辑关系；此处的礼，指的是与一定的等级规范相匹配的成套编钟，其中，也有形式上与等级匹配，但音乐性能并无逻辑关系，乃至于不能用于音乐实践者。楚钟组合形式丰富、特点突出，并且表现出鲜明的时代特征。

一、楚钟组合及其特点

（一）组合类别

就目前的楚钟资料而言，不同钟型组合搭配的形式大致有以下几种：

1. 一元组合类型

（1）甬钟成套：全套编钟由甬钟一种器型组成。这一组合类别是先秦编钟发展史上最早出现的编钟组合类型，主要见于西周时期编钟。迄今所见西周时期的楚器不多，多件同时出土者有湖北万福垴遗址出土甬钟和山西侯马出土的楚公逆编钟。结合前文分析，万福垴遗址出土的多件西周时期青铜甬钟虽然成编，但未成组甚至成套，因此，很难作为一种组合类型。真正属于这一组合类型且保存较为完整的楚钟仅楚公逆编钟一例。进入春秋时期之后的此类楚钟例证有所增加，主要有王孙诰编钟、九连墩 M1 编钟，以及擂鼓墩 M2 钟。这三套甬钟的规模较大，件数较多，分上、下两层悬挂，其中上层钟因件数较多又被均分为两组。

（2）钮钟成套：全套编钟由钮钟一种器型组成。这一类型的例证较多，如敬事天王钟、䣄篙钟、上蔡钟、纸背村钟等。钮钟成套的编钟大多都是单组单层悬挂，而不像甬钟成套编钟那样分为多组两层悬挂，其主要原因是钮钟大多形体较小，音色清亮，更多被用来演奏旋律。此外，所见单套钮钟的件数最多为 13 件，此件数不但不宜分组，并且在音列设置上也具有一定逻辑关系，不宜拆分。

2. 二元组合类型

（1）钮钟与小型镈组合：一组或几组钮钟与一组小型编镈相搭配，这一组合形式不仅多见于楚钟，也常用于其他先秦时期的编钟中，其例不胜枚举。

（2）钮钟与甬钟组合：这一组合形式也较少，现有楚钟资料中仅九连墩 1 号墓编钟为此形式。九连墩 1 号墓编钟全套 34 件，其中，上层为 2 组钮钟，分别为 11 件，下层为 1 组甬钟，共 12 件。

3. 多元组合类型

多元组合即由钮钟、甬钟、镈三种钟型共同搭配组合。这是编钟最为繁复的组合形式，存见例证不多，在楚钟中仅有 3 例，分别是叶县旧县 4 号墓编钟、蔡侯钟和曾侯乙编钟，并且三者在组合的形式与内涵上也有诸多不同，下文将对其进行分析比较。

以上钟型配置类别也见于先秦时期楚文化范围以外的青铜乐钟，但其具体分组情形以及件数各有不同，件数的差别在一定程度上体现了不同历史时期、不同文化区域的文化特征。此外，所见楚系镈虽多成编，但却不见有单独成套的例证，而是与甬钟、钮钟搭配组合。中原地区曾发现有编镈的一元组合形式，如山西太原金胜村 251 号墓出土编镈。研究表明，这套编镈具有良好的音乐性能，不排除能够敲击演奏旋律的可能性。[①] 结合前文的分析可以看到，楚系镈虽然具备较好的音乐性能，但其更多是扩大整套编钟的音域，烘托低音部分，以及发挥音乐演奏中的节奏功能。

（二）件数变化

通过对各个历史时段有代表性的楚钟件数配置的统计，可大致廓清和总结出其演变的基本规律和相互关系。

① 王子初．山西太原金胜村 251 号大墓出土编镈的乐学研究 [J]. 中国音乐学，1991（1）.

表 7-2 楚钟件数配置简表

时代	单层单组件数配置	多层多组件数配置	
		下层	上层
西周晚期	甬钟 8	–	–
春秋中期至春秋战国之交	钮钟 9	镈 8	钮钟 9
		甬钟 8	甬钟 18（9 + 9）
战国时期	钮钟 9/ 钮钟 13	镈 10	钮钟 22（11 + 11）
		镈 12	钮钟 22（11 + 11）
		甬钟 12	钮钟 22（11 + 11）

表 7-2 显示，西周晚期 8 件甬钟成编成套的形式仅楚公逆编钟一例，是同时期中原编钟最基本、最主要的组合形式。进入春秋时期，由于钮钟的出现，编钟的组合形式发生了较大变化。从单层单组一栏的统计来看，单组钮钟均为奇数组合。而在多层多组一栏中，下层钟无论器型是镈还是甬钟，均为偶数，上层钟无论器型是否相同，其各组数量均为奇数，并且上、下层钟的件数分别在各自的基数上以偶数递增。一般来说，不论钟型为何，编钟的上层钟多为旋律所用，而下层则更多主节奏功能。在楚钟中，上层的旋律用钟以 9 为基数，随着时代的发展以偶数递增；下层的节奏用钟则以 8 为基数，也以偶数递增。因此，楚钟件数增加的总体规律大致可归纳为节奏型钟镈以 8 件为基数作偶数递增，旋律型钟以 9 件为基数作偶数递增。

上层钟（单层钟）：9 件→ 11 件 / 组→ 13 件 / 组
下层钟：8 件→ 10 件→ 12 件

可见，下层 8 件与上层 9 件的组合形式在楚钟发展历史上占有重要地位，是楚钟规模日益扩大化的基石。无论是楚钟不同钟型基数的构成，还是其规律性递增的情况，均不见于其他先秦编钟，体现了楚钟发展的历史延续性和系统性。

（三）8＋9 的固定组合

在所见先秦编钟中，9 件成编者占有较大比例，但它们并非仅见于楚钟，还存在于其他一些地域，显示出这一伴随着钮钟出现而出现的编钟组合形式所占有的重要地位（表 7-3）。

表 7-3 先秦时期 9 件套编钮钟简表

序号	名称	时代	件数
1	山西闻喜上郭 M210 钮钟	西周晚期	9 件
2	山西闻喜上郭 M211 钮钟	西周晚期	9 件
3	上村岭虢太子墓编钮钟	春秋早期	9 件
4	长清仙人台 M5 钮钟	春秋早期偏晚	9 件
5	长清仙人台 M6 钮钟	春秋早期偏晚	9 件
6	长治分水岭 M269 钮钟	春秋中期	9 件
7	长治分水岭 M270 钮钟	春秋中期	9 件
8	山东沂水刘家店子钮钟	春秋中期	9 件
9	琉璃阁甲墓编钟	春秋中晚期	9 件
10	滕州庄里西村钮钟	春秋晚期	9 件
11	江苏邳州九女墩 M3 钮钟	春秋晚期	9 件
12	江苏六合程桥 M1 编钟	春秋末期	9 件
13	临沂凤凰岭钮钟	春秋时期	9 件
14	长治分水岭 M25 钮钟	战国早期	9 件
15	公孙朝子钮钟	战国中期	9 件
16	平陆尧店夔龙钮钟	战国时期	9 件

注：（1）表中所列为楚钟以外的先秦时期 9 件套钟。

（2）由于先秦编钟中 9 件成编者较多，仅选取保存较好的、以 9 件钮钟成编者列入。

然而，与9件钮钟相组合的钟型以及数量的情况却各有不同，例如：江苏邳州九女墩3号墓与9件春秋晚期钮钟相组合的是6件编镈和4件甬钟[①]；长治分水岭270号墓中出土了属于春秋中期的9件钮钟和9件甬钟，与该墓毗邻且为夫妻墓的269号墓中出土了属于春秋中期的9件钮钟和8件甬钟的明器[②]；滕州庄里西村春秋晚期墓葬中与9件钮钟同出的是4件编镈[③]；沂水刘家店子1号春秋墓中与9件钮钟组合的是6件编镈[④]；临沂凤凰岭东周墓中除9件钮钟外，还有9件编镈[⑤]；在山东诸城发现的9件战国中期的公孙朝子钟，与其同出了7件编镈[⑥]；等等。

在所见楚钟中，9件钮钟与8件编镈的组合形式在一定历史时段内具有相当的固定性，这种组合形式的特点较为突出，主要有：（1）功能互补，9件钮钟主旋律，8件小型编镈主节奏，二者演奏音乐时各施其职；（2）音域衔接，编镈的高音区正好与钮钟的低音区相接，有效地保证了音区的完整性，扩大了钟镈的整体音域，在音乐中起到烘托低音的作用，增强了演奏乐曲的能力；（3）摆列形式灵活，既可双层叠置，也可单层呈曲尺状摆放，这两种摆放方式在楚墓中均有发现。

有研究认为，这种8件编镈与9件钮钟或甬钟相组合的模式是中原地区4件镈与钮钟组合模式的扩充。[⑦]但是，就目前的资料来看，除编镈的件数增加了一倍以外，其他无论从两者出现的时间、发现的地域还是编镈的音列设计等方面来看，均难以找到二者先后承继的逻辑关系。并且，这两种编镈音列的设置显示了不同的音乐文化特色。

4件编镈的正鼓音音列：羽—宫—角—徵

8件编镈的正鼓音音列：宫—角—徵—羽—宫—商—角—徵

---

① 中国音乐文物大系总编辑部. 中国音乐文物大系·江苏卷[M]. 郑州：大象出版社，1996：190.

② 山西省文物工作委员会晋东南工作组，长治市博物馆. 长治分水岭269、270号东周墓[J]. 考古学报，1974（2）：63－85.

③ 中国音乐文物大系总编辑部. 中国音乐文物大系·山东卷[C]. 郑州：大象出版社，2001：95.

④ 山东省文物考古研究所，沂水县文物管理站. 山东沂水刘家店子春秋墓发掘简报[J]. 文物，1984（9）：1－10.

⑤ 山东省兖石铁路文物考古工作队. 临沂凤凰岭东周墓[M]. 济南：齐鲁书社，1988.

⑥ 山东诸城县博物馆. 山东诸城臧家庄与葛布口村战国墓[J]. 文物，1987（12）：47－56. 温增源. 诸城公孙朝子编钟及其相关问题[J]. 齐鲁艺苑，1992（1）：39－44.

⑦ 孔义龙. 两周编钟音列研究[D]. 北京：中国艺术研究院，2005：137.

如果说，4件制编镈的核心音列所体现的是源于西周编钟上“羽—宫—角—徵”的骨干音列传统而更多表现出中原文化因素的话，那么8件制编镈音列中“商”的加入，则大略显露出楚音乐文化的特色。

（四）战国时期13件钮钟组合

13件钮钟成编是战国时期楚钟的一种较为常见的固定编制类型。郘篙钟是目前所见保存最为完好的一套13件钮钟组合的楚编钟。前文对其编制进行了确认，认为首钟虽为后期补入，但却有着十分明显的音乐意图，也与其他12件钟之间构成了深层的音乐逻辑关系。不仅如此，首钟的补入还存在一定的礼制内涵和原因。

前文已述，在与出土郘篙钟的长台关M1相邻的M2中，出土了与M1所出青铜编钟件数相同、形制相似的一套木制编钟。战国时期楚墓中，通常会出现大量不具有实用价值的仿铜陶礼乐器或仿铜木礼乐器，如前文所介绍的安徽六安战国早期楚墓中出土的陶钮钟、河南信阳长台关M7中出土的木钟、淮阳平粮台M16中出土的陶钮钟、湖南怀化黔阳战国楚墓中出土的陶钮钟，等等。尽管这些仿铜礼乐器已失去了作为乐器的实用功能，但它们的社会功能却丝毫没有减退。战国时期，维护统治阶级的礼乐制度逐渐被“推广”“下移”，僭越现象屡见不鲜。统治阶级上层开始大量使用青铜礼器，统治阶级下层因没有能力和财力使用青铜礼器，便退而求其次，以形制形式相同而材质相异的仿铜陶、木礼器代之。随着时代的变迁，至战国晚期，高等级墓葬也开始使用全套的仿铜礼乐器，如：河北燕下都辛庄头墓区30号墓为一大型贵族墓葬，墓中出土了大批成套的仿铜陶编镈、编甬钟和编钮钟。[①] 这些仿铜礼乐器的编制、数量和规模成为了墓主人身份等级的重要标志，它们的出土折射出这一深刻的社会历史背景。因此，长台关M2出土的木制编钟虽丧失了乐器功用，但礼制的功能与含义依然存在，它的13件编制同样能反映墓主人的身份和等级。不仅如此，1979年在河南驻马店上蔡一座战国早中期楚墓中也出土了13件青铜编钮钟。[②] 显然，13件钮钟编制并非个例，而

① 河北省文物研究所．燕下都[M]．北京：文物出版社，1996：684－741．
② 李芳芝．上蔡县发现一座楚墓[J]．中原文物，1990（2）．

是战国时期楚钟的常用组合形式。如是，我们便找到了𨚕篙钟补入首钟的又一原因，那就是为符合战国时期楚钟的 13 件钮钟编制而加入的，即合乎相应的用乐规范。

二、大型楚钟组合类比

迄今为止，钮钟、甬钟和镈同出一墓的楚钟资料仅有 3 例，它们在编组数量、组合形式等方面均有不同，下文将对三者做类比，以彰显各自的特色与价值，从而进一步认识叶县旧县 4 号墓编钟组合的意义（表 7-4）。

表 7-4 大型多元组合型楚钟概况表

名称	时代	钮钟	甬钟	镈	墓主人	备注
叶县旧县 M4 编钟	约春秋中期	9	10 + 10	4 + 4	许灵公	镈分有脊和无脊两种
蔡侯钟	约春秋晚期	9	12	8	昭侯之后的某一蔡侯	多有残破
曾侯乙编钟	战国早期	6 + 6 + 7	10 + 11 + 12 9 + 3	1	曾侯乙	

曾侯乙编钟是目前所见规模最为宏大的大型组合型编钟，这种组合形式的形成并非一蹴而就，必有可溯之源。叶县旧县 4 号墓编钟的出土表明了以甬钟、钮钟和镈为基本形式的大型组合编钟由来已久。而处于二者之间的蔡侯钟，尽管规模略小，但其组合形式的基本要素与之大体相同。因此，三者无论从形式上，还是从时代上均呈现出一定的延续性。叶县旧县 4 号墓编钟无疑是迄今所见大型组合型编钟的最早例证。

除上述基本组合形式相类同以外，这三批大型编钟还有着其他共性。

首先，三者均出自大型贵族墓葬，墓主人均为楚附庸国的诸侯国国君，属于楚文化系统，而器物本身也带有较为明显的楚文化特征。叶县旧县 M4 出土铜戈上的“许公宁之用戈”字样昭示了墓主人的身份，即为许国国君许灵公。[①] 据文

① 平顶山市文物管理局，叶县文化局．河南叶县旧县四号春秋墓发掘简报 [J]. 文物，2007（9）：33.

献记载，许公宁于公元前591年继任许国国君，公元前547年逝世，谥号为许灵公。许一度迁至叶，成为楚的附庸以及楚的北方屏障。许公宁是许国历史上的重要人物，他不仅是许国的行政首脑——国君，而且兼任了许国最高军事首领之职。蔡侯墓的墓葬级别是根据该墓出土铜器上多有蔡侯字样以及墓中出土器物来确定的，但墓主人究竟是哪位蔡侯，尚难确知。根据文献记载以及墓中同出物的铭文判断，墓主人应处于蔡昭侯之后，墓葬年代的上限为春秋晚期，下限也不晚于战国早期。[①] 学术界大多认为墓主人就是蔡昭侯。蔡与楚的关系复杂而密切。史载楚人曾两次入蔡，并于公元前447年灭蔡，蔡一度成为楚的附庸，但也有研究认为，蔡人曾复国。在蔡被灭之前的46年，蔡都在州来（即今下蔡），蔡侯墓出土器物极有可能是蔡侯在州来时的用器。曾侯乙墓的墓主人是因墓中出土的铜器铭文而获知，虽然此人于史无征，但根据墓内文字资料及其他材料可证，曾侯乙必定是诸侯国国君一级的重要人物。由于许、蔡、曾与楚之间的特殊关系，楚文化对许、蔡、曾无疑会产生较为深刻的影响。

其次，同出大型组合型编钟的各组钟在音乐性能和功能上均具有相应的逻辑关系，或音列互补，或功能相配。前文有关叶县旧县4号墓编钟的音乐分析已充分证明了这一点。曾侯乙编钟更是如此，全套编钟的音律已形成了一张具有严密逻辑关系的音系网，钟铭所记录和蕴涵的音乐内容反映了先秦时期音乐理论的真实状况。需要说明的是，蔡侯墓因被盗严重，出土编钟残破较多，故无法获知其音乐性能。

与此同时，三者也有诸多相异之处。

第一，组合形式设计上的差异。虽然这三批编钟均为甬钟、钮钟和镈三种钟型的组合，但它们的具体组合和设计初衷并不相同。资料显示，叶县旧县4号墓编钟和蔡侯墓编钟是各类钟型被有意识、有日的地组合后的结果，曾侯乙编钟则不同。曾侯乙编钟中仅有一件大型镈，即楚王镈。根据钟架铭文与对应钟铭的错位可知，在曾侯乙编钟的原设计编列中并没有镈这一器型，楚王镈是楚惠王为祭奠曾侯乙亡故的馈赠之物，为后期加入。正因为这件具有特殊意义的镈的加入，

① 安徽省文物管理委员会，安徽省博物馆．寿县蔡侯墓出土遗物[M]．北京：科学出版社，1956：17.

还不得不挤掉了原编列下层中的最大一件甬钟。因此，从器型配置的设计初衷来看，三批编钟有所不同。

第二，组合形式的细微差别。如前文所述，叶县旧县 4 号墓编钟是由若干成组编钟组套而成，蔡侯墓与之相近，它们中间的各组钟均可独立存在，并且各组钟的组合形式大多能在同时期编钟组合中找到同类例证。曾侯乙编钟无论从组合件数还是音乐性能上看，其间各组并不能单列开来，即使单列也难以找到同时期的同类例证。此外，叶县旧县 4 号墓编钟中的镈包括有脊镈和无脊镈两种形制，这在蔡侯墓编钟和曾侯乙编钟中均不可见。

第三，出土时的摆列不同。叶县旧县 4 号墓编钟出土时皆集中于椁室的东北角，钟架不存，故编悬方式不明；曾侯乙编钟出土时均悬挂于 3 层铜木结构的曲尺状簨虡上，悬挂方式和编组形式都直观地展现出来。与二者相比，蔡侯墓编钟的放置大有不同，20 余件钟与礼器一同放在墓室的北部，大部分由民工掘出，据民工回忆，墓室北部东面放置着两排甬钟，结合出土情况可知，钮钟和编镈约位于甬钟的西南部。显然，蔡侯墓出土的 3 组编钟可能并非同编同架。

通过以上的粗略比较可以发现，叶县旧县 4 号墓编钟的组合形式有诸多可圈可点之处。它较之迄今所知规模最大的曾侯乙编钟更为全面、丰富，同时也是目前所见的成套甬钟、钮钟和镈同出一墓的唯一例证。迄今为止，以曾侯乙编钟和叶县旧县 4 号墓编钟为代表的大型组合型编钟多与楚文化有着千丝万缕的联系，表明了楚文化在先秦历史文化中占有重要的地位，也产生了深远的影响。事实上，由于叶县旧县 4 号墓编钟出土时编悬方式的模糊使我们仍存疑较多，但这些悬疑依然无法掩盖它在先秦编钟发展史上的重要光辉，因为无论从同墓出土编钟器型的多样性、全面性，还是从同墓出土编钟编组的数量上来说，到目前为止，它都是绝无仅有的。

此外，在叶县旧县 4 号墓中，与乐器伴随出土了 16 件跽坐人俑，从它们惊恐的表情中，我们仿佛感受到了当时礼法制度的森严，由此我们不禁会问，在如此不可侵犯的礼法制度下，这种于史无征的大型组合编钟是否属于僭越下葬呢？如是，原因为何？从微观的个案角度来看，墓主人高贵的身份和等级、卓越的功勋以及他在后人心中的地位都可以为由；从宏观历史背景来说，这批编钟的时代恰与“礼崩乐坏”的萌发时代相重合，可以说，叶县旧县4号墓大型组合型编钟“揭开”了“礼崩乐坏”的历史帷幕，是“礼崩乐坏”的具体展现。

附：从叶县旧县 M4 编钟的组合形式看其文化因素的构成

叶县旧县 M4 编钟是目前所知同时期编钟中规模最大、件数最多、组合形式最独特而繁复的编钟。这批编钟的组合形式非常特殊，是多种文化因素杂糅浑融的结果。

（一）叶县旧县 M4 编钟组合的基本形式及性质

叶县旧县4号墓中的乐器多被放置于墓内的椁室东侧，其中编钟与编镈皆集中在椁室东北角，从墓葬底部器物分布图[①]可以看出，钟镈出土时均未悬挂而是放置于椁底板上，因此其原始的编悬方式难以确知。这批编钟总计37件，包括甬钟、钮钟和镈。其中，甬钟共20件，分为甲、乙两组，每组10件。各组甬钟形制、纹饰相同，大小相次。钮钟9件相次成组，形制纹饰相同。编镈共有8件，分2组，各4件，一组为有脊镈，另一组为无脊镈。

就迄今所掌握的先秦编钟资料而言，这种由甬钟、钮钟和镈三种形制的钟组合而成的大型编钟群较为少见，由于它们出土时并未规整而顺序地排列，且分散零乱，因而不免会使人产生这37件钟是否属于同套的疑问。从编钟的外部特征来看，各组钟均带有大略不同的时代特征，譬如：甬钟上所饰的蝉纹多见于商周时期的青铜器上；甬钟鼓部的两组对称相背“C”形夔龙纹在西周晚期至春秋早期的编钟上较为常见；甬钟篆部饰以“S”形斜角龙纹是西周时期编钟的常用手法；钮钟鼓部的蟠螭纹带有突出的春秋时期特征等。然而，它们也具有一个最大共性，即：除4件有脊镈没有钟枚之外，其余33件钟镈上均饰有完全相同的、典型的螺形枚。乐器之所以称其为一套，外形的统一或许只是最表象，也并非具有决定性作用。编钟在音乐性能上的内在逻辑联系应当是衡量其是否属于同套的最核心、最重要的内容。

---

① 平顶山市文物管理局，叶县文化局．河南叶县旧县四号春秋墓发掘简报[J]. 文物，2007（9）：6.

通过对编钟音律的研究发现，5组钟镈在音乐性能和音乐功能上既具有相对的独立性，又不乏互补性[①]。分析表明：（1）2组甬钟的音列大同小异，均在两周之际8件套甬钟音列的基础上增加丰富而成，并带有明显的西周编钟音列的遗风，其中亦有新因素的出现；2组甬钟在音列设置上具有重要的互补性，虽然它们分别只能奏出五声或六声音列，但合并后的整体音列则可以构成我们所熟知的完整七声下徵音阶。（2）9件钮钟的音列具有同时期钮钟的一般特点，但由于钟体锈蚀，导致宫位偏离，调高也略低。（3）2组编镈的音乐性能不佳，但根据资料分析，它们均原设计为实用器，曾经过了精良的铸造和精密的调试，其音乐性能的鄙陋和缺失当与乐器自身的结构相关。但是，2组编镈的音域正好相连接，并且其音域的高区与甬钟音域的低区相衔接，从而扩大了全套编钟的总体音域，使之达到5个八度（从大字组的最高音到小字4组的最高音）。音乐分析还表明，甬钟和钮钟可分别用于演奏旋律。其中甬钟所能涉及的音域较宽，音位设置较为疏朗，在小字1组内可奏出完整的六声。钮钟的音域虽窄于甬钟，并与之重合，但钮钟的音列设置更为集中，它们恰好能够在甬钟音列设置极为疏朗的小字2组和小字3组中获得完整的六声音列，使得全套编钟中心音域的各八度组，即小字1组、小字2组和小字3组，均能奏出六声音列。此外，编镈的音乐性能虽不甚完备，但其原设计用于音乐节奏的控制，特别是低音烘托的作用也是必不可少和毋庸置疑的。

综合可见，尽管叶县旧县4号墓编钟中的各组钟在形制纹饰上的时代性并不完全统一，音乐性能也各具独立性，但其整齐划一的螺形枚、相互补足的音列设置、统一协调的调高标准以及衔接有序的音域，都显示出这批钟群是由若干完整的成组编钟，组套而成的一个有机整体。由此也可进一步认为，这37件编钟并非一次设计铸造完成，而是后期将多套成组的编钟、编镈进行重新组合编悬，从而增扩成为大型钟群。显然，这种编钟的重组方式与先秦时期常见的拼合成套的现象有所不同。一般来说，拼合成套者多由数套或多套编钟中的若干件形制相近、大小相次的钟进行有机拼合组套，它们虽然在纹饰、铭文上的差异较为明显，但

① 参见本书前文的相关分析——笔者注。

其音乐性能却大多能够相互协调并统一为一个整体。叶县旧县 4 号墓编钟的重组则非如此，而是成组钟镈的重新组合，但其重组也并不随意，不仅保证了各组钟在音乐性能和功能上的协调性，还照顾到编钟外部形制中某些因素的一致性，即：如前文所述，除了无枚的 4 件有脊镈外，其余 33 件钟镈均统一使用了典型的螺形枚。因此，这种组合似乎具有更大的灵活性。我们不妨假设：若按组拆之，均可单独使用；若总体合之，亦能相互配合。

（二）叶县旧县 M4 编钟组合中的文化因素显现

叶县旧县 4 号墓出土编钟的钟型复杂，包括了中国先秦乐钟中的所有常用类型，这些不同钟型的成编重组，不但各具相对的独立性和完整性，还有着相互配合的多种可能性。有鉴于此，我们可以从两个角度来分解式地考察这批编钟的内在组合形式的可能性和特点，以及由此所反映出的文化因素，即：一为各种钟型的自身组合形式，二是不同钟型的搭配组合形式。

1. 不同钟型自身组合体现的文化因素

镈以 4 件成组，是春秋乃至战国时期中原编镈的一种常见编制（表 7-5），这类编镈多为无脊镈。众所周知，合瓦形的横截面是中国古代乐钟的最大形制特点，也是中国古代乐钟特有的双音性能的物理基础和声学保证。在目前所掌握的实物材料中，无脊镈的横截面均为典型的合瓦形，内壁大多残留有调音锉磨遗痕，然而，有脊镈的情形大为不同，它们的横截面形状并不固定，有圆角方形，还有椭圆形，并且大多未经调音。因此，一般认为，无脊镈的音乐性能较好，而有脊镈的象征功能更为明显和突出，其厚重的钟体、华丽的装饰无一不是为了展现拥有者的高贵身份和特殊地位。叶县旧县 4 号墓中的有脊镈是迄今所见唯一一例残留有调音痕迹的 4 件成编的有脊镈。

表 7-5 存见 4 件编镈简表

序号	名称	时代	件数	调音	脊
1	新郑金城路编镈	春秋中期	4	有	无
2	新郑城市信用社编镈	春秋中期	4	有	无
3	叶县旧县 4 号墓编镈	春秋中期	4	有	有
4	叶县旧县 4 号墓编镈	春秋中期	4	有	无
5	新郑李家楼虺螭纹镈	春秋中晚期	4	有	无
6	辉县琉璃阁镈	春秋晚期	4	有	无
7	长治分水岭 25 号墓编镈	春秋晚期	4	有	无
8	滕州庄里西村编镈	春秋晚期	4	有	无
9	洛阳解放路编镈	战国	4	有	无
10	新郑无枚编镈	战国	4	有	无

在已知先秦编镈的组合形式中，将有脊镈与无脊镈同时摆列的情况极为罕见，叶县旧县4号墓编钟堪称特例。其中，有脊镈的内壁残留着明显的调音和锉磨遗痕，表明它们可能最初是作为实用器来设计铸造的。结合前文的音乐分析结果也可看出，尽管由于种种原因导致了这种有脊镈的性能不甚完好，但它们与无脊镈在音域上的衔接等也体现了其作为实用乐器的设计初衷。显然，叶县旧县 4 号墓的有脊镈和无脊镈都具备一定的音乐实用性能，也共同成为先秦礼乐制度的物化体现，承载了深厚的礼乐文化内涵。

9 件钮钟成编是两周之际至春秋晚期较为常见的一种编钟组合形式，战国时期还略有延续，这种形式多见于中原及楚文化区域。春秋中期以前，9 件套编钮钟有着相对固定的音列模式；自春秋中期开始，这种模式在新因素不断被加入的过程中发生了变化。叶县旧县 4 号墓的 9 件钮钟具有春秋中期前后 9 件套钮钟的一般特点，综合体现了中原文化和楚文化的因素。

叶县旧县4号墓编钟中由2组10件组甬钟组合的形式较为少见。虽然在与之相近时期的甬钟上尚未发现此类组合者，但在同时期的钮钟上却能找到一些踪迹。其中最为典型的是新郑发现的大批10件成组、2组同编的钮钟，如：新郑中行东周祭祀遗址礼乐器坑出土的200余件编钟①、新郑城市信用社发现的编钟②、新郑金城路2号窖藏坑中出土的编钟③等。尽管同为10件成组，甬钟与钮钟的音列设置却不相同，然而单从形式上来看，二者之间应当存在一定的联系。2组10件甬钟成编的形式体现了来自中原的音乐文化因素。

2. 不同器型组合重构设想中体现的文化因素

（1）“4＋10”或“4＋（10＋10）”的组合

叶县旧县4号墓编钟中4件编镈和10件甬钟的配合，与上述新郑发现的郑国东周遗址中的编钟组合存在诸多相似之处。新郑中行郑国祭祀遗址的礼乐器坑中，先后出土了9批206件编钟，除1套为1组10件钮钟与1组4件镈同编外，其余均为2组10件钮钟与1组4件镈同编的组合形式。④同一大型遗址中出土大批相同类型和相同性质的例证，充分证实了这种组合形式在当时，特别是在郑国乐悬中应用的普遍性和规定性。此外，新郑城市信用社以及新郑金城路2号窖藏坑中也出土了与此完全相同的编钟组合例证，这些都表明了这一相对固定的编钟组合形式，应是当时郑国的典型礼乐规范之一。叶县旧县4号墓编钟的中原文化因素从这一组合形式中得到了进一步证明。

（2）“8＋9”的组合

从镈的编组数量来看，叶县旧县4号墓的镈虽有2组且形制不同，但其镈之总数为8，这恰好是春秋战国之际楚编镈的常见配置之数。如果将其与9件编钮钟合而观之的话，便构成了与此时楚钟典型组合极为相似的形式。如上文所述，8件小型编镈与9件钮钟或甬钟组合成套是先秦时期编钟的一种固定组合形式，它们在一定历史时段内具有相当平稳的态势，并且尤见于春秋中期至春秋末期的

① 河南省文物考古研究所．新郑郑国祭祀遗址[M]．郑州：大象出版社，2006.
② 中国音乐文物大系总编辑部．中国音乐文物大系・河南卷[M]．郑州：大象出版社，1996：112－113.
③ 中国音乐文物大系总编辑部．中国音乐文物大系・河南卷[M]．郑州：大象出版社，1996：114－115.
④ 河南省文物考古研究所．新郑郑国祭祀遗址[M]．郑州：大象出版社，2006.

楚钟。钮钟与小型镈在音乐的演奏中各司其职，功能互补，其中，9件小型钟主旋律功能，8件略大的钟镈主节奏功能。这种下层8件节奏型钟与上层9件旋律型钟的组合形式，在楚钟的发展历史上占有重要地位，乃至于成为楚钟规模日益发展扩大的基石。叶县旧县4号墓编钟中所蕴藏的楚文化内涵于此有所体现。

综上，叶县旧县4号墓编钟的组合形式充分显示出其文化因素构成，它是中原文化与楚文化经过历史洗礼后重构的产物，也是文化交融的结果与文化积淀的体现。

第三节 楚乐悬[1]抉隐

一、乐悬与楚乐悬

"乐悬"一词本于《周礼》。[2]陈旸《乐书》说道："乐悬之制，自夏商而上未有闻焉，自夏商而下，其略见于《尚书·大传》，其详备于《周礼·春官》，以《书·大传》推之。"[3]然而，历来各家对"乐悬"的注解却多有不同。[4]结合考古出土的实物材料，乐悬的本义被认为是"指必须悬挂起来才能进行演奏的钟磬类大型编悬乐器"。[5]

乐悬是周代礼乐制度的重要组成部分，是当时统治阶级制礼的重要手段之一，也是他们定亲疏、别等级的重要标志之一。正如孙诒让所说："'正乐悬之位'者，此辨天子、诸侯、卿大夫、士乐悬差次之异，亦乐官之官法也。"[6]

沈文倬将礼仪反映等级的内容归为两方面："其一，礼家称之为'名物度数'，

---

① 由于文献中未记载任何有关楚人用乐的情况以及相关专门称谓，故本文借用"乐悬"一词——笔者注。
② 《周礼·春官·小胥》"正乐悬之位，王宫悬，诸侯轩悬，卿大夫判悬，士特悬，辨其声。"（孙诒让．周礼正义：卷四十四[M]．北京：中华书局，1987：1823.）
③ 陈旸．周礼·小胥训议[M]//乐书：卷四十五．光绪丙子（1876）刊本．
④ 郑玄："乐悬，谓钟磬之属悬于簨虡者。"贾公彦："乐悬，谓钟磬之属悬于簨虡者。凡悬者，通有鼓镈，亦悬之。"（周礼注疏：卷二十三[M]．十三经注疏．北京：中华书局，1980：795.）江藩认为"惟悬一而已"的鼓、镈、特磬也包括在内。王光祈认为古代的乐悬与现代的乐队意义相似。
⑤ 王子初．中国音乐考古学[M]．福州：福建教育出版社，2003：143.
⑥ 孙诒让．周礼正义[M]．北京：中华书局，1987：1823.

就是将等级差别见之于举行礼典时所使用的宫室、衣服、器皿及其装饰上，从其大小、多寡、高下、华素上显示其尊卑贵贱……这种体现差别的器物统称之为‘礼物’。其二，礼家称之为‘揖让周旋’，就是将等级差别见之于参加者按其爵位在礼典进行中使用着礼物的仪容动作上……这些称之为‘礼仪’。”[①] 据此，列鼎制度、乐悬规范等当属“礼物”范畴。

属于“礼物”范畴的“乐悬”，文献中与之相关的内容较为丰富。从中可见，乐悬是通过具体的实施办法和多方面的规定来辨明等级贵贱的。首先表现为纳入“乐悬”的乐器，即用器。被纳入乐悬的乐器除具备悬挂的基本特征外，其制作材料大多属金石之类，这大概是由于“金”之稀有昂贵，拥有者也非富即贵，而“石”与“金”同样具有经久不衰的品性，并且自远古以来，“石”已被赋予了深刻的文化意义与社会内涵。[②] 不同等级的贵族通常拥有不同的乐器配置[③]，不同的礼仪场合也使用不同的乐悬或不能用悬[④]。其次是乐器的摆放规定，即摆列。不同等级的贵族，其乐器摆放的方向、面、套 / 组数以及成组成套的数量均有所不同。[⑤] 尽管目前学术界对不同等级贵族所用乐器之“面”“堵”“肆”等概念和含义的认识还未能达成一致，但随着考古出土实物的愈加丰富，对其具体内涵的理解会更为清晰客观。再次便是音列。除此之外，大量的考古资料还表明，乐器体量的大小，特别是青铜乐器的重量或耗铜量，也在很大程度上与拥有者的等级相关。

从注家对“乐悬”概念的最初拟订到阐述其所包含的具体内容，“乐悬”概念似乎经历了一个动态的发展历程，它在历史的进程中不断被充实和丰富，进而

---

① 沈文倬．略论礼典的实行和《仪礼》书本的撰作 [M]// 宗周礼乐文明考论．杭州：浙江大学出版社，1999：5.

② 在史前至夏商时期的墓葬或遗址中常出土象征等级的特磬——笔者注。

③ 《周礼·春官·小胥》贾公彦疏：“天子诸侯悬皆有镈。今以诸侯之卿大夫士半天子之卿大夫士言之，则卿大夫士直有钟磬无镈也，若有镈，不得半之耳。”（周礼注疏：卷二十三 [M]. 北京：中华书局，1980：795.）《礼记·曲礼下》：“大夫无故不撤悬，士无故不撤琴瑟。”（孙希旦．礼记集解：卷五 [M]. 北京：中华书局，1989：124.）……

④ 《周礼·春官·大司乐》：“凡乐事，大祭祀宿悬，遂以声展之。”（孙诒让．周礼正义：卷四十三 [M]. 北京：中华书局，1987：1779.）《礼记·曲礼下》：“岁凶……祭事不悬。”（孙希旦．礼记集解：卷五 [M]. 北京：中华书局，1989：123.）《礼记·檀弓上》：“孟献子禫，悬而不乐，比御而不入。”（孙希旦．礼记集解：卷七 [M]. 北京：中华书局，1989：180.）……

⑤ 《周礼·春官·小胥》郑玄注：“宫悬四面悬，轩悬去其一面，判悬又去其一面，特悬又去其一面。”“钟磬者，编悬之，二八十六枚而在一虡谓之堵。钟一堵，磬一堵，谓之肆。半之者，谓诸侯之卿大夫、士也。诸侯之卿大夫，半天子之卿大夫，西悬钟，东悬磬。士亦半天子之士，悬磬而已。”（周礼注疏：卷二十三 [M]. 北京：中华书局，1980：795.）

系统化、制度化。如果说“乐悬”最初仅仅指的是“悬挂起来才能进行演奏的钟磬类大型编悬乐器”的话，那么随着礼乐制度的日益完善，以及乐悬在不同等级贵族不同礼仪中使用情况的不断变化，“乐悬”的本来意义已发生了转化，其内涵与外延均得到了拓展，已逐步演变成为一种严格的用乐规范，而这种用乐规范与当时的列鼎制度互为关联、相互配合，共同构建了礼乐制度的核心内容。

众所周知，周人建立并施行较为严格和完备的礼乐制度，那么楚制为何？它与周制是否相同？二者的关系又是怎样？对于这些问题，目前存在两种观点：一是认为楚制与周制相同，文献所记载的周制在楚墓中多能找到相契合的例证；其二是认为楚制不同于周制，具有自己独立的特点。《左传·宣公十二年》记载：“艻敖为宰，择楚国之令典，军行，右辕，左追蓐，前茅虑无，中权，后劲，百官象物而动，军政不戒而备，能用典矣。”[①]《荀子·正论篇》曰：“天下为一，诸侯为臣，通达之属，莫不振动从服以化顺之，曷为楚越独不受制也。”[②]从文献的只言片语中可以看到，古代楚人有自己的令典，楚与越并不完全受制于中原。事实上，在楚文化考古发现中不仅找到了楚制与周制的相同之处，也的确看到了二者的不同，但是，关于它们之间的具体关系还需用具体的材料给予证明。

历史文献中对周代乐悬的记述不甚清晰，对古代楚人用乐情况的记载更是一片空白，因此，科学考古出土的钟磬类大型乐器便是我们探索古代楚人用乐情况的唯一材料和途径。以下将以现有的材料为基础，对楚乐悬的相关内容作粗浅的梳理。需要说明的是，由于所用材料均出自墓葬，故下文归纳总结的乐悬内容和应用场合仅限于古代楚人的丧葬之用。

如前文所述，根据文献中有关乐悬的记载、后世经学家的注疏以及今人的研究[③]，目前多将乐悬的核心内容分为用器、摆列和音列三个方面。

① 杨伯峻.春秋左传注[M].北京：中华书局，1990：723 - 724.
② 王先谦.荀子集解[M]香港：中华书局，1978：219.
③ 王清雷.西周乐悬制度的音乐考古学研究[M].北京：文物出版社，2007.

二、楚乐悬之用器

所言用器，包括乐器种类以及同类乐器中的器型。乐悬用器多被认为是能够悬挂使用的钟磬之属。结合文献记载与出土实物可知，钟包括钮钟、甬钟和镈，此外还有磬。楚墓中随葬乐器的器型与墓葬等级有关系吗？二者的关系为何？下文将保存较好的楚系墓葬的随葬乐器及其主要类型进行统计列表，以此来考察相关问题。表中的墓葬等级根据郭德维对楚系墓葬的基本归类①予以粗略划定，“诸侯”指楚附庸国国君，“大夫”一级中还有等级的细微差别，其中封君、令尹等较高等级都归于此类。

表 7-6 高等级楚系墓葬随葬乐器简表

时代	墓葬	随葬乐器种类	墓葬等级
春秋时期	叶县旧县 M4	钟（甬钟、钮钟、有脊镈、无脊镈）、磬、鼓	诸侯
	淅川下寺 M1	钟（钮钟）、磬、石排箫	大夫
	淅川下寺 M10	钟（钮钟、镈）、磬	大夫
	淅川和尚岭 M2	钟（钮钟、镈）、磬	大夫
	淅川下寺 M2	钟（甬钟）、磬	大夫
	固始侯古堆 M1	钟（钮钟、镈）、鼓、瑟	大夫
	淅川徐家岭 M3	钟（钮钟、镈）、磬	大夫
	淅川徐家岭 M10	钟（钮钟、镈）、磬	大夫

① 郭德维将楚墓归纳为 5 类，分别是楚王墓、封君或上大夫墓、下大夫墓、士墓、庶民墓。这些墓葬等级相对于西周时期所规定的等级制度来说，理应均低一级，即楚王墓相当于诸侯级，封君或上大夫墓相当于卿大夫级，依此类推。（参见郭德维．楚系墓葬研究 [M]. 武汉：湖北教育出版社，1995：74 － 75.）——笔者注。

续表

时代	墓葬	随葬乐器种类	墓葬等级
战国时期	寿县蔡侯墓	钟（钮钟、甬钟、镈）、钲、錞于	诸侯
	六安县城西窑厂 M2	陶钟、陶镈、陶磬	大夫
	曾侯乙墓	钟（钮钟、甬钟）、镈、磬、鼓、瑟、琴、笙、篪、排箫	诸侯
	信阳长台关 M1	钟（钮钟）、鼓、瑟	大夫
	信阳长台关 M2	木钟（钮钟）、木磬、鼓、瑟	大夫
	随县擂鼓墩 M2	钟（甬钟）、磬、鼓	诸侯
	江陵天星观 M1	钟（钮钟）、磬、鼓、瑟	大夫
	江陵天星观 M2	钟（钮钟、镈）、磬、鼓、瑟、笙	大夫
	信阳长台关 M7	木钟、木磬、鼓、瑟	高等级贵族
	谷城尖角墓地	钟（钮钟）	大夫
	淮安运河村 M1	钟、鼓	不低于大夫
	枣阳九连墩 M1	钟（钮钟、甬钟）、磬、鼓、琴、瑟、笙、舂牍、雅	大夫
	枣阳九连墩 M2	钟（钮钟）、磬、鼓、瑟、笙、篪、排箫、舂牍、雅、柷	大夫

表 7-6 显示，兼用钟磬的墓葬大多属大夫以上级别，然而，所见大夫级楚系墓葬中有 5 座墓有钟无磬，分别是固始侯古堆 1 号墓、寿县蔡侯墓、信阳长台关 1 号墓、谷城尖角墓地和淮安运河村 1 号墓。尽管这几座墓葬曾遭到了不同程度的盗掘，但一般而言，石磬并非盗墓贼的首选，因此可以初步将它们归入未随葬磬的墓葬之列。在墓主身份和墓葬等级都十分明确的情况下，这种高等级墓葬中不稳定地随葬磬的现象表明，石磬随葬与否并不仅仅与墓主等级相关，还可能与墓主人性别等因素有关。在这 5 座未随葬磬的高等级楚墓中，有 2 座墓主人性别不明，余下 3 座墓葬中有 2 座男性墓葬和 1 座女性墓。信阳长台关 1 号墓墓主虽

不明具体身份，但从随葬器物的种类来看，墓主可能为男性。寿县蔡侯墓是一座诸侯级的墓葬，墓主为某位蔡侯，无疑是男性。唯固始侯古堆 1 号墓墓主为女性，是宋景公之妹季子，时为吴国夫人。研究表明，季子是在随军驻守时去世而被埋葬于固始，随葬的鄱子成周钟很可能就是战利品。① 鉴于季子下葬时的特殊状况，我们不得不考虑到季子墓中未随葬石磬的其他原因：或由于征伐中就地埋葬导致了随葬器物不甚周全，抑或是因随军在外而没有随葬易碎的石质磬。根据现有材料和上述分析，我们可以初步推测，春秋晚期以后的大夫级以上楚墓中，石磬随葬与否并不完全与墓主的等级、身份相关，墓主的性别和喜好应在很大程度上成为是否随葬石磬的因素。

有经学家将镈的有无作为区别天子诸侯与卿大夫士的主要依据②。关于镈的所属、大小、功用等，文献所载不尽相同③，但总体而言，镈属钟类，有特悬与成编之分，主节奏功能。就楚墓的情况来看，随葬的镈大多体量较小，并且成编与钮钟伴随出土，这一形式从春秋中期开始一直延续至战国中晚期。唯一一见的大型镈仅见于曾侯乙编钟中的楚王镈，但该镈并不属于原设计编列，故而难以作为楚墓随葬乐器的固定形式。前文的音乐分析表明，成编小型镈与同出钮钟的音域衔接、音列互补、功能分明，二者在各个方面都有机联系着。尽管这类小型镈的形制带有一定的"钮钟化"倾向，但其仍以"节度"的功能为主。或许正是由于镈的形体缩小、重量减轻，乃至于成编与钮钟的成套配用，在其乐器性能得到良好扩展的同时，它在乐悬中器型的独特性却无形中被削弱了。如此说来，经学

① 参见赵世纲．固始侯古堆出土乐器研究 [M]// 河南省文物考古研究所．固始侯古堆一号墓．郑州：大象出版社，2004：131；徐少华．固始侯古堆一号墓的年代及其相关问题 [M]// 楚文化研究会．楚文化研究论集：第七集．长沙：岳麓书社，2007：306 – 319；高成林．关于固始侯古堆一号墓的几个问题 [M]// 楚文化研究会．楚文化研究论集：第七集．长沙：岳麓书社，2007：320 – 326.

② "天子诸侯皆有镈"，"卿大夫士直有钟磬无镈也"。（周礼注疏：卷二十三 [M]. 北京：中华书局，1980：795.）

③ 《古今乐录》："凡金为乐器有六，皆钟之类也：曰钟，曰镈、曰錞，曰镯，曰铙，曰铎。"《白虎通·礼乐》载："镈者……节度之所生也。"《仪礼·大射仪》郑注："镈如钟而大，奏乐以鼓镈为节。"《周礼·镈师》贾疏："镈与钟同类，大小异耳。"孙诒让曰："镈亦名镛。"《文献通考·卷一百三十四》引《书》注："钟，大镛也"，引《尔雅》"大钟曰镛"。《周礼·钟师》注："金谓钟及镈。"贾疏："二者皆不编，独悬而已。"孙案曰："然其说非也。……惟此官自击乃特悬之镈耳。"《周礼·钟师》孙疏引金鹗云："《燕礼》注云：'《肆夏》以钟鑮播之，鼓磬应之，所谓金奏也'。"（《周礼·瞽矇》注云："播谓发扬其音。"）又《文献通考·卷一百三十四》引《仪礼》："镈从薄与钺镈之镈同。"……

家所言“天子诸侯皆有”的可能是大型特镈，而不是这种小型编镈，毕竟大型镈的气势要胜过小型编镈，更显威严和肃穆。

资料还表明，但凡随葬有成组成套甬钟的楚墓大多级别较高，其墓主若非诸侯，便是令尹或楚国的中高级贵族。而在前文对甬钟与钮钟纹饰的比较中发现，楚甬钟的纹饰华丽而大器，显示了更为浓重的礼仪内涵。由此看来，甬钟可能才是楚乐悬中区别楚中、高级贵族和一般贵族的重要器型。甬钟形成于周代礼乐制度草创之初，是最早被纳入乐悬的青铜乐器，它贯穿了乐悬建立和规范的始终，并成为周代礼乐制度中最具代表性的重器之一。进入东周时期，诸侯雄起林立，甬钟“与生俱来”的等级意涵并没有被“礼崩乐坏”的大势所削弱和磨灭，而依然稳定地延续着。

三、楚乐悬之摆列

有关乐悬摆列的记述见于《周礼·春官·小胥》，即：“正乐悬之位，王宫悬，诸侯轩悬，大夫判悬，士特悬。”[①] 历代经学家就这句记录都作有注疏，其中对乐悬摆列的面数，方位及其附会等略有差异。这里暂且不讨论其附会之意，仅对其摆列面数和方位的注解内容作出归纳，即：宫悬四面居四方，轩悬三面缺南而存东、西、北，判悬两面缺南、北而存东、西，特悬一面唯存东。[②]

如前文所述，墓葬中乐器的摆放情况并不像使用时的那样，尤其是钟磬类大型乐器，大多出于墓葬空间等多方面的考虑，采取拆卸后放置的摆放方式，有时仅下葬钟磬而不下葬钟磬架，有时又将钟磬取下与架一同放置于墓葬的椁底板。在这种情况下，它们在实际使用时的摆列便难以确认。但是，迄今所知的楚墓资料中也具备一些钟磬下葬时悬挂、出土时保存较好或有悬挂残迹的例证，根据这些已经确认的钟磬摆列及其所对应的墓主等级可大略勾勒出楚乐悬摆列中的某些情形。

① 孙诒让．周礼正义 [M]. 北京：中华书局，1987：1823.

② “郑司农云：‘宫悬四面悬，轩悬去其一面，判悬又去其一面，特悬又去其一面。四面象宫室四面有墙，故谓之宫悬。轩悬三面，其形曲，故《春秋传》曰：‘请曲悬繁缨以朝’，诸侯之礼也。故曰‘惟器与名不可以假人’。玄谓，轩悬去南面，辟王也，判悬左右之合又空北面，特悬悬于东方或于阶间而已。”（周礼注疏：卷二十三 [M]. 北京：中华书局，1980：795.）。

曾侯乙墓的大型钟磬类乐器是目前所见摆列方式保存最为完好的先秦乐悬例证。该墓礼乐器的布局和摆放情况显示了较强的实用意义。墓葬共有四室，即：东室、中室、北室、西室，乐器主要分布于中室和东室。其中，大型钟磬类乐器随葬于中室，编钟在中室西南呈曲尺状摆放，编磬则位于中室北壁，钟磬占据了椁室的西、南、北三面，而在这三面摆放形成的空间中又放置了瑟、笙、篪、排箫等小型乐器，这种摆放方式与当时实际演奏的场面存在某种必然联系。大致情况见下图：

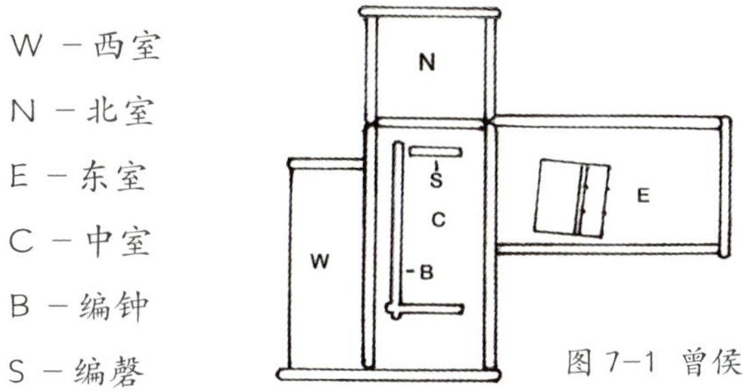

图 7-1　曾侯乙墓钟磬与主棺关系示意图

曾侯乙墓墓主为诸侯级无疑，曾侯乙墓钟磬的三面悬恰好与文献中所记载的轩悬之数（三面）相合，但它们的具体摆列方位不同。郑玄所说轩悬的方位和形式为东、西、北，缺南[①]，这与曾侯乙墓乐悬摆列的西、南、北，唯缺东的情况有所不同。其原因为何？

《孔子家语·问礼篇》中提及了周人的习俗，即“死者北首，生者南向，皆从其初”。[②] 在目前的考古发现中，周人墓葬的墓主大多头北脚南，印证了这条文献所记载的内容。结合文献中三面轩悬缺南的情况判断，所缺南面正好是诸侯级墓主所处的方位，那么，古代文献中所说轩悬的方位便很可能是周人的习俗。楚人尚东，楚墓墓主头向也大多朝东，曾侯乙墓轩悬三面缺东。由上图可见，墓中轩悬所缺东面恰好是放置有主棺的东室，也是墓主人曾侯乙所在的方位。据此可以推测，这种三面缺东的轩悬之制极有可能是楚制。如果说曾侯乙墓乐悬所反映

① “玄谓轩悬去南面，辟王也。判悬左右之合，又空北面。特悬悬于东方，或于阶间而已。”（孙诒让．周礼正义：卷四十四 [M]. 北京：中华书局，1987：1823.）
② 陈士珂辑．孔子家语疏证：卷一 [M]. 北京：中华书局，1985：27.

的是楚乐悬的相关内容的话，那么曾侯乙墓墓主头向为南向，则又恰合于周制了。毋庸讳言，曾侯乙墓乐悬及相关方位的实际情况再一次显示了古代曾国人复杂交错的民族心理和民族身份，以及由此所导致的这座千年大墓文化因素的复杂性和多元性。

所知楚墓中，钟磬类乐器仍存见编悬及摆列方式的还有淅川下寺 10 号墓、淅川和尚岭 2 号墓和固始侯古堆 1 号墓。三座墓的等级均不下于大夫，其钟磬放置情况大致如下：淅川下寺10 号墓出土有 8 件小型编镈、9 件钮钟以及 13 件编磬。出土情况表明，钟镈原同悬一架，架分两层，钟于上层而镈于下，钟磬在墓室西南角呈曲尺状放置。淅川和尚岭 2 号墓同样出土了 8 件小型编镈、9 件钮钟以及 13 件编磬。从钟架痕迹看，编钟分两层，上层悬挂钮钟，下层悬挂镈。出土状况表明，钟磬位于椁室东南部，编钟钟架紧靠椁室南壁东端，磬则位于钟的北面。固始侯古堆 1 号墓中也出土了 8 件小型编镈、9 件钮钟，但未出编磬，并且该墓钟镈的编悬方式也与以上两墓不同，它们并未分成两层，而是各自有独立钟架。其中，编镈呈曲尺状摆放于椁室南壁，编钟则横列于镈的北面。综合以上资料可以初步判断，三者均应为两面悬，与文献记录的判悬之数相符，但三墓两面悬的方位不尽相同，与文献所记无一相合。结合前文有关编钟在楚墓中的摆放情况可知，乐器在墓葬中的摆放方式可能由于多种因素而发生变化，因而未必都是实际使用时的摆列形式，所以三墓中钟磬的摆列方式便不足为凭。结合曾侯乙编钟的曲尺状钟架、下寺10 号墓钟磬的曲尺状摆放以及楚钟较常出现的曲尺状放置来看，大夫级的两面悬为曲尺状的可能性较大，但其具体方向和方位便难以推断了。

钟磬件数也是乐悬的重要内容。前文已对楚钟件数的大致情况进行了基本归纳和论证，其中，9 件钮钟与 8 件编镈的组合是春秋中期至春秋晚期楚大夫级墓葬的固定用钟之制，且不见于其他诸侯国。资料表明：楚钟件数的变化在不同的时期、地域以及文化范围内呈现出不同的状况，具有一定规律性； 不同器型的楚钟，其组合件数不相同；一般来说，在同一历史时期，随葬编钟件数越多，墓主等级就越高。当然，编钟件数不仅是乐悬中的一项重要内容，也在很大程度上标志着音乐艺术的发展。

四、乐悬中的音列因素及其他

如果说，西周乐悬中音列规定的主要内容在于“戒商”的话，那么进入东周时期，随着编钟件数的不断增加，西周乐悬的音列规定被彻底打破，编钟音列逐渐丰富起来。显然，音列的发展与编钟件数的增加是大致同步，也是相辅相成的。

东周时期是编钟音乐的繁荣鼎盛期，诸侯贵族随葬编钟的数量有增无减。从目前所发现楚钟的基本情况来看，编钟的多少、大小和重量都与墓主的等级相关，也就是说，墓葬所出礼乐器的器型越大、数量越多、重量越重，墓葬等级就越高。《礼记·礼器》中说到的“礼有以多为贵者……有以大为贵者……”[①]已表明了这一点。楚庄王八年，他欲问鼎之轻重于中原，并言“楚国折钩之喙，足以为九鼎”[②]。庄王为何如此在乎钟鼎之重呢？其原因是，钟与鼎同为楚之重器，它们象征着国家政权、国家实力和经济命脉，钟鼎之大、之多、之重是权力、实力、身份的标志。

一般来说，在夫妻合葬墓中，女性墓比男性墓的级别略低，随葬编钟的数量也较之男性墓少，这可以从所见夫妻墓随葬编钟的情况中得到印证。比如：淅川下寺2号墓和与之相邻的1号墓。1号墓墓主为2号墓墓主的正夫人，2号墓随葬甬钟26件，分两层悬挂，1号墓随葬钮钟9件，无论钟型还是件数，1号墓都略低于2号墓。再如：九连墩1号墓和2号墓的墓主也为夫妻关系[③]。1号墓随葬34件甬钟，分两层悬挂，2号墓随葬11件钮钟。需要特别提到的是，2号墓出土钟架的两立柱中段各有一榫眼，这表明此架原为两层，但下层横梁和编钟均被拆卸而未下葬，或许正是出于与等级相匹配的考虑。

综上，乐悬中是否有磬除与墓主等级有关以外，还与墓主性别等相关，即女性墓主多用石磬而男性墓主有时不用；甬钟是区分楚中高级贵族和一般贵族的重要标尺；楚乐悬摆列基本同周制，但其具体方向与楚俗的方位观密切相关；春秋中期至春秋晚期之间，大夫级墓葬的编钟配置为9件钮钟与8件小型编镈，进入战国时期后，同为大夫级墓葬的编钟配置数量明显增多，楚钟件数的多少与音乐

① 孙希旦．礼记集解：卷二十三[M]．北京：中华书局，1989：630、637.
② 《史记·楚世家》：“楚王问鼎小大轻重，对曰：‘在德不在鼎。’庄王曰：‘子无阻九鼎！楚国折钩之喙，足以为九鼎。’……”（司马迁．史记：卷四十[M]．北京：中华书局，1982：1700.）
③ 胡雅丽．九连墩一、二号墓墓主关系厘探[M]// 湘、鄂、豫、皖楚文化研究会第十次年会会议论文，2007.

的发展以及不同历史时期的用乐规范相协调，楚钟音列与楚钟件数的变化相辅相成；编钟的大小、重量等因素均与等级的高低相关；女性墓葬所配备的编钟数量较之男性墓葬少，其等级也略低。楚钟、楚乐器乃至楚音乐文化在“礼崩乐坏”的历史洪流中逐步兴起和繁盛，与之密切相连的乐悬内容也处于相对的微观动态中。据现有资料分析，楚乐悬的相关内容大多能与历史文献的记载相对应，但其中仍能发现诸多不见于其他地域的特点，可以说，楚乐悬是以中原西周乐悬的内容为主体，并结合楚人自身的风俗习惯、信仰崇尚等因素形成的一种具有一定地域文化特色的用乐规范。

由于墓葬资料和文献记载内容相对有限，我们对一些墓主身份以及他们在当时社会中所处的阶层和等级还不能完全确认，因此，只能从总体上或在宽泛的范围中给予界定，即：贵族或庶民，高级贵族或一般贵族等。也正因为如此，对于他们在不同的社会历史背景下所应配备的编钟的器型及其确切数量，我们同样难以给出明确的答案。以上分析仅是根据已有资料所作的碎片式解析，还不足以说明楚乐悬的整体情况，若要全面揭示楚人的用乐规范，还有待更多科学发掘材料的分析。

第四节 楚乐器在墓葬中的摆放

大量古代遗址和墓葬都显示出古人强烈的方位观。由于遗址或墓葬是古人丧葬礼仪的具体表现，因此，随葬器物摆放中的多种因素，如同置器物、摆放方位及摆放方式等都体现了浓重的仪式感和深刻的文化内涵。随葬于楚墓中楚乐器的摆放情况也能为我们提供一些重要的历史文化信息。

一、楚乐器的同置器物

笔者对出土楚墓的器物分布情况进行了初步统计，以期从中摸索归纳出一些重要线索，统计对象主要为出土楚乐器较多且墓葬资料较为翔实的楚墓（表 7-7）。

表 7-7 楚系墓葬随葬器物分布简表

时代	墓葬	随葬器物分布与摆放简况
春秋时期	叶县旧县 M4	东北角：乐器；西侧、南侧近棺处：礼器；南侧近椁处：兵器和车马器；西侧多漆皮；棺内多玉器
	淅川下寺 M1	东：青铜容器，钟磬与礼器同置，木棺之南为钮钟，曲尺状；西木棺之北：玉器（石排箫）。木棺西放置 1 铜鼎和 1 方形器座
	淅川下寺 M10	椁室东：礼器、乐器（钟于椁室的最东端，磬于南侧，与钟形成曲尺状）；南北两棺外：兵器、车马器、装饰品
	淅川和尚岭 M2	椁室东北：礼器；东南：乐器（钟、磬），钟紧靠南壁，两层悬挂；西南：车马器；中部：镇墓兽等；墓主身上及身边：玉器等
	淅川下寺 M2	东：大型礼器和少量乐器；南：乐器（甬钟、磬）；西南角：车马器、兵器；棺内外还有遗物
	固始侯古堆 M1	西南：礼器，生活用具；西北、东北、东南：肩舆，车马器；东南：乐器（钟、鼓、瑟等）；南：漆木器；中：镇墓兽等
	叶县旧县 M1	东室：礼乐器（瑟）；侧室：车马器，兵器；西室：编钟；棺内：玉器，料器等
	淅川徐家岭 M3	东南：乐器（钟、磬）；西北：车马器；中部：礼器；棺内：玉器
	淅川徐家岭 M10	东：礼乐器，其中钟与鼎紧靠于东南；中南：车马器，磬；西南：车马器、甲；西：铜器；西北：铜合页；中：鹿角、矛等；棺内：玉器、料珠、青铜剑等

续表

时代	墓葬	随葬器物分布与摆放简况
战国时期	寿县蔡侯墓	北室：礼器、乐器，乐器多于北室东面；南室东：车马器；南室南：兵器；西面：漆器残迹
	六安县城西窑厂 M2	外椁东：仿铜陶乐器，与陶礼器、铜容器、镇墓兽、工具等一并存放，外椁南：兵器、车马器，西侧陪棺等
	随县擂鼓墩 M1（曾侯乙墓）	东室：主棺、陪葬棺、乐器（鼓、瑟、笙），漆木衣箱、铜鹿角立鹤等；中室：礼乐器（钟、磬、建鼓、瑟等）；北室：车马器；西室：陪葬棺、木磬匣
	信阳长台关 M1	前室（东）：礼乐器（钟、鼓、瑟），竹简；主室：重棺，玉器等；左侧室：冥车，车马器；右侧室：漆木器生活用具，仿铜陶礼器；后室：镇墓兽，木俑；左后室：竹简，文房文具、生活用具；右后室：生活用具，木俑
	信阳长台关 M2	前室：铜器，陶礼器，漆木器生活用具；主室：食品，皮革，生活用具等；左侧室：漆木乐器（钟、磬、鼓、瑟等），陶用具等；右侧室：车马器；后室：生活用具；左后室：镇墓兽，漆木生活用具，少量陶礼器；右后室：漆木器，陶用具；盗坑（略）
	新蔡葛陵平夜君成墓	东室：漆木器（木乐器瑟、木礼器）；北室：青铜礼器和乐器（钟架）；西室：殉人；南室：以车马器为主，还有竹简等。青铜钮钟出于棺室
	随县擂鼓墩 M2	中部和东椁壁：放置青铜礼器；南椁壁：编钟编磬；西椁壁中：建鼓座和编钟；西椁壁偏北和西南：车马器；东北角：镇墓兽等
	江陵天星观 M1	东室：乐器；南室、北室：青铜容器和漆木器，西室：兵器、车马器、竹简；中室：少量玉石器
	江陵天星观 M2	东南室：漆木器（瑟）等；东室：乐器（钟、鼓等），礼器，生活用具，丧葬用具；西室：礼器，车马器，漆木器生活用具；南室：礼器（镬鼎等），漆木器生活用具，牛骨等；主室：玉石质器物（磬、玉璧等）等
	信阳长台关 M7	前室：陶器、漆木器及少量铜器；左侧室：木乐器（编钟和钟架、编磬和磬架、鼓架）、车马器；右侧室：床榻及周边，其中有漆木瑟，此外还有铜酒器、玉器、料器等；左后室：木车、镇墓兽、铜盘；中后室：被盗，残存构件；右后室：陶器、漆木器等
	枣阳九连墩 M1	东室：青铜礼器较多；南室：兵器、雅；西室：盥洗用具、乐器（琴、瑟、笙、虎座鸟架鼓、舂牍）和装饰品；北室：乐器（钟、笙、瑟、琴、建鼓、手柄鼓、乐器架）
	枣阳九连墩 M2	东室：青铜礼器；南室：漆木器、瑟；西室：生活用品、排箫；北室：乐器（钟、磬、虎座鸟架鼓、扁鼓、笙、瑟、篪、舂牍、雅、乐器架），还有木俑、木制礼器等
	淮阳平粮台 M16	椁室东：陶礼乐器；棺内：玉器

从表中的统计可以看到，早期楚墓随葬物品的摆放大致根据功能来划分，即分为礼乐器、兵器、车马器、玉器、漆木生活用具等，它们大多严格地按照相应的分类放置。随着时代的变迁，楚墓随葬器物的摆放逐渐不如早前那样严格，时常会出现礼乐器与生活用具放置在一起、铜器和木器一同摆放的情况，有些同类器物也可能分散于墓葬的各个椁室中。楚乐器在楚墓中的摆放情况也随着时代的步伐不断发生变化。

春秋时期，楚乐器大多与礼器一同放置，但有时也会出现乐器因材质或功能的不同而分散放置的情况。例如：在淅川下寺 1 号墓中，钟磬与礼器摆放在一起，而石排箫却单独和玉器同放，尤显石排箫之珍贵以及墓主人对它的珍爱；淅川徐家岭 10 号墓中，钟与鼎一同紧靠在椁壁，而磬却与车马器同放；叶县旧县 1 号墓虽被盗严重，但根据未被盗的部分器物依然可以看到随葬器物放置的大略情形，其中，青铜编钟放置于西室，瑟却与部分礼器放置在东室。

战国时期，楚乐器大多不与礼器摆放在同一处、同一方位或同一椁室，而是集中、单独放置，有的大型墓葬甚至专门用单独一个椁室来摆放随葬乐器，上表中所列可见一斑。进入战国中期以后，随着随葬器物数量的逐渐增多，其摆放分类已不如此前严格，乐器的放置也与此前大为不同。有的墓葬中生活用具、丧葬用具与乐器放置在同一位置或同一椁室，比如：天星观 2 号墓的东室中不但放置了钟、鼓等乐器，还同时放有生活用具、丧葬用具等。有的墓葬将乐器与木制礼器放置在同一椁室，而随葬的青铜礼器却单独放在另外的椁室，九连墩 2 号墓的情况即是如此，这与此前青铜礼乐器一同放置的情形已截然不同。还有墓葬甚至将乐器和装饰品、盥洗用具放在了一起，如九连墩 1 号墓中除北室放置乐器外，南室、西室中也分别放置了部分乐器，与乐器一同被放入西室的是装饰品和盥洗用具，一同放进南室的是兵器；九连墩 2 号墓的 3 个墓室中均放置有乐器，同置器物却各不相同。

从总体趋势上看，楚乐器从最初与礼器相伴随葬，逐步与礼器分离，它们或单独放置，或与生活用品、丧葬用品等伴随，这一演变过程清晰地展现了楚乐器所蕴含礼乐意义和功能的隐性转换，体现了楚乐器作为礼器之表征意义的逐步弱化，及其乐之本来意义逐步凸显的历程。

二、楚乐器的摆放方位与方式

楚人有尚东的习俗，这在楚文化考古发现中可以找到充分的实物证据。目前所知，楚贵族墓葬的墓主头向多从东，如淅川下寺楚墓群中的绝大多数墓葬的墓主头向东[①]，再如淅川和尚岭、徐家岭墓地中，除被人骨扰乱或腐朽殆尽的情况之外，保存有葬式的墓葬墓主也多头向东（它们是和尚岭 M2、徐家岭 M3 和徐家岭 M8）[②]。与此同时，楚墓中的青铜礼器也大多被放置在墓内的东面。有研究认为，楚人尚东可能有双重意蕴："一则，作为日神的远裔，应朝向日出的东方；二则，作为火神的嫡嗣，同样应朝向最初的火神所居的东方。"[③]前文的统计表明，楚钟大多被摆放在楚墓中的东面，或正东、或东北、或东南，其中又以东南居多。显然，编钟被放置在了楚人认为最重要的方向和方位，再一次彰显了楚人强烈的尚钟之风，也使我们更能明白吴王阖闾拔郢时为何不是"毁其宗庙，迁其重器"，而是"烧高府之粟，破九龙之钟"[④]了。

目前的资料显示，楚钟在墓室中摆放的方式大致有两种：一是在下葬时悬挂在钟架上，由于保存条件和情况不一，楚钟出土时有的依然悬挂稳固，有的则因钟架腐朽，仅残存痕迹，青铜钟便坍塌于椁底板上；二是下葬时平置，有的将钟架横置其中，有的则未见钟架。大量的实物资料表明，钟镈的安置方式与其音乐性能没有直接关联，也与其性质和功能无关，即摆放方式的不同并不能证明钟镈是实用器还是明器。结合前文的分析可知，放置于椁底板的钟镈未必是明器，如敬事天王钟、王孙诰钟等均具备较好的音乐性能，确为实用器无疑。反之，下葬时悬挂起来的钟镈也并非全部都是性能良好的实用器，如九连墩 1 号墓中的编钟出土时悬挂于钟架上，但只有几件经过调音，可能非实用器[⑤]；又如出土时以绳悬于钟架上的六安陶钟，无疑是明器。

从墓中器物的总体摆放情况来看，编钟在墓葬中的摆放方式与墓室空间的大

① 河南省文物研究所，河南省丹江库区考古发掘队，淅川县博物馆 . 淅川下寺春秋楚墓 [M]. 北京：文物出版社，1991.
② 河南省文物考古研究所，南阳市文物考古研究所，淅川县博物馆 . 淅川和尚岭与徐家岭楚墓 [M]. 郑州：大象出版社，2004.
③ 张正明 . 楚文化史 [M]. 上海：上海人民出版社，1987：106.
④ 何宁 . 淮南子集释：卷二十 [M]. 北京：中华书局，1998：1416.
⑤ 湖北省文物考古研究所 . 湖北枣阳市九连墩楚墓 [J]. 考古，2003（7）：14.

小有直接关系。在厚葬之风愈演愈烈的情况下，随葬物品不断增多，一些墓葬中的编钟都采取以大套小或堆放在一角的方式来节约墓葬面积。天星观 2 号墓中的随葬器物以及乐器的摆放情况真实地反映了这一点："编钟架与编磬架被置于最下层，上横梁皆从立柱上取下后随葬，仅立柱与圆座相连，出土时仅有少量小件钮钟悬挂于钟架拆卸之后的横梁上，其他大多数钮钟则从钟架上取下后集中堆放于东室的南部，而镈钟则按大小顺序一排直接放置于椁室底板之上……大型漆木瑟多侧放或竖向放置。"[①] 可以看到，墓中编钟的摆放不但充分照顾到墓室空间的大小问题，就连瑟的放置也有此考虑。这再一次证明，随葬乐器的摆放方式与其实际性能的关系并不大。

① 荆州博物馆. 荆州天星观二号楚墓 [M]. 北京：文物出版社，2003：29.

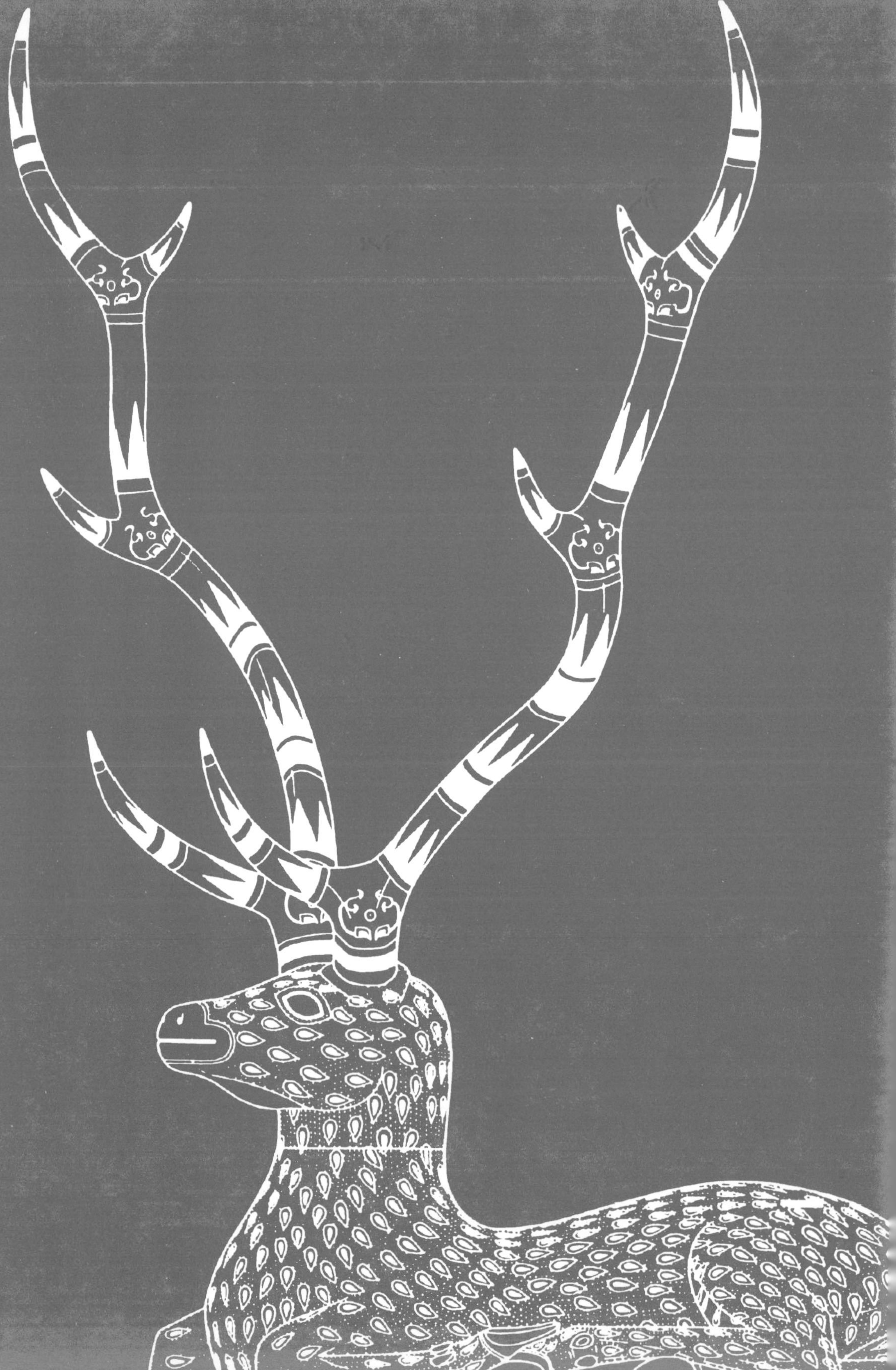

第八章

楚乐器与楚人的礼乐生活

第一节 楚乐器在楚人礼乐生活中的地位和作用

楚人喜爱音乐，也善用音乐。《刘子·卷九》中写道，“墨子俭啬而非乐者，乐是无益，若男为之废农耕，若妇为之废机识，故言非乐也。往见荆王，衣锦吹笙，随俗所宜。”《淮南子·说山训》中讲到楚人申喜听歌寻母和楚乐人瓠巴鼓瑟的故事。《左传》中记载，晋国大夫出使楚国，步入楚国殿堂时，听到楚人建造的地下音乐厅中钟鼓齐鸣，为之震惊。文献中的只言片语足以显示出音乐和乐器在楚人的礼乐生活中所发挥的重要作用。

考古发现和文献记载均表明，楚乐器在楚人礼乐生活中占有十分重要的地位，楚乐舞活动几乎渗透于楚人生活的各个方面，无所不包，可以娱神、娱鬼，亦能娱人、娱己。

一、楚乐器用于各类宫廷仪式

楚国各类大型仪式中都用到了楚乐舞和楚乐器。就楚宫廷仪式来说，楚乐器和楚乐舞常被用于统治阶级享乐，即大型宫廷娱乐活动，如:《离骚》中记录“启《九辩》与《九歌》兮，夏康娱以自纵。不顾难以图后兮，五子用失乎家巷”，《天问》中所载“启棘宾商，《九辩》《九歌》。何勤子屠母，而死分竟地”，亦是如此。《国语·楚语上》记述了楚大夫奉劝楚灵王，切忌沉溺于声色，只顾享乐，唯“以金石匏竹之昌大、嚣庶为乐”，充分体现出楚宫廷乐舞活动频繁，规模宏大。

楚乐器和乐舞也常被用于祭祀礼仪和愉悦神鬼。《九歌》的部分篇章描绘了一幅幅生动的楚祭祀礼仪中的乐舞场景，如：《九歌 · 东皇太一》中所载“扬枹兮拊鼓，疏缓节兮安歌，陈竽瑟兮浩倡……五音纷兮繁会，君欣欣兮乐康”；《九歌·东君》中的“縆瑟兮交鼓，箫钟兮瑶簴。鸣鷈兮吹竽，思灵保兮贤姱……应律兮合节，灵之来兮蔽日”；等等。《招魂》《大招》更是将其娱鬼神、享声色的祭祀用乐场面描写得酣畅宏大、富丽繁缛，如：《大招》中“代秦郑卫，鸣竽张只……魂乎归徕！定空桑只。二八接舞，投诗赋只。叩钟调磬，娱人乱只”；《招魂》在记述宫廷乐舞仪式中楚乐器、楚乐舞和楚歌的同时，也对场面进行了描绘，即“宫庭震惊，发《激楚》些……士女杂坐，乱而不分些……酎饮尽欢，乐先故些。魂兮归来！”

楚国的诸多大型乐舞仪式中还有大武之乐。这从考古发现中可略见一斑。湖北荆门战国楚墓中曾出土一件青铜戚，其上有“大武阅兵”四字铭文，此物极有可能是大武之乐所用的乐舞道具。

二、楚乐器用于丧葬礼仪

众所周知，乐渗透于礼的各个方面，礼也无时不影响着乐的发展。古代丧葬礼仪中也会使用乐器。大量出土楚音乐文物表明，古代楚人在丧葬仪式中也频繁使用乐器。

目前我们所看到的楚乐器大多为古代楚人丧葬礼仪所用，本书所讨论的也正是这部分遗物。从前文的阐述中可以看到，随着时代的发展，古代楚人在丧葬礼仪中所用乐器的类别、形态、性能、组合形式、使用规定都在不同程度上发生着变化。所不变的是，乐器一直是墓主人身份等级的标签。

在一定规格的丧葬礼仪中，乐器是不可或缺的。这些乐器在仪式中使用后会随着墓主人一同埋葬于墓葬中，陪伴墓主人长眠于地下。

三、楚乐器用于个人抒怀

楚乐器还被古代楚人用于抒发个人情感与情怀，即自娱或娱己。如：《离骚》中写道，“奏《九歌》而舞《韶》兮，聊假日以媮乐。”又如：《远游》中描写道，“张《咸池》奏《承云》兮，二女御九韶歌。使湘灵鼓瑟兮，令海若舞冯夷。”

淅川下寺 1 号楚墓出土的石排箫是目前所仅见的唯一一件石制排箫，其音色之好，难以比拟。与其他乐器在墓葬中与礼器一同放置不同的是，此物单独和玉器同放，一方面体现了此物的珍稀和墓主人对它的珍爱，另一方面折射出其可能被墓主人用于抒发个人情感的音乐用途，也恰好与《九歌 · 湘君》中“望夫君兮未来，吹参差兮谁思”的描述相对应。

第二节 楚乐器与楚礼乐轨范

走笔至此，笔者想从对楚乐器的考察出发，谈一谈礼乐制度与礼乐意识。

从楚乐器的发展历程，我们可以看到古代楚人牢固的等级观念和礼乐意识。在目前的材料中可以发现战国楚墓僭越随葬礼乐器的多个例证，但是，各级别楚墓所匹配乐悬的面数又显得较为稳定，因此，我们便不难理解为什么有研究者会认为周礼在战国时期既部分实行又全部崩溃了[①]。从出土数量最多最完整、保存也最为完好的楚钟来看，虽然目前的资料还不足以使我们阐明战国时期楚乐悬及楚人用钟的具体情况，但此时楚钟数量的变化已表现出较强的规律性，并且，在同一历史时段内，相同级别楚墓随葬编钟的数量或组合基数都具有某些一致性。可见，即使在"礼崩乐坏"的历史潮流中，楚墓随葬编钟依然不能随意为之，并存在一定的使用规范和内容，也就是说，"无论什么时候，各等级之间总还存在着一定的差距，即旧的框框突破了，又出现了新的框框、新的限制。"[②]而从战国时期楚钟不同于其他地域编钟的组合形式和件数来看，此时所形成的楚钟使用的新框框，便可以在一定程度上被认为是"出于'周礼'而又有时代、民族特点的新的楚礼、楚制"[③]了。

礼乐制度是西周时期统治阶级为了维护自己的政权和利益而建立的，进入东周时期，社会动荡，政治变革，"礼崩乐坏"成为了历史潮流的必然。春秋战国时期动荡与变革的本质"在于从建构在西周分封制、宗法之上的国家形态，向新的、更为成熟的国家形态的转化。'礼崩乐坏'象征着旧制度、旧秩序的瓦解，然而同时也反映了新制度、新秩序的萌生。……在一定程度上，诸侯国是通过僭越周礼来确立其作为独立国家的政治与文化上的合法性的[④]"。有证据表明，东周时期所发生的僭越一直处于不稳定中的稳定状态，即在僭越的内容和程度愈演愈烈的不稳定中，依然存在着相对稳定而可循的新规律和新规范。与其说，这是一种

---

① 陈戍国．中国礼制史：先秦卷 [M]．长沙：湖南教育出版社，1991：385.
② 郭德维．楚系墓葬研究 [M]．武汉：湖北教育出版社，1995：29.
③ 郭德维．楚系墓葬研究 [M]．武汉：湖北教育出版社，1995：29.
④ 杨志刚．中国礼仪制度研究 [M]．上海：华东师范大学出版社，2001：104.

新旧制度的更替，倒不如认为，这是在同一制度的基本框架之下，对相关内容和规定的一种升级。

如果说礼乐制度的建立和毁弃可以在一定时期内、经过一定的过程而完成的话，那么礼乐意识与观念的形成和消失应该具有更为漫长的历史，其形成之初势必要经历绵长的潜伏期，而消失之前也必定会经过漫长的消退期。

礼乐意识的萌发与古代先民的乐舞仪式直接相关。在有关艺术起源的诸多学说中，仪典派的理论得到了广泛的重视，他们提出“歌舞起源于祭祀仪式”[①]，同时进一步认为，诗歌乐舞这种综合艺术形式也发展于仪式。诚然，“仪式给诗乐舞这一综合性的艺术提供了充分的‘场’，这个‘场’既宽广又不乏纵深，既具有内在结构的复杂性，同时又具有外在的功能和价值。”[②]这个“场”具有一定的宗教性、伦理性和艺术性，是整合社会各种关系、强化宗族意识的重要手段。这种原始先民的乐舞祭祀仪式显示了礼与乐的共生性，潜藏着浓厚的礼乐意识，它被视为“礼乐文化的原始形态”[③]，也是礼乐时代到来的先声。

昭穆制、宗法制和封建制是古代中国社会的三个关键制度，也是中国青铜时代大部分时期的中心制度，三者相互影响和作用，使整个社会出现了不同的阶层。[④]“原史时代”（Protohistory）祭祀礼仪中所萌发的礼乐意识在历史时期的阶级分野中被逐步深化和制度化，渐而成为统治者垄断社会统治的等级法规。进入东周时期，西周所建立的一套完善严密的体系化制度遭遇到了前所未有的冲击，然而由于阶级社会的基本性质依然牢固，礼乐意识也早已在漫长的历史中渗进了人们的精神内核，因此，即使周礼衰变又崩溃，礼所规范的等级内涵和精髓也依然存在，礼的表现形式之一——礼物也还有等级差异，所不同的是在原等级规定的配备中出现了相对的升级罢了。也正因为如此，处于战国礼乐崩溃时期的楚钟以及楚乐器，其使用的数量、器型依然具有相应的内在规律和等级规范，只是这种规律和规范较之西周乃至春秋时期都大为不同。

---

① 叶·莫·梅列金斯基．神话的诗学［M］．上海：商务印书馆，1990．
② 张树国．乐舞与仪式——中国上古祭歌形态研究［M］．天津：天津古籍出版社，2003：8-9．
③ 杨华．先秦礼乐文化［M］．武汉：湖北教育出版社，1997：11．
④ 张光直．中国青铜时代［M］．北京：生活·读书·新知三联书店，1999：19-21．

礼乐意识在礼乐制度崩溃后的延续在楚乐器明器上也有所体现，尤以楚钟最为突出。众所周知，明器一般“貌而不用”[①]，因此其意义不在于具体的用途，而在于其所象征的含义。先秦儒家的丧葬观念为“事死如事生”，主张“大象其生以送其死，使死生终始莫不称宜而好善，是礼义之法式也，儒者是矣”[②]。战国时期出现了仿铜陶、木钟，粗制青铜钟，以及各种乐器外形犹在却没有制作内在共鸣腔体的笙、瑟等。这些“乐器”虽然无法用于演奏，没有实用功能，但却具有强烈的象征意义，它们以隐喻的方式承载了生者对死者的情感，也标示着死者的身份地位。因此，这进一步证明，尽管西周建立的礼乐制度已濒临崩溃，但人们牢固的等级观念和礼乐意识早就根深蒂固，难以磨灭。

第三节 礼乐兴衰中的楚乐器

早在西周中期至晚期之间，“礼崩乐坏”就已萌芽并开始[③]，但礼乐制度的衰变以至于崩溃则发生在东周时期。[④]以楚钟为代表的各类楚乐器，其发生、发展、鼎盛及衰亡与礼乐制度的兴衰贯穿始终。

一、楚乐器与礼乐制度的兴衰

西周晚期楚公逆编钟的 8 件甬钟组合是西周中晚期周制在楚文化中严格而具体的体现。约属于春秋中期的叶县旧县 M4 编钟无论于器型、件数还是音列，似乎都不应为诸侯所有，显然，“礼崩乐坏”的历史帷幕已被揭开。尽管这批编钟以中原文化因素为主导，但其所包含的楚文化因素已十分明显。

① 《荀子·礼论》：“生器文而不功，明器貌而不用。”（王先谦. 荀子集解 [M]. 香港：中华书局，1978：245.）

② 王先谦. 荀子集解 [M]. 香港：中华书局，1978：246.

③ 王清雷. 西周乐悬制度的音乐考古学研究 [M]. 北京：文物出版社，2007：187.

④ 对于礼乐制度大变的总体时间，古代经学家早有论述，多言春秋晚期。清代学者顾炎武在《日知录》卷十三的《周末风俗》中对春秋与战国时期的礼制进行了对比，认为礼制衰败和风俗转变的时间大约于春秋末期。陈戍国在《中国礼制史·先秦卷》中将春秋时期列为“周礼的衰变”，将战国时期列为“周礼的崩溃”，由此可见其对礼制大变时间的观点。杨华在《先秦礼乐文化》中提出“礼崩乐坏”主要集中在公元前 6 世纪，直到公元前 6 世纪与公元前 5 世纪之交才基本崩溃——笔者注。

从楚墓编钟的配备情况来看，春秋晚期似乎是楚用乐规范相对稳定的时期，即大夫级墓葬均随葬 8 件编镈与 9 件钮钟，这种形式尚不见于周代礼乐规范的相关记载，也有别于同时期其他地域同级别墓葬随葬编钟的情况，体现了此时礼乐制度的衰变以及这种衰变在楚文化区域内所呈现的特点。

战国时期楚钟发生了较大变化，迈向了两条截然不同的道路，亦可谓“精进式”和“堕落式”[①]。

其一，“精进式”。在其他文化区域已较少出现战国时期的大型编钟时，楚地却频频发现战国时期的大型组合编钟，并且其规模之大、件数之多、铸造水平之高、音乐性能之完善有过之而无不及。宏大精良的楚钟把先秦编钟推向了崭新的繁荣鼎盛期，并极尽“奢华”地彰显了钟磬乐舞时代的辉煌篇章。

其二，“堕落式”。战国时期楚钟中出现了一些陶制、木制类的非实用编钟，它们多是专为下葬制作的明器。有学者将西周末期至战国中期所出现的明器划分为 7 类，即：微型、拟古、变形、粗制、素面、仿铜、重套。[②] 楚钟仅涉及其中三类，分别是粗制、仿铜和素面。

“粗制”类于楚钟大体情况为：均为青铜制，但钟体表面残留有较多铸造缺陷；钟壁薄，钟体轻；或调音手法粗糙，或未调音，能够敲击发音，但不具备较好的音乐性能。如擂鼓墩 M2 钟、天星观 M2 钟以及九连墩 M1 钟等。

“仿铜”类于楚钟大体情况为：采用非青铜制，多为陶制或木制。这类钟有的与实用青铜编钟的外形完全相同，组合件数与实用器的配置也相同，唯一不同的是材质，如长台关 M2 木钟，其外形、组合与相邻长台关 M1 青铜钟完全相同；还有的仅仅从外形上模仿实用器，且模仿粗糙，所用材质和组合件数也不同于当时的实用器，如六安钟等。

“素面”一类明器则不能适用于楚钟。迄今所见楚钟中素面者不多，仅 2 例。

① 郭沫若．彝器形象学试探 [M]// 青铜时代．北京：中国人民大学出版社，2005：245.（郭沫若《彝器形象学试探》一文对“新式期”器物的论述中，曾以纹饰的简陋或精美将此时的编钟分为“堕落式”和“精进式”，然而根据前文的研究结果，编钟纹饰的精致或简略与其音乐性能的优劣并无直接关联，因此前文采用了“繁缛化”和“简约化”对战国时期楚钟纹饰的类型进行了概括，然而，战国时期楚钟在铸造、规模、质地、性能等方面也形成出了两条截然不同的道路，郭文所拟定的“堕落式”和“精进式”于此当可借鉴——笔者注。）

② 巫鸿．“明器”的理论与实践——战国时期礼仪美术中的观念化倾向 [J]. 文物，2006（6）：73-75.

一为曾侯乙编钟的三组上层钮钟，均为素面，虽然它们不被用于实际演奏，但作为应律钟，也同样具备了良好的音色和音响；二为新蔡平夜君成钟，这件钟的内壁不但有音梁设置，还经过调音，其正、侧鼓音为明显的三度关系，音色清亮，显然可为演奏所用，只是由于该墓严重被盗仅发掘出一件，故无从考察其所属编钟规模和性能的原貌。可见，楚钟中的素面钟似乎不宜一概被定为明器。

有关明器的记载和论述肇始于战国时期，散见于《仪礼》《荀子》和《礼记》中，它们历史地体现了儒家对丧葬礼仪观念的构建。《礼记·檀弓上》中记载了孔子所说的一段话。

> 孔子曰："之死而致死之，不仁而不可为也；之死而致生之，不知而不可为也。是故竹不成用，瓦不成味，木不成斫，琴瑟张而不平，竽笙备而不和，有钟磬而无簨虡。其曰明器，神明之也。"[①]

孔子提到如何判断几种乐器是否为明器。就钟磬而言，没有钟磬架者可谓明器。大量资料表明，在出土楚钟的楚墓中多数没有随葬钟磬架，但这些编钟却表现出较强的实用性，有的钟体表面还残留有敲击使用过的痕迹。然而，有钟磬架者也未必都具有良好的性能并能用于演奏，如天星观 M2 编钟有钟架一同随葬，但编钟的音乐性能并不理想；九连墩 M1 编钟出土时依然悬挂，但也大多未经调音使用。就琴瑟来说，所发现的琴瑟明器与孔子所言不相一致，或为实心，或在演奏部位饰以浮雕纹饰，从而丧失乐器功能，唯现礼器功能。出土楚笙中也不乏明器，主要表现为实心，即或吹嘴，或笙管，或斗，为木制实心，未掏空，如长沙浏城桥 1 号墓笙，笙斗上有 10 孔，但均未钻通；江陵雨台山楚墓 M394 笙，笙斗上有 10 孔，其笙管为实心木棍，吹嘴无吹孔；江陵枣林铺 1 号墓笙，笙斗上有 10 孔，残存笙斗与吹管，为实心整木斫制而成，制作粗陋；包山 1 号墓笙，笙斗上有 12 孔，整木斫成，笙管为实心木棍。这些均不能用于演奏。有关明器的定义遵循了"不可用"的基本逻辑和原则[②]，划定乐器是否为明器也应以此为据。孔子所谈到的乐器类明器的形式虽与出土实际情况不完全相符，但其总体意思也

① 孙希旦．礼记集解：卷九 [M]. 北京：中华书局，1989：216.
② 巫鸿．"明器"的理论与实践——战国时期礼仪美术中的观念化倾向 [J]. 文物，2006（6）：80.

是想表达乐器类明器无法演奏，其中所隐含的也是“不可用”的原则。

以楚钟为代表的楚乐器在战国时期的两条“极端”道路，不但是它们随着礼乐制度的衰变和崩溃在新历史时期的集中体现，而且也预示了旧时代的结束，昭示着新时代的到来。

二、重识“礼崩乐坏”

“礼崩乐坏”的本意是西周时期所建立的礼乐典章制度的土崩瓦解，但后来逐渐被用来形容封建礼教或制度遭到极大破坏的情形。

在周王室日益式微的情势下，周代建立并推行的礼乐制度也逐渐衰变并崩溃[①]，诸侯僭用礼乐世风日上。文献有载，晋侯赏赐大夫魏绛金石之乐[②]，位居大夫的赵文子奏属天子、诸侯的《肆夏》[③]，鲁国祭祀先君大典上的乐舞人都到季平子家表演[④]等，这些都反映了当时僭越现象的普遍性和广泛性。考古发现也表明，东周时期诸侯僭越配备天子之九鼎八簋的情况十分常见。在春秋至战国时期的楚墓中，诸侯级或大夫级配备三面悬或两面悬均基本符合周礼所记载的用乐规范，但其所配备编钟的件数明显增多，规模也明显扩大。

正如礼与乐在礼乐制度的建立与推行过程中相互协调、配合一样，二者在礼乐制度的衰变和崩溃中也是相互作用的。前文对楚钟音乐性能的分析结果可以进一步加深我们对“礼崩乐坏”的理解和认识。

东周时期，楚钟与乐悬相关且表现最为突出的便是成套编钟件数的增多。分析表明，楚钟件数不断增多的结果是其音列日益丰富，并具备了更强的演奏旋律的能力。如果说，件数的增多是僭越礼仪的表现的话，那么由此而引发的编钟音乐性能的拓展又意味着什么呢？

---

① 《史记·礼书》：“周衰，礼废乐坏，大小相逾，管仲之家，兼备三归。”（司马迁.史记：卷二十三[M].北京：中华书局，1982：1159.）

② 参见《左传·襄公十一年》中的相关记载。（杨伯峻.春秋左传注[M].北京：中华书局，1990：991－994.）

③ 《礼记·郊特牲》：“大夫之奏《肆夏》也，由赵文子始也。”（孙希旦.礼记集解：卷二十五[M].北京：中华书局，1989：676.）

④ 参见《左传·昭公二十五年》中的相关记载。（杨伯峻.春秋左传注[M].北京：中华书局，1990：1462.）

“礼崩”的主要表现之一是身份等级与所用礼仪以及相关器用的不相匹配，即低级别对高级别的层层僭越。“乐坏”即指从用乐场合、用乐配备等来看，与礼相协调的乐随着礼制的衰变与崩溃而逐渐失去了原有的规范，这隐含着乐配合礼的调和功能在逐步削弱；然而，从音乐本体的角度来看，编钟的音域拓宽，音列丰富，音乐性能更为强大，并未显示出丝毫“坏”的迹象和趋势。实际上，礼制的衰微与崩溃反而成为了音乐发展、尤其是钟磬之乐发展壮大的契机，这是由于“礼制乐制的衰落使青铜礼乐器的使用范围愈广愈大，对其质量的要求亦愈精愈高，其生产的数量也反而有增无减”[①]，与此同时，礼乐器的具体设置也不再将符合礼仪等级规范放在首位，而是偏向于满足人们对音乐、钟乐更高的精神需求了。这些从已知楚墓中随葬编钟的实际情况便可一览无遗。伴随着“礼崩乐坏”的历史进程，蕴含于先秦编钟上的礼、乐功能逐渐发生了重心转移。为了满足音乐发展的需要，并与古人对音乐的需求相适应，编钟作为实用乐器的主体功能日益突出，最终得到了充分的体现。

三、钟磬乐舞时代的历史终结

在楚文化考古中，出土编钟与否，已经成为衡量墓主是否为贵族或墓葬是否属于高等级的一个重要标准。诚然，迄今所见出土编钟的楚系墓葬均为贵族墓，但还应看到的是，进入战国时期以后的一些等级较高的楚系墓葬也有不随葬编钟的情况。

荆门包山 2 号墓是一座保存完整的、战国中晚期楚贵族墓葬，墓主人邵𬂛，官至左尹，主管楚国司法工作，位居大夫，下葬于公元前 316 年。[②] 墓主的官职和级别都达到了随葬钟磬之类金石乐器的标准，但该墓中仅随葬了鼓和瑟。这座墓葬的保存情况较好，因此钟磬被盗的可能性可以完全排除。然查相近时期、相近等级的楚墓中多随葬有钟磬，那么该墓未随葬钟磬当另有原因了。

从中国传统音乐形态学的角度来看，漫长的中国古代音乐历史曾有过三大发

① 杨华．先秦礼乐文化 [M]. 武汉：湖北教育出版社，1997：228.
② 荆沙铁路考古队．包山楚墓 [M]. 北京：文物出版社，1991；王红星．包山 2 号墓的年代与墓主 [M]// 楚文化研究会．楚文化研究论集：第二集．武汉：湖北人民出版社，1991：125-132.

展阶段[①]，其中，以钟磬乐为代表的乐舞时期与中国历史上灿烂的青铜时代相重合。中国青铜时代的开始不会迟于公元前 2000 年。它的结束则是一个冗长而且逐渐的过程，这一过程开始于春秋晚期，但直到公元前 3 世纪的秦代才告完成，而它的晚期又与铁器时代有好几百年的重叠。[②] 在以钟磬乐为代表的乐舞时期和以青铜为代表的物质文明时代，青铜编钟成为当时音乐文化、社会政治乃至国家实力的象征和代表。在"礼崩乐坏"的历史过程中，伴随着青铜时代的结束，先秦时期的铿锵钟磬乐舞时代也做出了历史的终结，作为这一音乐风格形式的主要载体——青铜编钟也开始被新的音乐风格形式的新载体所取代。在这一大的历史背景下，无论于礼、于器、于乐，此时的楚贵族墓葬似乎已不再有随葬青铜编钟的规定了，包山 2 号墓未随葬钟磬的现象或许可以被认为是青铜编钟将要退出历史舞台的前兆，和钟磬乐舞时代终结的先声。

① 黄翔鹏在《论中国古代音乐的传承关系》一文中从中国传统音乐形态学的宏观角度提出，中国古代音乐曾经历过三大历史阶段，即：以钟磬乐为代表的先秦乐舞阶段、以歌舞大曲为代表的中古伎乐阶段和以戏曲音乐为代表的近世俗乐阶段。此后，随着新材料的不断出现，他又在《中国古代音乐史的分期研究及有关新材料、新问题》一文中进一步系统明晰地提出，根据音乐的形态特点将古代音乐历史划分为五个时期，即远古与三代、三代（夏商周）、歌舞伎乐前期（秦汉魏晋）、歌舞伎乐后期（南北朝、隋、唐）和剧曲音乐时代（五代宋元明清）。此五期分实为三段分框架之内的细分——笔者注。

② 张光直．中国青铜时代 [M]. 北京：生活・读书・新知三联书店，1999：2.

余论

一、丰富卓越的楚乐器是古代楚人师夷夏之长技并求取创新的结果

楚国八百余年的历史中，在历经结夷夏为一体的政治发展进程的同时，熔夷夏为一炉的文化演进历程也随之完成。任何一种文化都是无法孤立发展的，一方面，随着生产生活的发展与进步会在业已形成的自身特征上不断出现新元素，另一方面，只要与其他一种或多种文化有所接触和碰撞，不论是主动的，还是被动的，互相之间的影响便在所难免，并且这种影响还会在不同程度，以不同的形式显现出来。

在楚乐器中，楚钟与中原钟之间的丝缕联系最能反映这种文化现象，也最能折射楚人的文化心理。楚钟同中原钟在与编钟发音相关的钟体结构和类型等方面具有共性，而钟体纹饰母题及风格、音列设置、组合形式、在墓葬中的摆放乃至用乐规范等都有所不同。当我们将楚钟对中原钟的借鉴与吸收作为一种文化变迁或文化整合的现象来看待时便不难发现，楚钟于中原钟仅仅在外部形制因素这类表象或物质层面上进行了模仿和借鉴；而对于关乎古人信仰观念、祭祀系统的性能和功能等深层次的精神文化和艺术审美的核心内容，楚钟的独特之处或从一开始就已出现并一直保持，或逐步凸显出来。事实上，这些由古代楚人精神文化层面所生发出的物质表现在其他楚乐器中也处处可见。这种关系印证了文化整合、文化变迁中的基本规律。无论是文化变迁还是文化整合，都会根据自身民族、地域、人文等多方面的特点，有目的、有选择性地吸收或改造外来文化因素和文化内容，使其能够和谐统一地兼容于本土文化当中，与之构成一个系统完整的文化整体。

楚乐器乃至楚乐的发展还说明了在文化整合或文化变迁中，文化内容和文化因素往往会根据一定的文化目的发生变化，而控制个人和社会行为的内在文化精神，即文化构型（Cultural Configuration），使其具有不同寻常的耐久性和稳固性。楚钟对中原钟的合理借鉴，楚乐器、楚乐对其他诸侯国音乐艺术的吸纳与扬弃，是楚人不拘一格、海纳百川、求取创新的文化精神的完美体现。楚人以开放的心态、倔强的秉性、潜藏的野心，浪漫的精神，一度成为先秦时期雄踞南方的政治军事霸主和文化艺术翘楚。

二、神秘瑰丽的楚乐器是巫史音乐文化的交融结晶和最高体现

从为数不多的涉及楚国的历史文献中可以发现，无论宫廷还是民间，楚国的信巫之风倡炽盛行，楚俗信鬼神，重祭祀。可以说，古代楚人的信仰以及与之密切相连的礼仪风俗作为他们精神世界中的核心内容，已成为影响和规定楚人物质文化形成与发展中的主要内驱力。一直以来，巫官文化被认为是楚文化的传统。楚乐器纹饰对具象图案的解构与抽象处理，楚乐器及乐器配件极富于想象力的造型，以及乐器图像上的那些充满灵性、诡异和神秘色彩的图案等，无不显示出其源自巫官文化传统，由此孕育出的飘逸的艺术风格、浪漫的艺术精神和自由奔放的艺术个性。

先秦时期，诸侯纷争，社会动荡不安，出奔现象在各诸侯国之间时有发生。这种具有政治意味的投奔无形中促进了当时的文化交流。历史上曾发生过多起奔楚事件。最值得一书的是，公元前 516 年，王子朝携大量周典籍奔楚[①]，是春秋战国时期影响深远的重大文化事件，被视为“东周文化最大的一次迁移”[②]。这

① 昭公二十六年，“冬十月丙申，王起师于滑。辛丑，在郊，遂次于尸。十一月辛酉，晋师克巩。召伯盈逐王子朝，王子朝及召氏之族、毛伯得、尹氏固、南宫嚚奉周之典籍以奔楚。”（杨伯峻 . 春秋左传注 [M]. 北京：中华书局，1990：1475.）
② 范文澜 . 中国通史：第一册 [M]. 北京：人民出版社，1978.

些都直接反映了中原文化传入楚地的史实，来自中原的史官文化必定会对楚文化的各个方面产生不同程度的影响，南北文化在楚地的碰撞与交融势必促进楚文化的繁荣和发展。楚乐器以及楚音乐中的中原文化因素全面反映了楚人对中原史官文化背景中产生的礼乐文化传统的扬弃。

毫无疑问，中原史官文化与楚人的巫官文化共同成为楚文化形成与发展中的两大首要元素。通过对楚乐器的多方面分析考察，我们能清楚地看到，早在西周时期，楚文化基因就已潜藏于楚乐器之中，随着楚国历史文化的发展，这一文化基因愈发凸显，渗透于楚国社会的各个层次，体现于楚乐器的各个方面。如果说，屈原的《楚辞》不但是“巫官文化的最高表现”，甚至还成为中国文学史上史官文化与巫官文化合流的媒介[①]的话，那么，楚乐器便足以堪称为巫史文化在音乐艺术上交融升华的结晶和最高体现。或许也正因为如此，以楚器、楚声、楚调、楚舞为代表的楚乐舞艺术才具有如此旺盛的生命力，其所蕴含的文化基因、别具一格的艺术特色难以被秦火所灭，生生不息，得幸在汉代复兴、延续，并一直以不同的形式留存和渗透于后世，广泛影响着后世的音乐形态和艺术精神，成为中华优秀传统文化中的一朵瑰丽夺目的奇葩。

① 范文澜.中国通史：第一册[M].北京：人民出版社，1978：262－263.

附录一

楚钟测音资料的校勘与说明

一、楚公逆编钟测音资料及相关说明

楚公逆编钟是迄今为止年代最早、保存最为完好的早期楚编钟。它们的出土无疑是一个意外而惊喜的收获，对于判断著录楚公逆钟的真伪、探讨早期楚钟的基本状况、研究早期楚文化及其与中原文化的关系等课题都具有重大的学术意义。自出土以来，这组编钟备受学界关注，其研究不仅涉及铭文的释读和比较、铭文内容的解析、纹饰特点的归纳，还有对其出于晋侯墓原因的分析、晋楚关系乃至早期楚文化与周文化的关系探讨等等。2007 年 6 月 25 日至 30 日，在笔者随王子初对晋侯墓地出土所有乐器进行实地考察的过程中，对楚公逆编钟进行了全面的录音采样、测量和记录。测音工作在山西省博物院保管部库房进行。经检测发现，92 号钟的钟体变形，且经锯解修复，故音哑，钟体表面有氧化层覆盖，其余 7 件钟的音高均较为明确，正、侧鼓音的隔离度也较好。测音结果列表如下（表附 1-1）：

表附 1-1 楚公逆编钟测音数据表

单位：音分

序号	编号	正鼓音	侧鼓音	备注
1	M64:92	不测	不测	哑
2	M64:93	b+37	$e^{1}-47$	侧鼓音较弱
3	M64:94	$^{\#}d^{1}-43$	$^{\#}f^{1}+27$	音高明确
4	M64:95	$^{\#}g^{1}+50$	$c^{2}+14$	音高明确
5	M64:96	$^{\#}d^{2}+6$	$g^{2}-22$	音高明确
6	M64:97	$^{\#}g^{2}+24$	$c^{3}-6$	音高明确
7	M64:98	$^{\#}d^{3}+30$	$^{\#}f^{3}+47$	音高明确
8	M64:99	$^{\#}g^{3}+2$	$a^{3}+5$	音高明确

二、叶县旧县 M4 编钟测音资料及相关说明

2007 年 6 月，笔者随王子初赴河南对叶县旧县 M4 钟进行了录音采样，工作

地点在编钟展出地——叶县县衙的文物展览厅内。该测音结果作为叶县旧县 4 号墓考古发掘简报中有关编钟的一项主要信息发表在《文物》2007 年第 9 期上。现将其转化为音乐学标记并抄录如下（表附 1-2）：

表附 1-2 叶县旧县 M4 钟测音数据表

单位：音分

序号	编号	正鼓音	侧鼓音	备注
甲组甬钟（10 件）				
1	M4 − 甲 1 • 36	b − 42	e^{1} + 28	
2	M4 − 甲 2 • 26	$^{\#}c^{1}$ + 40	f^{1} − 6	
3	M4 − 甲 3 • 42	$^{\#}f^{1}$ − 19	a^{1} + 5	声音较杂
4	M4 − 甲 4 • 20	b^{1} + 11	d^{2} + 48	音质极好
5	M4 − 甲 5 • 39	e^{2} + 41	$^{\#}f^{2}$ + 21	有杂音
6	M4 − 甲 6 • 37	$^{\#}f^{2}$ − 6	a^{2} + 39	略含混
7	M4 − 甲 7 • 33	a^{2} + 29	$^{\#}c^{3}$ − 7	
8	M4 − 甲 8 • 30	b^{2} − 27	d^{3} − 9	
9	M4 − 甲 9 • 25	g^{3} + 48	b^{3} − 9	
10	M4 − 甲 10 • 27	c^{4} − 2	d^{4} + 29	
乙组甬钟（10 件）				
1	M4 − 乙 1 • 48	b − 42	$^{\#}c^{1}$ + 41	有破裂
2	M4 − 乙 2 • 29	d^{1} − 48	g^{1} + 32	音高明确
3	M4 − 乙 3 • 34	f^{1} + 50	a^{1} − 13	音高明确
4	M4 − 乙 5 • 45	a^{1} − 13	$^{\#}c^{2}$ − 14	音高明确
5	M4 − 乙 4 • 44	b^{1} − 17	d^{2} + 23	音高明确

续表

序号	编号	正鼓音	侧鼓音	备注
6	M4－乙6・46	$^{\#}f^{2}-19$	$a^{2}+22$	音高明确
7	M4－乙7・43	$b^{2}+9$	$d^{3}+9$	音高明确
8	M4－乙8・38	$f^{3}-36$	$a^{3}+33$	音高明确
9	M4－乙9・40	$g^{3}-25$	$^{\#}a^{3}-1$	音高明确
10	M4－乙10・35	$c^{4}-32$	$d^{4}+3$	音高明确
钮钟（9件）				
1	M4－n1・12	$^{\#}g^{1}-13$	$b^{1}-6$	
2	M4－n2・13	$g^{1}-20$	哑	破裂
3	M4－n3・14	$^{\#}c^{2}+17$	$f^{2}+3$	
4	M4－n4・15	未测	未测	哑
5	M4－n5・21	$e^{2}-23$	$g^{2}+13$	
6	M4－n6・22	$^{\#}a^{2}+39$	$d^{3}-41$	
7	M4－n7・43	$^{\#}d^{3}+19$	$^{\#}f^{3}+42$	
8	M4－n8・38	$^{\#}f^{3}-45$	$a^{3}+16$	
9	M4－n9・40	$b^{3}+0$	$^{\#}d^{4}-31$	侧鼓音不清晰
有脊编镈（4件）				
1	M4－b1・10	$e^{1}+26$	$e^{1}+21$	音高不明确
2	M4－b2・11	$g^{1}+15$	音高不明确	音高不明确
3	M4－b3・16	$^{\#}f-44$	$g+13$	音高不明确
4	M4－b4・17	$^{\#}g+25$	$^{\#}a+28$	音高不明确

续表

序号	编号	正鼓音	侧鼓音	备注
无脊编镈（4 件）				
1	M4 － b5 • 5	$^{\#}g$ ＋ 20	b － 20	音高不明确
2	M4 － b6 • 8	未测	未测	破裂
3	M4 － b7 • 9	f － 3	$^{\#}a$ ＋ 28	音高不明确
4	M4 － b8 • 7	c － 50/ $^{\#}g^{1}$ ＋ 1	$^{\#}g^{1}$ － 26/ e^{2} － 44	音高不明确，有两个以上较强的频率

三、敬事天王钟测音资料及相关说明

敬事天王钟是所见先秦编钟中保存情况较好、音乐性能优良的 9 件套编钮钟，先后经过两次测音。第一次测音：1978 年由长春电影制片厂在河南省博物馆用自制测音器测定；第二次测音：1980 年由哈尔滨科技大学采用电激励共振仪测定，测试方式是使用电讯号通过激振片推动编钟振动。[①] 显然，哈测数据的科学性、可靠性更大，现抄录如下（表附 1-3）：

表附 1-3 敬事天王钟测音数据表

单位：音分

序号	器物编号	正鼓音	侧鼓音	调音
1	M1:20	d^{2} ＋ 27	$^{\#}f^{2}$ ＋ 31	调
2	M1:21	e^{2} ＋ 12	g^{2} ＋ 29	调
3	M1:22	g^{2} ＋ 4	b^{2} － 3	调
4	M1:23	a^{2} ＋ 5	$^{\#}c^{3}$ － 31	调

① 河南省文物研究所，河南省丹江库区考古发掘队，淅川县博物馆．淅川下寺春秋楚墓 M1 出土钮钟、石排箫的测音报告（1978 年）、淅川下寺春秋楚墓出土编钟测频报告（1980 年）[M].// 淅川下寺春秋楚墓．北京：文物出版社，1991：401、404.

续表

序号	器物编号	正鼓音	侧鼓音	调音
5	M1:24	b^2-9	d^3+22	调
6	M1:25	e^3-5	g^3+38	调
7	M1:26	a^3+58	$^{\#}c^4+21$	调
8	M1:27	b^3+46	$^{\#}d^4+2$	调
9	M1:28	e^4+35	$^{\#}f^4-19$	调

四、黝钟黝镈测音资料的校勘

在淅川下寺楚墓群的考古发掘报告中刊载了 1980 年由哈尔滨科技大学测定的黝钟黝镈测音资料，其测试结果[①]均用频率表示。此后，《中国音乐文物大系·河南卷》也刊录了这组钟镈的测音资料[②]，其中包括频率和音分的对照结果，但其中有几处不符之处。表附 1-4 以哈测频率为基础，综合校正了《中国音乐文物大系·河南卷》中的相关数据，具体校正之处见表下注。

表附 1-4 黝钟黝镈测音数据表

单位：音分

序号	编号	正鼓音	侧鼓音	调音
8 件镈				
1	M10:73	$^{\#}a-29$	d^1+10	调
2	M10:74	d^1-3	$^{\#}f^1-29$	调
3	M10:75	$^{\#}f^1-14$	$^{\#}a^1+13$	调
4	M10:76	$^{\#}g^1-50$	b^1-11	调

① 贾陇生，常滨久，满德发 . 淅川下寺春秋楚墓出土编钟测频报告（1980 年）[M]// 淅川下寺春秋楚墓 . 河南省文物研究所，河南省丹江库区考古发掘队，淅川县博物馆，北京：文物出版社，1991：404 － 405.
② 中国音乐文物大系总编辑部 . 中国音乐文物大系·河南卷 [M]. 郑州：大象出版社，1996：附表 37、53.

续表

序号	编号	正鼓音	侧鼓音	调音
5	M10:77	b^1-15	e^2-10	调
6	M10:78	$^{\#}c^2-10$	$^{\#}f^2-42$	调
7	M10:79	$^{\#}d^2-2$	$^{\#}f^2-2$	调
8	M10:80	$^{\#}f^2-1$	$^{\#}a^2+40$	调
9 件钟				
1	M10:66	$^{\#}f^2-47$	$^{\#}a^2-29$	调
2	M10:70	g^2+18	b^2-69	调
3	M10:67	$^{\#}a^2+9$	$^{\#}d^3+1$	调
4	M10:69	$^{\#}c^3-9$	f^3+41	调
5	M10:68	d^3+16	$^{\#}d^4-14$	调
6	M10:71	$^{\#}g^3-26$	c^4-39	调
7	M10:72	$^{\#}c^4+16$	f^4+13	调
8	M10:83	f^4+49	$^{\#}g^4+12$	未调
9	M10:84	$^{\#}g^4+56$	$^{\#}a^4+74$	未调

注：（1）M10:76 的频率为 490.9Hz，对照《音分值和频率对照表》[①]可知其音分值为 1089 音分，故侧鼓音应为 b^1-11，《中国音乐文物大系·河南卷》中误为 b^1-14。

（2）M10:77 侧鼓音的频率应为 655.7Hz，《中国音乐文物大系·河南卷》误载 665.7Hz。对照《音分值和频率对照表》，据哈测频率，该音音分值应为 390 音分，当记写为 e^2-10。

（3）M10:66 正鼓音的频率为 720.3Hz，对照《音分值和频率对照表》可知其音分值为 553 音分，故应记写为 $^{\#}f^2-47$，《中国音乐文物大系·河南卷》

① 缪天瑞．律学 [M]. 北京：人民音乐出版社，1996：301 – 307.

中将其误为 $^{\#}f^2-17$。

（4）M10:70 的侧鼓音频率应为 949.3Hz，对照《音分值和频率对照表》可知其音分值为 1031 音分，应记写为 b^2-69，《中国音乐文物大系 · 河南卷》误载其频率为 969.3Hz，误记为 b^2-33。

（5）M10:69 的侧鼓音频率应为 1430.8Hz，对照《音分值和频率对照表》可知其音分值为 541 音分，应记写为 f^3+41，《中国音乐文物大系 · 河南卷》误载其频率为 1403.8Hz，误记为 f^3+9。

（6）M10:68 的侧鼓音频率应为 2469.0Hz，对照《音分值和频率对照表》可知其音分值为 286 音分，应记写为 $^{\#}d^4-14$，《中国音乐文物大系 · 河南卷》误记为 d^4-14。

（7）M10:83 的正鼓音频率为 2873.2Hz，为 549 音分，应记写为 f^4+49，《中国音乐文物大系 · 河南卷》将其记为 g^4-51；该钟的侧鼓音频率为 3345.8 Hz，对照《音分值和频率对照表》可知其音分值为 812 音分，应记写为 $^{\#}g^4+12$，《中国音乐文物大系 · 河南卷》误记为 $^{\#}g^4-12$。

（8）M10:84 的正、侧鼓音根据原频率应记写为 $^{\#}g^4+56$、$^{\#}a^4+74$，《中国音乐文物大系 · 河南卷》将其记为 a^4-44、b^4-25。

五、王孙诰钟测音资料的校勘与说明

表附 1-5 王孙诰钟京测测音数据表

单位：音分

序号	器物编号	正鼓音	侧鼓音	调音	备注
1	M2:1	G − 48	—	调	甬断，已修复
2	M2:2	$^{\#}$A − 4	—	调	
3	M2:3	d − 48	—	未调	
4	M2:4	$^{\#}$d + 7	—	调	
5	M2:5	$^{\#}$f + 24	—	调	
6	M2:6	$^{\#}$a − 28	$^{\#}c^1-37$	调	

续表

序号	器物编号	正鼓音	侧鼓音	调音	备注
7	M2:7	$c^{1}+17$	$^{\#}d^{1}+45$	调	
8	M2:8	$^{\#}d^{1}+8$	$^{\#}f^{1}+50$	调	
9	M2:9	$^{\#}c^{1}-21$	$f^{1}-34$	调	
10	M2:10	$e^{1}+40$	$^{\#}g^{1}+41$	调	
11	M2:11	$^{\#}f^{1}-49$	$a^{1}+6$	调	
12	M2:12	$^{\#}g^{1}-15$	$b^{1}-36$	调	
13	M2:13	$^{\#}a^{1}-48$	$^{\#}c^{2}-32$	调	
14	M2:14	$^{\#}d^{2}-37$	$^{\#}f^{2}-32$	调	
15	M2:15	$e^{2}-18$	$^{\#}g^{2}-49$	未调	
16	M2:16	$^{\#}g^{2}-37$	$b^{2}-28$	调	
17	M2:17	$b^{1}+46$	$^{\#}d^{2}+30$	未调	甬断，已修复
18	M2:18	$b^{1}-16$	$^{\#}c^{2}+13$	未调	右鼓有裂纹
19	M2:19	$^{\#}c^{2}+3$	$f^{2}-47$	未调	甬断，已修复
20	M2:20	$^{\#}f^{2}-40$	$^{\#}a^{2}-13$	未调	
21	M2:21	$e^{3}-22$	$g^{3}-28$	调	
22	M2:22	$a^{2}+45$	$d^{3}-11$	调	
23	M2:23	$^{\#}f^{3}-33$	$^{\#}a^{3}-12$	未调	
24	M2:24	$g^{3}-17$	$b^{3}+15$	未调	
25	M2:25	$^{\#}g^{3}-14$	$c^{4}-1$	未调	
26	M2:26	$d^{3}+49$	$f^{3}+23$	未调	

注：为便于分析，上表将原测音报告中的声学标记转换为音乐学标记。此外，原

测音数据表中 M2:2 钟正鼓音的音名为 #B － 4，频率为 F116.2719Hz，然而对照《音分值和频率对照表》[①] 可知，频率为 F116.2719Hz 的音分值为 996，故表中将该钟的正鼓音更正为 #A － 4。

王孙诰钟 1978 年出土，1980 年至 1988 年间先后经过 3 次测音[②]，情况大致如下：

1. 1980 年，由哈尔滨科技大学测定（简称哈测）。测试仪器为电激励共振仪，测试方式是使用电讯号通过激振片推动编钟振动发声，由多种仪器传输信号并转换，从而获得编钟的固有频率。测音结果参见考古发掘报告附录六《淅川下寺春秋楚墓出土编钟测频报告（1980 年）》。

2. 1984 年，由河南省歌舞团测定（简称豫测）。测试仪器为电子调音器，测试方法是敲击编钟的相应部位使之发声，调音器上就能显示出该钟相应部位的音高和音分值。测音结果参见考古发掘报告附录七《淅川下寺春秋楚墓 M2 出土王孙诰甬钟测音报告（1984 年）》。

3. 1988 年，由中国艺术研究院音乐研究所测定（简称京测）。测定仪器为 Stroboconn 闪光频谱仪，测定方法是敲击编钟的相应部位使之发声，测音仪器上即显示出频率和音分值。测音结果参见考古发掘报告附录八《淅川下寺春秋楚墓 M2 出土王孙诰甬钟测音报告（1988 年）》。

从 3 次测音的基本情况来看，哈测和京测较之豫测而言，无论从操作仪器、方法，还是检测思路上都体现了较强的科学性和客观性，因此，这 2 次测音的结果可以作为科学研究的依据。由于种种原因，2 次测音所得数据数量不同，即几件大型甬钟的数据不全，但京测与哈测所缺不同，因此，笔者将以数据较多的京测结果为主要材料，在必要时附以哈测结果作为补充。测音数据列表于上（表附 1-5）。

① 缪天瑞．律学 [M]. 北京：人民音乐出版社，1996：301-307.
② 参见赵世纲．淅川下寺春秋楚墓出土编钟的音高与音律 [M]// 河南省文物研究所，河南省丹江库区考古发掘队，淅川县博物馆．淅川下寺春秋楚墓．北京：文物出版社，1991：418 － 419.

六、鄱子成周钟镈测音资料的校勘与说明

这套钟镈先后经过 2 次测音。[①] 第一次于 1979 年由中央音乐学院测定，但从此次测音数据的记录方式上看，并不符合相关科学规范，如：未对与测音相关的客观条件做任何说明；标记和名称不统一、不规范，在正鼓音被称为“隧部音”时，侧鼓音却被称为“右鼓”，测音结果未标明八度组。故，这组数据不足以作为编钟音列分析的科学资料，但可以用于与其他数据的比勘和校对。第二次是 1980 年由哈尔滨科技大学检测（简称哈测）。此外，考古报告的附录四《固始侯古堆出土乐器研究》（简称附录）中也登记了镈、钟的测音结果，但未说明出处，《中国音乐文物大系·河南卷》中亦收录了这套编钟的测音资料。从二者数据的基本情况判断，它们均转载自哈尔滨科技大学的频率检测结果，并进行了音分对照，然而其中存在诸多不合之处，表下注中将予以校正说明（表附 1-6）。

表附 1-6　鄱子成周钟镈测音数据表

单位：音分

序号	编号	正鼓音	侧鼓音	调音
8 件镈				
1	M1P:1	$^{\#}g+0$	b+17	调
2	M1P:2	$c^{1}-28$	$^{\#}d^{1}-18$	调
3	M1P:3	$^{\#}d^{1}+17$	$g^{1}+4$	调
4	M1P:4	$g^{1}-16$	$b^{1}-30$	调
5	M1P:5	$^{\#}g^{1}+6$	$c^{2}-10$	调
6	M1P:6	$c^{2}+4$	$^{\#}d^{2}+35$	调
7	M1P:7	$^{\#}a^{1}-5$	$d^{2}+16$	调

① 参见河南省文物考古研究所．固始侯古堆一号墓 [M]. 郑州：大象出版社，2004：52、58、60. 其中 60 页所说“中央音乐研究院”疑有误，应为“中央音乐学院”——笔者注。

续表

序号	编号	正鼓音	侧鼓音	调音
8	M1P:8	$^{\#}d^2+19$	g^2+20	调
9 件钟				
1	M1P:9	$^{\#}d^2+11$	g^2-4	调
2	M1P:10	f^2+15	$^{\#}g^2+29$	调
3	M1P:11	$^{\#}g^2-36$	b^2-31	调
4	M1P:12	b^2+69	$^{\#}d^3-11$	调
5	M1P:13	$^{\#}a^2-45$	$^{\#}d^3-16$	调
6	M1P:14	$^{\#}f^3-47$	a^3+14	调
7	M1P:15	$^{\#}a^3+47$	$^{\#}d^4+9$	调
8	M1P:16	$^{\#}c^4-34$	$^{\#}f^4+27$	调
9	M1P:17	e^4+18	$^{\#}a^4+45$	未调

注：（1）M1P:2 钟的正鼓音，原哈测频率为 257Hz，合音高应为 c^1-28，附录和《中国音乐文物大系》中所载频率可能有误；其侧鼓音频率 307.9Hz，合音高应为 $^{\#}d^1-18$，附录中记录的音高有误。

（2）M1P:4 钟正鼓音的频率，哈测和《中国音乐文物大系》记为 288.5Hz，合音高为 $^{\#}c^1+69$，而附录记为 388.5Hz，合音高为 g^1-16，但参照 1979 年在中央音乐学院的检测结果可知，此音当在 $^{\#}f+$，故哈测和《中国音乐文物大系》所记写的频率可能有误。

（3）M1P:6 钟侧鼓音的频率为 635.6Hz，合音高应为 $^{\#}d^2+35$，附录和《中国音乐文物大系》均误记为 d^2+1。

（4）根据 M1P:7 钟正鼓音的频率 464.9Hz，其音高应为 $^{\#}a^1-5$，《中国音乐文物大系》中将其八度组记录错误；其侧鼓音频率是 592.8Hz，合音高为 d^2+16，《中国音乐文物大系》和附录中误记为 $^{\#}d^2+37$。

（5）哈测 M1P:8 正鼓音频率为 629.4Hz，合音高应为 $^{\#}d^2+19$；其侧鼓音的频率为 793.5Hz，合音高为 g^3+20，但附录和《中国音乐文物大系》中均误记为 739.5 Hz，音高也随之有误。

（6）M1P:12 钟的正鼓音频率为 1027.3Hz，合音高应为 b^2 + 69，附录和《中国音乐文物大系》中均将其八度组记录错误。

（7）哈测 M1P:13 钟的正鼓音频率为 948.2Hz，合音高为 $^{\#}a^2$ − 45，附录和《中国音乐文物大系》均误记为 908.2Hz，但音高抄录正确。

（8）M1P:14 钟的侧鼓音频率为 1774.3Hz，合音高应为 a^3 + 14，附录中记录有误。

（9）哈测 M1P:16 钟的正鼓音频率为 2174.1Hz，但《中国音乐文物大系》误记为 3174.1Hz，音高也随之有误。

七、徐家岭 M3 钟镈测音数据的说明

这套钟镈出土于河南淅川徐家岭 3 号墓，虽然该墓地的发掘简报和考古发掘报告均已出版，但是没有刊录这套钟镈的测音数据。《中国音乐文物大系·河南卷》对其资料进行了收录和科学检测，并首次公布了这套钟镈的测音结果[①]，现抄录如下（表附 1-7）。

① 前文已介绍，在淅川徐家岭楚墓群中有两座墓葬（M3 和 M10）出土了编钟，并且两墓出土钟镈的组合形式和编组数量均相同，《中国音乐文物大系·河南卷》对这 2 套钟镈进行了科学检测，并首次发布了相关资料。但是，笔者在查核这 2 套钟镈的测音资料时发现，M3 和 M10 出土编镈的测音数据完全相同，同时两墓出土编钟的测音数据也不差分毫（参见赵世纲主编．中国音乐文物大系（河南卷）[M]．郑州：大象出版社，1996：105、106、321.），显然，这在编钟铸调和检测中是不可能出现的，因此可能是编辑工作中出现失误所致。然而，这组数据应确为 2 套钟镈中某一套的数据。《中国音乐文物大系·河南卷》中刊发的是 17 件钟镈的完整数据，但考古报告中记录 M10 出土编镈中有 3 件稍残，钟体残损可能导致音哑或音高不明确，因此《中国音乐文物大系·河南卷》中的数据资料可能并非 M10 出土钟镈的测音资料。资料显示，M3 出土的 8 件编镈和 9 件编钮钟均保存完整，由此可以判断，《中国音乐文物大系·河南卷》中刊发的应该是 M3 出土钟镈的数据。还需勘误的是，考古报告与《中国音乐文物大系·河南卷》中所刊录 M3 出土钟镈的编号不一致，主要不同在于《中国音乐文物大系·河南卷》中钟镈从大至小的编号为 M3：1 ~ M3：10，而考古报告中钟镈从大至小的编号为 M3：9 ~ M3：1，而从二者所刊录钟镈形制数据的微差可以看出，它们是两次测量所得的结果，鉴于考古发掘报告中对每件钟都做了细部描述，且为研究的第一手资料，故本文中“徐家岭 M3 钟镈测音数据表”根据考古发掘报告提供的资料信息，对钟镈的编号进行了适当调整——笔者注。

表附 1-7 徐家岭 M3 钟镈测音数据表

单位：音分

序号	编号	正鼓音	侧鼓音	调音	备注
8 件镈					
1	HXXM3:19	$^{\#}g$ − 46	b − 7	调	完好
2	HXXM3:18	c^{1} − 26	f^{1} − 42	调	完好
3	HXXM3:17	d^{1} + 49	g^{1} − 32	未调	完好
4	HXXM3:16	f^{1} − 33	a^{1} + 19	调	完好
5	HXXM3:15	$^{\#}g^{1}$ − 28	d^{2} − 29	调	完好
6	HXXM3:14	$^{\#}a^{1}$ − 10	d^{2} − 1	未调	完好
7	HXXM3:13	c^{2} − 32	$^{\#}d^{2}$ − 24	未调	完好
8	HXXM3:12	$^{\#}d^{2}$ + 21	$^{\#}f^{2}$ + 39	未调	完好
9 件钟					
1	HXXM3:9	$^{\#}d^{2}$ − 36	$^{\#}f^{2}$ − 1	调	完好
2	HXXM3:8	e^{2} + 32	a^{2} − 29	调	完好
3	HXXM3:7	$^{\#}g^{2}$ − 26	c^{3} − 5	调	完好
4	HXXM3:6	$^{\#}a^{2}$ − 5	d^{3} − 27	–	完好
5	HXXM3:5	c^{3} − 16	$^{\#}d^{3}$ − 3	–	完好
6	HXXM3:4	f^{3} + 29	a^{3} + 7	–	完好
7	HXXM3:3	d^{4} − 37	e^{4} − 44	–	完好
8	HXXM3:2	$^{\#}c^{4}$ + 24	e^{4} + 49	调	完好
9	HXXM3:1	$^{\#}f^{4}$ − 41	a^{4} + 1	–	完好

八、曾侯乙编钟测音资料的说明

曾侯乙编钟自出土以来，先后经过 3 次测音[①]。第一次：1978 年 7 月，文化部文学艺术研究院（现中国艺术研究院）音乐研究所考察小组测定。工作地点在随县文化馆，工作温度为 30℃～ 32℃，测量仪器是该所的 Stroboconn 闪光测音仪，测定方式是每次测量前均用德国制音乐标准音叉对仪器进行校正，最大误差为 ±1 音分，按照铭文所暗示的敲击点，用橡皮头小槌击奏钮钟和中层甬钟，用按原件复制的撞钟棒撞击下层大型甬钟，测量出每个乐音的音名及其正负音分数后换算成相应频率。第二次：1979 年 1 月，上海博物馆青铜器研究组和复旦大学物理系联合测定。工作地点在湖北省博物馆陈列室，工作温度为 10℃左右，测量仪器和方法是按照铭文所暗示的敲击点，用橡皮头小槌击奏钮钟和中层甬钟，用按原件复制的撞钟棒撞击下层大型甬钟，以微音器接收钟声，声音讯号送入示波器与 PB － 2 频率仪发出的标准信号比较，观察示波器显示的利萨如图形，声音频率直接由频率仪读数显示出来，然后再换算成相应的音名及音分数。仪器的误差率在 1.5‰～ 3‰（合 5 音分强）。第三次：1980 年 10 月，哈尔滨科学技术大学二系测定。工作地点在湖北省博物馆陈列室，工作温度为 28℃，测量仪器及方法是用正弦电信号激发钟体共振，并将声音讯号输入示波器，与 PB － 2 频率仪合 XFD － 7A 低频讯号发生器发出的标准信号比较，观察示波器显示的利萨如图形，声音频率直接由频率仪读数显示出来，然后换算成相应的音名及音分数。在测量每件钟的基频时，还测量了几个主要的分频。与此同时，还利用相关仪器和时间平均法对作简谐振动的钟体进行了全息照相，记录和测定了其振动模式，确定了振幅和节线位置。

从以上 3 次测音的基本情况来看，无论是测音方法、测量仪器还是测定过程等均有较强的科学性，结果较为可靠，故以下将采用 3 次测量的平均值进行分析。如前文所述，每件钟的正、侧鼓部均标明音位，但从律学角度来说，处于同一音位的律高可能并不相同，这是由于其律制总体倾向于“十二律体系的一个变种”[②]。

① 湖北省博物馆．曾侯乙墓 [M]. 北京：文物出版社，1989：109.
② 黄翔鹏．曾侯乙钟磬铭文乐学体系初探 [M]// 溯流探源——中国传统音乐研究．北京：人民音乐出版社，1993：15.

由于有关音列设置的分析将以钟铭所记录的音位为基础，而并不考虑同一音位中的多个律高，因此，有关调高等方面的分析则以 3 次实测数据的平均值作为分析的主要材料。下表中的音高数据即为 3 次实测结果的平均值（表附 1-8、表附 1-9、表附 1-10、表附 1-11）。

表附 1-8 曾侯乙编钟长枚倍（下一）、长枚低（下二）甬钟音列表

单位：音分

序号	出土编号	正鼓音		侧鼓音	
		音高	音位	音高	音位
1	下.1.1	C－12	宫	♭E－5	徵曾
2	下.1.2	D－100	商	F－87	羽曾
3	下.2.10	D＋55	商	♯F－22	羽曾
4	下.2.9	E－48	钔	G＋33	宫曾
5	下.2.8	G＋12	徵	♭B－14	徵角
6	下.2.7	A＋95	羽	♯c－25	羽角
7	下.1.3	♭B＋9	徵颟	♭e－9	徵曾
8	下.2.5	c－21	宫	♭e－6	徵曾
9	下.2.4	d－65	商	f－9	羽曾
10	下.2.3	e－48	中镈	♯g－39	宫曾
11	下.2.2	♯f－32	商角	♯a－38	商曾
12	下.2.1	g－26	徵	b－68	徵角

注：曾侯乙编钟下葬时加入了一件不属于原套的楚王镈，根据悬镈处的铭文可知，此处本应悬挂的是下层一组 3 号钟，即下.1.3，上表据此进行了调整和复原，由此下层一组钟仅 2 件，漏缺了被楚王镈挤出的原套中最大的一件甬钟。下.1.1 钟的哈测数据与其他两次测音结果的差别较大，表中数值取 2 次相近结果的平均值。

表附 1-9 曾侯乙编钟长枚中（中三）10 件甬钟音列表

单位：音分

序号	出土编号	正鼓音		侧鼓音	
		音高	音位	音高	音位
1	中 .3.10	g − 35	徵	b − 23	徵角
2	中 .3.9	a − 27	羽	$^{\#}c^1$ − 29	羽角
3	中 .3.8	c^1 − 32	宫	$^{b}e^1$ − 38	徵曾
4	中 .3.7	d^1 − 50	商	f^1 − 28	羽曾
5	中 .3.6	e^1 − 53	宫角	g^1 − 46	徵
6	中 .3.5	a^1 − 46	羽	c^2 − 20	宫
7	中 .3.4	d^2 − 28	商	f^2 − 19	羽曾（和）
8	中 .3.3	e^2 − 43	宫角	g^2 − 18	徵
9	中 .3.2	$^{\#}f^2$ − 43	商角	$^{b}b^2$ − 61	商曾
10	中 .3.1	a^2 − 29	羽	c^3 − 41	宫

表附 1-10 曾侯乙编钟无枚中（中二）12 件甬钟音列表

单位：音分

序号	出土编号	正鼓音		侧鼓音	
		音高	音位	音高	音位
1	中 .2.12	d^1 − 56	商	f^1 − 40	羽曾
2	中 .2.10	e^1 − 67	宫角	$^{b}a^1$ − 51	宫曾
3	中 .2.11	$^{\#}f^1$ − 18	商角	$^{b}b^1$ + 7	商曾
4	中 .2.9	g^1 − 53	徵	b^1 − 80	徵角

续表

序号	出土编号	正鼓音		侧鼓音	
		音高	音位	音高	音位
5	中.2.8	a^1-49	羽	$^{\#}c^2-33$	羽角
6	中.2.7	c^2-39	宫	$^{b}e^2-51$	徵曾
7	中.2.6	d^2-45	商	f^2-29	羽曾
8	中.2.5	e^2-60	下角	g^2-38	徵反
9	中.2.4	a^2-53	少羽	c^3-41	宫反
10	中.2.3	d^3-16	少商	f^3-19	羽曾
11	中.2.2	e^3-20	角反	g^3-19	徵反
12	中.2.1	a^3-48	羽	c^4-28	宫反

注：编号为中.2.5钟的侧鼓音，原报告中分别为：京测 G_6-35，768.3Hz；沪测 G_5-36，767.9Hz；哈测 G_6-42，765.0Hz，显然三者频率相近，但京测与哈测的对应音高却相差一个八度，可能为误记，核对后的京测与哈测音高分别为 G_5-35 和 G_5-42。

表附 1-11 曾侯乙编钟短枚中（中一）11 件甬钟音列表

单位：音分

序号	出土编号	正鼓音		侧鼓音	
		音高	音位	音高	音位
1	中.1.11	d^1-44	商	f^1-23	羽曾
2	中.1.10	e^1-44	宫角	$^{b}a^1-49$	宫曾
3	中.1.9	g^1-51	徵	b^1-69	徵角
4	中.1.8	a^1-61	羽	$^{\#}c^2-49$	羽角
5	中.1.7	c^2-63	宫	$^{b}e^2-64$	徵曾

续表

序号	出土编号	正鼓音		侧鼓音	
		音高	音位	音高	音位
6	中.1.6	d^2-54	商	f^2-12	羽曾
7	中.1.5	e^2-63	下角	g^2-40	徵反
8	中.1.4	a^2-31	少羽	c^3-17	宫反
9	中.1.3	d^3-41	少商	f^3-19	羽曾
10	中.1.2	e^3+10	角反	g^3-47	徵
11	中.1.1	a^3+22	羽反	c^4+32	宫反

注：编号为中.1.10钟的侧鼓音三次测定的频率分别为405.4Hz（京测）、406.9Hz（沪测）、375.5Hz（哈测），其中哈测数据与京测、沪测数据差距较大，故上表中的数据采用了京测与沪测的平均值。

九、䣄篙钟测音工作始末

20世纪中叶䣄篙钟出土后，中央音乐学院民族音乐研究所（现中国艺术研究院音乐研究所）随即组织人员对其进行测音[①]。测音工作进行得十分细致，工作人员尝试性地敲击了钟的若干部位，“除了敲打鼓的部分之外，也敲打了它的钲的部分”，“所发出的音高是一样的”。[②]尽管如此，“一钟双音”的现象与理论依然未被发现和认识，因此，䣄篙钟的第一次测音数据只有正鼓音，之后有关此钟音律的研究也只是基于这一半的数据来进行[③]。1957年7月，这套编钟被用于演奏《东方红》，并由中央人民广播电台第一次播放。此后，这一乐曲又被装入中国第一颗人造地球卫星，遨游天际，响彻太空。颇为有趣的是，由于《东方红》中有“7”音，䣄篙钟正鼓音列中却没有这个音，因此，有学者指出“广播中的这

① 中央音乐学院民族音乐研究所调查组.信阳战国楚墓出土乐器初步调查记[M]//文物参考资料，1958（1）：15－23.
② 中央音乐学院民族音乐研究所调查组.信阳战国楚墓出土乐器初步调查记[M]//文物参考资料，1958（1）：18.
③ 杨荫浏.信阳出土春秋编钟的音律[J].音乐研究，1959（1）：77－80.

个‘7’音不如其他音响亮，音色也不如其他音优美”，并“怀疑这个音是用编钟以外的一个钟或其他乐器上一个音”①。原来，当时参与测音的研究人员发现“每个钟中间一排靠近正中的两个‘枚’能发出接近本钟基音的大三度或小三度的音来。所以，他们就在第二钟第二排靠近中间的一个‘枚’上打出了‘7’音”。②这一事件被认为是“一钟双音”现象被发现和认识的先声。直到20世纪七八十年代，曾侯乙编钟的出土证实了古代“一钟双音”的实践与理论，彻底颠覆了以往学术界对古代编钟及相关古代音乐理论的认识。1980 年，中国科学院声学研究所再次对𨚕篙钟进行测音，获得了较为全面、科学的数据（表附 1-12）。

表附 1-12 𨚕篙钟测音数据表

单位：音分

序号	器物编号	正鼓音	侧鼓音
1	1 － 119	b^1 ＋ 51	$^\#d^2$ － 10
2	1 － 120	$^\#c^2$ － 38	e^2 ＋ 38
3	1 － 121	$^\#d^2$ － 40	$^\#f^2$ － 1
4	1 － 122	$^\#f^2$ － 24	a^2 ＋ 3
5	1 － 123	$^\#g^2$ － 38	b^2 － 16
6	1 － 124	$^\#a^2$ － 40	c^3 ＋ 22
7	1 － 125	b^2 － 9	d^3 － 17
8	1 － 12	$^\#c^3$ － 26	e^3 ＋ 17
9	1 － 13	$^\#d^3$ － 44	g^3 － 28
10	1 － 14	$^\#f^3$ ＋ 4	$^\#g^3$ － 16
11	1 － 15	$^\#g^3$ － 12	$^\#b^3$ － 41

① 梁易．对《信阳出土春秋编钟的音律》领会和疑问 [J]. 音乐研究，1959（6）：96 － 97.
② 杨荫浏．关于春秋编钟的音律问题 [J]. 音乐研究，1960（1）：104.

续表

序号	器物编号	正鼓音	侧鼓音
12	1 – 16	$^{\#}a^3$ – 43	$^{\#}c^4$ + 43
13	1 – 17	d^4 + 10	f^4 – 11

十、擂鼓墩 M2 编钟测音资料的说明

1988 年，随州市博物馆和武汉音乐学院组成的测试小组对这套编钟进行了测音。测试地点设在随州市博物馆展览厅内。测试仪器和基本方法是，采用日本斯美蒂塔娜测音仪测量，并用闪光测音仪校正核对，最后使用丹麦产 2034 型双通道频谱分析仪对不同音区的钟进行详细分析。[①]《中国音乐文物大系·湖北卷》对其结果进行了转载，并根据编钟的大小对其进行了重新排序，此外，《中国音乐文物大系·湖北卷》还对这套编钟的形制数据进行了重新测量，测量项目较之简报更为全面，故本文采用其资料。[②] 现将原始测音数据抄录如下（表附 1-13）：

表附 1-13 擂鼓墩 M2 编钟测音数据表

单位：音分

序号	田野出土号	正鼓音	侧鼓音	备注（钟体大小）
1	80	$^{b}e^1$ – 6	$^{b}a^1$ – 24	大
2	81	f^1 – 37	a^1 + 18	大
3	82	e^3 – 9	$^{b}a^3$ – 40	小
4	83	$^{b}b^3$ + 28	$^{b}d^4$ + 37	小
5	84	g^4	$^{b}a^4$ + 3	小
6	85	$^{b}b^2$ – 25	$^{b}d^3$ + 9	小
7	86	f^3 + 42	a^3 + 35	小

① 许定慧．擂鼓墩二号墓编钟及其音律测试 [J]. 黄钟，1988（4）：9 – 12.
② 中国音乐文物大系总编辑部．中国音乐文物大系・湖北卷 [M]. 郑州：大象出版社，1996：302 – 303.

续表

序号	田野出土号	正鼓音	侧鼓音	备注（钟体大小）
8	87	$f^{3}+20$	$a^{3}+32$	小
9	88	$^{\flat}b^{2}-31$	$^{\flat}d^{3}-12$	小
10	89	$b^{1}-35$	$d^{2}+25$	大
11	90	$b^{1}-36$	$d^{2}+47$	大
12	91	$f^{1}-56$	$^{\flat}a^{1}+34$	大
13	92	$e^{1}+35$	$g^{1}-19$	大
14	93	$c^{1}-17$	$f^{1}-5$	大
15	94	$f^{1}-18$	$^{\flat}g^{1}+30$	大
16	95	$f^{3}-55$	$^{\flat}g^{3}+33$	小
17	96	$^{\flat}a^{4}+24$	$c^{5}-12$	小
18	97	$^{\flat}d^{3}-23$	$f^{3}+10$	小
19	98	$e^{4}+31$	$^{\flat}a^{4}-18$	小
20	99	$^{\flat}e^{4}+21$	$f^{4}-49$	小
21	100	$^{\flat}b^{3}+8$	$d^{4}-10$	小
22	101	$^{\flat}b^{3}+30$	$^{\flat}d^{4}-55$	小
23	102	$b^{3}-47$	$d^{4}-25$	小
24	103	$a^{2}+5$	$c^{3}-33$	小
25	104	$^{\flat}d^{3}-5$	$e^{3}-41$	小
26	105	$^{\flat}a^{4}+25$	$c^{5}+44$	小
27	106	$c^{5}-56$	$^{\flat}e^{5}+25$	小
28	107	$g^{3}+1$	$a^{3}-15$	小
29	108	$^{\flat}d^{3}+29$	$^{\flat}e^{3}+39$	小

续表

序号	田野出土号	正鼓音	侧鼓音	备注（钟体大小）
30	109	$^{b}a^{4}$ − 32	b^{4} + 44	小
31	110	$^{b}g^{4}$ − 10	a^{4} − 54	小
32	111	$^{b}b^{2}$ − 47	$^{b}d^{3}$ − 29	小
33	112	a^{4} + 18	c^{5} − 5	小
34	113	$^{b}e^{3}$ − 10	$^{b}g^{3}$ + 47	小
35	114	f^{3} − 20	a^{3} − 35	小
36	116	$^{b}d^{3}$ − 12	f^{3} + 4	小

注：原始测音报告中 83 号钟和 112 号钟的侧鼓音八度组疑有误，通过对原始资料与《中国音乐文物大系·湖北卷》转载资料之间的对校，加之双音设置的常规，判断原始报告的数据登记可能出现疏漏，故依据《中国音乐文物大系·湖北卷》转载的数据于上表给予校正。

十一、天星观 M2 钟测音资料的说明

2000 年，湖北省博物馆文物研究室在荆州博物馆保管部对这套编钟进行了测音，其测音数据以资料附录的形式发表在该墓的考古报告上[①]，下表中的数据即将原声学标记转化为音乐学标记（表附 1-14）。

表附 1-14 天星观 M2 钟测音数据表

单位：音分

序号	编号	正鼓音	侧鼓音	调音情况	备注
10 件镈					
1	M2:42 －（23）	c^{1} + 16	$^{\#}c^{1}$ + 28	对称的凹槽	

① 湖北省博物馆．天星观二号墓编钟测音数据报表 [M]// 荆州博物馆．荆州天星观二号楚墓．北京：文物出版社，2003：233.

续表

序号	编号	正鼓音	侧鼓音	调音情况	备注
2	M2:42－(24)	$^{\#}c^1+18$	$^{\#}d^1$	音梁，凹槽	
3	M2:42－(25)	$^{\#}d^1+11$	f^1+38	音梁，凹槽	
4	M2:42－(26)	g^1+45	a^1-25	音梁，凹槽	
5	M2:42－(27)	$^{\#}g^1+5$	$^{\#}a^1+44$	音梁，凹槽	
6	M2:42－(28)	b^1-21	c^2+30	音梁，凹槽	
7	M2:42－(29)	b^1+3	d^2+6	音梁，凹槽	
8	M2:42－(30)	$^{\#}c^2$	e^2-50	音梁，凹槽	
9	M2:42－(31)	$^{\#}d^2+5$	$^{\#}f^2-10$	音梁，凹槽	
10	M2:42－(32)	$^{\#}f^2+48$	$^{\#}g^2+5$	音梁，凹槽	
钮钟一组					
1	M2:42－(01)	$^{\#}c^2+3$	e^2-40	4条音梁，近铣2处有凹槽	
2	M2:42－(02)	$^{\#}d^2+16$	$^{\#}f^2+50$	4条音梁，未见凹槽	
3	M2:42－(03)	e^2-45	$^{\#}f^2+5$	4条音梁，仅1处凹槽	
4	M2:42－(04)	$^{\#}f^2-24$	a^2+19	4条音梁，仅1处凹槽	
5	M2:42－(05)	$^{\#}f^2-16$	$^{\#}g^2+50$	4条音梁，未见凹槽	
6	M2:42－(06)	c^3-40	e^3-5	4条音梁，其间满布凹槽	
7	M2:42－(07)	b^2-20	d^3+5	4条音梁，其间满布凹槽	
8	M2:42－(08)	$^{\#}c^3-29$	e^3+20	4条音梁，其间满布凹槽	
9	M2:42－(09)	$^{\#}f^3+50$	$^{\#}a^3+12$	未见音梁，满布凹槽	
10	M2:42－(10)	f^4-40	g^4+6	4条音梁，未见凹槽	
11	M2:42－(11)	$^{\#}f^4-48$	$^{\#}g^4+8$	4条音梁，未见凹槽	

续表

序号	编号	正鼓音	侧鼓音	调音情况	备注
钮钟二组					
1	M2:42－（12）	$^{\#}a^{2}$－24	$^{\#}c^{3}$－3	5条音梁，1处有凹槽	
2	M2:42－（13）	a^{2}－3	c^{3}＋9	4条音梁，未见凹槽	
3	M2:42－（14）	d^{3}－20	f^{3}－44	4条音梁，未见凹槽	
4	M2:42－（15）	e^{3}－5	g^{3}＋48	4条音梁，2处有凹槽	
5	M2:42－（16）	g^{3}－48	$^{\#}a^{3}$－35	满布凹槽	
6	M2:42－（17）	b^{3}－6	d^{4}＋24	4条音梁，未见凹槽	与其他钮钟差别较大，疑为缺钟后补入
7	M2:42－（18）	c^{4}－35	d^{4}＋8	音梁，凹槽	
8	M2:42－（19）	e^{4}＋19	$^{\#}f^{4}$－16	未见音梁和凹槽	
9	M2:42－（20）	$^{\#}c^{4}$－16	$^{\#}d^{4}$＋50	4条音梁，未见凹槽	
10	M2:42－（21）	$^{\#}d^{4}$＋20	f^{4}－6	2条音梁，未见凹槽	
11	M2:42－（22）	$^{\#}g^{4}$－50	b^{4}－48	未见音梁和凹槽	

附录二

曾侯乙编钟甬钟钟铭国别一览表

说 明:

1. 以下各表中的铭文均以《曾侯乙编钟钟铭校释及其律学研究》的上篇“曾侯乙编钟钟铭校释”为主要依据。

2. 以下各表中的国别判断参照正文中《曾侯乙编钟钟铭律名国别对照表》。

3. 每钟编号以出土号为主，括号内为《曾侯乙编钟钟铭校释及其律学研究》中的编号，此处一并写上，以便检索核对。

4. 下层一组中的最大一件钟因楚王镈的加入而被挤出，以下即根据未加入楚王镈时的钟序加以排列，故下层一组缺一钟铭，仅存两件钟的钟铭。

下层一组长枚甬钟共 2 件

下 .1.1（长枚倍·2）

正鼓		侧鼓	
铭文	国别	铭文	国别
宫	–	徵曾	–
兽钟之渚铂	楚	兽钟之渚徵	楚
穆钟之渚商	楚	浊坪皇之商	楚
姑洗之渚宫	曾、楚	浊文王之宫	楚
浊新钟之徵	楚	浊姑洗之下角	楚
		新钟之渚羽	楚
		浊坪皇之渚商	楚
		浊文王之渚宫	楚

下 .1.2（长枚倍·3）

正鼓		侧鼓	
铭文	国别	铭文	国别
商	–	羽曾	–

续表

正鼓		侧鼓	
铭文	国别	铭文	国别
蕤宾之宫	曾	文王之变商	楚
蕤宾之在楚号为坪皇	楚	为韦音羽角	曾
其在申号为夷则	申	夷则之徵曾	申
太簇之珈鈤	曾	姑洗之羽曾	曾、楚
无射之宫曾	曾	为槃钟徵	晋
黄钟之商角	曾	为蕤宾之徵颟下角	曾
		为无射徵颟	曾

下层二组长枚甬钟共 10 件

下 .2.10（长枚低·1）

正鼓		侧鼓	
铭文	国别	铭文	国别
商	–	羽曾	–
坪皇之宫	楚	兽钟之羽	楚
姑洗之渚商	楚	穆钟之徵	楚
穆钟之角	楚	姑洗之羽曾	楚
新钟之宫曾	楚	浊新钟之宫	楚
浊兽钟之徵	楚	应音之渚羽	曾、周
		新钟之徵颟	楚
		浊坪皇之下角	楚
		浊文王之商	楚

下.2.9（长枚低·2）

正鼓		侧鼓	
铭文	国别	铭文	国别
铝	–	宫曾	–
文王之宫	楚	兽钟之宫	楚
坪皇之商	楚	新钟之濬商	楚
姑洗之铝	曾、楚	浊姑洗之羽	楚
新钟之商曾	楚	文王之濬铝	楚
浊兽钟之羽	楚	新钟之商	楚
		姑洗之宫曾	曾、楚
		浊坪皇之徵	楚

下.2.8（长枚低·3）

正鼓		侧鼓	
铭文	国别	铭文	国别
徵	–	徵角	–
姑洗之徵	曾、楚	姑洗之徵角	曾、楚
太簇之羽	曾	坪皇之羽	楚
新钟之变商	楚	赢孠之羽曾	曾
蕤宾之羽曾	曾	为兽钟徵颟下角	楚
黄钟之徵角	曾	文王之徵	楚
韦音之徵曾	曾	为穆音变商	曾
宣钟之珈徵	曾	为太簇羽角	曾
		为黄钟徵曾	曾

下 .2.7（长枚低·4）

正鼓		侧鼓	
铭文	国别	铭文	国别
羽	—	羽角	—
姑洗之羽	曾、楚	无射之徵	曾
夷则之徵	曾	为应音羽曾	曾、周
新钟之徵曾	楚	为太簇之徵颠下角	曾
应音之变商	曾、周	为槃钟徵曾	晋
韦音之羽曾	曾	姑洗之羽角	曾、楚
		为文王羽	楚
		为坪皇徵角	楚
		为兽钟之羽颠下角	楚

下 .1.3（长枚低·5）

正鼓		侧鼓	
铭文	国别	铭文	国别
徵颠	—	徵曾	—
姑洗之徵角	曾、楚	姑洗之徵曾	曾、楚
坪皇之羽	楚	为黄钟徵	曾
嬴孠之羽曾	曾	为坪皇变商	楚
为兽钟徵颠下角	楚	为夷则羽角	中
为穆音变商	曾	新钟之羽	楚
		为穆音之羽颠下角	曾
		刺音之羽曾附于素宫之颠	周

下.2.5（长枚低·6）

正鼓		侧鼓	
铭文	国别	铭文	国别
宫	–	徵曾	–
姑洗之宫	曾、楚	新钟之羽	楚
姑洗之在楚号为吕钟	楚	为穆音之羽颟下角	曾
其反为宣钟	楚	剌音之羽曾附于索宫之颟	周
宣钟之在晋号为六墉	晋	姑洗之徵曾	曾、楚
太簇之商	曾	为黄钟徵	曾
黄钟之铂	曾	为坪皇变商	楚
蕤宾之商曾	曾	为夷则羽角	申

下.2.4（长枚低·7）

正鼓		侧鼓	
铭文	国别	铭文	国别
商	–	羽曾	–
蕤宾之宫	曾	姑洗之羽曾	曾、楚
蕤宾之在楚号为坪皇	楚	为槃钟徵	晋
其在申号为夷则	申	为蕤宾之徵颟下角	曾
太簇之珈铂	曾	为无射徵角	曾
无射之宫曾	曾	文王之变商	楚
黄钟之商角	曾	为韦音羽角	曾
		为应音羽	曾、周
		夷则之徵曾附于索商之颟	申

下.2.3（长枚低·8）

正鼓		侧鼓	
铭文	国别	铭文	国别
中镈	–	宫曾	–
姑洗之中镈	曾、楚	姑洗之宫曾	曾、楚
韦音之宫	曾	韦音之下角	曾
韦音之在楚号为文王	楚	坪皇之变徵	楚
夷则之商	申	嬴孠之商	曾
为刺音变徵	周	应音之宫	曾、周
		应音之在楚号为兽钟	楚
		其在周为应音	周

下.2.2（长枚低·9）

正鼓		侧鼓	
铭文	国别	铭文	国别
商角	–	商曾	–
姑洗之商角	曾、楚	姑洗之商曾	曾、楚
嬴孠之宫	曾	穆音之宫	曾
嬴孠之在楚为新钟	楚	穆音之在楚为穆钟	楚
其在齐为吕音	齐	其在周为刺音	周
		太簇之宫	曾
		其反在晋为槃钟	晋
		嬴孠之宫角	曾
		蕤宾之宫曾	曾

下 .2.1（长枚低·10）

正鼓		侧鼓	
铭文	国别	铭文	国别
鄦镈	—	徵角	—
姑洗鄦镈	曾、楚	姑洗之徵角	曾、周
穆音之羽	曾	坪皇之羽	楚
赢孠之羽角	曾	为无射之羽颠下角	曾
夷则之羽曾	中	为兽钟徵曾	楚
应钟之变宫	曾、周	蕤宾之羽	曾
		为穆音羽角	曾
		为刺音变商	周
		为兽钟之徵颠下角	楚

中层三组长枚甬钟共 10 件

中 .3.10（长枚中·1）

正鼓		侧鼓	
铭文	国别	铭文	国别
徵	—	徵角	—
姑洗之徵	曾、楚	姑洗之徵角	曾、楚
太簇之羽	曾	坪皇之羽	楚
新钟之变商	楚	赢孠之羽曾	曾
夷则之羽曾	中	为兽钟之徵颠下角	楚
兽钟之徵角	楚	文王徵	楚
		为穆音变商	曾
		为太簇羽角	曾
		为黄钟徵曾	曾

中 .3.9（长枚中·2）

正鼓		侧鼓	
铭文	国别	铭文	国别
羽	–	羽角	–
姑洗之羽	曾、楚	姑洗之羽角	曾、楚
夷则之徵	申	为文王羽	楚
新钟之徵曾	楚	为坪皇徵角	楚
应音之变商	曾、周	为兽钟之羽颠下角	楚
韦音之羽曾	曾	无射之徵	曾
		为应音羽曾	曾、周
		为太簇之徵颠下角	曾
		为槃钟徵曾	晋

中 .3.8（长枚中·3）

正鼓		侧鼓	
铭文	国别	铭文	国别
宫	–	徵曾	–
姑洗之宫	曾、楚	姑洗之徵曾	曾、楚
姑洗之在楚号为吕钟	楚	为黄钟徵	曾
其反为宣钟	曾	为坪皇变商	楚
宣钟之在晋为六墉	晋	为夷则羽角	申
		新钟之羽	楚
		为穆音之羽颠下角	曾
		刺音之羽曾附于素宫之颠	周

中.3.7（长枚中·4）

正鼓		侧鼓	
铭文	国别	铭文	国别
商	–	羽曾	–
姑洗之商	曾、楚	姑洗之羽曾	曾、楚
蕤宾之宫	曾	为槃钟徵	晋
蕤宾之在楚号为坪皇	楚	为蕤宾之徵颟下角	曾
其在申号为夷则	申	为无射徵角	曾
		文王之变商	楚
		为韦音羽角	曾
		为应音羽	曾、周
		夷则之徵曾附于索宫之颟	曾

中.3.6（长枚中·5）

正鼓		侧鼓	
铭文	国别	铭文	国别
宫角	–	徵	–
姑洗之宫角	曾、楚	姑洗之终	曾、楚
韦音之宫	曾	太簇之鼓	曾
韦音之在楚号为文王	楚	嬴孠之变商	曾
		应钟之徵角	曾、周
		韦音之徵曾	曾
		为坪皇之羽颟下角	楚
		为槃钟羽	晋

中.3.5（长枚中·6）

正鼓		侧鼓	
铭文	国别	铭文	国别
羽	—	宫	—
姑洗之羽	曾、楚	姑洗之宫居	曾、楚
蕤宾之终	曾	姑洗之在楚号为吕钟	楚
黄钟之羽角	曾	其反为宣钟	楚
无射之徵曾	曾	应音之角	曾、周
		穆音之商	曾
		新钟之变徵	楚
		韦音之变羽	曾

中.3.4（长枚中·7）

正鼓		侧鼓	
铭文	国别	铭文	国别
商	—	羽曾	—
姑洗之少商	曾、楚	姑洗之和	曾、楚
蕤宾之宫	曾	穆音之终反	曾
蕤宾之在申号韦夷则	申	坪皇之徵曾	楚
		韦音之变商	曾
		为黄钟鼓	曾
		为夷则徵曾	申

中.3.3（长枚中·8）

正鼓		侧鼓	
铭文	国别	铭文	国别
宫角	–	徵	–
姑洗之角	曾、楚	姑洗之徵反	曾、楚
韦音之宫	曾	穆音之羽	曾
其在楚为文王	楚	新钟之羽角	楚
		韦音之徵曾	曾
		夷则之羽曾	申
		为刺音鼓	周

中.3.2（长枚中·9）

正鼓		侧鼓	
铭文	国别	铭文	国别
商角	–	商曾	–
嬴孠之宫	曾	太簇之在周号为刺音	周
嬴孠之在楚号为新钟	楚	其在晋号为槃钟	晋
其在齐号为吕音	齐	穆音之宫	曾
		穆音之在楚号为穆钟	楚

中.3.1（长枚中·10）

正鼓		侧鼓	
铭文	国别	铭文	国别
羽	–	宫	–
姑洗之少羽	曾、楚	姑洗之少宫	曾、楚
坪皇之终	楚	姑洗之在楚号为吕钟	楚
兽钟之羽角	楚	宣钟之宫	楚
		宣钟之在晋号为六墉	晋

中层二组无枚甬钟共12件

中.2.12（无枚中·1）

正鼓		侧鼓	
铭文	国别	铭文	国别
商	–	羽曾	–
坪皇之宫	楚	兽钟之羽	楚
姑洗之渚商	曾、楚	穆钟之徵	楚
穆钟之角	楚	姑洗之羽曾	曾、楚
新钟之宫曾	楚	浊新钟之宫	楚
浊兽钟之徵	楚	应音之鼓	曾、周
		新钟之徵颟	楚
		浊坪皇之下角	楚
		浊文王之商	楚

中.2.10（无枚中·2）

正鼓		侧鼓	
铭文	国别	铭文	国别
宫角	–	宫曾	–
文王之宫	楚	文王下角	楚
坪皇之商	楚	新钟之商	楚
姑洗之角	曾、楚	姑洗之宫曾	曾、楚
新钟之商曾	楚	浊坪皇之终	楚
浊兽钟之羽	楚	兽钟之宫	楚
		新钟之商	楚
		浊姑洗之羽	楚

中.2.11（无枚中·3）

正鼓		侧鼓	
铭文	国别	铭文	国别
商角	–	商曾	–
羸孠之宫	曾	太簇之宫	曾
羸孠之在楚为新钟	楚	其反在晋为槃钟	晋
其在齐为吕音	齐	穆音之宫	曾
		穆音之在楚为穆钟	楚
		其在周为剌音	周

中.2.9（无枚中·4）

正鼓		侧鼓	
铭文	国别	铭文	国别
徵	–	徵角	–
姑洗之徵	曾、楚	坪皇之鼓	楚
穆钟之羽	楚	姑洗之徵角	曾、楚
新钟之羽颠	楚	浊兽钟之下角	楚
浊兽钟之宫	楚	文王之终	楚
		新钟之羽曾	楚
		浊穆钟之商	楚
		浊姑洗之宫	楚

中.2.8（无枚中·5）

正鼓		侧鼓	
铭文	国别	铭文	国别
羽	–	羽角	–
坪皇之终	楚	文王之羽	楚
姑洗之羽	曾、楚	新钟之徵	楚
新钟之徵曾	楚	浊坪皇之宫	楚
浊新钟之下角	楚	新钟之终	楚
		浊坪皇之巽	楚
		浊姑洗之商	楚

中.2.7（无枚中·6）

正鼓		侧鼓	
铭文	国别	铭文	国别
宫	–	徵曾	–
兽钟之下角	楚	新钟之羽	楚
穆钟之商	楚	浊坪皇之羽	楚
姑洗之宫	曾、楚	浊文王之宫	楚
浊新钟之终	楚	兽钟之徵	楚
		浊坪皇之少商	楚
		浊文王之巽	楚

中.2.6（无枚中·7）

正鼓		侧鼓	
铭文	国别	铭文	国别
商	–	羽曾	–
坪皇之巽	楚	兽钟之鼓	楚
穆钟之下角	楚	新钟之少徵顀	楚
姑洗之商	曾、楚	浊坪皇之鴃	楚
浊兽钟之终	楚	穆钟之终	楚
		浊文王之少商	楚
		浊新钟之巽	楚

中.2.5（无枚中·8）

正鼓		侧鼓	
铭文	国别	铭文	国别
下角	—	徵反	—
坪皇之少商	楚	穆钟之鼓	楚
姑洗之下角	曾、楚	浊文王之觖	楚
浊穆钟之终	楚	浊新钟之商	楚
		姑洗之终	曾、楚
		新钟之羽颠	楚
		浊兽钟之巽	楚

中.2.4（无枚中·9）

正鼓		侧鼓	
铭文	国别	铭文	国别
少羽	—	宫反	—
坪皇之终反	楚	兽钟之觖	楚
姑洗之鼓	曾、楚	穆钟之少商	楚
浊新钟之觖	楚	浊文王之鼓	楚
		姑洗之巽	曾、楚
		新钟之商颠	楚
		浊新钟之终	楚

中 .2.3（无枚中·10）

正鼓		侧鼓	
铭文	国别	铭文	国别
少商	–	羽曾	–
坪皇之巽反	楚	姑洗之鼓反	曾、楚
姑洗之少商	曾、楚	浊新钟之巽反	楚
		穆钟之终反	楚
		浊坪皇之鴃	楚

中 .2.2（无枚中·11）

正鼓		侧鼓	
铭文	国别	铭文	国别
角反	–	徵反	–
姑洗之鴃	曾、楚	穆钟之徵反	楚
浊兽钟之鼓	楚	浊兽钟之巽	楚
		姑洗之终反	曾、楚
		浊新钟之少商	楚

中 .2.1（无枚中·12）

正鼓		侧鼓	
铭文	国别	铭文	国别
羽	–	宫反	–
姑洗之羽反	曾、楚	兽钟之鴃	楚
		姑洗之巽	曾、楚

中层一组短枚甬钟共 11 件

中 .1.11（短枚中·1）

正鼓		侧鼓	
铭文	国别	铭文	国别
商	—	羽曾	—
坪皇之宫	楚	兽钟之羽	楚
姑洗之滣商	曾、楚	穆钟之徵	楚
穆钟之角	楚	姑洗之羽曾	曾、楚
新钟之宫曾	楚	浊新钟之宫	楚
浊兽钟之徵	楚	应音之鼓	曾、周
		新钟之徵颟	楚
		浊坪皇之下角	楚
		浊文王之商	楚

中 .1.10（短枚中·2）

正鼓		侧鼓	
铭文	国别	铭文	国别
宫角	—	宫曾	—
文王之宫	楚	文王之下角	楚
坪皇之商	楚	新钟之商	楚
姑洗之角	曾、楚	姑洗之宫曾	曾、楚
新钟之商曾	楚	浊坪皇之终	楚
浊兽钟之羽	楚	兽钟之宫	楚
		新钟之商	楚
		浊姑洗之羽	楚

中.1.9（短枚中·3）

正鼓		侧鼓	
铭文	国别	铭文	国别
徵	—	徵角	—
姑洗之徵	曾、楚	坪皇之鼓	楚
穆钟之羽	楚	姑洗之徵角	曾、楚
新钟之徵颠	楚	浊兽钟之下角	楚
浊兽钟之宫	楚	文王之终	楚
		新钟之羽曾	楚
		浊兽钟之商	楚
		浊姑洗之宫	楚

中.1.8（短枚中·4）

正鼓		侧鼓	
铭文	国别	铭文	国别
羽	—	羽角	—
坪皇之终	楚	文王之羽	楚
姑洗之羽	曾、楚	新钟之徵	楚
新钟之徵曾	楚	浊坪皇之宫	楚
浊新钟之下角	楚	新钟之终	楚
		浊坪皇之巽	楚
		浊姑洗之商	楚

中.1.7（短枚中·5）

正鼓		侧鼓	
铭文	国别	铭文	国别
宫	–	徵曾	–
兽钟之下角	楚	新钟之羽	楚
穆钟之商	楚	浊坪皇之商	楚
姑洗之宫	曾、楚	浊文王之宫	楚
浊新钟之终	楚	兽钟之徵	楚
		浊坪皇之少商	楚
		浊文王之巽	楚

中.1.6（短枚中·6）

正鼓		侧鼓	
铭文	国别	铭文	国别
商	–	羽曾	–
坪皇之巽	楚	兽钟之鼓	楚
穆钟之下角	楚	新钟之少徵顀	楚
姑洗之商	曾、楚	浊坪皇之觖	楚
浊兽钟之终	楚	穆钟之终	楚
		浊文王之少商	楚
		浊新钟之巽	楚

中.1.5（短枚中·7）

正鼓		侧鼓	
铭文	国别	铭文	国别
下角	—	徵反	—
坪皇之少商	楚	穆钟之鼓	楚
姑洗之下角	曾、楚	浊文王之觖	楚
浊兽钟之徵	楚	浊新钟之商	楚
		姑洗之终	曾、楚
		新钟之羽颧	楚
		浊兽钟之巽	楚

中.1.4（短枚中·8）

正鼓		侧鼓	
铭文	国别	铭文	国别
少羽	—	宫反	—
坪皇之终反	楚	兽钟之觖	楚
姑洗之鼓	曾、楚	新钟之商颧	楚
浊新钟之觖	楚	浊坪皇之徵颧	楚
		姑洗之巽	曾、楚
		新钟之商颧	楚
		浊新钟之终	楚

中 .1.3（短枚中·9）

正鼓		侧鼓	
铭文	国别	铭文	国别
少商	–	羽曾	–
坪皇之巽反	楚	兽钟之鼓反	楚
姑洗之少商	曾、楚	浊新钟之巽反	楚
		穆钟之终反	楚
		浊坪皇之鴃	楚

中 .1.2（短枚中·10）

正鼓		侧鼓	
铭文	国别	铭文	国别
角反	–	徵反	–
角反	–	徵反	–

中 .1.1（短枚中·11）

正鼓		侧鼓	
铭文	国别	铭文	国别
羽	–	宫反	–
羽反	–	宫反	–

参考文献

[古籍]

计硕民选注．春秋公羊传 [M]. 上海：商务印书馆，1931.

杨伯峻．春秋左传注 [M]. 北京：中华书局，1990.

司马迁．史记 [M]. 北京：中华书局，1982.

韦昭．国语 [M]. 北京：中华书局，1985.

吕不韦辑、毕沅辑校．吕氏春秋 [M]. 影印本．北京：中华书局，1991.

常璩．华阳国志 [M]. 北京：中华书局，1985.

诸子集成 [M]. 香港：中华书局，1978.

何宁．淮南子集释 [M]. 北京：中华书局，1998.

沈括．梦溪笔谈：附续笔谈、补笔谈 .[M]. 影印本．苏州：江苏古籍出版社，1999.

宋人著录金文丛刊初编 [M]. 影印本．北京：中华书局，2005.

吕大临．考古图

赵九成．续考古图

吕大临．考古图释文

薛尚功．历代钟鼎彝器款识法帖

王厚之．钟鼎款识

王俅．啸堂集古录

朱熹集注，李庆甲校点．楚辞集注 [M]. 上海：上海古籍出版社，1979.

王黼．重修宣和博古图 [M]. 翻刻本 .1528（明嘉靖七年）.

董说．七国考 [M]. 北京：中华书局，1998.

董说，缪文远．七国考订补 [M]. 上海：上海古籍出版社，1987.

孙希旦．礼记集解 [M]. 北京：中华书局，1989.

王先谦．荀子集解 [M]. 北京：中华书局，1988.

阮元．十三经注疏 [M]. 影印本．北京：中华书局，1980.

阮元．揅经室集 [M]. 北京：中华书局 1993.

孙诒让．周礼正义 [M]. 北京：中华书局，1987.

孙诒让．古籀拾遗・古籀余论 [M]. 北京：中华书局，1989.

段玉裁．说文解字注 [M]. 上海：上海古籍出版社，1981.

金开诚．屈原集校注 [M]. 北京：中华书局，1996.

[田野考古资料]

安徽省六安县文物管理所．安徽六安县城西窑厂 2 号楚墓 [J]. 考古，1995（2）.

常德市博物馆．湖南常德跑马岗战国墓发掘简报 [J]. 江汉考古，2003（3）.

长沙市文物考古研究所．长沙市马益顺巷一号楚墓 [J]. 考古，2003（4）.

长沙市文物考古研究所．长沙市茅亭子楚墓的发掘 [J]. 考古，2003（4）.

长沙市文物考古研究所．湖南长沙三公里楚墓发掘简报 [J]. 文物，2007（12）.

楚皇城考古发掘队．湖北宜城楚皇城战国秦汉墓 [J]. 考古，1980（2）.

方勤，胡刚．枣阳郭家庙曾国墓地曹门湾墓区考古主要收获 [J]. 江汉考古，2015（3）.

河南省文物研究所，平顶山市文物管理委员会，叶县文化馆．河南省叶县旧县 1 号墓的清理 [J]. 华夏考古，1988（3）.

河南省考古所，淮阳县文物保障所．河南淮阳平粮台十六号楚墓发掘报告 [J]. 文物，1984（10）.

河南省文物考古研究所，信阳市文物工作队．河南信阳长台关七号楚墓发掘简报 [J]. 文物，2004（3）.

河南省文物考古研究所，河南省驻马店市文化局，新蔡县文物保护管理所．河南新蔡平夜君成墓的发掘 [J]. 文物，2002（8）.

湖北省博物馆．当阳季家湖楚城遗址 [J]. 文物，1980（10）.

湖北省博物馆，随州市博物馆．湖北随州擂鼓墩二号墓发掘简报 [J]. 文物，1985（1）.

湖北省博物馆．鄂城楚墓 [J]. 考古学报，1983（2）.

湖北省博物馆．湖北江陵发现的楚国彩绘石编磬及其相关问题 [J]. 考古，1972（3）.

湖北省博物馆，荆州地区博物馆，江陵县文物工作组．湖北江陵拍马山楚墓发掘简报 [J]. 考古，1973（3）.

湖北省博物馆江陵工作站．江陵溪峨山楚墓 [J]. 考古，1984（6）.

湖北省荆州博物馆．江陵天星观 1 号墓 [J]. 考古学报，1982（1）.

湖北省文物考古研究所，黄冈市博物馆，黄州博物馆．湖北黄州楚墓 [J]. 考古学报，2001（2）.

湖北省文物考古研究所．湖北荆州市施家地楚墓发掘简报 [J]. 考古，2000（8）.

湖北省文物考古研究所．湖北枣阳市九连墩楚墓 [J]. 考古，2003（7）.

湖北省文物考古研究所，武汉大学历史学院考古系，宜昌博物馆．湖北宜昌万福垴遗址发掘简报 [J]. 江汉考古，2016（4）.

湖北省文物考古研究所，襄阳市文物考古研究所．湖北枣阳九连墩 M2 乐器清理简报 [J]. 中原文物，2018（2）.

湖北省文物考古研究所，襄阳市文物考古研究所．湖北枣阳九连墩 M1 乐器清理简报 [J]. 中原文物，2019（2）.

湖北省文物考古研究所，襄阳市文物考古研究所，枣阳市文物考古队．湖北枣阳九连墩 M1 发掘简报 [J]. 江汉考古，2019（3）．

湖北省文物管理委员会．湖北江陵出土虎座乌架鼓两座楚墓的清理简报 [J]. 文物，1964（9）．

湖北省宜昌地区博物馆．当阳曹家岗 5 号楚墓 [J]. 考古学报，1988（4）．

湖北省宜昌地区博物馆．湖北枝江县姚家港楚墓发掘报告 [J]. 考古，1988（2）．

湖南省博物馆．长沙浏城桥一号墓 [J]. 考古学报，1972（1）．

湖南省博物馆．湖南省博物馆新发现的几件铜器 [J]. 文物，1966（2）．

湖南省文物考古研究所，慈利县文物保护管理研究所．湖南慈利石板村 36 号战国墓发掘简报 [J]. 文物，1990（10）．

淮安市博物馆．江苏淮安市运河村一号战国墓 [J]. 考古，2009（10）．

荆门市博物馆．湖北荆门黄付庙楚墓发掘报告 [J]. 江汉考古，2005（1）．

荆沙铁路考古队．江陵秦家咀楚墓发掘简报 [J]. 江汉考古，1988（2）．

荆州地区博物馆．湖北江陵藤店一号墓发掘简报 [J]. 文物，1973（9）．

荆州地区博物馆．江陵马山砖厂 2 号楚墓发掘简报 [J]. 江汉考古，1987（3）．

荆州博物馆．荆州嵠峨山楚墓 2010 年发掘简报 [J]. 江汉考古，2013（2）．

荆州博物馆．湖北荆州望山桥一号墓楚墓发掘简报 [J]. 文物，2017（2）．

荆州地区博物馆．湖北枝江出土一件铜钟 [J]. 文物，1974（6）．

江陵县博物馆．江陵枣林铺楚墓发掘简报 [J]. 江汉考古，1995（1）．

李芳芝．上蔡县发现一座楚墓 [J]. 中原文物，1990（2）．

李乔生．湖南宁乡出土商代大铜铙 [J]. 文物，1997（12）．

刘国胜．惊动中国——九连墩大型楚墓考古 [J]. 文物天地，2003（3）．

刘修兵．湖北枣阳郭家庙墓地考古新进展・发现中国最早的琴和瑟 [J]. 中国文物报，2006（8）．

罗西章．陕西周原新出土的青铜器 [J]. 考古，1999（4）．

平顶山市文物管理局，叶县文化局 . 河南叶县旧县四号春秋墓发掘简报 [J]. 文物，2007（9）.

山西省考古研究所，北京大学考古系 . 天马—曲村遗址北赵晋侯墓地第四次发掘 [J]. 文物，1994（8）.

王先福 . 九连墩楚墓出土乐器的初步认识 [M]// 寰宇鸣钟——“曾侯乙编钟出土 40 周年”纪念文集 . 武汉：武汉出版社，2018.

吴铭生，贺刚 . 古丈白鹤湾楚墓 [J]. 考古学报，1986（3）.

咸博 . 湖北阳新县出土两件青铜铙 [J]. 文物，1981（1）.

襄阳首届亦工亦农考古训练班 . 襄阳蔡坡 12 号墓出土吴王夫差剑等文物 [J]. 文物，1976（11）.

襄阳市文物考古研究所 . 湖北襄阳沈岗墓地 M1022 发掘简报 [J]. 文物，2013（7）.

旬阳县博物馆 . 陕西旬阳发现战国墓 [J]. 文物，1987（5）.

宜昌地区博物馆 . 湖北当阳赵巷 4 号春秋墓发掘简报 [J]. 文物，1990（10）.

周世荣，文道义 . 57 长子 17 号墓清理简报 [J]. 文物，1960（1）.

周婷，梁超 . 湖北谷城尖角墓地出土重要文物 [J]. 江汉考古，2015（3）.

驻马店地区文化局，正阳县文化局 . 河南正阳苏庄楚墓发掘简报 [J]. 华夏考古，1988（2）.

安徽省文物管理委员会，安徽省博物馆 . 寿县蔡侯墓出土遗物 [M]. 北京：科学出版社，1956.

河北省文物研究所 . 燕下都 [M]. 北京：文物出版社，1996.

河南省文物研究所 . 信阳楚墓 [M]. 北京：文物出版社，1986.

河南省文物考古研究所 . 新蔡葛陵楚墓 [M]. 郑州：大象出版社，2003.

河南省文物考古研究所 . 固始侯古堆一号墓 [M]. 郑州：大象出版社，2004.

河南省文物考古研究所，南阳市文物考古研究所，淅川县博物馆 . 淅川和尚岭与徐家岭楚墓 [M]. 郑州：大象出版社，2004.

河南省文物考古研究所．新郑郑国祭祀遗址 [M]. 郑州：大象出版社，2006.

湖北省博物馆．曾侯乙墓 [M]. 北京：文物出版社，1989.

湖北省荆州博物馆．荆州天星观二号楚墓 [M]. 北京：文物出版社，2003.

湖北省荆州地区博物馆．湖北江陵雨台山楚墓 [M]. 北京：文物出版社，1984.

湖北省文物考古研究所．江陵望山沙冢楚墓 [M]. 北京：文物出版社，1996.

湖北省文物考古研究所，荆门市博物馆，襄荆高速公路考古队．荆门左冢楚墓 [M]. 北京：文物出版社，2006.

湖北省文物局，湖北省南水北调管理局．沙洋塌冢楚墓 [M]. 北京：科学出版社，2017.

湖南省博物馆，湖南省文物考古研究所，长沙市博物馆，长沙市文物考古研究所．长沙楚墓 [M]. 北京：文物出版社，2000.

江西省文物考古研究所，江西省博物馆，新干县博物馆．新干商代大墓 [M]. 北京：文物出版社，1997.

卢连成，胡智生．宝鸡強国墓地 [M]. 北京：文物出版社，1988.

荆沙铁路考古队．包山楚墓 [M]. 北京：文物出版社，1991.

山西省考古研究所．太原晋国赵卿墓 [M]. 北京：文物出版社，1996.

襄阳市博物馆，老河口市博物馆．老河口安岗楚墓 [M]. 北京：科学出版社，2018.

益阳市文物管理处，益阳市博物馆．益阳楚墓 [M]. 北京：文物出版社，2008.

中国科学院考古研究所．上村岭虢国墓地 [M]. 北京：科学出版社，1959.

中国社会科学院考古研究所．殷墟妇好墓 [M]. 北京：文物出版社，1980.

[论著]

安徽省考古学会楚文化研究小组．楚史参考资料 [M]. 合肥：安徽省考古学会编，1980.

陈双新 . 两周青铜乐器铭辞研究 [M]. 保定：河北大学出版社，2002.

陈戍国 . 中国礼制史・先秦卷 [M]. 长沙：湖南教育出版社，2002.

崔宪 . 曾侯乙编钟钟铭校释及其律学研究 [M]. 北京：人民音乐出版社，1997.

段勇 . 商周青铜器幻想动物纹研究 [M]. 上海：上海古籍出版社，2003.

方建军 . 商周乐器文化结构与社会功能研究 [M]. 上海：上海音乐学院出版社，2006.

何光岳 . 楚源流史 [M]. 长沙：湖南人民出版社，1988.

何浩 . 楚灭国研究 [M]. 武汉：武汉出版社，1989.

河南省考古学会，河南省博物馆，河南省文物考古研究所 . 楚文化觅踪 [M]. 郑州：中州古籍出版社，1986.

湖北省社会科学院历史研究所 . 楚文化新探 [M]. 武汉：湖北人民出版社，1981.

湖北省文联，湖南省文联，中国艺术研究院文艺研究编辑部 . 楚文艺论集 [M]. 武汉：湖北美术出版社，1991.

黄翔鹏 . 传统是一条河流 [M]. 北京：人民音乐出版社，1990.

黄翔鹏 . 溯流探源——中国传统音乐研究 [M]. 北京：人民音乐出版社，1993.

黄翔鹏 . 中国人的音乐和音乐学 [M]. 济南：山东文艺出版社，1997.

黄翔鹏 . 乐问 [M]. 北京：中央音乐学院出版社，2000.

高至喜 . 商周青铜器与楚文化研究 [M]. 长沙：岳麓书社，1999.

高至喜 . 湖南楚墓与楚文化 [M]. 长沙：岳麓书社，2012.

高至喜 . 楚文化的南渐 [M]. 武汉：湖北教育出版社，1995.

高崇文，安田喜宪 . 长江流域青铜文化研究 [M]. 北京：科学出版社，2002.

郭沫若 . 两周金文辞大系图录考释 [M]. 北京：科学出版社，1957.

郭德维 . 楚系墓葬研究 [M]. 武汉：湖北教育出版社，1995.

湖北省博物馆，美国圣迭各加州大学，湖北省对外文化交流协会 . 曾侯乙编

钟研究 [M]. 武汉：湖北人民出版社，1992.

胡雅丽 . 尊龙尚凤——楚人的信仰礼俗 [M]. 武汉：湖北教育出版社，2003.

李纯一 . 中国上古出土乐器综论 [M]. 北京：文物出版社，1996.

李纯一 . 先秦音乐史 [M]. 北京：人民音乐出版社，2005.

李玉洁 . 楚史稿 [M]. 开封：河南大学出版社，1988.

李学勤 . 东周与秦代文明 [M]. 北京：文物出版社，1984.

李学勤 . 走出疑古时代 [M]. 沈阳：辽宁大学出版社，1997.

李泽厚 . 美的历程 [M]. 北京：中国社会科学出版社，1984.

刘彬徽 . 楚系青铜器研究 [M]. 武汉：湖北教育出版社，1995.

刘国胜 . 楚丧葬简牍集释 [M]. 北京：科学出版社，2011.

鲁思・本尼迪克特・文化模式 [M]. 张燕，傅铿，译 . 杭州：浙江人民出版社，1987.

罗森 . 中国古代的艺术与文化 [M]. 孙心菲，译 . 北京：北京大学出版社，2002.

罗运环 . 楚国八百年 [M]. 武汉：武汉大学出版社，1992.

罗振玉 . 贞松堂集古遗文 [M]. 北京：北京图书馆出版社，2003.

饶宗颐，曾宪通 . 随县曾侯乙墓钟磬铭辞研究 [M]. 香港：香港中文大学出版社，1985.

饶宗颐 . 楚地出土文献三种研究 [M]. 北京：中华书局，1993.

容庚 . 善斋彝器图录 [M]. 北京：哈佛燕京学社，1936.

容庚 . 商周彝器通考 [M]. 北京：哈佛燕京学社，1941.

容庚，张维持 . 殷周青铜器通论 [M]. 北京：科学出版社，1958.

商承祚 . 十二家吉金图录 [M]. 南京：金陵大学中国文化研究所，1935.

上海博物馆 . 晋侯墓地出土青铜器国际学术研讨会论文集 [M]. 上海：上海书画出版社，2002.

上海博物馆青铜器研究组．商周青铜器纹饰 [M]. 北京：文物出版社，1984.

沈文倬．宗周礼乐文明考论 [M]. 杭州：浙江大学出版社，1999.

施劲松．长江流域青铜器研究 [M]. 北京：文物出版社，2003.

孙稚雏．金文著录简目 [M]. 北京：中华书局，1981.

童恩正．南方文明 [M]. 重庆：重庆出版社，1998.

王光镐．楚文化源流新证 [M]. 武汉：武汉大学出版社，1988.

王国维．观堂集林 [M]. 北京：中华书局，1959.

王国维．古史新证 [M]. 北京：清华大学出版社，1994.

王子初．中国音乐考古学 [M]. 福州：福建教育出版社，2003.

王子初．残钟录 [M]. 上海：上海音乐学院出版社，2004.

徐少华．周代南土历史地理与文化 [M]. 武汉：武汉大学出版社，1994.

杨华．先秦礼乐文化 [M]. 武汉：湖北教育出版社，1997.

杨匡民，李幼平．荆楚歌乐舞 [M]. 武汉：湖北教育出版社，1997.

杨晓能．另一种古史——青铜器纹饰、图形文字与图像铭文的解读 [M]. 唐际根，孙亚冰，译．北京：生活·读书·新知三联书店，2008.

杨荫浏．中国音乐史纲 [M]. 北京：音乐出版社（原出版者：上海万叶书店），1955.

杨荫浏．中国音乐史稿（上、下）[M]. 北京：人民音乐出版社，1981.

杨志刚．中国礼仪制度研究 [M]. 上海：华东师范大学出版社，2001.

张仲炘，杨承禧，等．湖北通志（金石志）[M]. 台北：京华书局，1967.

张广智，张广勇．史学，文化中的文化 [M]. 杭州：浙江人民出版社，1990.

张光直．中国青铜时代 [M]. 上海：上海三联书店，1999.

张光直．美术、神话与祭祀 [M]. 沈阳：辽宁教育出版社，2002.

张树国．乐舞与仪式——中国上古祭歌形态研究 [M]. 天津：天津古籍出版社，2003.

张正明 . 楚文化史 [M]. 上海：上海人民出版社，1987.

张正明 . 楚文化志 [M]. 武汉：湖北人民出版社，1988.

中国社会科学院考古研究所 . 殷周金文集成（第一册）[M]. 北京：中华书局，1984.

中国音乐文物大系总编辑部 . 中国音乐文物大系・湖北卷 [M]. 郑州：大象出版社，1996.

中国音乐文物大系总编辑部 . 中国音乐文物大系・河南卷 [M]. 郑州：大象出版社，1996.

中国音乐文物大系总编辑部 . 中国音乐文物大系・江苏、上海卷 [M]. 郑州：大象出版社，1996.

中国音乐文物大系总编辑部 . 中国音乐文物大系Ⅱ・湖南卷 [M]. 郑州：大象出版社，2006.

朱文玮，吕琪昌 . 先秦乐钟之研究 [M]. 台北：南天书局，1994.

Lothar von Falkenhausen.Suspended Music：Chime-bells in the Culture of Bronze Age China[M].Berkeley and Los Angeles：University of California Press， 1993.

[论文]

音乐研究（随县出土音乐文物专辑）[J].1981（1）.

黄钟（国际编钟会议论文专号）[J].1988（4）.

黄钟（纪念曾侯乙编钟出土 20 周年论文专栏）[J].1998（3）.

曹淑琴，殷玮璋 . 早期甬钟的区、系、类型研究 [M]// 苏秉琦 . 考古学文化论集：2. 北京：文物出版社，1989.

陈通，郑大瑞 . 椭圆截锥的弯曲振动和编钟 [J]. 声学学报：8，1983（3）.

陈梦家 . 西周铜器断代（五）[J]. 考古学报，1956（3）.

崔宪 . 曾侯乙钟铭“龢”字探微 [J]. 中国音乐学，2004（4）.

戴念祖 . 中国的钟及其在文化史上的意义 [M]// 黄盛璋 . 亚洲文明论丛 . 成都：四川人民出版社，1986.

戴念祖 . 中国的编钟及其在科技史上的意义 [J]. 自然辩证法通讯，1981（1）.

戴念祖 . 中国编钟的过去和现在的研究 [J]. 中国科技史料，1984（1）.

戴吾三，高厚 .《考工记》的文化内涵 [J]. 清华大学学报：哲学社会科学版，1997（2）.

韩宝强 . 音乐家的音准感——与律学有关的听觉心理研究 [J]. 中国音乐学，1992（3）.

韩宝强 . 论钟律形成过程中的声学因素 [J]. 天籁，2006（1）.

韩宝强 . 如何看待曾侯乙编钟上存在的音高误差 [J]. 中国音乐学，2017（3）.

胡雅丽 . 九连墩一、二号墓墓主关系厘探 [M]// 湘、鄂、豫、皖楚文化研究会第十次年会会议论文，2007.

华觉明 . 双音青铜编钟的研究、复制、仿制和创制——兼论多重证据法和技术史研究的社会功能 [M]// 技术史研究十二讲 . 北京：北京理工大学出版社，2006.

黄翔鹏 . 中国传统乐学基本理论的若干简要提示 [J]. 民族民间音乐，1986（3）.

黄翔鹏 . 中国传统乐学基本理论的若干简要提示（续）[J]. 民族民间音乐，1986（4）.

黄翔鹏 . 中国传统音调的数理逻辑关系 [J]. 中国音乐学，1986（2）.

李纯一 . 曾侯乙编钟的编次与乐悬 [J]. 音乐研究，1985（2）.

李纯一 . 关于歌钟、行钟及蔡侯钟 [J]. 文物，1973（7）.

李零 . 楚国铜器铭文编年汇释 [M]// 古文字研究：13. 北京：中华书局，1986.

李学勤 . 古乐与文化史 [M]// 缀古集 . 上海：上海古籍出版社，1998.

李学勤 . 论清华简《周公之琴舞》的结构 [J]. 深圳大学学报：人文社会科学版，2013（1）.

李守奎 . 先秦文献中的琴瑟与《周公之琴舞》的成文时代 [J]. 吉林大学社会科学学报，2014（1）.

李幼平．从出土音乐文物论楚国音乐的演进 [J]. 黄钟，1990（4）.

李幼平．楚系乐器组合研究 [J]. 黄钟，1992（1）.

刘勇．何为“同均三宫”——“同均三宫”研究综述 [J]. 音乐研究，2000（3）.

洛秦．从声响走向音响——中国古代钟的音乐听觉审美意识探寻 [J]. 音乐艺术，1988（2）.

马承源．商周青铜双音钟 [J]. 考古学报，1981（1）.

彭适凡．赣江流域出土商周铜铙和甬钟概述 [J]. 南方文物，1998（1）.

秦序．音乐考古测音研究的误区——铜鼓“双音”及其“生律法倾向”“律制”研究评析 [J]. 中国音乐学，1995（1）.

唐兰．古乐器小记 [J]. 燕京学报：14，1933.

王红星．论实物史料的鉴别与运用 [J]. 江汉考古，1997（2）.

王先福．九连墩楚墓出土乐器的初步认识 [M]// 寰宇钟鸣——“曾侯乙编钟出土 40 周年”纪念文集．武汉：武汉出版社，2018.

王子初．音乐测音研究中的主观因素分析 [J]. 音乐研究，1992（3）.

王子初．中国青铜乐钟的音乐学断代 [J]. 中国音乐学，2007（1）.

巫鸿．“明器”的理论与实践——战国时期礼仪美术中的观念化倾向 [J]. 文物，2006（6）.

夏鼐．沈括与考古学 [J]. 考古学报，1974（2）.

武家璧．虎座鸟架鼓辨正 [J]. 考古与文物，1998（6）.

徐坚．竹园沟铙：中国青铜编钟源起的一个关键环节——兼评《先秦乐钟之研究》和 *Suspended Music: Chime-bells in the Culture of Bronze Age China* [J]. 新史学：9.1998（2）.

薛艺兵．论礼乐文化 [J]. 文艺研究，1997（2）.

杨荫浏．信阳出土春秋编钟的音律 [J]. 音乐研究，1959（1）.

杨荫浏．关于春秋编钟的音律问题 [J]. 音乐研究，1960（1）.

杨荫浏．三律考[J]. 音乐研究，1982（1）.

杨荫浏．笙－竽考[J]. 乐器科技简讯，1974（3）.

殷玮璋，曹淑琴．长江流域早期甬钟的形态学分析[M]// 文物出版社编辑部．文物与考古论集．北京：文物出版社，1986.

张正明，刘玉堂．从楚人尚钟看钟氏的由来[J]. 江汉论坛，1985（6）.

张闻捷．周代葬钟制度与乐悬制度[J]. 考古学报，2017（1）.

郑荣达．刍议"同均三宫"[J]. 黄钟，2001（4）.

中央音乐学院民族音乐研究所调查组．信阳战国楚墓出土乐器初步调查记[J]. 文物参考资料，1958（1）.

周晓陆，曾智泉，卢昉．艺术考古学：相关理论探讨[J]. 中国文物报，2006（6）.

Lothar von Falkenhausen. Chu Ritual Music[M]//Thomas Lawton.New Perspectives on Chu Culture During The Eastern Zhou Period.Washington：Authur M. Sackler Gallery，1991.

Shao Xiaojie. A Musicological Study of Unearthed Chu Gong Ni Bells[J].Orient Archaeology(Band 27)， 2012.

后记

2003 年，我以题为《楚钟的类型学与音乐学研究》的学位论文取得硕士学位。2008 年，我以题为《楚钟研究》的学位论文取得博士学位。2010 年，《楚钟研究》由人民音乐出版社出版并被纳入“21 世纪中国音乐学文库”。2018 年至 2019 年间，我在《楚钟研究》的基础上，结合新资料、新发现、新研究，完成了《楚乐器研究》一书。

“楚钟的类型学与音乐学研究”的选题是幼平师指定的。幼平师是我国第一位涉足楚乐器专题研究与复制实践的学者。作为他的开门弟子，我自然要沿着导师开辟的路，认真地向前走，怎料，直到答辩结束后，依然觉得楚钟的涉及之广，内涵之深，实在是一篇硕士学位论文难以说清道明的。一次偶然促我北上考博，遂入子初师门下。子初师信任我，对我委以学术重任，将他认为是中国音乐考古研究中的一项重要课题——甬钟起源研究交予我，而我却一直对学术初恋——楚钟心心念念，于是在和子初师多次沟通后，最终“辜负”重任，重拾楚钟，再次与之朝夕相伴三年。2017 年的一天，我接到湖北教育出版社万婵编辑的电话，她提出将《楚钟研究》一书收入该社的楚文化研究书系中。我翻找出这本书的“卖身契”后发现，版权尚未到期。于是，机智的万婵编辑给我打了一针浓酽的鸡血，建议我在《楚钟研究》的基础上，干脆写一本关于楚乐器的书。作为一名生于楚郢，长于楚郢，且与楚钟有着深厚渊源的楚人后裔，实在无法抵御这一学术“诱惑”，我随即撸起袖子搜集资料，初步拟订了《楚乐器研究》写作大纲。此后，《楚乐器研究》这一选题被湖北教育出版社列入该社申报国家出版基金项目名单，并通过层层评审，最终成为 2018 年度国家出版基金资助项目。

20世纪八九十年代间，楚文化研究的热度堪比夏日的骄阳，如火如荼，之后几乎一直没有降温。但是，一直以来，有关楚乐器的研究成果，尤其是整体综合研究，似乎跟不上楚文化其他方面研究的步伐。考古发现的楚乐器是非常重要的中国古代音乐史研究材料，它们到底有多重要？谦虚一点地说，除了先秦乐器分类中的“金”和“石”之属以外，出土的其余类别的楚乐器几乎都是研究先秦时期同类乐器的主要资料，有的甚至是唯一的资料，对出土楚乐器做怎样深度的研究和怎样广度的探讨都不为过。就这个角度而言，《楚乐器研究》这本书至多只能算是为学术界深入探讨楚乐器、楚音乐以及先秦音乐文化提供了一幅鸟瞰图，其中所涉及的许多学术问题都未能阐发详尽。从小的方面看，比如有的楚乐器出土数量较少，保存状况较差，分析研究难以深入，也无法拓展，又如书中较少涉及各类楚乐器的复原与实践研究；从大的方面说，比如楚乐器、楚音乐与先秦时期其他诸侯国乐器和音乐的具体关系，又如楚乐器、楚音乐在汉代及后世乐器和音乐上的复兴、传播和影响，等等。当然，我们也知道，与自然科学研究不同，社会科学的课题研究通常是一条“无头路”，这条路没有尽头，谁也不敢说彻底“解决”了某个文化艺术或思想意识上的课题，我们所能做的，就是不断向前推进，不断向下深挖。以考古资料为基础的学术研究更是如此，正如我在《楚钟研究》后记中写到的，考古发现常在情理之中，也在意料之外，建立在现有考古资料基础上的研究结论，很可能被今后层出不穷的新发现和新资料补充、刷新。

坦白地说，这本书的写作并不连贯，碎片的时间，断续的思考，这些都不利于篇章的流畅。谋篇布局中遇到的一个大问题就是，楚钟在楚乐器中实在是太优秀了，以至于楚乐器和楚音乐每个方面的研究都不能没有它，尽管我竭力想做到对所有楚乐器一视同仁，但终究难掩楚钟的光芒，而在楚音乐形态分析中，依然只能唯它独尊，非它莫属。

此处应该感谢。一谢老师。感谢最接地气的考古学家王仁湘老师、最富激情的音乐理论家张振涛老师为这个课题的申报撰写了溢美的推荐意见，感谢恩重如山的导师王子初老师、资深楚学专家刘玉堂老师为本书作序。二谢父母。感谢邵富安同志和史丽芳同志多年来对我的鼎力支持。三谢小伙伴。感谢我的铁粉儿邵思淳先生日日督促我，陪伴我，感谢无名小伙伴帮助我找资料，感谢幕后大姐大给我的巨大精神支持。最后，还要真诚地感谢万婵编辑和湖北教育出版社对我的信任。

举头望房顶，低头掐指算，我与楚乐器已相爱相杀十多年，不敢说我已经十分了解它，但能讲我一直无比亲近它。与它相关的未尽事宜，未来我还将为之殚精竭虑。

写于“不是书房”